十三五

“互联网 +”融媒体系列教材

初级会计实务

刘 莹 郝玉娟／主编
刘 雪 阳 勇／副主编

立信会计出版社
LIXIN ACCOUNTING PUBLISHING HOUSE

图书在版编目(CIP)数据

初级会计实务 / 刘莹，郝玉娟主编. —上海：立信会计出版社，2021.10

ISBN 978-7-5429-6954-5

Ⅰ.①初… Ⅱ.①刘… ②郝… Ⅲ.①会计实务 Ⅳ.①F233

中国版本图书馆 CIP 数据核字(2021)第 207849 号

策划编辑 郭 光
责任编辑 郭 光
封面设计 南房间

初级会计实务
CHUJI KUAIJI SHIWU

出版发行	立信会计出版社		
地 址	上海市中山西路 2230 号	邮政编码	200235
电 话	(021)64411389	传 真	(021)64411325
网 址	www.lixinaph.com	电子邮箱	lixinaph2019@126.com
网上书店	http://lixin.jd.com		http://lxkjcbs.tmall.com
经 销	各地新华书店		
印 刷	上海万卷印刷股份有限公司		
开 本	787 毫米×1092 毫米	1/16	
印 张	20.75		
字 数	505 千字		
版 次	2021 年 10 月第 1 版		
印 次	2021 年 10 月第 1 次		
印 数	1—2100		
书 号	ISBN 978-7-5429-6954-5/F		
定 价	56.00 元		

前言

随着互联网、云计算等信息技术的高速发展和社会经济活动的日趋复杂，财务领域的转型与升级成为企业在激烈的市场竞争中所要迎接的必然挑战。移动互联网技术和人工智能技术的移动支付、移动办公、云会计和财务共享中心的广泛应用，正在引发会计核算对象、成本核算方法、会计管理方式、会计报告要求、会计考核评价等发生颠覆性的变化，为了满足会计专业课程教学和职称考试的需求，培养学生良好的职业素质和较强的实际操作能力，编者参考2021年初级会计专业技术资格考试"初级会计实务"科目大纲、最新企业会计准则，精心编写了这本"课证融合"的一体化教材。

本教材主要有以下特点：

1. 财务业务一体化。本教材打破传统财务会计下形成的"信息孤岛"，将企业经济活动按照业务流程分为筹资、投资、供应、生产、销售和财务6大经济业务，让学生了解每笔经济业务是如何产生的，财务需要什么原始凭证，具体业务流程又是如何实施的等问题，以增强学生的职业体验。

2. 内容取舍证书化。初级会计职称考试相对难度较大、考点较多，本教材在满足教学需求的同时，关注学生考证的需要及其会计实务操作技能的培养，并提升学生分析问题及解决问题的能力。

3. 突出应用性，培养学生的实际操作能力。本教材设计了大量实例，有利于学生将学习的专业理论知识与实践操作有机结合，并有效提高其账务处理能力。

4. 课程资源丰富。本教材每章都设置了章节测试，在方便教师教学的同时，也便于学生及时检验对知识点的掌握应用情况。为了配合教师的课堂教学，编者精心制作了教学课件、课程教学大纲、测试参考答案、配套习题等线上资源，以充分发挥网络课程资源的作用。

本教材由刘莹、郝玉娟、刘雪、阳勇、刘燕、孔令一、李满林编写。在编写过程中，参考和借鉴了大量相关教材成果，得到了立信会计出版社郭光老师的大力支持，在此表示诚挚谢意！

由于编者水平有限，教材内容难免有疏漏之处，恳请读者提出改进意见，以便我们进一步修订和完善。

编者

2021年9月

初级会计职称考试资源领取流程

第一步，扫码关注“考呀呀”公众号。

第二步，在对话框输入关键词“初级 666”，点击注册后，领取最新初级视频课程＋智能题库。

提示：

(1) 按照对话框提示下载“考呀呀”APP，手机学习更方便。

(2) 视频课程和智能题库自领取之日起，可以使用两个月。

(3) 考试资源如有调整，以公众号为准，不再另行通知。

目　录

第一章　会 计 概 述

知识导航

- 会计概述
  - 会计的概念、职能和目标
    - 会计的概念
    - 会计的职能
    - 会计的目标
  - 会计基本假设、会计基础和会计信息质量要求
    - 会计基本假设
    - 会计基础
    - 会计信息质量要求
  - 会计要素及其确认与计量
    - 会计要素及其确认条件
    - 会计要素计量属性及其应用原则
    - 会计等式
  - 会计科目和借贷记账法
    - 会计科目和账户
    - 借贷记账法
  - 会计凭证、会计账簿与账务处理程序
    - 会计凭证
    - 会计账簿
    - 账务处理程序
  - 财产清查
    - 财产清查概述
    - 财产清查的方法与处理
  - 财务报告
    - 财务报告及其目标
    - 财务报表及其组成

学习目标

1. 熟悉会计基本假设、会计基础和会计信息质量要求。
2. 熟悉会计要素及其确认条件。
3. 熟悉借贷记账法。
4. 熟悉会计凭证、会计账簿和账务处理程序。
5. 掌握财产清查的方法。
6. 熟悉会计要素计量属性及应用原则。
7. 熟悉会计等式。
8. 熟悉原始凭证和记账凭证的分类。
9. 了解会计的概念、职能和目标。
10. 了解会计科目和账户的分类。
11. 了解财产清查的分类和程序。
12. 了解财务报告。

第一节 会计的概念、职能和目标

一、会计的概念

会计是以货币为主要计量单位，采用专门方法和程序，对企业和行政、事业单位的经济活动进行完整的、连续的、系统的核算和监督，以提供经济信息和反映受托责任履行情况为主要目的的经济管理活动。

二、会计的职能

会计除了具有会计核算和会计监督两项基本职能，还具有预测经济前景、参与经济决策、评价经营业绩等拓展职能。

（一）基本职能

1. 核算职能

会计的核算职能，是指会计以货币为主要计量单位，对特定主体的经济活动进行确认、计量、记录和报告。会计核算贯穿于经济活动的全过程，是会计最基本的职能。会计核算的内容主要包括：①款项和有价证券的收付。②财物的收发、增减和使用。③债权、债务的发生和结算。④资本、基金的增减。⑤收入、支出、费用、成本的计算。⑥财务成果的计算和处理。⑦需要办理会计手续、进行会计核算的其他事项。

2. 监督职能

会计的监督职能，是指对特定主体经济活动和相关会计核算的真实性、合法性和合理性进行审查。

（1）真实性审查，是指检查各项会计核算是否根据实际发生的经济业务进行，是否如实反映经济业务或事项的真实状况。

（2）合法性审查，是指检查各项经济业务及其会计核算是否符合国家有关法律法规，遵守财经纪律，执行国家各项方针政策。

（3）合理性审查，是指检查各项财务收支是否符合客观经济规律及经营管理方面的要求，保证各项财务收支符合特定的财务收支计划，实现预算目标。

会计核算与会计监督是相辅相成、辩证统一的。会计核算是会计监督的基础，会计监督是会计核算质量的保障。

（二）拓展职能

（1）预测经济前景。预测经济前景是指根据财务报告等提供的信息，定量或者定性地判断和推测经济活动的发展变化规律，以指导和调节经济活动，提高经济效益。

（2）参与经济决策。参与经济决策是指根据财务报告等提供的信息，运用定量分析和定性分析方法，对备选方案进行经济可行性分析，为企业经营管理等提供与决策相关的信息。

（3）评价经营业绩。评价经营业绩是指利用财务报告等提供的信息，采用适当的方法，对企业一定经营期间的资产运营、经济效益等经营成果，对照相应的评价标准，进行定量及定性对比分析，作出真实、客观、公正的综合评判。

三、会计的目标

会计的目标，是向财务报告使用者提供企业财务状况、经营成果和现金流量等有关的会计信息，反映企业管理层受托责任履行情况，有助于财务报告使用者作出经济决策。财务报告使用者主要包括投资者、债权人、政府及其有关部门、社会公众等。

第二节 会计基本假设、会计基础和会计信息质量要求

一、会计基本假设

会计基本假设是对会计核算时间和空间范围等所做的合理假定，是企业会计确认、计量、记录和报告的前提。会计基本假设包括会计主体、持续经营、会计分期和货币计量。

（一）会计主体

会计主体，是指会计工作服务的特定对象，是企业会计确认、计量和报告的空间范围。会计核算应当集中反映某一特定企业的经济活动，并将其与其他经济实体区别开来。

（二）持续经营

持续经营，是指在可以预见的将来，企业将会按当前的规模和状态继续经营下去，不会停业，也不会大规模削减业务。在持续经营假设下，会计确认、计量和报告应当以企业持续、正常的生产经营活动为前提。

（三）会计分期

会计分期，是指将一个企业持续经营的生产经营活动划分为一个个连续的、长短相同的期间。会计分期的目的，是将持续经营的生产经营活动划分成连续、相等的期间，据以结算盈亏，按期编报财务报告，从而及时向财务报告使用者提供有关企业财务状况、经营成果和现金流量的信息。

（四）货币计量

货币计量，是指会计主体在会计确认、计量和报告时以货币计量，来反映会计主体的生产经营活动。货币是商品的一般等价物，是衡量一般商品价值的共同尺度，具有价值尺度、流通手段、贮藏手段和支付手段等特点。选择货币作为共同尺度进行计量，具有全面、综合反映企业的生产经营情况的作用。

▸▸▶重点提示

(1) 会计主体与法律主体并不是同一概念，一般来说，法律主体必然是会计主体，但会计主体未必是法律主体。

(2) 在货币计量的前提下，以外币为记账本位币的企业，在对外报送财务报告时，应折算为人民币反映。

(3) 由于会计分期，才产生了当期与以前期间、以后期间的差别，进而出现了折旧、摊销等会计处理方法。

(4) 货币是主要的计量单位，不是唯一的计量单位。

二、会计基础

会计基础，是指会计确认、计量和报告的基础，包括权责发生制和收付实现制，具体内容如表 1-1 所示。

表 1-1　　会计基础的内容

会计基础	理解要点	
权责发生制	定义	以取得收取款项的权利或支付款项的义务为标志来确定本期收入和费用的会计核算基础
	适用范围	企业会计和政府财务会计
收付实现制	定义	以现金的实际收付为标志来确定本期收入和支出的会计核算基础
	适用范围	政府预算会计采用收付实现制，国务院另有规定的，依照其规定

在实务中，企业交易或者事项的发生时间与相关款项收付时间有时并不完全一致。例如，本期款项已经收到，但销售并未实现而不能确认为本期的收入；或者款项已经支付，但与本期的生产经营活动无关而不能确认为本期的费用。为了真实、公允地反映财务状况和经营成果，企业应当以权责发生制为基础进行会计确认、计量和报告。

根据权责发生制，凡是当期已经实现的收入和已经发生或者应当负担的费用，无论款项是否收付，都应当作为当期的收入和费用，计入利润表；凡是不属于当期的收入和费用，即使款项已在当期收付，也不应当作为当期的收入和费用。

三、会计信息质量要求

会计信息质量要求是对企业财务报告所提供会计信息质量的基本要求，是使财务报告所提供会计信息对投资者等信息使用者决策有用应具备的基本特征。会计信息质量要求主要包括可靠性、相关性、可理解性、可比性、实质重于形式、重要性、谨慎性、及时性等。

表 1-2　　会计信息质量要求的内容

会计信息质量要求	具体内容
可靠性	要求企业应当以实际发生的交易或者事项为依据进行确认、计量和报告，如实反映符合确认和计量要求的会计要素及其他相关信息，保证会计信息真实可靠、内容完整。可靠性是高质量会计信息的重要基础和关键所在。如果企业以虚假的交易或者事项进行确认、计量和报告，属于违法行为，不仅会严重损害会计信息质量，而且会误导投资者，干扰资本市场，导致会计秩序、财经秩序混乱
相关性	要求企业提供的会计信息应当与投资者等财务报告使用者的经济决策需要相关，有助于投资者等财务报告使用者对企业过去、现在或未来的情况作出评价或者预测。相关的会计信息应当能够有助于使用者评价企业过去的决策，证实或者修正过去的有关预测，因而具有反馈价值。相关的会计信息还应当具有预测价值，有助于使用者根据财务报告提供的会计信息预测企业未来的财务状况、经营成果和现金流量
可理解性	要求企业提供的会计信息应当清晰明了，便于投资者等财务报告使用者理解和使用。企业编制财务报告、提供会计信息的目的在于使用，要想让使用者有效使用会计信息，就应当让其了解会计信息的内涵，弄懂会计信息的内容，这就要求财务报告提供的会计信息应当清晰明了，易于理解。只有这样，才能提高会计信息的有用性，实现财务报告的目标，满足向投资者等财务报告使用者提供决策有用信息的要求

（续表）

会计信息质量要求	具体内容
可比性	要求企业提供的会计信息应当相互可比，主要包括两层含义： (1) 同一企业不同时期可比，即同一企业不同时期发生的相同或者相似的交易或者事项，应当采用一致的会计政策，不得随意变更。但是，如果按照规定或者在会计政策变更后能够提供更可靠、更相关的会计信息，企业可以变更会计政策。有关会计政策变更的情况，应当在附注中予以说明。 (2) 不同企业相同会计期间可比，即不同企业同一会计期间发生的相同或者相似的交易或者事项，应当采用规定的会计政策，确保会计信息口径一致、相互可比，以使不同企业按照一致的确认、计量和报告要求提供有关会计信息
实质重于形式	要求企业应当按照交易或者事项的经济实质进行会计确认、计量和报告，不应仅以交易或者事项的法律形式为依据。 在实际工作中，交易或者事项的外在法律形式并不总能完全反映其实质内容。在多数情况下，企业发生交易或者事项的经济实质和法律形式是一致的。但在有些情况下，会出现不一致。例如，企业租入的资产（短期租赁和低值资产租赁除外），虽然从法律形式来讲企业并不拥有其所有权，但是由于租赁合同规定的租赁期相当长，往往接近于该资产的使用寿命，租赁期结束时承租企业有优先购买该资产的选择权，在租赁期内承租企业有权支配资产并从中受益等，从其经济实质来看，企业能够控制租入资产所创造的未来经济利益，在会计确认、计量和报告时就应当将租入的资产视为企业的资产，在企业的资产负债表中进行反映
重要性	要求企业提供的会计信息应当反映与企业财务状况、经营成果和现金流量有关的所有重要交易或者事项。 在实务中，如果某项会计信息的省略或者错报会影响投资者等财务报告使用者据此作出决策，该信息就具有重要性。重要性的应用需要依赖职业判断，企业应当根据其所处环境和实际情况，从项目的性质和金额大小两方面加以判断。例如，企业发生的某些支出金额较小，从支出的受益期来看，可能需要在若干会计期间进行分摊，但根据重要性要求，可以一次性计入当期损益
谨慎性	要求企业对交易或者事项进行会计确认、计量和报告应当保持应有的谨慎，不应高估资产或者收益、低估负债或者费用。 在市场经济环境下，企业的生产经营活动面临着许多风险和不确定性，会计信息质量的谨慎性要求，需要企业在面临不确定性因素的情况下作出职业判断时，应当保持应有的谨慎，充分估计到各种风险和损失，既不高估资产或者收益，也不低估负债或者费用。例如，企业对售出商品可能发生的保修义务确认预计负债、对可能承担的环保责任确认预计负债等，就体现了会计信息质量的谨慎性要求
及时性	要求企业对于已经发生的交易或者事项，应当及时进行确认、计量和报告，不得提前或延后：①及时收集会计信息，即在交易或者事项发生后，及时收集整理各种原始单据或者凭证。②及时处理会计信息，即按照会计准则的规定，及时对交易或者事项进行确认和计量，并编制财务报告。③及时传递会计信息，即按照国家规定的有关时限，及时地将编制的财务报告传递给财务报告使用者，便于其及时使用和决策

第三节 会计要素及其确认与计量

一、会计要素及其确认条件

会计要素是根据交易或者事项的经济特征所确定的财务会计对象和基本分类。会计要素按照其性质分为资产、负债、所有者权益、收入、费用和利润，其中，资产、负债和所有者权益要素侧重于反映企业的财务状况，收入、费用和利润要素侧重于反映企业的经营成果。

(一) 资产

1. 资产的定义

资产，是指企业过去的交易或者事项形成的，由企业拥有或者控制的，预期会给企业带来经济利益的资源。根据资产的定义，资产具有以下三方面特征：

(1) 资产应为企业拥有或者控制的资源。资产作为一项资源，应当由企业拥有或者控制，具体是指企业享有某项资源的所有权，或者虽然不享有某项资源的所有权，但该资源能被企业所控制。

(2) 资产预期会给企业带来经济利益。资产预期会给企业带来经济利益，是指资产直接或者间接导致现金和现金等价物流入企业的潜力。这种潜力可以来自企业日常的生产经营活动，也可以是非日常生产经营活动；带来的经济利益可以是现金或者现金等价物，或者是可以转化为现金或者现金等价物的形式，或者是可以减少现金或者现金等价物流出的形式。

(3) 资产是由企业过去的交易或者事项形成的。资产应当由企业过去的交易或者事项形成，过去的交易或者事项包括购买、生产、建造行为等。只有过去的交易或者事项才能产生资产，企业预期在未来发生的交易或者事项不形成资产。例如，企业有购买某项商品的意愿或计划，但是购买行为尚未发生，就不符合资产的定义，不能因此而确认其为存货资产。

2. 资产的确认条件

将一项资源确认为资产，需要符合资产的定义，还应同时满足以下两个条件：

(1) 与该资源有关的经济利益很可能流入企业。从资产的定义可以看出，能为企业带来经济利益是资产的一个本质特征，但在现实生活中，由于经济环境瞬息万变，与资源有关的经济利益能否流入企业或者能够流入多少实际上带有不确定性。因此，资产的确认还应与经济利益流入企业的不确定性程度的判断结合起来。

(2) 该资源的成本或者价值能够可靠地计量。只有当有关资源的成本或者价值能够可靠地计量时，资产才能予以确认。在实务中，企业取得的许多资产都需要付出成本。例如，企业购买或者生产的商品、企业购置的厂房或者设备等，对于这些资产，只有实际发生的成本或者生产成本能够可靠计量，才符合了资产确认的可计量性条件。

3. 资产的分类和内容

企业资产分为流动资产和非流动资产两大类。

(1) 流动资产包括货币资金、交易性金融资产、衍生金融资产、应收票据、应收账款、应收款项融资、预付款项、其他应收款、存货、合同资产、持有待售资产、一年内到期的非流动资产、其他流动资产。

(2) 非流动资产包括债权投资、其他债权投资、长期应收款、长期股权投资、其他权益工具投资、其他非流动金融资产、投资性房地产、固定资产、在建工程、生产性生物资产、油气资产、使用权资产、无形资产、开发支出、商誉、长期待摊费用、递延所得税资产、其他非流动资产。

(二) 负债

1. 负债的定义

负债,是指企业过去的交易或者事项形成的,预期会导致经济利益流出企业的现时义务。根据负债的定义,负债具有以下三方面特征:

(1) 负债是企业承担的现时义务。负债必须是企业承担的现时义务,这里的现时义务是指企业在现行条件下已承担的义务。未来发生的交易或者事项形成的义务,不属于现时义务,不应当确认为负债。

(2) 负债预期会导致经济利益流出企业。预期会导致经济利益流出企业是负债的一个本质特征,只有在履行义务时会导致经济利益流出企业的,才符合负债的定义。在履行现时义务清偿负债时,导致经济利益流出企业的形式多种多样,例如,用现金偿还或以实物资产形式偿还;以提供劳务形式偿还;部分转移资产、部分提供劳务形式偿还;将负债转为资本等。

(3) 负债是由企业过去的交易或者事项形成的。负债应当由企业过去的交易或者事项所形成。换句话说,只有过去的交易或者事项才形成负债,企业将在未来发生的承诺、签订的合同等交易或者事项,不形成负债。

2. 负债的确认条件

将一项现时义务确认为负债,除了需要符合负债的定义,还需要同时满足以下两个条件:

(1) 与该义务有关的经济利益很可能流出企业。从负债的定义可以看出,预期会导致经济利益流出企业是负债的一个本质特征。在实务中,企业履行义务所需流出的经济利益带有不确定性,尤其是与推定义务相关的经济利益通常需要依赖大量的估计。因此,负债的确认应当与经济利益流出企业的不确定性程度的判断结合起来。

(2) 未来流出的经济利益的金额能够可靠地计量。负债的确认在考虑经济利益流出企业的同时,对于未来流出的经济利益的金额应当能够可靠计量。

3. 负债的分类和内容

企业负债分为流动负债和非流动负债两大类。

(1) 流动负债包括短期借款、交易性金融负债、衍生金融负债、应付票据、应付账款、预收款项、合同负债、应付职工薪酬、应交税费、其他应付款、持有待售负债、一年内到期的非流动负债、其他流动负债。

(2) 非流动负债包括长期借款、应付债券、租赁负债、长期应付款、预计负债、递延收益、递延所得税负债、其他非流动负债。

(三) 所有者权益

1. 所有者权益的定义

所有者权益,是指企业资产扣除负债后,由所有者享有的剩余权益。公司的所有者权益又称为股东权益。所有者权益是所有者对企业资产的剩余索取权,它是企业的资产扣除债权人权益后应由所有者享有的部分,既可反映所有者投入资本的保值增值情况,又体现了保护债权人权益的理念。

所有者权益的来源包括所有者投入的资本、其他综合收益、留存收益等,通常由股本(或实收资本)、资本公积(含股本溢价或资本溢价、其他资本公积)、其他综合收益、盈余公积和未分配利润等构成。

所有者投入的资本,是指所有者投入企业的资本部分,它既包括构成企业注册资本或者股本的金额，也包括投入资本超过注册资本或股本部分的金额，即资本溢价或股本溢价，这部分投入资本作为资本公积（资本溢价）反映。

其他综合收益，是指企业根据会计准则规定未在当期损益中确认的各项利得和损失。

留存收益，是指企业从历年实现的利润中提取或形成的留存于企业的内部积累，包括盈余公积和未分配利润。

2. 所有者权益的确认条件

所有者权益体现的是所有者在企业中的剩余权益，因此，所有者权益的确认和计量主要依赖于资产和负债的确认和计量。例如，企业接受投资者投入的资产，在该资产符合资产确认条件时，就相应地符合所有者权益的确认条件；当该资产的价值能够可靠计量时，所有者权益的金额也就可以确定。

（四）收入

1. 收入的定义

收入，是指企业在日常活动中形成的、会导致所有者权益增加的、与所有者投入资本无关的经济利益的总流入。根据收入的定义，收入具有以下三方面特征：

(1) 收入是企业在日常活动中形成的。日常活动，是指企业为完成其经营目标所从事的经常性活动，以及与之相关的活动。例如，工业企业制造并销售产品，就属于企业的日常活动。日常活动产生的收入通常包括主营业务收入和其他业务收入，即营业收入。

(2) 收入是与所有者投入资本无关的经济利益的总流入。收入应当会导致经济利益的流入，从而导致资产的增加。例如，企业销售商品，应当收到现金或者有权在未来收到现金，才表明该交易符合收入的定义。但是在实务中，经济利益的流入有时是所有者投入资本的增加导致的，所有者投入资本的增加不应当确认为收入，应当将其直接确认为所有者权益。

(3) 收入会导致所有者权益的增加。与收入相关的经济利益的流入应当会导致所有者权益的增加，不会导致所有者权益增加的经济利益的流入不符合收入的定义，不应确认为收入。

重点提示

日常活动是确认收入的重要评价标准，可以用来区分收入和利得。利得也会导致经济利益流入企业，但其由非日常活动形成。

2. 收入的确认条件

当企业与客户之间的合同同时满足下列条件时，企业应当在客户取得相关商品控制权时确认收入：①合同各方已批准该合同并承诺将履行各自义务。②该合同明确了合同各方与所转让商品或提供劳务相关的权利和义务。③该合同有明确的与所转让商品或提供劳务相关的支付条款。④该合同具有商业实质，即履行该合同将改变企业未来现金流量的风险、时间分布或金额。⑤企业因向客户转让商品或提供劳务而有权取得的对价很可能收回。

（五）费用

1. 费用的定义

费用，是指企业在日常活动中发生的、会导致所有者权益减少的、与向所有者分配利润无关的经济利益的总流出。根据费用的定义，费用具有以下三方面特征：

(1) 费用是企业在日常活动中形成的。费用必须是企业在日常活动中形成的，这些日常活动的界定与收入定义中涉及的日常活动的界定相一致。日常活动产生的费用通常包括营业成本（主营业务成本和其他业务成本）、税金及附加、销售费用、管理费用、财务费用等。

将费用界定为日常活动形成的，目的是将其与损失相区分，企业非日常活动形成的经济利益的流出不能确认为费用，而应当计入损失。

（2）费用是与向所有者分配利润无关的经济利益的总流出。费用的发生应当会导致经济利益的流出，从而导致资产的减少或者负债的增加，其表现形式包括现金或者现金等价物的流出或者存货、固定资产和无形资产等的流出或者消耗等。企业向所有者分配利润也会导致经济利益的流出，而该经济利益的流出属于所有者权益的抵减项目，不应确认为费用，应当将其排除在费用的定义之外。

（3）费用会导致所有者权益的减少。与费用相关的经济利益的流出应当会导致所有者权益的减少，不会导致所有者权益减少的经济利益的流出不符合费用的定义，不应确认为费用。

2. 费用的确认条件

费用的确认除了应当符合其定义外，还至少应当符合以下条件：①与费用相关的经济利益应当很可能流出企业。②经济利益流出企业的结果会导致资产的减少或者负债的增加。③经济利益的流出额能够可靠计量。

（六）利润

1. 利润的定义

利润，是指企业在一定会计期间的经营成果。通常情况下，如果企业实现了利润，表明企业的所有者权益增加；反之，如果企业发生亏损（即利润为负数），表明企业的所有者权益减少。

利润包括收入减去费用后的净额、直接计入当期利润的利得和损失等。其中，收入减去费用后的净额反映的是企业日常活动的业绩。直接计入当期利润的利得和损失，是指应当计入当期损益、会导致所有者权益发生增减变动的、与所有者投入资本或者向所有者分配利润无关的利得或损失。其中，利得，是指由企业非日常活动所形成的、会导致所有者权益增加的、与所有者投入资本无关的经济利益的流入；损失，是指由企业非日常活动所发生的、会导致所有者权益减少的、与向所有者分配利润无关的经济利益的流出。

2. 利润的确认条件

利润反映的是收入减去费用、利得减去损失后净额的概念。因此，利润的确认主要依赖于收入和费用，以及利得和损失的确认，其金额的确定也主要取决于收入、费用、利得和损失金额的计量。

二、会计要素计量属性及其应用原则

会计计量是为了将符合确认条件的会计要素登记入账并列报于财务报表而确定其金额的过程。会计计量属性主要包括历史成本、重置成本、可变现净值、现值和公允价值等。

（一）历史成本

历史成本又称实际成本，是指取得或制造某项财产物资时所实际支付的现金或者现金等价物。采用历史成本计量时，资产按照其购置时支付的现金或现金等价物的金额，或者按照购置时所付出对价的公允价值计量。负债按照其因承担现时义务而实际收到的款项或者资产的金额，或者承担现时义务的合同金额，或者按照日常活动中为偿还负债预期需要支付的现金或者现金等价物的金额计量。

（二）重置成本

重置成本又称现行成本，是指按照当前市场条件，重新取得同样一项资产所需支付的现金或现金等价物金额。采用重置成本计量时,资产按照现在购买相同或者相似资产所需支付的现金或者现金等价物的金额计量。负债按照现在偿付该项债务所需支付的现金或者现金等价物的金额计量。

(三)可变现净值

可变现净值,是指在生产经营过程中,以预计售价减去进一步加工成本和销售所必需的预计税金、费用后的净值。采用可变现净值计量时,资产按照其正常对外销售所能收到现金或者现金等价物的金额,扣减该资产至完工时估计将要发生的成本、估计的销售费用以及相关税费后的金额计量。

(四)现值

现值,是指对未来现金流量以恰当的折现率进行折现后的价值,是考虑货币时间价值因素等的一种计量属性。采用现值计量时,资产按照预计从其持续使用和最终处置中所产生的未来净现金流入量的折现金额计量。负债按照预计期限内需要偿还的未来净现金流出量的折现金额计量。

(五)公允价值

公允价值,是指市场参与者在计量日发生的有序交易中,出售一项资产所能收到或者转移一项负债所需支付的价格。

三、会计等式

会计等式,又称会计恒等式、会计方程式或会计平衡公式,是表明会计要素之间基本关系的等式。

(一)会计等式的表现形式

企业要进行经济活动,必须拥有一定数量和质量的、能给企业带来经济利益的经济资源,即资产。企业的资产最初来源于两个方面:一是由企业所有者投入;二是由企业向债权人借入。所有者和债权人将其拥有的资产提供给企业使用,就相应地对企业的资产享有一种要求权。前者称为所有者权益,后者则称为债权人权益,即负债。

资产表明企业拥有什么经济资源和拥有多少经济资源,负债和所有者权益表明经济资源的来源渠道,即谁提供了这些经济资源。因此,资产和负债、所有者权益三者之间在数量上存在恒等关系,用公式表示为:

$$资产 = 负债 + 所有者权益$$

这一等式反映了企业在某一特定时点资产、负债和所有者权益三者之间的平衡关系,因此,该等式被称为财务状况等式、基本会计等式或静态会计等式,它是复式记账法的理论基础,也是编制资产负债表的依据。

企业进行生产经营活动的目的是获取收入,实现盈利。企业在取得收入的同时,必然要发生相应的费用。通过收入与费用的比较,才能确定一定期间的盈利水平,确定实现的利润总额。在不考虑利得和损失的情况下,它们之间的关系用公式表示为:

$$收入 - 费用 = 利润$$

这一等式反映了企业利润的实现过程,称为经营成果等式或动态会计等式。收入、费用和利润之间的上述关系,是编制利润表的依据。

(二) 交易或事项对会计等式的影响

企业发生的交易或事项按其对财务状况等式的影响不同,可以分为 9 种基本类型,具体类型如表 1-3 所示。

表 1-3　　交易或事项对会计等式的影响的基本类型

序号	具体类型	举例说明
(1)	一项资产增加、另一项资产等额减少	从银行提取现金
(2)	一项资产增加、一项负债等额增加	从银行借入短期借款
(3)	一项资产增加、一项所有者权益等额增加	收到投资者投入资本
(4)	一项资产减少、一项负债等额减少	用银行存款清偿所欠货款
(5)	一项资产减少、一项所有者权益等额减少	减少注册资本,用银行存款退回
(6)	一项负债增加、另一项负债等额减少	已到期的应付票据无力偿还转为应付账款
(7)	一项负债增加、一项所有者权益等额减少	宣布向投资者分配利润
(8)	一项所有者权益增加、一项负债等额减少	发行的债券转为实收资本
(9)	一项所有者权益增加、另一项所有者权益等额减少	资本公积转增资本

上述 9 类基本经济业务的发生均不影响会计等式的平衡关系,具体分为三种情形:基本经济业务(1)(6)(7)(8)(9)使会计等式左右两边的金额保持不变;基本经济业务(2)(3)使会计等式左右两边的金额等额增加;基本经济业务(4)(5)使会计等式左右两边的金额等额减少。

【例 1-1】 2021 年 1 月,甲公司发生的经济业务资料如下:

(1) 从银行提取现金 2 万元。

(2) 从银行借入期限为 3 个月的短期借款 8 000 万元,存入银行。

(3) 收到投资者投入的机器一台,价值 5 000 万元。

(4) 以银行存款 2 000 万元偿还前欠货款。

(5) 股东大会决定减少注册资本 3 000 万元,以银行存款向投资者退回其投入的资本。

(6) 已到期的应付票据 2 500 万元因无力支付转为应付账款。

(7) 宣布向投资者分配利润 1 000 万元。

(8) 经批准将已发行的公司债券 5 000 万元转为实收资本。

(9) 经批准将资本公积 3 000 万元转为实收资本。

要求:判断每项经济业务属于哪一类基本类型。

【解析】

(1) 该项经济业务发生后,甲公司的一项资产(库存现金)增加 2 万元,另一项资产(银行存款)同时减少 2 万元,即会计等式左边资产要素内部的金额有增有减,增减金额相等,其平衡关系保持不变。属于表 1-3 中第(1)种经济业务类型。

(2) 该项经济业务发生后,甲公司的一项资产(银行存款)增加 8 000 万元,一项负债(短期借款)同时增加 8 000 万元,即会计等式左右两边金额等额增加,其平衡关系保持不变。属于表 1-3 中第(2)种经济业务类型。

(3) 该项经济业务发生后,甲公司的一项资产(固定资产)增加 5 000 万元,一项所有者权益(实收资本)同时增加 5 000 万元,即会计等式左右两边金额等额增加,其平衡关系保持不变。属于表 1-3 中第(3)种经济业务类型。

(4) 该项经济业务发生后,甲公司的一项资产(银行存款)减少 2 000 万元,一项负债(应付账款)同时减少 2 000 万元,即会计等式左右两边金额等额减少,其平衡关系保持不变。属于表 1-3 中第(4)种经济业务类型。

(5) 该项经济业务发生后,甲公司的一项资产(银行存款)减少 3 000 万元,一项所有者权益(实收资本)同时减少 3 000 万元,即会计等式左右两边金额等额减少,其平衡关系保持不变。属于表 1-3 中第(5)种经济业务类型。

(6) 该项经济业务发生后,甲公司的一项负债(应付账款)增加 2 500 万元,另一项负债(应付票据)同时减少 2 500 万元,即会计等式右边负债要素内部的金额有增有减,增减金额相等,其平衡关系保持不变。属于表 1-3 中第(6)种经济业务类型。

(7) 该项经济业务发生后,甲公司的一项负债(应付利润)增加 1 000 万元,一项所有者权益(未分配利润)同时减少 1 000 万元,即会计等式右边一项负债增加而一项所有者权益等额减少,其平衡关系保持不变。属于表 1-3 中第(7)种经济业务类型。

(8) 该项经济业务发生后,甲公司的一项负债(应付债券)减少 5 000 万元,一项所有者权益(实收资本)同时增加 5 000 万元,即会计等式右边一项所有者权益增加而一项负债等额减少,其平衡关系保持不变。属于表 1-3 中第(8)种经济业务类型。

(9) 该项经济业务发生后,甲公司的一项所有者权益(实收资本)增加 3 000 万元,另一项所有者权益(资本公积)同时减少 3 000 万元,即会计等式右边所有者权益要素内部的金额有增有减,增减金额相等,其平衡关系保持不变。属于表 1-3 中第(9)种经济业务类型。

重点提示

每一项经济业务的发生,都必然会引起会计等式的一边或两边有关项目相互联系地发生等额变化,即当涉及会计等式的一边时,有关项目的金额发生相反方向的等额变动;当涉及会计等式的两边时,有关项目的金额发生相同方向的等额变动,但始终不会影响会计等式的平衡关系。

第四节 会计科目和借贷记账法

一、会计科目和账户

(一) 会计科目

会计科目,简称科目,是对会计要素具体内容进行分类核算的项目,是进行会计核算和提供会计信息的基本单元。

1. 按反映的经济内容分类

会计科目按其反映的经济内容不同,可分为资产类科目、负债类科目、共同类科目、所有者权益类科目、成本类科目和损益类科目,具体内容如表 1-4 所示。

表 1-4 会计科目类别

类别	含义	分类标准	具体内容	主要代表科目
资产类科目	对资产要素的具体内容进行分类核算的项目	资产的流动性	反映流动资产的科目	库存现金、银行存款、应收账款、原材料、库存商品
			反映非流动资产的科目	长期股权投资、长期应收款、固定资产、在建工程、无形资产
负债类科目	对负债要素的具体内容进行分类核算的项目	负债的偿还期限长短	反映流动负债的科目	短期借款、应付账款、应付职工薪酬、应交税费
			反映非流动负债的科目	长期借款、应付债券、长期应付款
共同类科目	既有资产性质又有负债性质的科目	—	—	清算资金往来、货币兑换、套期工具、被套期项目
所有者权益类科目	对所有者权益要素的具体内容进行分类核算的项目	—	—	实收资本(或股本)、资本公积、其他综合收益、盈余公积、本年利润、利润分配、库存股
成本类科目	对可归属于产品生产成本、劳务成本等的具体内容进行分类核算的项目	—	—	生产成本、制造费用、合同取得成本、合同履约成本、研发支出
损益类科目	对收入、费用等要素的具体内容进行分类核算的项目	损益的内容	反映收入的科目	主营业务收入、其他业务收入
			反映费用的科目	主营业务成本、其他业务成本、销售费用、管理费用、财务费用

2. 按提供信息的详细程度及其统驭关系分类

会计科目按其提供信息的详细程度及其统驭关系，可分为总分类科目和明细分类科目。

(1) 总分类科目。总分类科目又称总账科目或一级科目，是对会计要素的具体内容进行总括分类，提供总括信息的会计科目。

(2) 明细分类科目。明细分类科目又称明细科目，是对总分类科目作进一步分类，提供更为详细和具体会计信息的科目。如果某一总分类科目所辖的明细分类科目较多，可在总分类科目下设置二级明细科目，在二级明细科目下设置三级明细科目，以此类推。

(二) 账户

账户是根据会计科目设置的，具有一定格式和结构，用于分类核算会计要素增减变动情况及其结果的载体。

会计科目仅仅是对会计要素的具体内容进行分类核算的项目，它不能反映交易或事项的发生所引起的会计要素各项目的增减变动情况和结果。各项核算指标的具体数据资料，只有通过账户记录才能取得。因此，在设置会计科目后，还必须根据会计科目开设相应的账户，以便对交易或事项进行系统、连续的记录，向有关各方提供有用的会计信息。

同会计科目分类相对应，账户可以根据其核算的经济内容、提供信息的详细程度及其统驭关系进行分类。按核算的经济内容，账户分为资产类账户、负债类账户、共同类账户、所有者权益类账户、成本类账户和损益类账户；根据提供信息的详细程度及其统驭关系，账户分为总分类账户和明细分类账户。

账户是用来连续、系统、完整地记录企业经济活动的，因此必须具有一定的结构。由于经济业务发生所引起的各项会计要素的变动，从数量上看不外乎为增加和减少两种情况。

因此，账户的结构相应地分为两个基本部分，即左右两方，分别用来记录会计要素的增加和减少。一方登记增加，另一方登记减少。至于账户左右两方的名称，用哪一方登记增加、哪一方登记减少，要取决于所采用的记账方法和各账户所记录的经济内容。

账户的期初余额、期末余额、本期增加发生额、本期减少发生额统称为账户的四个金额要素。四个金额要素之间的关系如下列公式所示：

期末余额 = 期初余额 + 本期增加发生额 − 本期减少发生额

二、借贷记账法

借贷记账法，是以"借"和"贷"作为记账符号的一种复式记账法。复式记账法，是指对于每一笔经济业务，都必须用相等的金额在两个或两个以上相互联系的账户中进行登记，全面、系统地反映会计要素增减变化的一种记账方法。复式记账法分为借贷记账法、增减记账法、收付记账法等。我国会计准则规定，企业、行政单位和事业单位会计核算采用借贷记账法记账。

（一）借贷记账法的账户结构

借贷记账法下，账户的左方称为借方，右方称为贷方。所有账户的借方和贷方按相反方向记录增加数和减少数，即一方登记增加额，另一方就登记减少额。至于"借"表示增加（或减少），还是"贷"表示增加（或减少），则取决于账户的性质与所记录经济内容的性质。

重点提示

通常情况下，资产类、成本类和费用类账户的增加记"借"方，减少记"贷"方；负债类、所有者权益类和收入类账户的增加记"贷"方，减少记"借"方。

1. 资产类和成本类账户的结构

在借贷记账法下，资产类、成本类账户的借方登记增加额；贷方登记减少额；期末余额一般在借方。其余额计算公式为：

期末借方余额 = 期初借方余额 + 本期借方发生额 − 本期贷方发生额

资产类和成本类账户结构用 T 形账户表示，如图 1-1 所示。

借方	资产类和成本类账户		贷方
期初余额	×××		
本期增加额	×××	本期减少额	×××
	……		……
本期借方发生额合计	×××	本期贷方发生额合计	×××
期末余额	×××		

图 1-1　资产类和成本类账户结构

2. 负债类和所有者权益类账户的结构

在借贷记账法下，负债类、所有者权益类账户的借方登记减少额；贷方登记增加额；期末余额一般在贷方。其余额计算公式为：

期末贷方余额 = 期初贷方余额 + 本期贷方发生额 − 本期借方发生额

负债类和所有者权益类账户结构用 T 形账户表示，如图 1-2 所示。

借方	负债类和所有者权益类账户		贷方
		期初余额	×××
本期减少额	×××	本期增加额	×××
	……		……
本期借方发生额合计	×××	本期贷方发生额合计	×××
		期末余额	×××

图 1-2 负债类和所有者权益类账户结构

3. 损益类账户的结构

损益类账户主要包括收入类账户和费用类账户。

在借贷记账法下，收入类账户的借方登记减少额；贷方登记增加额。本期收入净额在期末转入“本年利润”账户，用以计算当期损益，结转后无余额。收入类账户结构用 T 形账户表示，如图 1-3 所示。

借方	收入类账户		贷方
本期减少额	×××	本期增加额	×××
本期转出额	×××		×××
	……		……
本期借方发生额合计	×××	本期贷方发生额合计	×××

图 1-3 收入类账户结构

在借贷记账法下，费用类账户的借方登记增加额；贷方登记减少额。本期费用净额在期末转入“本年利润”账户，用以计算当期损益，结转后无余额。费用类账户结构用 T 形账户表示，如图 1-4 所示。

借方	费用类账户		贷方
本期增加额	×××	本期减少额	×××
	×××	本期转出额	×××
	……		……
本期借方发生额合计	×××	本期贷方发生额合计	×××

图 1-4 费用类账户结构

（二）借贷记账法的记账规则

记账规则，是指采用某种记账方法登记具体经济业务时应当遵循的规则。如果运用“借”“贷”符号表示[例 1-1]中 9 种基本类型经济业务所涉及的增减变动情况，可以发现借贷记账法的记账规则为“有借必有贷，借贷必相等”，即任何经济业务的发生总会涉及两个或两个以上的相关账户，一方（或几方）记入借方，另一方（或几方）必须记入贷方，记入借方的金额等于记入贷方的金额。如果涉及多个账户，记入借方账户金额的合计数等于记入贷方账户金额的合计数。

上述 9 种基本经济业务的资金运动与记账规则的对应关系，如图 1-5 所示。

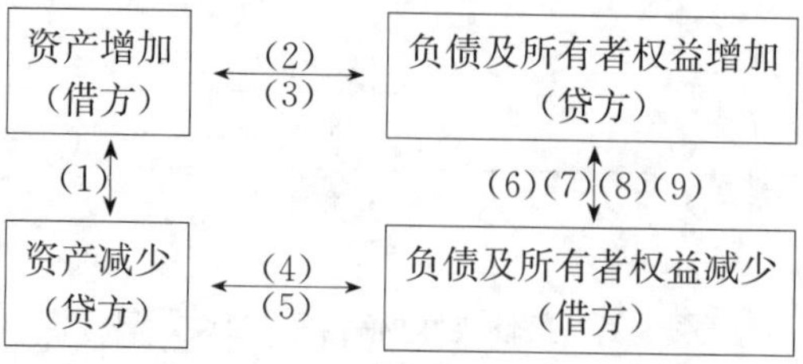

图 1-5　资金运动与记账规则的对应关系

【例 1-2】 2021 年 6 月，甲公司发生以下经济业务：

(1) 甲公司购入原材料一批，价款 1 000 元，用银行存款支付，假定不考虑增值税因素。

(2) 甲公司已到期的应付票据 20 000 元因无力支付转为应付账款。

(3) 甲公司收到投资者投入资本 50 000 元，款项存入银行。

(4) 甲公司以银行存款 30 000 元，偿还到期的长期借款。

要求：完成甲公司各经济业务 T 形账户的登记。

【解析】

(1) 该项经济业务发生后，甲公司原材料增加 1 000 元，银行存款同时减少 1 000 元，它涉及“原材料”和“银行存款”这两个资产类账户。资产的增加用“借”表示，减少用“贷”表示，因此应在“原材料”账户借方记入 1 000 元，在“银行存款”账户贷方记入 1 000 元。该项经济业务在 T 形账户中的登记，如图 1-6 所示。

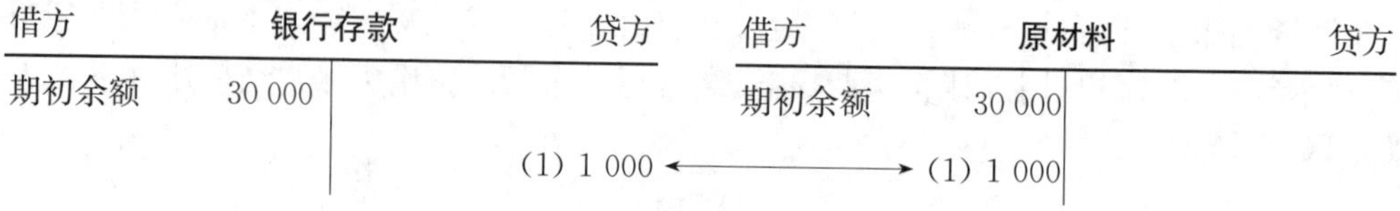

图 1-6　以银行存款购入原材料

(2) 该项经济业务发生后，甲公司应付账款增加 20 000 元，应付票据同时减少 20 000 元，它涉及“应付账款”和“应付票据”这两个负债类账户。负债的增加用“贷”表示，减少用“借”表示，因此应在“应付票据”账户借方记入 20 000 元，在“应付账款”账户贷方记入 20 000 元。该项经济业务在 T 形账户中的登记，如图 1-7 所示。

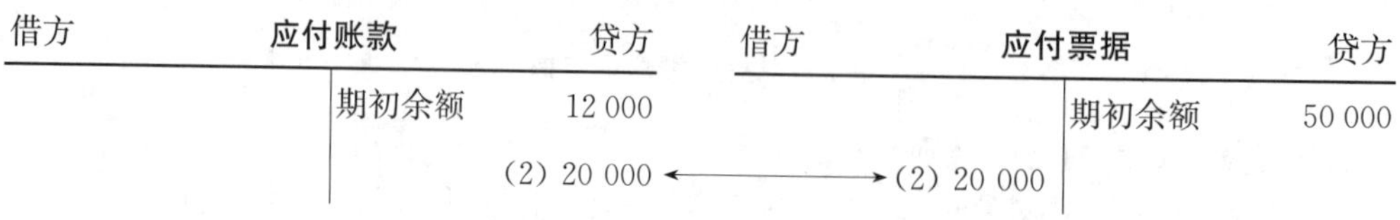

图 1-7　已到期的应付票据转为应付账款

(3) 该项经济业务发生后，甲公司银行存款增加 50 000 元，所有者对甲公司的投资同时增加 50 000 元,它涉及“银行存款”这个资产类账户和“实收资本”这个所有者权益类账户。资产的增加用“借”表示,所有者权益的增加用“贷”表示,因此应在“银行存款”账户借方记入 50 000 元,在“实收资本”账户贷方记入 50 000 元。该项经济业务在 T 形账户中的登记,如图 1-8 所示。

借方	实收资本	贷方
	期初余额	14 000
		(3) 50 000

借方	银行存款	贷方
期初余额	30 000	
	(3) 50 000	

图 1-8　收到投资者投入的资本金

(4) 该项经济业务发生后,甲公司的银行存款减少 30 000 元,长期借款同时减少 30 000 元,它涉及“银行存款”这个资产类账户和“长期借款”这个负债类账户。资产的减少用“贷”表示,负债的减少用“借”表示,因此应在“长期借款”账户的借方记入 30 000 元,在“银行存款”账户的贷方记入 30 000 元。该项经济业务在 T 形账户中的登记,如图 1-9 所示。

借方	银行存款	贷方
期初余额	30 000	
		(4) 30 000

借方	长期借款	贷方
	期初余额	30 000
(4) 30 000		

图 1-9　以银行存款偿还到期的长期借款

(三) 借贷记账法下的账户对应关系与会计分录

账户对应关系是指采用借贷记账法对每笔交易或事项进行记录时,相关账户之间形成的应借、应贷的相互关系。存在对应关系的账户称为对应账户。

会计分录,简称分录,是对每项经济业务列示出应借、应贷的账户名称(科目)及其金额的一种记录。会计分录由应借应贷方向、相互对应的科目及其金额三个要素构成。

【例 1-3】 依据[例 1-2]资料。

要求:编制甲公司相关会计分录。

【解析】

(1) 借:原材料　　1 000
　　贷:银行存款　　1 000

(2) 借:应付票据　　20 000
　　贷:应付账款　　20 000

(3) 借:银行存款　　50 000
　　贷:实收资本　　50 000

(4) 借:长期借款　　30 000
　　贷:银行存款　　30 000

按照所涉及账户的多少,会计分录分为简单会计分录和复合会计分录。简单会计分录,是指只涉及一个账户借方和另一个账户贷方的会计分录,即一借一贷的会计分录,如上述列示的会计分录。复合会计分录,是指由两个以上(不含两个)对应账户组成的会计分录,即一借多贷、多借一贷或多借多贷的会计分录。

【例 1-4】 甲公司购入原材料一批，价款 60 000 元，其中 40 000 元用银行存款支付，20 000 元尚未支付，假定不考虑增值税因素。

要求：编制甲公司相关会计分录。

【解析】

借：原材料　　60 000

　　贷：银行存款　　40 000

　　　　应付账款　　20 000

重点提示

复合会计分录实际上是由若干简单会计分录复合而成的，但为了保持账户对应关系清晰，一般不应把不同经济业务合并在一起，编制多借多贷的会计分录。一笔复合会计分录可以分解为若干简单的会计分录，而若干笔相对简单的会计分录又可复合为一笔复合会计分录，复合或分解的目的是便于会计工作，更好地反映经济业务发生引起资金运动的来龙去脉。

（四）借贷记账法下的试算平衡

试算平衡，是指根据借贷记账法的记账规则和资产与权益（负债和所有者权益）的相等关系，通过对所有账户的发生额和余额汇总计算与比较，来检查账户记录是否正确的一种方法。

1. 试算平衡的分类

（1）发生额试算平衡。发生额试算平衡是指全部账户本期借方发生额合计与全部账户本期贷方发生额合计保持平衡，即：

全部账户本期借方发生额合计 = 全部账户本期贷方发生额合计

发生额试算平衡的直接依据是借贷记账法的记账规则，即“有借必有贷，借贷必相等”。

（2）余额试算平衡。余额试算平衡，是指全部账户借方期末（初）余额合计与全部账户贷方期末（初）余额合计保持平衡，即：

全部账户借方期末（初）余额合计 = 全部账户贷方期末（初）余额合计

余额试算平衡的直接依据是财务状况等式，即：资产 = 负债 + 所有者权益。

2. 试算平衡表的编制

试算平衡是通过编制试算平衡表进行的。试算平衡表通常是在期末结出各账户的本期发生额合计和期末余额后编制的，试算平衡表中一般应设置“期初余额”“本期发生额”“期末余额”三大栏目，其下分设“借方”和“贷方”两个小栏。各大栏中的借方合计与贷方合计应该平衡相等，否则，便存在记账错误。为了简化表格，试算平衡表也可只根据各个账户的本期发生额编制，不填列各账户的期初余额和期末余额。试算平衡表的格式，如表 1-6 所示。

试算平衡只是通过借贷金额是否平衡来检查账户记录是否正确的一种方法。如果借贷双方发生额或余额相等，表明账户记录基本正确，但有些错误并不影响借贷双方的平衡，因此，试算不平衡，表示记账一定有错误，但试算平衡时，不能表明记账一定正确。

不影响借贷双方平衡关系的错误通常有：

（1）漏记某项经济业务，使本期借贷双方的发生额等额减少，借贷仍然平衡。

（2）重记某项经济业务，使本期借贷双方的发生额等额虚增，借贷仍然平衡。

(3) 某项经济业务记录的应借、应贷科目正确，但借贷双方金额同时多记或少记，且金额一致，借贷仍然平衡。

(4) 某项经济业务记错有关账户，借贷仍然平衡。

(5) 某项经济业务在账户记录中，颠倒了记账方向，借贷仍然平衡。

(6) 某借方或贷方发生额中，偶然发生多记和少记并相互抵销，借贷仍然平衡。

由于账户记录可能存在上述不能由试算平衡表发现的错误，所以需要对会计记录进行日常或定期的复核，以保证账户记录的正确性。

【例 1-5】 2021 年 1 月初，丙公司各账户的余额，如表 1-5 所示。

表 1-5 **期初余额表**

2021 年 1 月 1 日 单位：元

账户名称	期初借方余额	账户名称	期初贷方余额
库存现金	10 000	短期借款	130 000
银行存款	160 000	应付票据	120 000
原材料	200 000	应付账款	100 000
固定资产	11 000 000	实收资本	11 020 000
合计	11 370 000	合计	11 370 000

2021 年 1 月，丙公司发生的部分经济业务(假定不考虑增值税因素)如下：

(1) 收到投资者按投资合同投入资本 420 000 元，已存入银行。

(2) 向银行借入期限为三个月的借款 600 000 元存入银行。

(3) 从银行提取现金 8 000 元备用。

(4) 购买原材料 60 000 元已验收入库，款未付。

(5) 签发三个月到期的商业汇票 50 000 元抵付上月所欠货款。

(6) 用银行存款 100 000 元偿还短期借款。

(7) 用银行存款 300 000 元购买不需安装的机器设备一台，设备已交付使用。

(8) 购买原材料 40 000 元，其中用银行存款支付 30 000 元，其余货款未付，材料已验收入库。

(9) 以银行存款偿还短期借款 100 000 元，偿还应付账款 60 000 元。

要求：编制丙公司相关会计分录、T 形账户及试算平衡表。

【解析】

(1) 借：银行存款 420 000
　　贷：实收资本 420 000

(2) 借：银行存款 600 000
　　贷：短期借款 600 000

(3) 借：库存现金 8 000
　　贷：银行存款 8 000

(4) 借：原材料 60 000
　　贷：应付账款 60 000

(5) 借：应付账款　　50 000
　　贷：应付票据　　50 000

(6) 借：短期借款　　100 000
　　贷：银行存款　　100 000

(7) 借：固定资产　　300 000
　　贷：银行存款　　300 000

(8) 借：原材料　　40 000
　　贷：银行存款　　30 000
　　　　应付账款　　10 000

(9) 借：短期借款　　100 000
　　　　应付账款　　60 000
　　贷：银行存款　　160 000

根据上述会计分录登记总分类账户，期末在各总分类账户中结算出本期发生额和期末余额，如图 1-10 所示。

银行存款

借方			贷方
期初余额	160 000		
	(1) 420 000		(3) 8 000
	(2) 600 000		(6) 100 000
			(7) 300 000
			(8) 30 000
			(9) 160 000
本期借方发生额合计	1 020 000	本期贷方发生额合计	590 000
期末余额	582 000		

实收资本

借方			贷方
		期初余额	11 020 000
			(1) 420 000
本期借方发生额合计		本期贷方发生额合计	420 000
		期末余额	11 440 000

短期借款

借方			贷方
		期初余额	130 000
	(6) 100 000		(2) 600 000
	(9) 100 000		
本期借方发生额合计	200 000	本期贷方发生额合计	600 000
		期末余额	530 000

库存现金

借方			贷方
期初余额	10 000		
	(3) 8 000		
本期借方发生额合计	8 000	本期贷方发生额合计	
期末余额	18 000		

借方	原材料		贷方
期初余额	200 000		
	(4) 60 000		
	(8) 40 000		
本期借方发生额合计	100 000	本期贷方发生额合计	
期末余额	300 000		

借方	应付账款		贷方
		期初余额	100 000
	(5) 50 000		(4) 600 000
	(9) 60 000		(8) 10 000
本期借方发生额合计	110 000	本期贷方发生额合计	70 000
		期末余额	60 000

借方	应付票据		贷方
		期初余额	120 000
			(5) 50 000
本期借方发生额合计		本期贷方发生额合计	50 000
		期末余额	170 000

图 1-10 T 形账户

根据各账户的期初余额、本期发生额和期末余额，编制总分类账户试算平衡表进行试算平衡，如表 1-6 所示。

表 1-6 总分类账户试算平衡表

2021 年 1 月 31 日 单位：元

账户名称	期初余额		本期发生额		期末余额	
	借方	贷方	借方	贷方	借方	贷方
库存现金	10 000		8 000		18 000	
银行存款	160 000		1 020 000	598 000	582 000	
原材料	200 000					
固定资产	11 000 000		300 000		11 300 000	
短期借款		130 000	200 000	600 000		530 000
应付票据		120 000		50 000		170 000
应付账款		100 000	110 000	70 000		60 000
实收资本		11 020 000		420 000		11 440 000
合计	11 370 000	11 370 000	1 738 000	1 738 000	12 200 000	12 200 000

第五节 会计凭证、会计账簿与账务处理程序

一、会计凭证

（一）会计凭证

会计凭证，是指记录经济业务发生或者完成情况的书面证明，是登记账簿的依据。会计凭证按照填制程序和用途可分为原始凭证和记账凭证。

（二）原始凭证

1. 原始凭证的含义

原始凭证是指在经济业务发生或完成时取得或填制的，用以记录或证明经济业务的发生或完成情况的原始凭据。

2. 原始凭证的分类

1）按取得来源分类

原始凭证按照取得来源，分为自制原始凭证和外来原始凭证。

（1）自制原始凭证。自制原始凭证是指由本单位有关部门和人员，在执行或完成某项经济业务时填制的原始凭证，如领料单、产品入库单、借款单等。

（2）外来原始凭证。外来原始凭证是指在经济业务发生或完成时，从其他单位或个人直接取得的原始凭证，如购买原材料取得的增值税专用发票、职工出差报销的飞机票、火车票和餐饮费发票等。

2）按格式分类

原始凭证按照格式的不同，可分为通用凭证和专用凭证。

（1）通用凭证。通用凭证是指由有关部门统一印制、在一定范围内使用的具有统一格式和使用方法的原始凭证。通用凭证的使用范围因制作部门的不同而有所差异，可以是分地区、分行业使用，也可以全国通用。例如，由中国人民银行制作的在全国通用的银行转账结算凭证、由国家税务总局统一印制的全国通用的增值税专用发票等。

（2）专用凭证。专用凭证是指由单位自行印制的原始凭证，如领料单、差旅费报销单、折旧计算表、工资费用分配表等。

3）按填制的手续和内容分类

原始凭证按照填制的手续和内容，可分为一次凭证、累计凭证和汇总凭证。

（1）一次凭证。一次凭证是指一次填制完成，只记录一笔经济业务且仅一次有效的原始凭证，如收据、收料单、发货票、银行结算凭证等。

（2）累计凭证。累计凭证是指在一定时期内多次记录发生的同类经济业务且多次有效的原始凭证，如限额领料单。

（3）汇总凭证。汇总凭证是指对一定时期内反映经济业务内容相同的若干张原始凭证，按照一定标准综合填制的原始凭证，如工资汇总表、发料凭证汇总表等。汇总原始凭证合并了同类经济业务，简化了凭证编制和记账工作。

【例 1-6】 收料单、领料单属于（　　）。

A. 自制原始凭证　B. 外来原始凭证　C. 一次凭证　D. 汇总凭证

【答案】 AC

【解析】 收料单、领料单属于自制原始凭证和一次凭证。

3. 原始凭证的基本内容

原始凭证的格式和内容因经济业务和经营管理的不同而有所差异，但原始凭证应当具备以下基本内容(也称为原始凭证要素)：①凭证的名称。②填制凭证的日期。③填制凭证单位名称和填制人姓名。④经办人员的签名或者盖章。⑤接受凭证单位名称。⑥经济业务内容。⑦数量、单价和金额。

4. 原始凭证的填制要求

1）原始凭证填制的基本要求

(1) 记录真实。原始凭证所填列经济业务的内容和数字，必须真实可靠，符合实际情况。

(2) 内容完整。原始凭证所要求填列的项目必须逐项填列齐全，不得遗漏或省略。原始凭证中的年、月、日要按照填制原始凭证的实际日期填写；名称要齐全，不能简化；品名或用途要填写明确，不能含糊不清；有关人员的签章必须齐全。

(3) 手续完备。原始凭证填制要求，如表 1-7 所示。

表 1-7　原始凭证填制要求

凭证	填制要求
单位自制的原始凭证	必须有经办单位相关负责人的签名盖章
对外开出的原始凭证	必须加盖本单位公章或者财务专用章
从外部取得的原始凭证	必须盖有填制单位的公章或者财务专用章
从个人取得的原始凭证	必须有填制人员的签名或盖章

(4) 书写清楚、规范。原始凭证要按规定填写，文字要简明，字迹要清楚，易于辨认，不得使用未经国务院公布的简化汉字。大小写金额必须符合填写规范，小写金额用阿拉伯数字逐个书写，不得写连笔字。在金额前要填写人民币符号“￥”(使用外币时填写相应符号)，且与阿拉伯数字之间不得留有空白。金额数字一律填写到角、分，无角无分的，写“00”或符号“—”；有角无分的，分位写“0”，不得用符号“—”。大写金额用汉字壹、贰、叁、肆、伍、陆、柒、捌、玖、拾、佰、仟、万、亿、元、角、分、零、整等，一律用正楷或行书字书写。大写金额前未印有“人民币”字样的，应加写“人民币”三个字且和大写金额之间不得留有空白。大写金额到元或角为止的，后面要写“整”或“正”字；有分的，不写“整”或“正”字，如小写金额为￥1007.00，大写金额应写成“壹仟零柒元整”。

(5) 编号连续。各种凭证要连续编号，以便检查。如果凭证已预先印定编号，如发票、支票等重要凭证，在因错作废时，应加盖“作废”戳记，妥善保管，不得撕毁。

(6) 不得涂改、刮擦、挖补。原始凭证金额有错误的，应当由出具单位重开，不得在原始凭证上更正。原始凭证有其他错误的，应当由出具单位重开或更正，更正处应当加盖出具单位印章。

(7) 填制及时。

2）自制原始凭证填制的基本要求

(1) 一次凭证，应在经济业务发生或完成时，由相关业务人员一次填制完成。一次凭证有些是自制的原始凭证，如收料单、领料单、工资结算表、制造费用分配表等；有些是外来的原始凭证，如增值税专用发票、税收缴款书、各种银行结算凭证等。

(2) 累计凭证，应在每次经济业务完成后，由相关人员在同一张凭证上重复填制完成。典型的累计凭证是限额领料单。

(3) 汇总凭证，应由相关人员在汇总一定时期内反映同类经济业务的原始凭证后填制完成。

5. 原始凭证的审核

为了如实反映经济业务的发生和完成情况，充分发挥会计的监督职能，保证会计信息的真实、完整，会计人员必须对原始凭证进行严格审核。审核的内容主要包括：

（1）审核原始凭证的真实性。真实性的审核包括凭证日期是否真实、业务内容是否真实、数据是否真实等。对外来原始凭证，必须有填制单位公章或财务专用章和填制人员签章；对自制原始凭证，必须有经办部门和经办人员的签名或盖章。此外，对通用原始凭证，还应审核凭证本身的真实性，以防作假。

（2）审核原始凭证的合法性、合理性。审核原始凭证所记录经济业务是否符合国家法律法规，是否履行了规定的凭证传递和审核程序；审核原始凭证所记录经济业务是否符合企业经济活动的需要、是否符合有关的计划和预算等。

（3）审核原始凭证的完整性。审核原始凭证各项基本要素是否齐全，是否有漏项情况，日期是否完整，数字是否清晰，文字是否工整，有关人员签章是否齐全，凭证联次是否正确等。

（4）审核原始凭证的正确性。审核原始凭证记载的各项内容是否正确，包括：①接受原始凭证单位的名称是否正确。②金额的填写和计算是否正确。阿拉伯数字分位填写，不得连写。小写金额前要标明"￥"字样，中间不能留有空位。大写金额前要加"人民币"字样，大写金额与小写金额要相符。③更正是否正确。原始凭证记载的各项内容均不得涂改、刮擦和挖补。

（三）记账凭证

1. 记账凭证的种类

记账凭证按照其反映的经济业务的内容来划分，通常可分为收款凭证、付款凭证和转账凭证。

（1）收款凭证。收款凭证是指用于记录库存现金和银行存款收款业务的记账凭证。收款凭证根据有关库存现金和银行存款收款业务的原始凭证填制，是登记库存现金日记账、银行存款日记账以及有关明细分类账和总分类账等账簿的依据，也是出纳人员收讫款项的依据。

（2）付款凭证。付款凭证是指用于记录库存现金和银行存款付款业务的记账凭证。付款凭证根据有关库存现金和银行存款支付业务的原始凭证填制，是登记库存现金日记账、银行存款日记账以及有关明细分类账和总分类账等账簿的依据，也是出纳人员支付款项的依据。

（3）转账凭证。转账凭证是指用于记录不涉及库存现金和银行存款业务的记账凭证。转账凭证根据有关转账业务的原始凭证填制，是登记有关明细分类账和总分类账等账簿的依据。

2. 记账凭证的基本内容

记账凭证是登记账簿的依据，为了保证账簿记录的正确性，记账凭证必须具备以下基本内容：①填制凭证的日期。②凭证编号。③经济业务摘要。④应借应贷会计科目。⑤金额。⑥所附原始凭证张数。⑦填制凭证人员、稽核人员、记账人员、会计机构负责人、会计主管人员签名或者盖章。收款和付款记账凭证还应当由出纳人员签名或者盖章。

【例 1-7】 下列各项中，企业应根据相关业务的原始凭证编制收款凭证的有（　　）。

A. 销售产品取得货款存入银行　　B. 从银行存款中提取现金

C. 收取出租包装物租金　　D. 将库存现金送存银行

【答案】 AC

【解析】 对于涉及"库存现金"和"银行存款"之间的相互划转业务，如将现金存入银行或者从银行提取现金，为了避免重复记账，只填制付款凭证，不再填制收款凭证。选项 B 和选项 D 应该编制付款凭证。

3. 记账凭证的填制要求

1) 记账凭证填制的基本要求

记账凭证的填制除了要做到内容完整、书写清楚和规范外，还必须符合下列要求：

(1) 除结账和更正错账可以不附原始凭证外，其他记账凭证必须附原始凭证。

(2) 记账凭证可以根据每一张原始凭证填制，或根据若干张同类原始凭证汇总填制，也可根据原始凭证汇总表填制；但不得将不同内容和类别的原始凭证汇总填制在一张记账凭证上。

(3) 记账凭证应连续编号。凭证应由主管该项业务的会计人员，按业务发生的顺序连续编号。如果一笔经济业务需要填制两张以上(含两张)记账凭证的，可以采用“分数编号法”编号，如转字 $4\frac{1}{3}$ 号、转字 $4\frac{2}{3}$ 号、转字 $4\frac{3}{3}$ 号。

(4) 填制记账凭证时若发生错误，应当重新填制。已经登记入账的记账凭证在当年内发现填写错误时，可以用红字填写一张与原内容相同的记账凭证，在摘要栏注明“注销某月某日某号凭证”字样，同时再用蓝字重新填制一张正确的记账凭证，注明“订正某月某日某号凭证”字样。如果会计科目没有错误，只是金额错误，也可以将正确数字与错误数字之间的差额另编一张调整的记账凭证，调增金额用蓝字，调减金额用红字。发现以前年度记账凭证有错误的，应当用蓝字填制一张更正的记账凭证。

(5) 记账凭证填制完成后，如有空行，应当自金额栏最后一笔金额数字下的空行处至合计数上的空行处划线注销。

【例 1-8】 2020 年 8 月 5 日，乙公司收到上月向丙公司销售 M 产品的货款共计 11 300 元(含增值税)，存入中国银行，附原始凭证 2 张，为乙公司 8 月第 11 笔业务。

要求：编制记账凭证。

【解析】 答案如图 1-11 所示(本书省略各岗位签名或盖章)。

记账凭证

记字第 11 号

2020 年 08 月 05 日

摘　要	一级科目	二级及明细科目	借方金额										贷方金额										记账
			千	百	十	万	千	百	十	元	角	分	千	百	十	万	千	百	十	元	角	分	
收到货款	银行存款	中国银行				1	1	3	0	0	0	0											
	应收账款	丙公司														1	1	3	0	0	0	0	
合　计					¥	1	1	3	0	0	0				¥	1	1	3	0	0	0	0	

附单据 2 张

会计主管　　记账　　出纳　　复核　　制单

图 1-11　记账凭证

2）收款凭证的填制要求

收款凭证左上角的“借方科目”按收款的性质填写“库存现金”或“银行存款”；日期填写的是填制本凭证的日期；右上角填写填制收款凭证的顺序号；“摘要”填写所记录经济业务的简要说明；“贷方科目”填写与收入“库存现金”或“银行存款”相对应的会计科目；“记账”是指该凭证已登记账簿的标记，防止经济业务重记或漏记；“金额”是指该项经济业务的发生额；该凭证右边“附件×张”是指该记账凭证所附原始凭证的张数；最下边分别由有关人员签章，以明确账证经管责任。

【例 1-9】 2020 年 9 月 8 日，乙公司销售甲产品一批，取得销售收入 20 000 元存入中国银行，并开具增值税专用发票，附原始凭证 3 张，为乙公司 9 月第 3 笔银行存款收款业务。

要求：填制收款凭证。

【解析】 答案如图 1-12 所示。

收款凭证

银收字第 3 号

借方科目：银行存款——中国银行　　2020 年 09 月 08 日

摘　　要	贷方科目		金额										记账
	总账科目	明细科目	千	百	十	万	千	百	十	元	角	分	
销售甲产品	主营业务收入	甲产品				2	0	0	0	0	0	0	
	应交税费	应交增值税(进项税额)					2	6	0	0	0	0	
合　　计					¥	2	2	6	0	0	0	0	

附单据 3 张

会计主管　　记账　　出纳　　复核　　制单

图 1-12　收款凭证

3）付款凭证的填制要求

付款凭证是根据审核无误的库存现金和银行存款的付款业务的原始凭证填制的。付款凭证的填制方法与收款凭证基本相同，不同的是在付款凭证的左上角应填列贷方科目，即“库存现金”或“银行存款”科目，“借方科目”栏应填写与“库存现金”或“银行存款”相对应的一级科目和明细科目。

对于涉及“库存现金”和“银行存款”之间的相互划转业务，如将现金存入银行或从银行提取现金，为了避免重复记账，一般只填制付款凭证，不再填制收款凭证。

出纳人员在办理收款或付款业务后，应在原始凭证上加盖“收讫”或“付讫”的戳记，以免重收重付。

【例 1-10】 2020 年 10 月 15 日，乙公司行政部门购买办公用品支付现金 300 元；附原始凭证 3 张，为乙公司 10 月第 7 张现金付款业务。

要求：填制付款凭证。

【解析】 答案如图 1-13 所示。

付款凭证　　　　现付字第 7 号

贷方科目：库存现金　　　　2020 年 10 月 15 日

摘　　要	借方科目		金　　额										记账
	总账科目	明细科目	千	百	十	万	千	百	十	元	角	分	
购入办公用品	管理费用	办公费						3	0	0	0	0	
合　　计							¥	3	0	0	0	0	

附单据 3 张

会计主管　　记账　　出纳　　复核　　制单

图 1-13　付款凭证

4）转账凭证的填制要求

转账凭证通常是根据有关转账业务的原始凭证填制的。转账凭证中"总账科目"和"明细科目"栏应填写应借、应贷的总账科目和明细科目，借方科目应记金额应在同一行的"借方金额"栏填列，贷方科目应记金额应在同一行的"贷方金额"栏填列，"借方金额"栏合计数与"贷方金额"栏合计数应相等。

【例 1-11】 2020 年 11 月 28 日，甲公司生产车间计提固定资产折旧 1 000 元；附原始凭证 1 张，为甲公司 11 月第 37 笔转账业务。

要求：填制转账凭证。

【解析】 答案如图 1-14 所示。

转账凭证　　　　转字第 37 号

2020 年 11 月 28 日

摘　　要	一级科目	二级及明细科目	借方金额										贷方金额										记账
			千	百	十	万	千	百	十	元	角	分	千	百	十	万	千	百	十	元	角	分	
生产车间计提折旧	制造费用	折旧费					1	0	0	0	0	0											
	累计折旧																1	0	0	0	0	0	
合　　计						¥	1	0	0	0	0	0				¥	1	0	0	0	0	0	

附单据 1 张

会计主管　　记账　　出纳　　复核　　制单

图 1-14　转账凭证

4. 记账凭证的审核

为了保证会计信息的质量，在记账之前应由有关稽核人员对记账凭证进行严格的审核，审核的内容主要包括：①记账凭证是否有原始凭证为依据，所附原始凭证或原始凭证汇总表的内容与记账凭证的内容是否一致。②记账凭证各项目的填写是否齐全，如日期、凭证编号、摘要、会计科目、金额、所附原始凭证张数及有关人员签章等。③记账凭证的应借、应贷科目以及对应关系是否正确。④记账凭证所记录的金额与原始凭证的有关金额是否一致，计算是否正确。⑤记账凭证中的记录是否文字工整、数字清晰，是否按规定进行更正等。⑥出纳人员在办理收款或付款业务后，是否已在原始凭证上加盖"收讫"或"付讫"的戳记。

（四）会计凭证的保管

会计凭证的保管是指会计凭证记账后的整理、装订、归档和存查工作。会计凭证作为记账的依据，是重要的会计档案和经济资料。任何单位在完成经济业务手续和记账后，必须将会计凭证按规定的立卷归档制度形成会计档案，妥善保管，防止丢失，不得任意销毁，以便日后查阅。

二、会计账簿

（一）会计账簿的基本内容与分类

会计账簿，简称账簿，是指由一定格式的账页组成的，以经过审核的会计凭证为依据，全面、系统、连续地记录各项经济业务和会计事项的簿籍。

1. 会计账簿的基本内容

在实际工作中，由于各种会计账簿所记录的经济业务不同，账簿的格式也多种多样，但各种账簿都应具备以下基本内容：

（1）封面，主要用来标明账簿的名称，如总分类账、各种明细分类账、库存现金日记账、银行存款日记账等。

（2）扉页，主要用来列明会计账簿的使用信息，如科目索引、账簿启用和经管人员一览表等。

（3）账页，是账簿用来记录经济业务的主要载体，包括账户的名称、日期栏、凭证种类和编号栏、摘要栏、金额栏，以及总页次和分户页次等基本内容。

2. 会计账簿的种类

会计账簿可以按照用途、账页格式、外形特征等进行分类。

1）按用途分类

会计账簿按照用途，可以分为序时账簿、分类账簿和备查账簿。

（1）序时账簿。序时账簿又称日记账，是按照经济业务发生时间的先后顺序逐日、逐笔登记的账簿。例如，库存现金日记账和银行存款日记账都属于序时账簿。

（2）分类账簿。分类账簿是指按照分类账户设置登记的账簿。分类账簿是会计账簿的主体，也是编制财务报表的主要依据。分类账簿按其反映经济业务的详略程度，可分为总分类账簿和明细分类账簿。①总分类账簿，简称总账，是根据总分类账户设置的，总括地反映某类经济活动。总分类账簿主要为编制财务报表提供直接数据资料，通常采用三栏式。②明细分类账簿，简称明细账，是根据明细分类账户设置的，用来提供明细的核算资料。明细分类账簿可采用的格式主要有三栏式明细账、多栏式明细账和数量金额式明细账等。

（3）备查账簿。备查账簿又称辅助登记簿或补充登记簿，是对某些在序时账簿和分类账簿中未能记载或记载不全的经济业务进行补充登记的账簿。例如，反映企业租入固定资产的“租入固定资产登记簿”、反映为其他企业代管商品的“代管商品物资登记簿”等。

2）按账页格式分类

会计账簿按照账页格式，主要分为三栏式账簿、多栏式账簿、数量金额式账簿。

(1) 三栏式账簿。三栏式账簿是设有借方、贷方和余额三个金额栏目的账簿。各种日记账、总账以及资本、债权、债务明细账都可采用三栏式账簿。

(2) 多栏式账簿。多栏式账簿是在账簿的两个金额栏目(借方和贷方)按需要分设若干专栏的账簿。收入、成本、费用明细账一般采用多栏式账簿。

(3) 数量金额式账簿。数量金额式账簿是在账簿的借方、贷方和余额三个栏目内，每个栏目再分设数量、单价和金额三小栏，借以反映财产物资的实物数量和价值量的账簿。原材料、库存商品等明细账一般采用数量金额式账簿。

3）按外形特征分类

会计账簿按照外形特征，可以分为订本式账簿、活页式账簿、卡片式账簿。

(1) 订本式账簿。订本式账簿简称订本账，是在启用前将编有顺序页码的一定数量账页装订成册的账簿。订本账的优点是能避免账页散失和防止抽换账页；缺点是不能准确为各账户预留账页。订本式账簿一般适用于重要的和具有统驭性的总分类账、库存现金日记账和银行存款日记账。

(2) 活页式账簿。活页式账簿简称活页账，是将一定数量的账页置于活页夹内，可根据记账内容的变化随时增加或减少部分账页的账簿。活页式账簿的优点是记账时可以根据实际需要，随时将空白账页装入账簿，或抽去不需要的账页，便于分工记账；缺点是如果管理不善，可能会造成账页散失或故意抽换账页。活页式账簿一般适用于明细分类账。

(3) 卡片式账簿。卡片式账簿简称卡片账，是将一定数量的卡片式账页存放于专设的卡片箱中，可以根据需要随时增添账页的账簿。在我国，企业一般只对固定资产的核算采用卡片账形式，也有少数企业在材料核算中使用材料卡片。

(二) 会计账簿的启用与登记要求

启用会计账簿时，应当在账簿封面上写明单位名称和账簿名称，并在账簿扉页上附启用表。启用订本式账簿应当从第一页到最后一页顺序编定页数，不得跳页、缺号。使用活页式账簿应当按账户顺序编号，并须定期装订成册，装订后再按实际使用的账页顺序编定页码，另加目录以便于记明每个账户的名称和页次。

为了保证账簿记录的正确性，必须根据审核无误的会计凭证登记会计账簿，并符合有关法律、行政法规和国家统一的会计制度的规定。

(1) 登记会计账簿时，应当将会计凭证日期、编号、业务内容摘要、金额和其他有关资料逐项记入账内。账簿记录中的日期，应该填写记账凭证上的日期；以自制原始凭证(如收料单、领料单等)作为记账依据的，账簿记录中的日期应按有关自制凭证上的日期填列。

(2) 为了保持账簿记录的持久性，防止涂改，登记账簿必须使用蓝黑墨水或碳素墨水书写，不得使用圆珠笔(银行的复写账簿除外)或者铅笔书写。以下情况可以使用红墨水记账：①按照红字冲账的记账凭证，冲销错误记录。②在不设借贷等栏的多栏式账页中，登记减少数。③在三栏式账户的余额栏前，如未印明余额方向的，在余额栏内登记负数余额。④根据国家规定可以用红字登记的其他会计记录。除上述情况外，不得使用红色墨水登记账簿。

(3) 会计账簿应当按照连续编号的页码顺序登记。记账时发生错误或者隔页、缺号、跳行的，应在空页、空行处用红色墨水划对角线注销，或者注明“此页空白”或“此行空白”字样，并由记账人员和会计机构负责人(会计主管人员)在更正处签章。

(4) 凡需要结出余额的账户，结出余额后，应当在“借或贷”栏目内注明“借”或“贷”字样，以示余额的方向；对于没有余额的账户，应在“借或贷”栏内写“平”字，并在“余额”栏“元”位处用“0”表示。库存现金日记账和银行存款日记账必须逐日结出余额。

(5) 每一账页登记完毕时，应当结出本页发生额合计及余额，在该账页最末一行“摘要”栏注明“转次页”或“过次页”，并将这一金额记入下一页第一行有关金额栏内，在该行“摘要”栏注明“承前页”，以保持账簿记录的连续性，便于对账和结账。

(6) 账簿记录发生错误时，不得刮擦、挖补或用褪色药水更改字迹，而应采用规定的方法更正。

(三) 会计账簿的格式与登记方法

1. 日记账的格式与登记方法

日记账是按照经济业务发生或完成的时间先后顺序逐日逐笔进行登记的账簿。设置日记账是为了使经济业务的时间顺序清晰地反映在账簿记录中。在我国，大多数企业一般只设库存现金日记账和银行存款日记账。

1) 库存现金日记账的格式与登记方法

库存现金日记账，是用来核算和监督库存现金日常收、付和结存情况的序时账簿。库存现金日记账的格式主要为三栏式。库存现金日记账必须使用订本账。

三栏式库存现金日记账，是用来登记库存现金的增减变动及其结果的日记账。设有借方、贷方和余额三个金额栏目，一般将其分别称为收入、支出和结余三个基本栏目。三栏式库存现金日记账由出纳人员根据库存现金收款凭证、库存现金付款凭证和银行存款付款凭证，按照库存现金收、付款业务和银行存款付款业务发生时间的先后顺序逐日逐笔登记。

三栏式库存现金日记账的登记方法如下：①日期栏是记账凭证的日期，应与库存现金实际收付日期一致。②凭证栏是登记入账的收付款凭证的种类和编号，如“库存现金收(付)款凭证”，简写为“现收(付)”；“银行存款收(付)款凭证”，简写为“银收(付)”。凭证栏还应登记凭证的编号数，以便于查账和核对。③摘要栏说明登记入账的经济业务的内容。④对方科目栏是库存现金收入的来源科目或支出的用途科目。⑤收入、支出栏(或借方、贷方)，是库存现金实际收付的金额。每日终了，应分别计算库存现金收入和付出的合计数，并结出余额，同时将余额与出纳人员的库存现金核对。如账款不符应查明原因，记录备案。月终同样要计算库存现金收、付和结存的合计数。

2) 银行存款日记账的格式与登记方法

银行存款日记账是用来核算和监督银行存款每日的收入、支出和结余情况的账簿。银行存款日记账应按企业在银行开立的账户和币种分别设置，每个银行账户设置一本日记账。由出纳人员根据与银行存款收付业务有关的记账凭证，按时间先后顺序逐日逐笔进行登记。根据银行存款收款凭证和有关的库存现金付款凭证(如现金存入银行的业务)登记银行存款收入栏，根据银行存款付款凭证登记其支出栏，每日结出存款余额。

银行存款日记账的格式与库存现金日记账相同，可以采用三栏式，也可以采用多栏式。多栏式可以将收入和支出的核算在一本账上进行，也可以分设“银行存款收入日记账”和“银行存款支出日记账”两本账。

银行存款日记账的登记方法与库存现金日记账的登记方法基本相同。

2. 总分类账的格式与登记方法

总分类账是按照总分类账户分类登记以提供总括会计信息的账簿。总分类账最常用的格式为三栏式，设有借方、贷方和余额三个金额栏目。

总分类账的登记方法因登记的依据不同而有所不同。经济业务少的小型单位的总分类账，可以根据记账凭证逐笔登记；经济业务多的大中型单位的总分类账，可以根据记账凭证汇总表（又称科目汇总表）或汇总记账凭证等定期登记。

3. 明细分类账的格式与登记方法

明细分类账是根据有关明细分类账户设置并登记的账簿。它能提供交易或事项比较详细、具体的核算资料，以弥补总账所提供核算资料的不足。因此，各单位在设置总账的同时，还应设置必要的明细账。明细分类账一般采用活页式账簿、卡片式账簿。明细分类账一般根据记账凭证和相应的原始凭证进行登记。

明细分类账的格式常用的主要有：

(1) 三栏式。三栏式账页是设有借方、贷方和余额三个栏目，用以分类核算各项经济业务，提供详细核算资料的账簿，其格式与三栏式总账格式相同。

(2) 多栏式。多栏式账页将属于同一个总账科目的各个明细科目合并在一张账页上进行登记，即在这种格式账页的借方或贷方金额栏内按照明细项目设若干专栏。这种格式适用于收入、成本、费用类科目的明细核算。

(3) 数量金额式。数量金额式账页适用于既要进行金额核算又要进行数量核算的账户，如原材料、库存商品等存货账户，其借方（收入）、贷方（发出）和余额（结存）都分别设有数量、单价和金额三个专栏。数量金额式账页提供了企业有关财产物资数量和金额收、发、存的详细资料，有助于加强财产物资的实物管理和使用监督，保证财产物资的安全完整。

4. 总分类账与明细分类账的平行登记

平行登记，是指对所发生的每项经济业务都要以会计凭证为依据，一方面记入有关总分类账户，另一方面记入所辖明细分类账户的方法。总分类账户与明细分类账户平行登记的要点如下：

(1) 方向相同。在总分类账户及其所辖的明细分类账户中登记同一项经济业务时，方向应当相同。即在总分类账户中记入借方，在其所辖的明细分类账户中也应记入借方；在总分类账户中记入贷方，在其所辖的明细分类账户中也应记入贷方。

(2) 期间一致。发生的经济业务，记入总分类账户和所辖明细分类账户的具体时间可以有先后，但应在同一个会计期间记入总分类账户和所辖明细分类账户。

(3) 金额相等。记入总分类账户的金额必须与记入其所辖的一个或几个明细分类账户的金额合计数相等。

（四）对账与结账

1. 对账

对账，是对账簿记录所进行的核对，也就是核对账目。对账工作一般在记账之后结账之前，即在月末进行。对账一般分为账证核对、账账核对、账实核对。

(1) 账证核对。账证核对是指将账簿记录与会计凭证核对，核对账簿记录与原始凭证、记账凭证的时间、凭证字号、内容、金额等是否一致，记账方向是否相符，做到账证相符。

(2) 账账核对。账账核对的内容主要包括：①总分类账簿之间的核对。按照“资产＝负债＋所有者权益”这一会计等式和“有借必有贷、借贷必相等”的记账规则，总分类账簿各账户的期初余额、本期发生额和期末余额之间存在对应的平衡关系，各账户的期末借方余额合计和贷方余额合计也存在平衡关系。通过这种等式和平衡关系，可以检查总账记录是否正确、完整。②总分类账簿与所辖明细分类账簿之间的核对。总分类账各账户的期末余额应与其所辖各明细分类账的期末余额之和核对相符。③总分类账簿与序时账簿之间的核对，主要是指库存现金总账和银行存款总账的期末余额，与库存现金日记账和银行存款日记账的期末余额之间的核对。④明细分类账簿之间的核对。例如，会计机构有关实物资产的明细账与财产物资保管部门或使用部门的明细账定期核对，以检查余额是否相符。核对方法一般是由财产物资保管部门或使用部门定期编制收发结存汇总表报会计机构核对。

(3) 账实核对。账实核对，是指各项财产物资、债权债务等账面余额与实有数额之间的核对，主要包括：①库存现金日记账账面余额与现金实际库存数逐日核对是否相符。②银行存款日记账账面余额与银行对账单余额定期核对是否相符。③各项财产物资明细账账面余额与财产物资实有数额定期核对是否相符。④有关债权债务明细账账面余额与对方单位债权债务账面记录核对是否相符。

2. 结账

结账是将账簿记录定期结算清楚的会计工作。在一定时期结束时(如月末、季末或年末)，为编制财务报表，需要进行结账，具体包括月结、季结和年结。结账的内容通常包括两个方面：一是结清各种损益类账户，据以计算确定本期利润；二是结出各资产、负债和所有者权益账户的本期发生额合计和期末余额。结账的要点主要有以下五点：

(1) 对不需按月结计本期发生额的账户，如各项应收、应付款明细账和各项财产物资明细账等，每次记账以后，都要随时结出余额，每月最后一笔余额是月末余额。月末结账时，只需要在最后一笔经济业务记录下面通栏划单红线，不需要再次结计余额。

(2) 库存现金、银行存款日记账和需要按月结计发生额的收入、费用等明细账，每月结账时，要在最后一笔经济业务记录下面通栏划单红线，结出本月发生额和余额，在摘要栏内注明“本月合计”字样，并在下面通栏划单红线。

(3) 对于需要结计本年累计发生额的明细账户，每月结账时，应在“本月合计”行下结出自年初起至本月末止的累计发生额，登记在月份发生额下面，在摘要栏内注明“本年累计”字样，并在下面通栏划单红线。12 月末的“本年累计”就是全年累计发生额，全年累计发生额下面通栏划双红线。

(4) 总账账户平时只需结出月末余额。年终结账时，为总括反映全年各项资金运动情况的全貌，核对账目，要将所有总账账户结出全年发生额和年末余额，在摘要栏内注明“本年合计”字样，并在合计数下面通栏划双红线。

(5) 年度终了结账时，有余额的账户，应将其余额结转下年，并在摘要栏注明“结转下年”字样；在下一会计年度新建有关账户的第一行余额栏内填写上年结转的余额，并在摘要栏注明“上年结转”字样，使年末有余额账户的余额如实地在账户中加以反映，以免混淆有余额的账户和无余额的账户。

（五）错账更正的方法

在记账过程中，可能由于种种原因会使账簿记录发生错误。账簿记录发生错误，应当采用正确、规范的方法予以更正，不得涂改、挖补、刮擦或者用药水消除字迹，不得重新抄写。错账更正的方法一般有划线更正法、红字更正法和补充登记法三种。结合图 1-15 具体学习错账类型及更正方法。

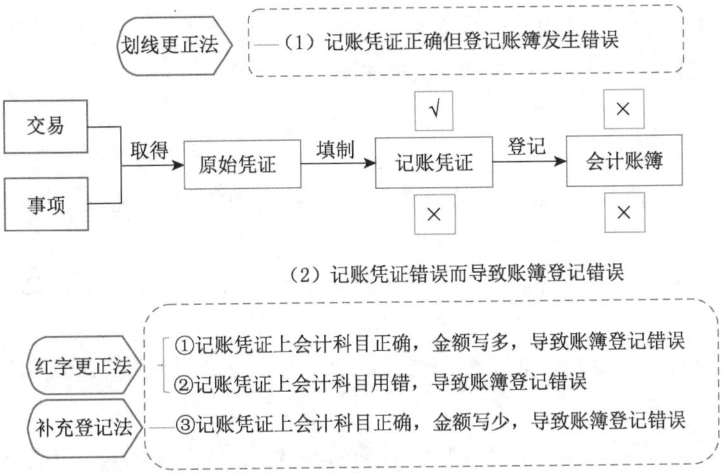

图 1-15　错账类型及更正方法

1. 划线更正法

在结账前发现账簿记录有文字或数字错误，而记账凭证没有错误，应当采用划线更正法。更正时，可在错误的文字或数字上划一条红线，在红线的上方填写正确的文字或数字，并由记账人员和会计机构负责人（会计主管人员）在更正处盖章，以明确责任。需要注意的是，对于数字错误更正时不得只划销错误数字，应将全部数字划销，并保持原有数字清晰可辨，以便审查。例如，把“3 457”元误记为“8 457”元时，应将错误数字“8 457”全部用红线注销后，再写上正确的数字“3 457”，而不是只删改一个“8”字。如记账凭证中的文字或数字发生错误，在尚未过账前，也可用划线更正法更正。

2. 红字更正法

红字更正法，适用于两种情形：

（1）记账后发现记账凭证中应借、应贷会计科目有错误所引起的记账错误。更正方法是：用红字填写一张与原记账凭证完全相同的记账凭证，在摘要栏内写明“注销某月某日某号凭证”，并据以用红字登记入账，以示注销原记账凭证，然后用蓝字填写一张正确的记账凭证，并据以用蓝字登记入账。

（2）记账后发现记账凭证和账簿记录中应借、应贷会计科目无误，只是所记金额大于应记金额所引起的记账错误。更正方法是：按多记的金额用红字编制一张与原记账凭证应借、应贷科目完全相同的记账凭证，在摘要栏内写明“冲销某月某日第×号记账凭证多记金额”，以冲销多记的金额，并据以用红字登记入账。

3. 补充登记法

记账后发现记账凭证和账簿记录中应借、应贷会计科目无误，只是所记金额小于应记金额时，应当采用补充登记法。更正方法是：按少记的金额用蓝字填制一张与原记账凭证应借、应贷科目完全相同的记账凭证，在摘要栏内写明“补记某月某日第×号记账凭证少记金额”，以补充少记的金额，并据以用蓝字登记入账。

【例 1-12】 下列各项中，经济业务应当采用哪种错账更正方法？

(1) 会计人员将车间管理人员工资记入“管理费用”，并登记入账。

(2) 记账凭证的会计科目正确，但将 200 元误记为 2 000 元。

(3) 某企业用转账支票归还前欠乙公司的货款 90 万元，会计人员编制的会计凭证为：借记“应收账款”科目，贷记“银行存款”科目，已登记入账。

(4) 记账凭证无误，登账时将 6 500 元误记为 5 600 元。

(5) 记账凭证的会计科目正确，但将 27 000 元误记为 21 000 元。

【解析】

(1) 车间管理人员工资应记入“制造费用”，记账凭证的科目错误，应采用红字更正法更正。

(2) 记账后发现记账凭证中科目、方向无误，但凭证所记金额大于应记金额，应采用红字更正法更正。

(3) 记账凭证科目错误(借记“应付账款”科目，误记为借记“应收账款”科目)，采用红字更正法更正。

(4) 结账前发现账簿记录有误，应采用划线更正法更正。

(5) 记账后发现记账凭证与账簿中所记金额小于应记金额，而科目对应关系无误时，应采用补充登记法更正。

三、账务处理程序

企业常用的账务处理程序，主要有记账凭证账务处理程序、汇总记账凭证账务处理程序和科目汇总表账务处理程序，它们之间的主要区别是登记总分类账的依据和方法不同。

（一）记账凭证账务处理程序

记账凭证账务处理程序，是指对发生的经济业务，先根据原始凭证或汇总原始凭证填制记账凭证，再根据记账凭证登记总分类账的一种账务处理程序。记账凭证账务处理程序，适用于规模较小、经济业务量较少的单位。

记账凭证账务处理程序的一般步骤有：①根据原始凭证填制汇总原始凭证。②根据原始凭证或汇总原始凭证，填制收款凭证、付款凭证和转账凭证，也可以填制通用记账凭证。③根据收款凭证和付款凭证逐笔登记库存现金日记账和银行存款日记账。④根据原始凭证、汇总原始凭证和记账凭证，登记各种明细分类账。⑤根据记账凭证逐笔登记总分类账。⑥期末，将库存现金日记账、银行存款日记账和明细分类账的余额与有关总分类账的余额核对相符。⑦期末，根据总分类账和明细分类账的记录，编制财务报表。记账凭证账务处理程序，如图 1-16 所示。

记账凭证账务处理程序的主要特点是直接根据记账凭证逐笔登记总分类账。其优点是简单明了，易于理解，总分类账可以反映经济业务的详细情况，缺点是登记总分类账的工作量较大。

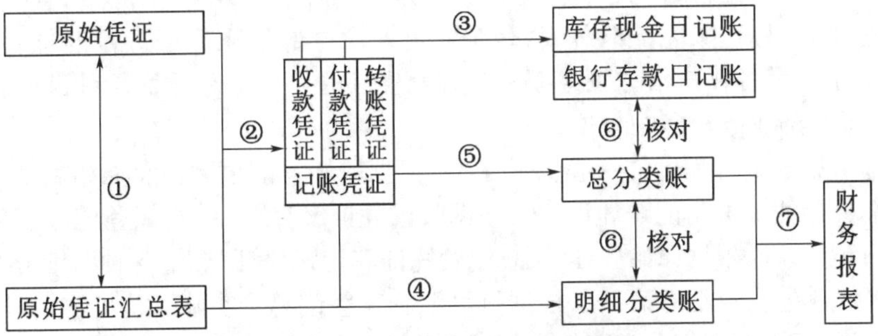

图 1-16　记账凭证账务处理程序示意图

(二) 汇总记账凭证账务处理程序

汇总记账凭证账务处理程序,是指先根据原始凭证或汇总原始凭证填制记账凭证,定期根据记账凭证分类编制汇总收款凭证、汇总付款凭证和汇总转账凭证,再根据汇总记账凭证登记总分类账的一种账务处理程序。

汇总记账凭证,是指对一段时间内同类记账凭证进行定期汇总而编制的记账凭证。汇总记账凭证账务处理程序,适合于规模较大、经济业务较多的单位。

汇总记账凭证账务处理程序的一般步骤有:①根据原始凭证填制汇总原始凭证。②根据原始凭证或汇总原始凭证,填制收款凭证、付款凭证和转账凭证,也可以填制通用记账凭证。③根据收款凭证、付款凭证逐笔登记库存现金日记账和银行存款日记账。④根据原始凭证、汇总原始凭证和记账凭证,登记各种明细分类账。⑤根据各种记账凭证编制有关汇总记账凭证。⑥根据各种汇总记账凭证登记总分类账。⑦期末,将库存现金日记账、银行存款日记账和明细分类账的余额与有关总分类账的余额核对相符。⑧期末,根据总分类账和明细分类账的记录,编制财务报表。汇总记账凭证账务处理程序,如图 1-17 所示。

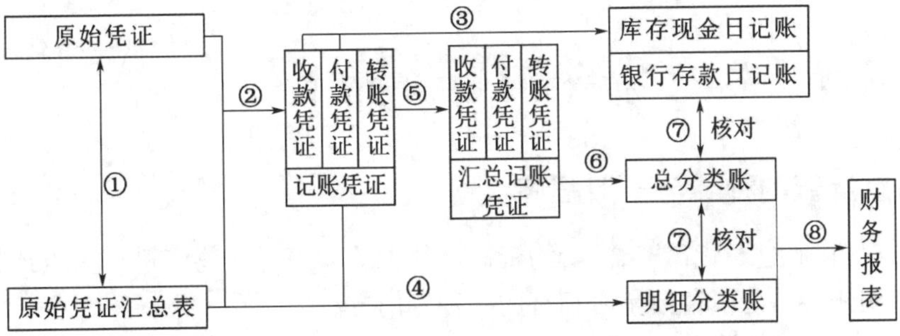

图 1-17　汇总记账凭证账务处理程序示意图

汇总记账凭证账务处理程序的主要特点是先根据记账凭证编制汇总记账凭证,再根据汇总记账凭证登记总分类账。其优点是减轻了登记总分类账的工作量,缺点是当转账凭证较多时,编制汇总转账凭证的工作量较大,并且按每一贷方账户编制汇总转账凭证,不利于会计核算的日常分工。

(三) 科目汇总表账务处理程序

科目汇总表账务处理程序,又称记账凭证汇总表账务处理程序,是指根据记账凭证定期编制科目汇总表,再根据科目汇总表登记总分类账的一种账务处理程序。

科目汇总表,又称记账凭证汇总表,是企业定期对全部记账凭证进行汇总后,按照不同的会计科目分别列示各账户借方发生额和贷方发生额的一种汇总凭证。科目汇总表账务处理程序,适用于经济业务较多的单位。

科目汇总表账务处理程序的一般步骤有:①根据原始凭证填制汇总原始凭证。②根据原始凭证或汇总原始凭证填制记账凭证。③根据收款凭证、付款凭证逐笔登记库存现金日记账和银行存款日记账。④根据原始凭证、汇总原始凭证和记账凭证,登记各种明细分类账。⑤根据各种记账凭证编制科目汇总表。⑥根据科目汇总表登记总分类账。⑦期末,将库存现金日记账、银行存款日记账和明细分类账的余额同有关总分类账的余额核对相符。⑧期末,根据总分类账和明细分类账的记录,编制财务报表。科目汇总表账务处理程序,如图 1-18 所示。

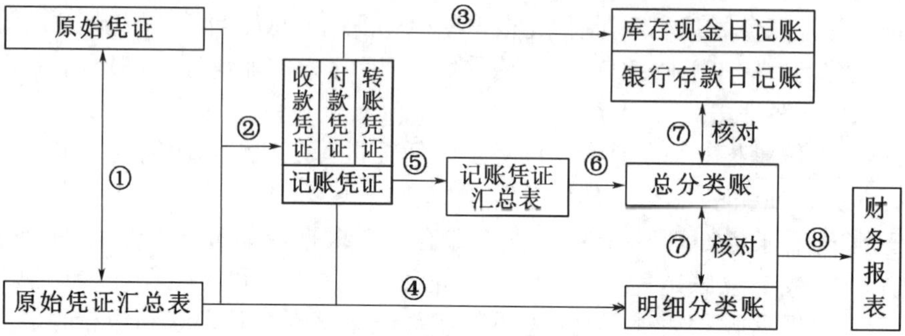

图 1-18　科目汇总表账务处理程序示意图

科目汇总表账务处理程序的主要特点是先将所有记账凭证汇总编制成科目汇总表,然后根据科目汇总表登记总分类账。其优点是减轻了登记总分类账的工作量,并且科目汇总表可以起到试算平衡的作用,缺点是科目汇总表不能反映各个账户之间的对应关系,不利于对账目进行检查。

第六节　财 产 清 查

一、财产清查的种类与一般程序

财产清查是指通过对货币资金、实物资产和往来款项等财产物资进行盘点或核对,确定其实存数,查明账存数与实存数是否相符的一种专门方法。

(一) 财产清查的种类

1. 按照清查范围分类

财产清查按照清查范围,分为全面清查和局部清查。

(1) 全面清查是指对所有的财产进行全面的盘点和核对。需要进行全面清查的情况通常有:①年终决算前。②在合并、撤销或改变隶属关系前。③中外合资、国内合资前。④股份制改造前。⑤开展全面的资产评估、清产核资前。⑥单位主要领导调离工作岗位前等。

(2) 局部清查是指根据需要只对部分财产进行盘点和核对。局部清查的范围和对象,应根据业务需要和相关具体情况而定。①对于流动性较大的财产物资,如原材料、在产品、产成品，应根据需要随时轮流盘点或重点抽查。②对于贵重财产物资，每月都要进行清查盘点。③对于库存现金，每日终了，应由出纳人员进行清点核对。④对于银行存款，企业至少每月同银行核对一次。⑤对于债权、债务，企业应每年至少同债权人、债务人核对一至两次。

2. 按照清查的时间分类

财产清查按照清查的时间，分为定期清查和不定期清查。

(1) 定期清查。定期清查是指按照预先计划安排的时间对财产进行的盘点和核对。定期清查一般在年末、季末、月末进行。

(2) 不定期清查。不定期清查是指事前不规定清查日期，而是根据特殊需要临时进行的盘点和核对。

不定期清查主要在以下情况下进行：①财产物资、库存现金保管人员更换时，要对有关人员保管的财产物资、库存现金进行清查，以分清经济责任，便于办理交接手续。②发生自然灾害和意外损失时，要对受损失的财产物资进行清查，以查明损失情况。③上级主管、财政、审计和银行等部门，对本单位进行会计检查，应按检查的要求和范围对财产物资进行清查，以验证会计资料的可靠性。④开展临时性清产核资时，要对本单位的财产物资进行清查，以便摸清家底。

【例 1-13】 企业在遭受自然灾害后，对其受损的房屋进行的清查，属于(　　)清查。

A. 局部　　B. 全面　　C. 定期　　D. 不定期

【答案】 AD

【解析】 因为企业仅对其受损的财产物资进行清查，所以是局部清查，又因为自然灾害是偶然发生的，所以属于不定期清查。

3. 按照清查的执行系统分类

财产清查按照清查的执行系统，分为内部清查和外部清查。

(1) 内部清查。内部清查是指由本单位内部自行组织清查工作小组所进行的财产清查工作。大多数财产清查都是内部清查。

(2) 外部清查。外部清查是指由上级主管部门、审计机关、司法部门、注册会计师等根据国家有关规定或情况需要对本单位进行的财产清查。一般来讲，进行外部清查时应有本单位相关人员参加。

(二) 财产清查的一般程序

财产清查的一般程序为：①建立财产清查组织。②组织清查人员学习有关政策规定，掌握有关法律、法规和相关业务知识，以提高财产清查工作的质量。③确定清查对象、范围，明确清查任务。④制定清查方案，具体安排清查内容、时间、步骤、方法，以及必要的清查前准备。⑤清查时本着先清查数量、核对有关账簿记录等，后认定质量的原则进行。⑥填制盘存清单。⑦根据盘存清单，填制实物、往来账项清查结果报告表。

二、财产清查的方法与处理

(一) 财产清查的方法

1. 货币资金的清查方法

1) 库存现金的清查

库存现金的清查是采用实地盘点法确定库存现金的实存数，然后与库存现金日记账的账面余额相核对，确定账实是否相符。库存现金清查一般由主管会计或财务负责人和出纳人员共同清点出各种纸币的张数和硬币的个数，并填制库存现金盘点报告表。

对库存现金进行盘点时，出纳人员必须在场，有关业务必须在库存现金日记账中全部登记完毕。盘点时，一方面要注意账实是否相符，另一方面还要检查现金管理制度的遵守情况，如库存现金有无超过其限额，有无白条抵库、挪用舞弊等情况。盘点结束后，应填制"库存现金盘点报告表"，作为重要原始凭证。

2）银行存款的清查

（1）银行存款的清查是采用与开户银行核对账目的方法进行的，即将本单位银行存款日记账的账簿记录与开户银行转来的对账单逐笔进行核对，查明银行存款的实有数额。银行存款的清查一般在月末进行。将截止到清查日所有银行存款的收付业务都登记入账后，对发生的错账、漏账应及时查清更正，再与银行的对账单逐笔核对。如果二者余额相符，通常说明没有错误；如果二者余额不相符，则可能是企业或银行一方或双方记账过程有错误或者存在未达账项。

（2）未达账项。未达账项是指企业与银行之间，一方收到凭证并已入账，另一方未收到凭证因而未能入账的账项。未达账项一般分为以下四种情况：①企业已收款记账，银行未收款未记账的款项。例如，企业已将收到的购货单位开出的转账支票送存银行并且入账，但是，因银行尚未办妥转账收款手续而没有入账。②企业已付款记账，银行未付款未记账的款项。例如，企业开出的转账支票已经入账，但是，因收款单位尚未到银行办理转账手续或银行尚未办妥转账付款手续而没有入账。③银行已收款记账，企业未收款未记账的款项。例如，企业委托银行代收的款项，银行已经办妥收款手续并且入账，但是，因收款通知尚未到达企业而使企业没有入账。④银行已付款记账，企业未付款未记账的款项。例如，企业应付给银行的借款利息，银行已经办妥付款手续并且入账，但是，因付款通知尚未到达企业而使企业没有入账。

上述任何一种未达账项的存在，都会使企业银行存款日记账的余额与银行开出的对账单的余额不符。所以，在与银行对账时首先应查明是否存在未达账项，如果存在未达账项，就应当编制"银行存款余额调节表"，据以确定企业银行存款实有数。

（3）银行存款的清查步骤：①根据经济业务、结算凭证的种类、号码和金额等资料，逐日逐笔核对银行存款日记账和银行对账单，凡双方都有记录的，用铅笔在金额旁打上记号"√"。②找出未达账项（即银行存款日记账和银行对账单中没有打"√"的款项）。③将日记账和对账单的月末余额及找出的未达账项填入"银行存款余额调节表"，并计算出调整后的余额。④将调整平衡的"银行存款余额调节表"，经主管会计签章后，送达开户银行。

银行存款余额调节表的编制，是以企业银行存款日记账余额和银行对账单余额为基础，各自分别加上对方已收款入账而己方尚未入账的数额，减去对方已付款入账而己方尚未入账的数额。其计算公式如下：

$$\begin{matrix}\text{企业银行存款}\\\text{日记账余额}\end{matrix}+\begin{matrix}\text{银行已收}\\\text{企业未收款}\end{matrix}-\begin{matrix}\text{银行已付}\\\text{企业未付款}\end{matrix}=\begin{matrix}\text{银行对账单}\\\text{存款余额}\end{matrix}+\begin{matrix}\text{企业已收}\\\text{银行未收款}\end{matrix}-\begin{matrix}\text{企业已付}\\\text{银行未付款}\end{matrix}$$

【例 1-14】 甲公司 2020 年 12 月 31 日银行存款日记账的余额为 5 100 000 元，银行转来对账单的余额为 8 200 000 元。经逐笔核对，发现以下未达账项：

（1）企业送存转账支票 6 000 000 元，并已登记银行存款增加，但银行尚未记账。

（2）企业开出转账支票 4 500 000 元，并已登记银行存款减少，但持票单位尚未到银行办理转账，银行尚未记账。

(3) 企业委托银行代收某公司购货款 4 800 000 元，银行已收妥并登记入账，但企业未收到收款通知，尚未记账。

(4) 银行代企业支付电话费 400 000 元，银行已登记减少企业银行存款，但企业未收到银行付款通知，尚未记账。

要求：编制甲公司银行存款余额调节表。

【解析】 答案如表 1-8 所示。

表 1-8　　银行存款余额调节表　　单位：元

项目	金额	项目	金额
企业银行存款日记账余额	5 100 000	银行对账单余额	8 200 000
加：银行已收企业未收款	4 800 000	加：企业已收银行未收款	6 000 000
减：银行已付企业未付款	400 000	减：企业已付银行未付款	4 700 000
调节后的存款余额	9 500 000	调节后的存款余额	9 500 000

需要注意的是，“银行存款余额调节表”只是为了核对账目，不能作为调整企业银行存款账面记录的记账依据。

2. 实物资产的清查方法

实物资产主要包括固定资产、存货等。实物资产的清查就是对实物资产数量和质量进行的清查。通常采用以下两种清查方法：

(1) 实地盘点法。通过点数、过磅、量尺等方法来确定实物资产的实有数量。实地盘点法适用范围较广，在多数财产物资清查中都可以采用。

(2) 技术推算法。利用一定的技术方法对财产物资的实存数进行推算，故又称估推法。技术推算法只适用于成堆量大而价值不高，逐一清点的工作量和难度较大的财产物资的清查。

在实物清查过程中，实物保管人员和盘点人员必须同时在场。对于盘点结果，应如实登记“盘存单”，并由盘点人和实物保管人签字或盖章，以明确经济责任。

为了查明实存数与账存数是否一致，确定盘盈或盘亏情况，应根据盘存单和有关账簿记录，编制“实存账存对比表”。实存账存对比表是用以调整账簿记录的重要原始凭证，也是分析产生差异的原因、明确经济责任的依据。

3. 往来款项的清查方法

往来款项主要包括应收、应付款项和预收、预付款项等。往来款项的清查一般采用发函询证的方法进行核对。清查单位应在其各种往来款项记录准确的基础上，按每一个经济往来单位填制“往来款项对账单”一式两联，其中一联送交对方单位核对账目，另一联作为回单联。对方单位经过核对相符后，在回单联上加盖公章退回，表示已核对。

如有数字不符，对方单位应在对账单中注明情况退回本单位，本单位进一步查明原因，再行核对。

往来款项清查以后，将清查结果编制“往来款项清查报告单”，填列各项债权、债务的余额。对于有争执的款项以及无法收回的款项，应在报告单上详细列明情况，并及时采取措施，避免或减少坏账损失。

（二）财产清查结果的处理

对于财产清查中发现的问题，如财产物资的盘盈、盘亏、毁损或其他各种损失，应核实情况，调查分析产生的原因，根据“清查结果报告表”“盘点报告表”等，填制记账凭证，记入有关账簿，使账簿记录与实际盘存数相符，同时根据管理权限，将处理建议报股东大会或董事会，或经理（厂长）会议或类似机构批准。

财产清查产生的损溢，企业应于期末前查明原因，并根据企业的管理权限，经股东大会或董事会，或经理（厂长）会议或类似机构批准后，在期末结账前处理完毕。如果在期末结账前尚未经批准，在对外提供财务报表时，先按相关规定进行相应账务处理，并在附注中作出说明，其后如果批准处理的金额与已处理金额不一致的，调整财务报表相关项目的期初数。

第七节　财务报告

一、财务报告的含义及其目标

1. 财务报告的含义

财务报告是指企业对外提供的反映企业某一特定日期的财务状况和某一会计期间的经营成果、现金流量等会计信息的文件。财务报告包括财务报表和其他应当在财务报告中披露的相关信息和资料。

2. 财务报告的目标

财务报告的目标是向财务报告使用者提供与企业财务状况、经营成果和现金流量等有关的会计信息，反映企业管理层受托责任履行情况，有助于财务报告使用者作出经济决策。财务报告使用者通常包括投资者、债权人、政府及其有关部门、社会公众等。

二、财务报表的含义及其组成

1. 财务报表的含义

财务报表是对企业财务状况、经营成果和现金流量的结构性表述。

2. 财务报表的组成

财务报表包括资产负债表、利润表、现金流量表、所有者权益（或股东权益）变动表以及附注。

资产负债表、利润表和现金流量表分别从不同角度反映企业的财务状况、经营成果和现金流量。

（1）资产负债表，是反映企业在某一特定日期的财务状况的会计报表。

（2）利润表，是反映企业在一定会计期间的经营成果的会计报表。

（3）现金流量表，是反映企业在一定会计期间的现金及现金等价物流入和流出的会计报表。

（4）所有者权益变动表，是反映构成所有者权益各组成部分当期增减变动情况的会计报表。

（5）附注是财务报表不可或缺的组成部分，是对在资产负债表、利润表、现金流量表和所有者权益变动表等报表中列示项目的文字描述或明细资料的补充，以及对未能在这些报表中列示项目的说明等。

章节测试

班级：________ 姓名：________ 学号：________ 日期：________ 平时分：________

一、单项选择题(每小题 4 分,共 60 分)

1. 会计人员在进行会计核算的同时,对特定主体经济活动和相关会计核算合法性、合理性进行审查,称为会计的(　　)。
   A. 反映职能　B. 核算职能　C. 监督职能　D. 分析职能
2. 在可以预见的未来,企业将会按照当前的规模和状态继续经营下去,不会停业、也不会大规模削减业务,这属于(　　)。
   A. 会计分期　B. 货币计量　C. 持续经营　D. 会计主体
3. 甲企业于 2020 年 6 月购入了一批原材料,会计人员在 6 月入账,该事项体现了会计信息质量要求的(　　)。
   A. 相关性　B. 客观性　C. 及时性　D. 明晰性
4. 下列业务的处理符合权责发生制的是(　　)。
   A. 本月根据销售合同发出商品一批、售价 10 000 元,但本月没有收到货款,因此不能将其确认为本月收入
   B. 本月收到上月销售商品款 50 000 元,因此确认本月收入为 50 000 元
   C. 本月发生广告费用 3 000 元但尚未支付,确认本月销售费用 3 000 元
   D. 根据销售合同预收客户订金 10 000 元,因此确认本月销售收入 10 000 元
5. 下列各项中,不属于会计等式的是(　　)。
   A. 资产＝负债＋所有者权益　B. 资产＋负债＝所有者权益
   C. 资产－负债＝所有者权益　D. 收入－费用＝利润
6. 下列各项中,符合收入会计要素定义的是(　　)。
   A. 出售商品收取的增值税销项税额　B. 出售固定资产获得的净收益
   C. 出售材料收入　D. 出售专利权获得的净收益
7. 下列各项中,不属于企业非流动资产的是(　　)。
   A. 合同资产　B. 生产性生物资产　C. 递延所得税资产　D. 使用权资产
8. 出差人员预借差旅费时,填写的借款单属于(　　)。
   A. 自制原始凭证　B. 外来原始凭证　C. 付款凭证　D. 单式凭证
9. 下列各项中,不属于记账凭证的审核内容的是(　　)。
   A. 凭证是否符合有关的计划和预算
   B. 会计科目使用是否正确
   C. 凭证的金额与所附原始凭证的金额是否一致
   D. 凭证的内容与所附原始凭证的内容是否一致
10. 下列各项中,不属于账簿按其账页格式不同分类的是(　　)。
    A. 分类账簿　B. 三栏式账簿　C. 多栏式账簿　D. 数量金额式账簿

11. 下列各项中，属于最基本的账务处理程序的是(　　)。
A. 日记账账务处理程序　　B. 汇总记账凭证账务处理程序
C. 科目汇总表账务处理程序　　D. 记账凭证账务处理程序
12. 下列关于借贷记账法的表述中，错误的是(　　)。
A. 以"借"和"贷"为记账符号
B. 以"资产＝负债＋所有者权益"为记账原理
C. 以"有借必有贷、借贷必相等"为记账规则
D. 无论哪种账户，借方表示增加，贷方表示减少
13. 账户按经济内容分类，属于成本类账户的是(　　)。
A. "生产成本"　　B. "未分配利润"　　C. "盈余公积"　　D. "所得税费用"
14. 下列关于"银行存款余额调节表"的表述中，正确的是(　　)。
A. 企业可根据"银行存款余额调节表"调整账簿
B. "银行存款余额调节表"是重要的原始凭证
C. "银行存款余额调节表"调节后的余额是企业可以运用的实际存款数
D. "银行存款余额调节表"调节平衡后，说明企业与银行双方记账绝对无错误
15. 下列各项中，可以反映企业的短期偿债能力和长期偿债能力的报表是(　　)。
A. 利润表　　B. 所有者权益变动表　C. 资产负债表　　D. 现金流量表

二、多项选择题(每小题 5 分，共 20 分)

1. 下列各项中，属于会计核算具体内容的有(　　)。
A. 资本的增减　　B. 债权、债务的发生和结算
C. 财务成果的计算和处理　　D. 收入、支出、费用、成本的计算
2. 下列关于会计信息质量要求中实质重于形式的表述中，正确的有(　　)。
A. 应按实际发生的交易或事项为依据进行会计确认、计量和报告
B. 应按照交易或事项的经济实质进行会计确认、计量和报告
C. 不应仅以交易或者事项的法律形式为依据
D. 应仅以交易或者事项的法律形式为依据
3. 下列关于会计要素的计量的表述中，正确的有(　　)。
A. 会计计量属性主要包括历史成本、重置成本、可变现净值、现值和公允价值
B. 重置成本是指按照当前市场条件，重新取得同样一项资产所需支付的现金或现金等价物金额
C. 在历史成本计量下，资产按照其购置时支付的现金或现金等价物的金额，或者按照购置资产时所付出的对价的公允价值计量
D. 可变现净值，是指在生产经营过程中，以预计售价减去进一步加工成本和销售所必需的预计税金、费用后的净值
4. 下列各项中，属于由于记账凭证错误而导致账簿登记错误的错账更正方法的有(　　)。
A. 红字更正法　　B. 划线更正法　　C. 尾数更正法　　D. 补充登记法

三、判断题(每小题 10 分，共 20 分)

1. 复合会计分录只能是一借多贷和多借一贷的会计分录。(　　)
2. 在财产清查中，对盘盈、盘亏的固定资产都要通过"待处理财产损溢"科目核算。(　　)

第二章　涉及增值税的账务处理

知识导航

- 涉及增值税的账务处理
  - 增值税概述
    - 增值税的概念
    - 增值税的税率
    - 增值税的计税方法
    - 增值税核算应设置的会计科目
  - 一般纳税人增值税的账务处理
    - 取得资产，接受应税劳务和应税行为
    - 销售等业务增值税账务处理
    - 缴纳增值税
    - 月末转出多交增值税和未交增值税
  - 小规模纳税人增值税的账务处理
    - 小规模纳税人核算增值税概述
    - 小规模纳税人核算增值税账务处理
  - 与增值税相关业务的账务处理
    - 差额征税的账务处理
    - 增值税税控系统专用设备和技术维护费用抵减增值税额的账务处理

学习目标

1. 了解增值税的主要内容。
2. 掌握增值税一般业务的核算方法。
3. 熟悉一般纳税人增值税业务的内容。
4. 熟悉小规模纳税人增值税业务的内容。

第一节　增值税概述

企业必须按照国家税法的要求，对于在一定时期内取得的营业收入、实现的利润以及从事其他应税项目，按照强制性、无偿性、固定性原则缴纳各种税金。应交税费是企业应缴而未缴的债务。企业根据税法规定应缴纳的各种税费包括：增值税、消费税、企业所得税、城市维护建设税、资源税、土地增值税、房产税、车船税、城镇土地使用税、教育费附加、印花税、耕地占用税、契税、车辆购置税等。

企业应通过“应交税费”科目，核算各种应交税费的发生和缴纳情况。本科目按应交税费项目设置明细科目进行明细核算。其账户结构具体如图 2-1 所示。

借方	应交税费		贷方
实际缴纳的税费	×××	应缴纳的各种税费	×××
企业多交或尚未抵扣的税费	×××	企业尚未缴纳的税费	×××

图 2-1　应交税费账户结构图

一、增值税的概念

增值税是以商品(含应税劳务、应税行为)在流转过程中实现的增值额作为计税依据而征收的一种流转税。按照我国现行增值税制度的规定,在我国境内销售货物、加工修理修配劳务、服务、无形资产和不动产以及进口货物的企业、单位和个人为增值税的纳税人。其中,“服务”是指交通运输服务、建筑服务、邮政服务、电信服务、金融服务、现代服务、生活服务。

根据经营规模大小及会计核算水平的健全程度,增值税纳税人分为一般纳税人和小规模纳税人。增值税计算方法分为一般计税方法和简易计税方法。

一般纳税人是指年应税销售额超过财政部、国家税务总局规定标准的增值税纳税人。小规模纳税人是指年应税销售额未超过规定标准,并且会计核算不健全,不能够提供准确税务资料的增值税纳税人。

二、增值税的税率

我国现行增值税属于比例税率,根据应税行为一共分为 13%、9%和 6%三档税率及 5%和 3%两档征收率。一般纳税人采用的税率分为 13%、9%、6%和零税率,具体如表 2-1 所示。

表 2-1　　增值税税率适用范围表

类型	税率	适用范围
基本税率	13%	一般纳税人销售货物、劳务、有形动产租赁服务或者进口货物
低税率	9%	纳税人销售或者进口下列货物的: (1) 粮食、食用植物油、食用盐 (2) 自来水、暖气、冷气、热水 (3) 二甲醚、煤气、石油液化气、天然气、沼气、居民用煤炭制品 (4) 图书、报纸、杂志、音像制品、电子出版物 (5) 饲料、化肥、农药、农机、农膜 (6) 一般纳税人提供交通运输、邮政、基础电信、建筑、不动产租赁服务,销售不动产,转让土地使用权 (7) 国务院规定的其他货物
	6%	(1) 增值电信服务 (2) 金融服务,包括:①贷款服务。②直接收费金融服务。③保险服务。④金融商品转让服务 (3) 生活服务,包括:①文化体育服务。②教育医疗服务。③旅游娱乐服务。④餐饮住宿服务。⑤居民日常服务。⑥其他生活服务 (4) 现代服务,包括:①研发和技术服务②信息技术服务。③文化创意服务。④物流辅助服务。⑤鉴证咨询服务。⑥广播影视服务。⑦商务辅助服务。⑧其他现代服务 (5) 销售无形资产(不含转让土地使用权)
零税率	0	(1) 出口货物(国务院另有规定的除外) (2) 在境内载运旅客或者货物出境 (3) 在境外载运旅客或者货物入境 (4) 在境外载运旅客或者货物 (5) 航天运输服务 (6) 向境外单位提供的完全在境外消费的研发服务、设计服务、软件服务、合同能源管理服务、信息系统服务、业务流程管理服务、离岸服务外包业务、电路设计及测试服务、转让技术、广播影视节目(作品)的制作和发行服务 (7) 财政部和国家税务总局规定的其他服务

重点提示

(1) 自2018年5月1日起,对进口抗癌药品,减按3%征收进口环节增值税。

(2) 自2018年5月1日起,增值税一般纳税人生产销售和批发、零售抗癌药品,可选择按照简易办法依照3%征收率计算缴纳增值税。

三、增值税的计税方法

增值税一般纳税人计算增值税大多采用一般计税方法,小规模纳税人一般采用简易计税方法;一般纳税人发生财政部和国家税务总局规定的特定应税销售行为,也可以选择简易计税方式计税,但是不得抵扣进项税额。采用简易计税方式的增值税征收率为3%,国家另有规定的除外。

1. 一般计税方法

增值税的一般计税方法,是先按当期销售额和适用的税率计算出销项税额,然后以该销项税额对当期购进项目支付的税款(即进项税额)进行抵扣,间接计算出当期的应纳税额。应纳税额的计算公式为:

应纳增值税税额 = 销项税额 − 进项税额

"销项税额"是指纳税人当期销售货物、加工修理修配劳务、服务、无形资产和不动产时按照销售额和增值税税率计算并收取的增值税税额。其计算公式为:

销项税额 = 销售额 × 增值税税率

"进项税额"是指纳税人购进货物、加工修理修配劳务、服务、无形资产或者不动产,支付或者负担的增值税税额。

下列进项税额准予从销项税额中抵扣:

(1) 从销售方取得的增值税专用发票(含税控机动车销售统一发票,下同)上注明的增值税税额。

(2) 从海关进口增值税专用缴款书上注明的增值税税额。

(3) 购进农产品,除取得增值税专用发票或者海关进口增值税专用缴款书外,按照农产品收购发票或者销售发票上注明的农产品买价和9%的扣除率计算的进项税额;如用于生产销售或委托加工13%税率货物的农产品,按照农产品收购发票或者销售发票上注明的农产品买价和10%的扣除率计算的进项税额。

(4) 从境外单位或者个人购进服务、无形资产或者不动产,从税务机关或者扣缴义务人取得的解缴税款的完税凭证上注明的增值税税额。

(5) 一般纳税人支付的道路、桥、闸通行费,凭取得的通行费发票上注明的收费金额和规定的方法计算的可抵扣的增值税进项税额。

当期销项税额小于当期进项税额不足抵扣时,其不足部分可以结转下期继续抵扣。

2. 简易计税方法

增值税的简易计税方法是按照销售额与征收率的乘积计算应纳税额,不得抵扣进项税额。应纳税额的计算公式为:

应纳税额 = 销售额 × 征收率

公式中的销售额不包括其应纳税额,如果纳税人采用销售额和应纳税额合并定价方法的，应按照公式“销售额＝含税销售额÷(1＋征收率)”计算出不含税销售额。

四、增值税核算应设置的会计科目

为了核算企业应交增值税的发生、抵扣、缴纳、退税及转出等情况，增值税一般纳税人应当在“应交税费”科目下设置“应交增值税”“未交增值税”“预交增值税”“待抵扣进项税额”“待认证进项税额”“待转销项税额”“增值税留抵税额”“简易计税”“转让金融商品应交增值税”“代扣代交增值税”等明细科目，具体如表 2-2 所示。

表 2-2　应交增值税的账户设置

一级账户	二级账户	三级账户	说明
应交税费	应交增值税	进项税额	一般纳税人购进货物、加工修理修配劳务、服务、无形资产或不动产而支付或负担的、准予从当期销项税额中抵扣的增值税税额
		销项税额抵减	一般纳税人按照现行增值税制度规定因扣减销售额而减少的销项税额
		已交税金	一般纳税人当月已交纳的应交增值税税额
		转出未交增值税	一般纳税人月度终了转出当月应交未交的增值税税额
		转出多交增值税	一般纳税人月度终了转出当月多交的增值税税额
		减免税款	一般纳税人按现行增值税制度规定准予减免的增值税税额
		出口抵减内销产品应纳税额	实行“免、抵、退”办法的一般纳税人按规定计算的出口货物的进项税抵减内销产品的应纳税额
		销项税额	一般纳税人销售货物、加工修理修配劳务、服务、无形资产或不动产应收取的增值税税额
		出口退税	一般纳税人出口货物、加工修理修配劳务、服务、无形资产按规定退回的增值税税额
		进项税额转出	一般纳税人购进货物、加工修理修配劳务、服务、无形资产或不动产等发生非正常损失以及其他原因而不应从销项税额中抵扣、按规定转出的进项税额
	未交增值税		一般纳税人月度终了从“应交增值税”或“预交增值税”明细科目转入当月应交未交、多交或预交的增值税税额，以及当月交纳以前期间未交的增值税税额
	预交增值税		一般纳税人转让不动产、提供不动产经营租赁服务、提供建筑服务、采用预收款方式销售自行开发的房地产项目等，以及其他按现行增值税制度规定应预交的增值税税额
	待抵扣进项税额		一般纳税人已取得增值税扣税凭证并经税务机关认证，按照现行增值税制度规定准予以后期间从销项税额中抵扣的进项税额
	待认证进项税额		一般纳税人由于未经税务机关认证而不得从当期销项税额中抵扣的进项税额。包括：一般纳税人已取得增值税扣税凭证、按照现行增值税制度规定准予从销项税额中抵扣，但尚未经税务机关认证的进项税额；一般纳税人已申请稽核但尚未取得稽核相符结果的海关缴款书进项税额

（续表）

一级账户	二级账户	三级账户	说明
应交税费	待转销项税额		一般纳税人销售货物、加工修理修配劳务、服务、无形资产或不动产，已确认相关收入(或利得)但尚未发生增值税纳税义务而需于以后期间确认为销项税额的增值税税额
	简易计税		一般纳税人采用简易计税方法发生的增值税计提、扣减、预缴、缴纳等业务
	转让金融商品应交增值税		增值税纳税人转让金融商品发生的增值税税额
	代扣代交增值税		纳税人购进在境内未设经营机构的境外单位或个人在境内的应税行为代扣代缴的增值税

第二节 一般纳税人增值税的账务处理

一、取得资产，接受应税劳务和应税行为

(一) 购进货物、加工修理修配劳务、服务、无形资产或者不动产

一般纳税人购进货物、加工修理修配劳务、服务、无形资产或者不动产，按应计入相关成本费用或资产的金额，借记“材料采购”“在途物资”“原材料”“库存商品”“生产成本”“无形资产”“固定资产”“管理费用”等科目，按当月已认证的可抵扣增值税税额，借记“应交税费——应交增值税(进项税额)”科目，按当月未认证的可抵扣增值税额，借记“应交税费——待认证进项税额”科目，按应付或实际支付的金额，贷记“应付账款”“应付票据”“银行存款”等科目。

借：材料采购/在途物资/原材料/库存商品等　　×××
　　应交税费——应交增值税(进项税额)　　×××
　　　　　　——待认证进项税额　　×××
　　贷：银行存款/应付账款　　×××

购进货物等发生的退货，应根据税务机关开具的红字增值税专用发票编制相反的会计分录，如原增值税专用发票未做认证，应将发票退回并作相反的会计分录。

(二) 购进农产品

企业购进农产品，除取得增值税专用发票或者海关进口增值税专用缴款书外，按照农产品收购发票或者销售发票上注明的农产品买价和9%的扣除率计算的进项税额；购进用于生产销售或委托加工13%税率货物的农产品，按照农产品收购发票或者销售发票上注明的农产品买价和10%的扣除率计算的进项税额，借记“应交税费——应交增值税(进项税额)”科目，按农产品买价扣除进项税额后的差额，借记“材料采购”“在途物资”“原材料”“库存商品”等科目，按照应付或实际支付的价款，贷记“应付账款”“应付票据”“银行存款”等科目。

借：材料采购/在途物资/原材料/库存商品等　　×××
　　应交税费——应交增值税(进项税额)　　×××
　　贷：银行存款/应付账款　　×××

【例 2-1】 2020 年 6 月，甲公司为增值税一般纳税人，销售商品适用的增值税税率为 13%，原材料按实际成本核算，销售商品价格为不含增值税的公允价格，甲公司发生经济业务具体如下。

要求：编制甲公司相关会计分录。

【解析】

(1) 5 日，购入原材料一批，增值税专用发票上注明的价款为 120 000 元，增值税额为 15 600 元，材料尚未到达，全部款项已用银行存款支付。

借：在途物资　　120 000
　　应交税费——应交增值税(进项税额)　　15 600
　　贷：银行存款　　135 600

(2) 10 日，收到 5 日购入的原材料并验收入库，实际成本总额为 120 000 元。同日，与运输公司结清运输费用，增值税专用发票上注明的运输费用为 5 000 元，增值税额为 450 元，运输费用和增值税税额已用转账支票付讫。

借：原材料　　125 000
　　应交税费——应交增值税(进项税额)　　450
　　贷：银行存款　　5 450
　　　　在途物资　　120 000

(3) 15 日，购入不需要安装的生产设备一台，增值税专用发票上注明的价款为 30 000 元，增值税额为 3 900 元，款项尚未支付。

借：固定资产　　30 000
　　应交税费——应交增值税(进项税额)　　3 900
　　贷：应付账款　　33 900

(4) 20 日，购入农产品一批，农产品收购发票上注明的买价为 200 000 元，规定的扣除率为 9%，货物尚未到达，价款已用银行存款支付。

借：在途物资　　182 000
　　应交税费——应交增值税(进项税额)　　18 000
　　贷：银行存款　　200 000

其中：进项税额＝购买价款×扣除率＝200 000×9%＝18 000(元)

(5) 25 日，企业管理部门委托外单位修理机器设备，取得对方开具的增值税专用发票上注明的修理费用为 20 000 元，增值税额为 2 600 元，款项已用银行存款支付。

借：管理费用　　200 000
　　应交税费——应交增值税(进项税额)　　26 000
　　贷：银行存款　　226 000

(6) 25 日，该公司购进一幢简易办公楼作为固定资产核算，并投入使用。已取得增值税专用发票并经税务机关认证，增值税专用发票上注明的价款为 1 500 000 元，增值税额为 135 000 元，全部款项以银行存款支付。不考虑其他相关因素。

借：固定资产　1 500 000
　应交税费——应交增值税(进项税额)　135 000
　贷：银行存款　1 635 000

(三) 货物等已验收入库但尚未取得增值税扣税凭证

企业购进的货物等已到达并验收入库，但尚未收到增值税扣税凭证并未付款的，应在月末按货物清单或相关合同协议上的价格暂估入账，不需要将增值税的进项税额暂估入账。下月初，用红字冲销原暂估入账金额，待取得相关增值税扣税凭证并经认证后，按应计入相关成本费用或资产的金额，借记“原材料”“库存商品”“固定资产”“无形资产”等科目，按可抵扣的增值税额，借记“应交税费——应交增值税(进项税额)”科目，按应付或实际支付的金额，贷记“应付账款”“应付票据”“银行存款”等科目。

借：材料采购/在途物资/原材料等　×××
　应交税费——应交增值税(进项税额)(按允许抵扣的增值税额)　×××
　贷：应付账款　×××

【例 2-2】 依据[例 2-1]，2020 年 6 月 30 日，甲公司购进原材料一批已验收入库，但尚未收到增值税扣税凭证，款项也未支付。随货同行的材料清单列明的原材料销售价格为 260 000 元。

要求：编制甲公司相关会计分录。

【解析】

借：原材料　260 000
　贷：应付账款　260 000

下月初，用红字冲销原暂估入账金额：

借：原材料　[260 000]
　贷：应付账款　[260 000]

重点提示

黑色框表示红色字体。

【例 2-3】 依据[例 2-2]，7 月 10 日，甲公司取得相关增值税专用发票上注明的价款为 260 000 元，增值税额为 33 800 元，增值税专用发票已经认证。全部款项以银行存款支付。

要求：编制甲公司相关会计分录。

【解析】

借：原材料　260 000
　应交税费——应交增值税(进项税额)　33 800
　贷：银行存款　293 800

(四) 进项税额转出

1. 适用范围

(1) 企业已单独确认进项税额的购进货物、加工修理修配劳务或者服务、无形资产或者不动产但其事后改变用途(如用于简易计税方法计税项目、免征增值税项目、非增值税应税项目等)。

（2）发生非正常损失，原已计入进项税额、待抵扣进项税额或待认证进项税额，按照现行增值税制度规定不得从销项税额中抵扣。这里所说的“非正常损失”，根据现行增值税制度规定，是指因管理不善造成货物被盗、丢失、霉烂变质，以及因违反法律法规造成货物或者不动产被依法没收、销毁、拆除的情形。

2. 账务处理

进项税额转出的账务处理为：借记“待处理财产损溢”“应付职工薪酬”“固定资产”“无形资产”等科目，贷记“应交税费——应交增值税（进项税额转出）”“应交税费——待抵扣进项税额”或“应交税费——待认证进项税额”科目。属于转作待处理财产损失的进项税额，应与非正常损失的购进货物、在产品或库存商品、固定资产或无形资产的成本一并处理。

借：待处理财产损溢/应付职工薪酬/固定资产/无形资产　　×××
　贷：应交税费——应交增值税（进项税额转出）　　×××
　　　　　　——待抵扣进项税额　　×××
　　　　　　——待认证进项税额　　×××

【例 2-4】 2020 年 6 月，甲公司发生进项税额转出事项具体如下：

（1）10 日，库存材料因管理不善发生火灾损失，材料实际成本为 20 000 元，相关增值税专用发票上注明的增值税额为 2 600 元。甲公司将毁损库存材料作为待处理财产损溢入账。

要求：编制甲公司相关会计分录。

【解析】

借：待处理财产损溢——待处理流动资产损溢　　22 600
　贷：原材料　　20 000
　　　应交税费——应交增值税（进项税额转出）　　2 600

（2）18 日，领用一批外购原材料用于集体福利，该批原材料的实际成本为 60 000 元，相关增值税专用发票上注明的增值税额为 7 800 元。

要求：编制甲公司相关会计分录。

【解析】

借：应付职工薪酬——职工福利费　　67 800
　贷：原材料　　60 000
　　　应交税费——应交增值税（进项税额转出）　　7 800

重点提示

一般纳税人购进货物、加工修理修配劳务、服务、无形资产或不动产，用于简易计税方法计税项目、免征增值税项目、集体福利或个人消费等，即使取得的增值税专用发票上已注明增值税进项税额，该税额按照现行增值税制度规定也不得从销项税额中抵扣的，取得增值税专用发票时，应将待认证的目前不可抵扣的增值税进项税额，借记“应交税费——待认证进项税额”科目，贷记“银行存款”“应付账款”等科目。

经税务机关认证为不可抵扣的增值税进项税额时，借记“应交税费——应交增值税（进项税额）”科目，贷记“应交税费——待认证进项税额”科目；同时，将增值税进项税额转出，借记相关成本费用或资产科目，贷记“应交税费——应交增值税（进项税额转出）”科目。

【例2-5】 2020年6月28日，甲公司外购空调扇300台作为福利发放给直接从事生产的职工，取得的增值税专用发票上注明的价款为150 000元、增值税额为19 500元，以银行存款支付了购买空调扇的价款和增值税进项税额，增值税专用发票尚未经税务机关认证。

要求：编制甲公司相关会计分录。

【解析】

(1) 购入空调扇时：

借：库存商品——空调扇 150 000
　应交税费——待认证进项税额 19 500
　贷：银行存款 169 500

(2) 经税务机关认证不可抵扣时：

借：应交税费——应交增值税(进项税额) 19 500
　贷：应交税费——待认证进项税额 19 500

同时，

借：库存商品——空调扇 19 500
　贷：应交税费——应交增值税(进项税额) 19 500

(3) 实际发放时：

借：应付职工薪酬——非货币性福利 169 500
　贷：库存商品——空调扇 169 500

重点提示

一般纳税人购进货物、劳务等用于简易计税项目、免征增值税项目、集体福利及个人消费等，不得抵扣进项税额。

二、销售等业务增值税账务处理

(一) 一般销售账务处理

1. 销售货物、加工修理修配劳务、服务、无形资产或不动产

企业销售货物、加工修理修配劳务、服务、无形资产或不动产，应当按应收或已收的金额，借记“应收账款”“应收票据”“银行存款”等科目，按取得的收益金额，贷记“主营业务收入”“其他业务收入”“固定资产清理”等科目，按现行增值税制度规定计算的销项税额（或采用简易计税方法计算的应纳增值税额），贷记“应交税费——应交增值税（销项税额）”或“应交税费——简易计税”科目。

借：应收账款/应收票据/银行存款 ×××
　贷：主营业务收入 ×××
　　应交税费——应交增值税(进项税额) ×××
　　　　——简易计税 ×××

重点提示

企业销售货物等发生销售退回的,应根据税务机关开具的红字增值税专用发票作相反的会计分录。

2. 根据会计准则相关规定的收入或利得确认时点早于按照现行增值税制度

确认增值税纳税义务发生时点的,应将相关销项税额记入"应交税费——待转销项税额"科目。

借:应收账款/应收票据/银行存款　　×××
　贷:主营业务收入　　×××
　　应交税费——待转销项税额　　×××

实际发生纳税义务时:

待实际发生纳税义务时再转入"应交税费——应交增值税(销项税额)"或"应交税费——简易计税"科目。

3. 增值税纳税义务发生试点早于会计上收入或利得确认时点

按照增值税制度确认增值税纳税义务发生时点早于根据会计准则相关规定收入或利得确认时点的,应将应纳增值税额,借记"应收账款"科目,贷记"应交税费——应交增值税(销项税额)"或"应交税费——简易计税"科目,根据会计准则相关规定确认收入或利得时,应按扣除增值税销项税额后的金额确认收入或利得。

借:应收账款　　×××
　贷:应交税费——应交增值税(进项税额)　　×××
　　——简易计税　　×××

【例 2-5】 2020 年 6 月,甲公司发生与销售相关的交易或事项具体如下。

(1) 15 日,销售产品一批,开具增值税专用发票上注明的价款为 3 000 000 元,增值税额为 390 000 元,提货单和增值税专用发票已交给买方,款项尚未收到。

(2) 28 日,为外单位代加工电脑桌 500 个,每个收取加工费 80 元,已加工完成。开具增值税专用发票上注明的价款为 40 000 元,增值税额为 5 200 元,款项已收到并存入银行。

要求:编制甲公司相关会计分录。

【解析】

(1) 借:应收账款　　3 390 000
　　贷:主营业务收入　　3 000 000
　　　应交税费——应交增值税(销项税额)　　390 000

(2) 借:银行存款　　45 200
　　贷:主营业务收入　　40 000
　　　应交税费——应交增值税(销项税额)　　5 200

(二) 视同销售

企业有些交易和事项按照现行增值税制度规定,应视同对外销售处理,计算应交增值税。视同销售需要缴纳增值税的事项主要有:企业将自产或委托加工的货物用于集体福利或个人消费、作为投资提供给其他单位或个体工商户、分配给股东或投资者、对外捐赠等。

在这些情况下，企业应当根据视同销售的具体内容，按照现行增值税制度规定计算的销项税额（或采用简易计税方法计算的应纳增值税税额），借记“长期股权投资”“应付职工薪酬”“利润分配”“营业外支出”等科目，贷记“应交税费——应交增值税（销项税额）”或“应交税费——简易计税”科目，具体如下：

1. 用资产或者外购货物对外捐赠

借：营业外支出——捐赠支出	×××	
贷：库存商品		×××
应交税费——应交增值税（销项税额）		×××

2. 以自产货物发放福利

（1）公司决定发放非货币性福利时：

借：生产成本	×××	
管理费用	×××	
贷：应付职工薪酬——非货币性福利		×××
借：应付职工薪酬——非货币性福利	×××	
贷：主营业务收入		×××
应交税费——应交增值税（销项税额）		×××

（2）实际发放非货币性福利：

借：主营业务成本	×××	
贷：库存商品		×××

【例 2-6】 2020 年 6 月份，甲公司发生的视同销售交易或事项具体如下。

（1）10 日，以公司生产的产品对外捐赠，该批产品的实际成本为 200 000 元，市场不含税售价为 250 000 元，开具的增值税专用发票上注明的增值税额为 32 500 元。

（2）15 日，甲公司将自己生产的产品用于职工发放福利给总部管理部门人员，该批产品的成本为 100 000 元，计税价格为 150 000 元。

（3）25 日，甲公司用一批原材料对外进行长期股权投资。该批原材料实际成本为 600 000 元，双方协商不含税价值为 750 000 元，开具的增值税专用发票上注明的增值税额为 97 500 元。

要求：编制甲公司相关会计分录。

【解析】

（1）借：营业外支出	232 500	
贷：库存商品		200 000
应交税费——应交增值税（销项税额）		32 500

甲公司以自产产品对外捐赠应交的增值税销项税额＝250 000×13%＝32 500（元）

（2）借：管理费用	169 500	
贷：应付职工薪酬——非货币性福利		169 500
借：应付职工薪酬——非货币性福利	169 500	
贷：主营业务收入		150 000
应交税费——应交增值税（销项税额）		19 500

甲公司以自产产品用于职工发放福利应交的增值税销项税额＝150 000×13%＝19 500(元)

实际发放非货币性福利：

借：主营业务成本　　100 000
　贷：库存商品　　100 000

(3) 借：长期股权投资　　847 500
　　贷：其他业务收入　　750 000
　　　　应交税费——应交增值税(销项税额)　　97 500

同时，

借：其他业务成本　　600 000
　贷：原材料　　600 000

甲公司对外投资原材料应交的增值税销项税额＝750 000×13%＝97 500(元)

三、缴纳增值税

企业缴纳当月应交的增值税，借记“应交税费——应交增值税(已交税金)”科目，贷记“银行存款”科目。

借：应交税费——应交增值税(已交税金)　　×××
　贷：银行存款　　×××

企业缴纳以前期间未交的增值税，借记“应交税费——未交增值税”科目，贷记“银行存款”科目。

借：应交税费——未交增值税(未交税金)　　×××
　贷：银行存款　　×××

【例 2-7】 2020 年 6 月，甲公司当月发生增值税销项税额合计为 525 200 元，增值税进项税额转出合计为 29 900 元，增值税进项税额合计为 195 050 元。甲公司当月实际缴纳增值税税款 310 050 元。

要求：编制甲公司相关会计分录。

【解析】

甲公司当月应交增值税计算结果如下：

当月应交增值税＝525 200＋29 900－195 050＝360 050(元)

借：应交税费——应交增值税(已交税金)　　310 050
　贷：银行存款　　310 050

四、月末转出多交增值税和未交增值税

月度终了，企业应当将当月应交未交或多交的增值税自“应交增值税”明细科目转入“未交增值税”明细科目。

1. 转出当月应交未交的增值税

对于当月应交未交的增值税，借记“应交税费——应交增值税（转出未交增值税）”科目，贷记“应交税费——未交增值税”科目。

借：应交税费——应交增值税（转出未交增值税） ×××

  贷：应交税费——未交增值税 ×××

2. 转出当月多交的增值税

对于当月多交的增值税，借记“应交税费——未交增值税”科目，贷记“应交税费——应交增值税（转出多交增值税）”科目。

借：应交税费——未交增值税 ×××

  贷：应交税费——应交增值税（转出多交增值税） ×××

【例 2-8】 依据［例 2-7］，2020 年 6 月 30 日，甲公司将尚未缴纳的其余增值税税款 50 000 元进行转账。

要求：编制甲公司相关会计分录。

【解析】

借：应交税费——应交增值税（转出未交增值税） 50 000

  贷：应交税费——未交增值税 50 000

7 月份，甲公司缴纳 6 月未交的增值税 50 000 元：

借：应交税费——未交增值税 50 000

  贷：银行存款 50 000

重点提示

企业购入材料、商品等不能取得增值税专用发票的，发生的增值税应计入材料采购成本，借记“材料采购”“在途物资”“原材料”“库存商品”等科目，贷记“银行存款”等科目。

第三节 小规模纳税人增值税的账务处理

一、小规模纳税人核算增值税概述

小规模纳税人核算增值税采用简化的方法，即购进货物、应税服务或应税行为，取得增值税专用发票上注明的增值税，一律不予抵扣，直接计入相关成本费用或资产。小规模纳税人销售货物、应税服务或应税行为时，按照不含税的销售额和规定的增值税征收率计算应缴纳的增值税（即应纳税额），但不得开具增值税专用发票。

一般来说，小规模纳税人采用销售额和应纳税额合并定价的方法并向客户结算款项，销售货物、应税劳务或应税行为后，应进行价税分离，确定不含税的销售额。

不含税的销售额计算公式如下：

不含税销售额 ＝ 含税销售额 ÷（1＋征收率）

应纳税额 ＝ 不含税销售额 × 征收率

小规模纳税人进行账务处理时，只需在“应交税费”科目下设置“应交增值税”明细科目，该明细科目不再设置增值税专栏。“应交税费——应交增值税”账户结构如图 2-2 所示。

借方		应交税费——应交增值税	贷方
实际缴纳的税费	×××	应缴纳的增值税	×××
企业多交的增值税	×××	企业尚未缴纳的增值税	×××

图 2-2　应交税费——应交增值税账户结构图

二、小规模纳税人核算增值税账务处理

1. 购进货物、应税服务或应税行为

小规模纳税人购进货物、应税服务或应税行为，按照应付或实际支付的全部款项(包括支付的增值税税额)，借记“材料采购”“在途物资”“原材料”“库存商品”等科目，贷记“应付账款”“应付票据”“银行存款”等科目。

借：材料采购/在途物资/原材料/库存商品等	×××	
贷：应付账款/应付票据/银行存款等		×××

2. 销售货物、应税服务或应税行为

销售货物、应税服务或应税行为，应按全部价款(包括应交的增值税税额)，借记“银行存款”等科目，按不含税的销售额，贷记“主营业务收入”等科目，按应交增值税税额，贷记“应交税费——应交增值税”科目。

借：银行存款等	×××	
贷：主营业务收入(不含税销售额)		×××
应交税费——应交增值税		×××

【例 2-9】　丁企业为增值税小规模纳税人，适用增值税征收率为 3%，原材料按实际成本核算。该企业发生经济交易如下：购入原材料一批，取得增值税专用发票上注明的价款为 30 000 元，增值税额为 3 900 元，全部款项以银行存款支付，材料已验收入库。销售产品一批，开具的普通发票上注明的货款(含税)为 51 500 元，款项已存入银行。用银行存款缴纳增值税 1 500 元。

要求：编制丁企业相关会计分录。

【解析】

(1) 购入原材料：

借：原材料	33 900	
贷：银行存款		33 900

(2) 销售产品：

借：银行存款	51 500	
贷：主营业务收入		50 000
应交税费——应交增值税		1 500

不含税销售额＝含税销售额÷(1＋征收率)＝51 500÷(1＋3%)＝50 000(元)

应纳增值税＝不含税销售额×征收率＝50 000×3%＝1 500(元)

(3) 缴纳增值税：

借：应交税费——应交增值税　　1 500
　贷：银行存款　　1 500

第四节 与增值税相关业务的账务处理

一、差额征税的账务处理

根据财政部和国家税务总局“营改增”相关规定，对于企业发生的某些业务(金融商品转让、经纪代理服务、融资租赁和融资性售后回租业务、一般纳税人提供客运场站服务、试点纳税人提供旅游服务、选择简易计税方法提供建筑服务等)无法通过抵扣机制避免重复征税的，应采用差额征税方式计算缴纳增值税。

1. 企业按规定相关成本费用允许扣减销售额的账务处理

(1) 按现行增值税制度规定，企业发生相关成本费用允许扣减销售额的，发生成本费用时，按应付或实际支付的金额，借记“主营业务成本”等科目，贷记“应付账款”“应付票据”“银行存款”等科目。

借：主营业务成本等　　×××
　贷：应付账款/应付票据/银行存款等　　×××

(2) 待取得合规增值税扣税凭证且纳税义务发生时，按照允许抵扣的税额，借记“应交税费——应交增值税(销项税额抵减)”或“应交税费——简易计税”科目，贷记“主营业务成本”等科目。

借：应交税费——应交增值税(销项税额抵减)　　×××
　　　　　——简易计税　　×××
　贷：主营业务成本等　　×××

重点提示

待取得合规增值税扣税凭证且纳税义务发生时，小规模纳税人应借记“应交税费——应交增值税”科目。

【例 2-10】 丙公司为增值税一般纳税人，应交增值税采用差额征税方式核算。2020 年 7 月份，丙公司为乙公司提供职工境内旅游服务，向乙公司收取含税价款 318 000 元，其中增值税额 18 000 元，全部款项已收妥入账。丙公司以银行存款支付其他接团旅游企业的旅游费用和其他单位相关费用共计 254 400 元，其中，因允许扣减销售额而减少的销项税额为 14 400 元。

要求：编制丙公司相关会计分录。

【解析】

(1) 确认旅游服务收入：

借：银行存款　318 000
　　贷：主营业务收入　300 000
　　　　应交税费——应交增值税(销项税额)　18 000

(2) 支付旅游费用等：

借：主营业务成本　254 400
　　贷：银行存款　254 400

(3) 根据增值税扣税凭证抵减销项税额，并调整成本：

借：应交税费——应交增值税(销项税额抵减)　14 400
　　贷：主营业务成本　14 400

上述分录(2)、(3)可合并编制如下会计分录：

借：主营业务成本　240 000
　　应交税费——应交增值税(销项税额抵减)　14 400
　　贷：银行存款　254 400

2. 企业转让金融商品按规定以盈亏相抵后的余额作为销售额

(1) 产生转让收益时：

按现行增值税制度规定，企业实际转让金融商品，月末，如产生转让收益，则按应纳税额，借记“投资收益”等科目，贷记“应交税费——转让金融商品应交增值税”科目。

借：投资收益等　×××
　　贷：应交税费——转让金融商品应交增值税　×××

(2) 产生转让损失时：

如产生转让损失，则按可结转下月抵扣税额，借记“应交税费——转让金融商品应交增值税”科目，贷记“投资收益”等科目。

借：应交税费——转让金融商品应交增值税　×××
　　贷：投资收益等　×××

(3) 缴纳增值税时：

缴纳增值税时，应借记“应交税费——转让金融商品应交增值税”科目，贷记“银行存款”科目。

借：应交税费——转让金融商品应交增值税　×××
　　贷：银行存款　×××

(4) 年末，“应交税费——转让金融商品应交增值税”科目如有借方余额，则借记“投资收益”等科目，贷记“应交税费——转让金融商品应交增值税”科目。

借：投资收益等　×××
　　贷：应交税费——转让金融商品应交增值税　×××

二、增值税税控系统专用设备和技术维护费用抵减增值税额的账务处理

按现行增值税制度规定，企业初次购买增值税税控系统专用设备支付的费用以及缴纳

的技术维护费允许在增值税应纳税额中全额抵减。增值税税控系统专用设备，包括增值税防伪税控系统设备（如金税卡、IC卡、读卡器或金税盘和报税盘）、货物运输业增值税专用发票税控系统设备（如税控盘和报税盘）、机动车销售统一发票税控系统和公路、内河货物运输业发票税控系统的设备（如税控盘和传输盘）。

1. 初次购入增值税税控系统专用设备

（1）企业初次购入增值税税控系统专用设备，按实际支付或应付的金额，借记“固定资产”科目，贷记“银行存款”“应付账款”等科目。

借：固定资产　　×××
　　贷：银行存款/应付账款等　　×××

（2）按规定抵减的增值税应纳税额，借记“应交税费——应交增值税（减免税款）”科目，贷记“管理费用”等科目。

借：应交税费——应交增值税（减免税款）　　×××
　　贷：管理费用等　　×××

重点提示

按规定抵减的增值税应纳税额，小规模纳税人应借记“应交税费——应交增值税”科目。

2. 发生技术维护费用时

（1）企业发生增值税税控系统专用设备技术维护费，应按实际支付或应付的金额，借记“管理费用”科目，贷记“银行存款”等科目。

借：管理费用　　×××
　　贷：银行存款　　×××

（2）按规定抵减的增值税应纳税额，借记“应交税费——应交增值税（减免税款）”科目（小规模纳税人应借记“应交税费——应交增值税”科目），贷记“管理费用”等科目。

借：应交税费——应交增值税（减免税款）　　×××
　　贷：管理费用等　　×××

重点提示

按规定抵减的增值税应纳税额，小规模纳税人应借记“应交税费——应交增值税”科目。

【例2-11】 甲公司为增值税一般纳税人，初次购买数台增值税税控系统专用设备作为固定资产核算，取得增值税专用发票上注明的价款为38 000元，增值税额为4 940元，价款和税款以银行存款支付。

要求：编制甲公司相关会计分录。

【解析】

（1）取得设备，支付价款和税款时：

借：固定资产　　42 940
　　贷：银行存款　　42 940

(2) 按规定抵减增值税应纳税额时：

借：应交税费——应交增值税(减免税款)　　42 940
　　贷：管理费用　　42 940

重点提示

小微企业在取得销售收入时，应当按照现行增值税制度的规定计算应交增值税，并确认为应交税费，在达到增值税制度规定的免征增值税条件时，将有关应交增值税转入当期损益。

章节测试

班级：________ 姓名：________ 学号：________ 日期：________ 平时分：________

一、单项选择题(每小题 10 分,共 60 分)

1. 下列各项中,税金可以作为进项税额抵扣的是(　　)。
   A. 由受托方代收代缴的委托加工直接用于对外销售的商品负担的消费税
   B. 由受托方代收代缴的委托加工继续用于生产应纳消费税的商品负担的消费税
   C. 小规模纳税企业进口原材料交纳的增值税
   D. 一般纳税企业进口原材料交纳的增值税
2. 一般纳税人缴纳当月应交的增值税,应通过(　　)科目核算。
   A.“应交税费——应交增值税(进项税额)”
   B.“应交税费——应交增值税(进项税额转出)”
   C.“应交税费——应交增值税(销项税额)”
   D.“应交税费——应交增值税(已交税金)”
3. 下列各项中,不属于应交税费的二级科目的是(　　)。
   A. 预交增值税　　B. 待抵扣进项税额　　C. 简易计税　　D. 进项税额
4. 甲公司为增值税一般纳税人,适用的增值税税率为 13%,2021 年 5 月甲公司生产的产品对外捐赠,该批商品的实际成本为 260 万,售价为 400 万元,开具的增值税专用发票上注明的增值税额为 52 万元,下列各项中,关于甲公司对该项业务的会计处理正确的是(　　)。

   A. 借:营业外收入　　4 520 000
   　　贷:主营业务收入　　4 000 000
   　　　　应交税费——应交增值税(销项税额)　　520 000

   B. 借:营业外支出　　3 120 000
   　　贷:库存商品　　2 600 000
   　　　　应交税费——应交增值税(销项税额)　　520 000

   C. 借:营业外支出　　4 520 000
   　　贷:主营业务收入　　4 000 000
   　　　　应交税费——应交增值税(销项税额)　　520 000

   D. 借:营业外支出　　2 600 000
   　　贷:库存商品　　2 600 000

5. 甲公司为增值税一般纳税人,2021 年 6 月份发生增值税销项税额合计 88 万元,增值税进项税额转出合计 16 万元,增值税进项税额合计 48 万元,甲公司当月应交增值税的金额为(　　)万元。
   A. 40　　B. 24　　C. 89　　D. 56
6. 下列有关转让金融商品所涉及的增值税的处理表述中,错误的是(　　)。

A. “应交税费——转让金融商品应交增值税”科目如果在年末存在贷方余额，那么需要转入投资收益中

B. 月末，如果产生转让收益，那么“应交税费——转让金融商品应交增值税”科目应当记入贷方

C. “应交税费——转让金融商品应交增值税”科目如果在年末存在借方余额，那么需要转入投资收益中

D. 月末，如果产生转让损失，应当按照可结转下月抵扣的税额，借记“应交税费——转让金融商品应交增值税”科目

二、多项选择题(每小题 10 分，共 20 分)

1. 某公司为增值税一般纳税人，初次购入数台增值税税控系统专用设备，并作为固定资产核算，取得增值税专用发票上注明的价款为 10 000 元，增值税额为 1 300 元，价款及税款以银行存款支付，则下列各项中，不正确的有(　　)。

A. 借：固定资产　10 000
　　贷：银行存款　10 000

B. 借：固定资产　11 300
　　贷：银行存款　11 300

C. 借：应交税费——应交增值税(减免税款)　10 000
　　贷：管理费用　10 000

D. 借：应交税费——应交增值税(减免税款)　11 300
　　贷：管理费用　11 300

2. 下列有关小规模纳税人的表述中，正确的有(　　)。

A. 小规模纳税人在购进货物、应税劳务或应税行为时，取得的增值税专用发票上注明的增值税，一律不予抵扣

B. 小规模纳税人可以开具增值税专用发票

C. 在进行账务处理时，只需在“应交税费”科目下设置“应交增值税”明细科目，该科目不再设置增值税专栏

D. 一般来说，小规模纳税人采用销售额和应纳税额合并定价的方案并向客户结算款项

三、判断题(每小题 4 分，共 20 分)

1. 企业以自产的产品对外捐赠，由于会计核算时不作销售处理，因此，不需要交纳增值税。(　　)

2. 对于当月销项税额小于进项税额而形成的留抵税额，月末借记“应交税费——未交增值税”科目，贷记“应交税费——应交增值税(转出多交增值税)”科目。(　　)

3. 某企业为小规模纳税人，销售产品一批，含税价格 164 800 元，增值税征收率 3%，该批产品应交增值税为 4 800 元。(　　)

4. 一般纳税人购进货物、接受应税劳务或应税行为，用于简易计税方法计税项目、免征增值税项目、集体福利或个人消费等，其进项税额不得从销项税额中抵扣的，应将进项税额计入相关资产成本或当期损益。(　　)

5. 企业购进农产品，按照农产品收购发票或销售发票上注明的农产品买价和 13% 的扣除率计算进项税额。(　　)

第三章　筹资环节的账务处理

知识导航

- 筹资环节经济业务账务处理
  - 权益性筹资的账务处理
    - 权益性筹资的相关概念
    - 实收资本或股本的账务处理
    - 资本公积概述
  - 债务性筹资的账务处理
    - 负债概述
    - 短期借款的概念
    - 借入短期借款账务处理
    - 归还短期借款

学习目标

1. 熟悉实收资本的主要内容和核算方法。
2. 熟悉资本公积的主要内容和核算方法。
3. 掌握短期借款的核算方法。
4. 掌握财务费用的核算方法。
5. 熟悉短期借款的内容。

资金筹集的方式分为权益性筹资和债务性筹资。权益性筹资主要包括所有者投入资本、其他综合收益、留存收益等；债务性筹资主要是指企业向债权人借入资金。本章主要介绍投入资本和借入资金所发生的经济业务账务处理。

第一节　权益性筹资的账务处理

一、权益性筹资的相关概念

所有者权益，是指所有者在企业资产中享有的经济利益，是企业资产扣除负债后，由所有者享有的剩余权益。公司的所有者权益又称为股东权益。所有者权益是所有者对企业资产的剩余索取权，它是企业的资产扣除债权人权益后应由所有者享有的部分，既可反映所有者投入资本的保值增值情况，又体现了保护债权人权益的理念。

所有者权益按其来源可分为所有者投入的资本、其他综合收益、留存收益等，通常由实收资本（或股本）、其他权益工具、资本公积、其他综合收益、专项储备、留存收益构成。

实收资本是指企业按照章程规定或合同、协议约定，接受投资者投入企业的资本。实收资本的构成比例或股东的股份比例，是确定所有者在企业所有者权益中份额的基础，也是企业进行利润或股利分配的主要依据。

我国《公司法》规定，股东可以用货币出资，也可以用实物、知识产权、土地使用权等可以用货币估价并可以依法转让的非货币财产作价出资。但是，法律、行政法规规定不得作为出资的财产除外。企业应当对作为出资的非货币财产评估作价，核实财产，不得高估或者低估作价。法律、行政法规对评估作价有规定的，从其规定。股东应当按期足额缴纳公司章程中规定的各自所认缴的出资额。股东以货币出资的，应当将货币出资足额存入有限责任公司在银行开设的账户；以非货币财产出资的，应当依法办理其财产权的转移手续。股东不按照前款规定缴纳出资的，除应当向公司足额缴纳外，还应当向已按期足额缴纳出资的股东承担违约责任。

【例 3-1】 某企业 2018 年年末本年利润及利润分配结转前的所有者权益总额为 5 150 万元，该企业本年度实现净利润 200 万元，提取盈余公积 20 万元。不考虑其他因素，2018 年 12 月 31 日，该企业所有者权益总额为(　　)万元。

A. 5 330　　B. 5 130　　C. 5 350　　D. 5 150

【答案】 C

【解析】 该企业 2018 年 12 月 31 日所有者权益总额＝5 150＋200＝5 350(万元)，提取盈余公积不会导致所有者权益总额发生变化。

二、实收资本或股本的账务处理

股份有限公司应设置“股本”科目，其他各类企业应设置“实收资本”科目，反映和监督企业实际收到的投资者投入资本的情况。“实收资本”科目应按照投资者设置明细账进行明细核算。其账户的基本结构如图 3-1 所示。

借方		实收资本	贷方
企业批准减少的注册资本额	×××	企业收到注册资本的出资额	×××
		企业实有的资本额	×××

图 3-1　实收资本账户结构图

(一) 接受现金资产投资

1. 股份有限公司以外的企业接受现金资产投资

企业接受现金资产投资时，应以实际收到的金额或存入企业开户银行的金额，借记“银行存款”等科目，按投资合同或协议约定的投资者在企业注册资本中所占份额的部分，贷记“实收资本”科目，企业实际收到或存入开户银行的金额超过投资者在企业注册资本中所占份额的部分，贷记“资本公积——资本溢价”科目。

借：银行存款　　×××

　贷：实收资本　　×××

　　资本公积——资本溢价(差额)　　×××

【例 3-2】 2020 年 1 月 1 日，甲公司由 A、B、C 三位股东共同出资组建，按照出资协议的规定，A、B、C 投资者的投资比例分别为 40%、35%和 25%，其注册资本总额为2 000 000 元，A、B、C 三位股东均以货币资金出资。

要求：编制甲公司相关会计分录。

【解析】

借：银行存款　　2 000 000
　贷：实收资本——A　　800 000
　　　　　　　——B　　700 000
　　　　　　　——C　　500 000

重点提示

实收资本的构成比例即投资者的出资比例或股东的股份比例，通常是确定所有者在企业所有者权益中所占的份额和参与企业生产经营决策的基础，也是企业进行利润分配或股利分配的依据，同时还是企业清算时确定所有者对净资产的要求权的依据。

2. 股份有限公司接受现金资产投资

为了反映和监督股份有限公司股本情况，股份有限公司应设置“股本”科目。该科目贷方登记已发行的股票面值；借方登记经批准核销的股票面值；期末贷方余额反映发行在外的股票面值。“股本”科目应当按照股票的类别设置明细账进行明细核算。

借方	股本		贷方
经批准核销的股票面值	×××	已发行的股票面值	×××
		发行在外的股票面值	×××

图 3-2　股本账户结构图

股份有限公司发行股票时，既可以按面值发行股票，也可以溢价发行(我国目前不允许折价发行)。股份有限公司在核定的股本总额及核定的股份总额的范围内发行股票时，应在实际收到现金资产时进行会计处理。股份有限公司发行股票收到现金资产时，借记“银行存款”等科目，按每股股票面值和发行股份总数的乘积计算的金额，贷记“股本”科目，实际收到的金额与该股本之间的差额，贷记“资本公积——股本溢价”科目。

借：银行存款　　×××
　贷：股本　　×××
　　　资本公积——股本溢价(差额)　　×××

重点提示

股份有限公司发行股票发生的手续费、佣金等交易费用，应从溢价中抵扣，冲减资本公积(股本溢价)。

【例 3-3】 2020 年 3 月 20 日，甲公司委托证券公司代理发行普通股 40 000 000 股，每股面值 1 元，每股发行价格 12 元。甲公司与乙证券公司约定，按发行收入的 3%支付手续费，从发行收入中扣除，假如收到的股款已存入银行。

要求：编制甲公司相关会计分录。

【解析】

借：银行存款　　465 600 000
　贷：股本　　40 000 000
　　　资本公积——股本溢价　　425 600 000

甲公司发行股票实际收到银行存款 = 40 000 000 × 12 × (1 − 3%) = 465 600 000(元)

资本公积金额 = 发行净收入 − 股本金额 = 465 600 000 − 40 000 000 = 425 600 000(元)

(二)接受非现金资产投资

1. 接受投入固定资产

企业接受投资者作价投入的房屋、建筑物、机器设备等固定资产,应按投资合同或协议约定的价值(不公允的除外)作为固定资产的入账价值,按投资合同或协议约定的投资者在企业注册资本或股本中所占份额的部分作为实收资本或股本入账,投资合同或协议约定的价值(不公允的除外)超过投资者在企业注册资本或股本中所占份额的部分,计入资本公积(资本溢价或股本溢价)。

借:固定资产	×××	
贷:实收资本/股本		×××
资本公积——资本溢价/股本溢价(差额,或借方)		×××

【例 3-4】 2020 年 6 月 5 日,甲公司注册资本为 1 000 000 元,接受乙公司以一台不需要安装的设备作为投资。经双方协商,该设备价值为 400 000 元(不含增值税),增值税发票上标明的进项税额是 52 000 元。乙公司的投资占注册资本的 30%。假定不考虑其他相关税费。

要求:编制甲公司相关会计分录。

【解析】

借:固定资产	400 000	
应交税费——应交增值税(进项税额)	52 000	
贷:实收资本——乙公司		300 000
资本公积——资本溢价		152 000

2. 接受投入材料物资

企业接受投资者作价投入的材料物资,应按投资合同或协议约定的价值(不公允的除外)作为材料物资的入账价值,按投资合同或协议约定的投资者在企业注册资本或股本中所占份额的部分作为实收资本或股本入账,投资合同或协议约定的价值(不公允的除外)超过投资者在企业注册资本或股本中所占份额的部分,计入资本公积(资本溢价或股本溢价)。

借:原材料	×××	
贷:实收资本/股本		×××
资本公积——资本溢价		×××

【例 3-5】 乙有限责任公司于设立时收到 B 公司作为资本投入的原材料一批,投资后 B 公司占乙有限责任公司注册资本 10 000 000 元的 11%。该批原材料投资合同或协议约定价值(不含可抵扣的增值税进项税额部分)为 1 000 000 元,增值税进项税额为 130 000 元(由投资方支付税款,并提供或开具增值税专用发票)。合同约定的价值与公允价值相符,不考虑其他因素。乙有限责任公司对原材料按实际成本进行日常核算。

要求:编制乙有限责任公司相关会计分录。

【解析】

借：原材料　1 000 000
　　应交税费——应交增值税（进项税额）　130 000
　　贷：实收资本——B公司　1 100 000
　　　　资本公积——资本溢价　30 000

3. 接受投入无形资产

企业收到以无形资产方式投入的资本，应按投资合同或协议约定的价值（不公允的除外）作为无形资产的入账价值，按投资合同或协议约定的投资者在企业注册资本或股本中所占份额的部分作为实收资本或股本入账，投资合同或协议约定的价值（不公允的除外）超过投资者在企业注册资本或股本中所占份额的部分，计入资本公积（资本溢价或股本溢价）。

借：无形资产　×××
　　贷：实收资本/股本　×××
　　　　资本公积——资本溢价　×××

【例3-6】 甲有限责任公司于设立时收到乙公司作为资本投入的非专利技术一项，该非专利技术投资合同约定价值为560 000元（不含增值税，增值税税率为6%），其增值税进项税额为33 600元。甲公司注册资本为1 000万元，乙公司投资后占甲公司注册资本的5%。

要求：编制甲有限责任公司相关会计分录。

【解析】

借：无形资产　560 000
　　应交税费——应交增值税（进项税额）　33 600
　　贷：实收资本——乙公司　500 000
　　　　资本公积——资本溢价　93 600

（三）实收资本（或股本）的增减变动

一般情况下，企业的实收资本应相对固定不变，但在某些特定情况下，实收资本也可能发生增减变化。

我国《企业法人登记管理条例施行细则》规定，除国家另有规定外，企业的注册资金应当与实收资本相一致，当实收资本比原注册资金增加或减少超过20%时，应持资金使用证明或者验资证明，向原登记主管机关申请变更登记。如擅自改变注册资本或抽逃资金，要受到工商行政管理部门的处罚。

1. 增加资本引起资金运动的账务处理

一般企业增加资本的主要途径包括投资者追加投资、资本公积转增资本、盈余公积转增资本。

1）以资本公积转增资本

借：资本公积　×××
　　贷：实收资本/股本　×××

2）以盈余公积转增资本

由于将盈余公积转增资本，实际上就是将收益分配给投资者，所以企业需要代扣代缴个人所得税，可提供的盈余公积在扣除代扣代缴个人所得税后的部分才能转增资本。但需特别注意的是，用法定盈余公积转增资本后，留存的法定盈余公积的数额不得少于转增前的注册资本的25%。

借：盈余公积　　×××
　　贷：实收资本/股本　　×××

3）投资者追加投入

投资者追加投入包括原有的投资者追加投资和新投资者投入。企业应投资者投入的资金与注册资本对应的部分确认为"实收资本"或"股本"，投入资本超过注册资本的部分确认为"资本公积"。

借：银行存款　　×××
　　贷：实收资本/股本　　×××
　　　　资本公积——资本溢价　　×××

重点提示

企业可以根据股东大会的决议以发放股票股利的形式增资，但须注意以下两点：

其一，在公司董事会提请股东大会批准方案中涉及股票股利时，无须作会计处理，只有股东大会批准了发放股票股利的方案并办理了增资手续后，才按照股票的面值反映"股本"的增加。

其二，在发放股票股利时，按照股东原来持有的股数分配，如果股东所持有的股份按比例分配不足一股时，应采取恰当的方法处理。通常采用两种方式解决：一是将不足一股的股票股利改为现金股利，用现金支付；二是由股东之间相互转让，凑为整股。

由于资本公积和盈余公积均属于所有者权益。用其转增资本时，如果是独资企业比较简单，直接结转即可，如果是股份有限公司或有限责任公司应该按照原投资者各自出资比例相应增加各投资者的出资额。

【例3-7】 2020年3月15日，乙公司经批将原计入资本公积的资本溢价1 000万元转增实收资本，每1元资本公积转为1元实收资本，该公司现有A、B、C三股东，其持股比例分别为60%、30%和10%，并向原登记机关办理了变更登记。

要求：编制乙公司相关会计分录。

【解析】

借：资本公积——资本溢价　　10 000 000
　　贷：实收资本——A　　6 000 000
　　　　　　　　——B　　3 000 000
　　　　　　　　——C　　1 000 000

2. 减少资本所引起的资金运动账务处理

1）有限责任公司减资

有限责任公司减资所引起的资金运动相对较为简单，通常按照退还资本的金额，一方面反映"实收资本"的减少，另一方面反映"银行存款"的减少。

借：实收资本　　×××
　　贷：银行存款　　×××

【例3-8】 2020年3月20日，甲公司董事会决议，注册资本由300万元减为200万元，其减资已按各股东所持股份占注册资本的份额直接用银行存款支付，甲、乙、丙分别持有50%、30%和20%的股份。

要求：编制甲公司相关会计分录。

【解析】

借：实收资本——A 500 000
——B 300 000
——C 200 000
贷：银行存款 1 000 000

2）股份有限公司减资

股份有限公司减资主要分两步进行：先回购本公司的股票，然后注销所回购的股票。由于从股份的回购到实际注销（或转让）有一个时差，企业需要单独设置“库存股”项目来反映这个处理过程。“库存股”项目的余额反映企业持有的、尚未注销或转让的本公司股票的金额。一旦注销或转让完成，其余额为0。

由于股票的回购价与所回购的股票面值可能不一致，导致在进行股份注销时，其会计处理不仅涉及股本，还可能涉及资本公积等其他所有者权益项目。因此，在会计处理上，应分情况进行处理：

首先，企业需要将本公司股票回购，反映库存股的增加。

借：库存股 ×××
贷：银行存款 ×××

其次，企业用库存股冲销股本，企业按法定程序报经批准减少注册资本的，按减少的注册资本金额减少实收资本。股份有限公司采用收购本公司股票方式减资的，通过“库存股”科目核算回购股份的金额。减资时，按股票面值和注销股数计算的股票面值总额，借记“股本”科目，按注销库存股的账面余额，贷记“库存股”科目，按其差额，借记“资本公积——股本溢价”科目。股本溢价不足冲减的，应借记“盈余公积”“利润分配——未分配利润”科目。

借：股本 ×××
资本公积——股本溢价 ×××
盈余公积 ×××
利润分配——未分配利润 ×××
贷：库存股 ×××

如果回购股票支付的价款低于面值总额的，应按股票面值总额，借记“股本”科目，按所注销的库存股账面余额，贷记“库存股”科目，按其差额，贷记“资本公积——股本溢价”科目。

借：股本 ×××
贷：库存股 ×××
资本公积——股本溢价 ×××

3）企业因亏损而减资

企业因严重亏损而减资的，只有经过有关部门批准并办理相关手续后，才能进行相关的会计处理，即直接用“实收资本（或股本）”冲销“利润分配——未分配利润”。

【例3-9】 2020年12月31日，甲公司共发行股票30 000 000股，股面值为1元，资本公积（股本溢价）为600万元、盈余公积为2 000 000元，未分配利润为1 500 000元。经股东大会，甲公司以现金方式回购本公司的3 000 000股并注销。不考虑其他因素。

要求：编制甲公司相关会计分录。

【解析】

（1）假设甲公司按每股4元回购：

借：库存股　12 000 000
　　贷：银行存款　12 000 000

借：股本　3 000 000
　　资本公积——股本溢价　6 000 000
　　盈余公积　2 000 000
　　利润分配——未分配利润　1 000 000
　　贷：库存股　12 000 000

(2) 假设甲公司按每股 0.9 元回购，其他条件不变：

借：库存股　2 700 000
　　贷：银行存款　2 700 000

借：股本　3 000 000
　　贷：库存股　2 700 000
　　　　资本公积——股本溢价　300 000

【例 3-10】 2020 年 2 月 25 日，甲公司董事会决议，用注册资本弥补历年累计亏损 3 000 000 元，并已按各股东所持股份占注册资本的份额直接冲减其投入资本，甲、乙、丙分别持有 50%、30%和 20%的股份。

要求：编制甲公司相关会计分录。

【解析】

借：实收资本——甲　1 500 000
　　　　　　——乙　900 000
　　　　　　——丙　600 000
　　贷：利润分配——未分配利润　3 000 000

【例 3-11】 某上市公司经股东大会批准以现金回购并注销本公司股票 1 000 万股，每股面值为 1 元，回购价为每股 1.5 元。该公司注销股份时“资本公积——股本溢价”科目余额为 2 000 万元，“盈余公积”科目余额为 800 万元。不考虑其他因素，下列关于该公司注销股份的会计科目处理正确的是(　　)。

A. 借记“盈余公积”科目 500 万元　　B. 借记“库存股”科目 1 000 万元
C. 借记“股本”科目 1 500 万元　　D. 借记“资本公积——股本溢价”科目 500 万元

【答案】 D

【解析】

该公司的相关账务处理如下：

(1) 回购股票的账务处理如下：

借：库存股　1 500
　　贷：银行存款　1 500

(2) 注销股份的账务处理如下：

借：股本　1 000
　　资本公积——股本溢价　500
　　贷：库存股　1 500

三、资本公积概述

(一) 资本公积的概念

资本公积是企业收到投资者出资额超出其在注册资本(或股本)中所占份额的部分，以及其他资本公积等。资本公积包括资本溢价(或股本溢价)和其他资本公积等。

形成资本溢价(或股本溢价)的原因有溢价发行股票、投资者超额缴入资本等。

其他资本公积是指除资本溢价(或股本溢价)、净损益、其他综合收益和利润分配以外所有者权益的其他变动。比如,企业的长期股权投资采用权益法核算时,因被投资单位除净损益、其他综合收益以及利润分配以外的所有者权益的其他变动(主要包括被投资单位接受其他股东的资本性投入、被投资单位发行可分离交易的可转债中包含的权益成分、以权益结算的股份支付、其他股东对被投资单位增资导致投资方持股比例变动等),投资企业按应享有份额而增加或减少的资本公积,直接计入投资方所有者权益(资本公积——其他资本公积)。

根据国家有关规定企业实行股权激励的,如果在等待期内取消了授予的权益工具,企业应在进行权益工具加速行权处理时,将剩余等待期内应确认的金额计入当期损益,并同时确认资本公积(其他资本公积)。企业集团(由母公司和其全部子公司构成)内发生的股份支付交易,如结算企业为接受服务企业的投资者,应当按照授予日权益工具的公允价值或应承担负债的公允价值确认为对接受服务企业的长期股权投资,同时确认资本公积(其他资本公积)或负债。

【例 3-12】 某公司委托证券公司发行普通股 400 000 股,每股面值为 1 元,每股发行价格为 16 元,双方协议约定,证券公司按发行收入的 2%收取佣金,并直接从发行收入中扣除。不考虑其他因素,该公司发行股票应计入资本公积的金额为(　　)元。

A. 6 272 000　　B. 5 880 000　　C. 5 872 000　　B. 6 000 000

【答案】 C

【解析】

该公司发行股票应计入资本公积的金额 $=400\,000\times(16-1)-400\,000\times16\times2\%=5\,872\,000$(元)

该公司发行股票的会计分录如下:

借:银行存款	6 272 000	
贷:库存股		400 000
资本公积——股本溢价		5 872 000

(二) 资本公积与实收资本(或股本)、留存收益、其他综合收益的区别

1. 资本公积与实收资本(或股本)的区别

资本公积与实收资本(或股本)的区别具体如表 3-1 所示。

表 3-1　　资本公积与实收资本(或股本)的区别

划分标准	实收资本(或股本)	资本公积
从来源和性质看	投资者按照企业章程或合同、协议的约定,实际投入企业并依法进行注册的资本,它体现了企业所有者对企业的基本产权关系	投资者的出资额超出其在注册资本中所占份额的部分(即资本溢价或股本溢价),以及其他资本公积,它不直接表明所有者对企业的基本产权关系
从用途看	构成比例是确定所有者参与企业财务经营决策的基础,也是企业进行利润分配或股利分配的依据,同时还是企业清算时确定所有者对净资产的要求权的依据	用途主要是用来转增资本(或股本)。资本公积不体现各所有者的占有比例,也不能作为所有者参与企业财务经营决策或进行利润分配(或股利分配)的依据

2. 资本公积与留存收益的区别

资本公积的来源不是企业实现的利润,而主要来自资本溢价(或股本溢价)等。留存收益是企业从历年实现的利润中提取或形成的留存于企业的内部积累，来源于企业生产经营活动实现的利润。

3. 资本公积与其他综合收益的区别

其他综合收益是指企业根据企业会计准则规定未在当期损益中确认的各项利得和损失。资本公积和其他综合收益都会引起企业所有者权益发生增减变动，资本公积中资本溢价(或股本溢价)不会影响企业的损益，而部分其他综合收益项目则在满足企业会计准则规定的条件时，可以重分类进损益，从而成为企业利润的一部分。

(三) 资本公积的账务处理

为了反映和监督企业资本公积的增减变动情况，企业应设置“资本公积”科目。该科目贷方登记资本公积的增加额；借方登记资本公积的减少额；期末贷方余额反映企业资本公积结余额。该科目的明细账按资本公积的类别设置。其账户结构如图 3-3 所示。

借方		资本公积	贷方
资本公积的减少额	×××	资本公积的增加额	×××
		企业资本公积结余额	×××

图 3-3　资本公积账户结构图

1. 资本溢价和股本溢价

1) 资本溢价

除股份有限公司外的其他类型的企业，在企业创立时，投资者认缴的出资额与注册资本一致，一般不会产生资本溢价。但在企业重组或有新的投资者加入时，常常会出现资本溢价。因为在企业进行正常生产经营后，其资本利润率通常要高于企业初创阶段，另外，企业有内部积累，新投资者加入企业后，对这些积累将来也要分享，所以新加入的投资者往往要付出大于原投资者的出资额，才能取得与原投资者相同的出资比例。投资者多缴的部分就形成了资本溢价。

2) 股本溢价

股份有限公司是以发行股票的方式筹集股本的，股票可按面值发行，也可按溢价发行，我国目前不准折价发行。与其他类型的企业不同，股份有限公司在成立时可能会溢价发行股票，因而在成立之初，就可能会产生股本溢价。股本溢价的数额等于股份有限公司发行股票时实际收到的款额超过股票面值总额的部分。

在按面值发行股票的情况下，企业发行股票取得的收入，应全部作为股本处理；在溢价发行股票的情况下，企业发行股票取得的收入，等于股票面值部分计入股本，超出股票面值的溢价收入计入股本溢价。

重点提示

发行股票相关的手续费、佣金等交易费用，如果是溢价发行股票的，应从溢价中抵扣，冲减资本公积(股本溢价)；无溢价发行股票或溢价金额不足以抵扣的，应将不足抵扣的部分冲减盈余公积，盈余公积不足抵扣的冲减未分配利润。

当企业重组或有新的投资者加入时，企业的账务处理如下：

借：银行存款等　　×××
　　贷：实收资本/股本　　×××
　　　　资本公积——资本溢价/股本溢价(差额)　　×××

【例 3-13】 甲有限责任公司由 A 和 B 两人各出资 10 000 元投资成立。一年后，为扩大经营规模，经批准，注册资本增加到 30 000 元。同时，C 参与投资，被准许加入公司。按照协议，C 需要缴入现金 13 000 元。同时享有该公司三分之一的股份。甲有限责任公司已经收到该现金投资。假设不考虑其他因素。

要求：编制甲公司相关会计分录。

【解析】

借：银行存款　　13 000
　贷：实收资本　　10 000
　　资本公积——资本溢价　　3 000

【例 3-14】 下列关于股份有限公司溢价发行股票相关会计处理的表述中，正确的是（　　）。

A. 发行股票发生的交易费用应单独计入当期损益

B. 溢价总额不足以抵扣发行股票发生的交易费用的部分应冲减股本

C. 溢价总额高于发行股票发生的交易费用的部分作为资本公积入账

D. 溢价总额不足以抵扣发行股票发生的交易费用的部分应计入当期损益

【答案】 C

【解析】 发行股票相关的手续费、佣金等交易费用，如果是溢价发行股票的，应从溢价中抵扣，冲减资本公积（股本溢价），而不是计入当期损益，选项 A 不符合题意。无溢价发行股票或溢价金额不足以抵扣的，应将不足抵扣的部分冲减盈余公积，盈余公积不足抵扣的冲减未分配利润，选项 BD 不符合题意。在溢价发行股票的情况下，企业发行股票取得的收入，等于股票面值的部分作为股本处理，超出股票面值的溢价收入应作为“资本公积——股本溢价”科目入账，选项 C 符合题意。

【例 3-15】 企业收到投资者超出其在企业注册资本中所占份额的投资，应直接计入当期损益。（　　）

【答案】 ×

【解析】 企业收到投资者超过其在企业注册资本中所占份额的投资计入资本公积。

2. 其他资本公积

企业对被投资单位的长期股权投资采用权益法核算的，在持股比例不变的情况下，对因被投资单位除净损益、其他综合收益和利润分配以外的所有者权益的其他变动，应按持股比例计算其应享有或应分担被投资单位所有者权益的增减数额，调整长期股权投资的账面价值和资本公积（其他资本公积）。

借：长期股权投资　　×××
　贷：资本公积——其他资本公积　　×××

或做相反的会计分录。

处置采用权益法核算的长期股权投资时：

借：资本公积——其他资本公积　　×××
　贷：投资收益　　×××

或做相反的会计分录。

3. 资本公积转增资本

经股东大会或类似机构决议，用资本公积转增资本时，应冲减资本公积，同时按照转增资本前的实收资本（或股本）的结构或比例，将转增的金额记入“实收资本”（或“股本”）科目下各所有者的明细分类账。

借：资本公积　　×××

　　贷：实收资本/股本　　×××

重点提示

根据我国《公司法》的规定，资本公积不得用于弥补公司亏损，资本公积主要用来转增资本。

用于转增资本的资本公积仅指“股本溢价或资本溢价”，其他资本公积不得用于转增资本。

第二节　债务性筹资的账务处理

一、负债概述

负债是指企业资产总额中属于债权人的部分，它是指某一特定主体由于过去的交易或事项所产生的、由现在承担且需要在将来向其他主体交付资产或提供劳务的责任，这种责任将导致预期经济利益的流出。简而言之，负债是指由过去的交易或事项所引起的企业利益的流出的现时义务，这种义务需要企业将来以转移资产或提供劳务予以清偿，从而引起未来经济利益的流出。

企业负债分为流动负债和非流动负债。流动负债是指将在 1 年或者超过 1 年的一个营业周期内偿还的债务。

流动负债具有如下特点：

(1) 偿还期限短，流动负债是债权人提出要求时即期偿付，或在 1 年或超过 1 年的一个营业周期内必须履行的义务。

(2) 到期清偿，一般情况下，流动负债到期，必须以交付资产、提供劳务或举借新的负债等方式来清偿。

二、短期借款的概念

短期借款是指企业向银行或其他金融机构等借入的期限在 1 年以下（含 1 年）的各种款项。短期借款一般是企业为了满足正常生产经营所需的资金或者是为了抵偿某项债务而借入的。短期借款的债权人不仅是银行，还包括其他非银行金融机构或其他单位和个人。

企业应设置“短期借款”科目核算短期借款的取得、偿还等情况。本科目可按借款种类、贷款人和币种设置明细科目进行明细核算。其账户结构如图 3-4 所示。

借方	短期借款		贷方
偿还短期借款本金	×××	取得短期借款本金	×××
		尚未偿还的短期借款	×××

图 3-4　短期借款账户结构图

三、借入短期借款的账务处理

短期借款的核算一般包括本金的借入与归还、利息的计提与偿付。

(一) 短期借款本金核算

企业取得短期借款时，业务核算如下：

借：银行存款　　×××
　　贷：短期借款　　×××

(二) 短期借款利息核算

在实务中，短期借款的利息偿付有两种方式：预提及直接支付。

1. 预提方式

企业借入短期借款应支付利息。在实际工作中，短期借款利息可以按期支付，如按季度支付利息，也可以在借款到期时连同本金一起归还，并且其数额较大的，企业应于月末采用预提方式对短期借款利息进行核算。短期借款利息属于企业的筹资费用，应当在发生时作为财务费用直接计入当期损益。

在资产负债表日，企业应当按照计算确定的短期借款利息费用。

借：财务费用　　×××
　　贷：应付利息　　×××

实际支付利息时：

借：应付利息　　×××
　　贷：银行存款　　×××

2. 直接支付

如果企业的短期借款利息按月支付，或者在借款到期时连同本金一起归还，数额不大的可以不采用预提的方法，而在实际支付或收到银行的计息通知时，直接计入当期损益。

借：财务费用　　×××
　　贷：银行存款　　×××

四、归还短期借款的账务处理

短期借款到期时，应及时归还。短期借款到期偿还本金时，企业应借记“短期借款”科目，贷记“银行存款”科目。如果在借款到期时连同本金一起归还利息的，企业应将归还的利息通过“应付利息”或“财务费用”科目核算。

借：短期借款　　×××
　　财务费用　　×××
　　应付利息　　×××
　　贷：银行存款　　×××

【例 3-16】 2020 年 1 月 1 日，甲公司向银行借入一笔生产经营用短期借款共计 1 200 000 元，期限为 9 个月，年利率为 4%。根据与银行签署的借款协议，该项借款的本金到期后一次归还，利息按季支付。

要求：编制甲公司相关会计分录。

【解析】

(1) 1月1日,借入短期借款:

借:银行存款　　1 200 000
　贷:短期借款　　1 200 000

(2) 1月末,计提1月份应付利息:

$$本月应计提的利息金额 = 1\,200\,000 \times 4\% \div 12 = 4\,000(元)$$

借:财务费用　　4 000
　贷:应付利息　　4 000

(3) 2月末,计提2月份利息费用的处理与1月份相同。

(4) 3月末,支付第一季度银行借款利息:

借:财务费用　　4 000
　应付利息　　8 000
　贷:银行存款　　12 000

第二、第三季度的会计处理同上。

(5) 10月1日,偿还银行借款本金:

借:短期借款　　1 200 000
　贷:银行存款　　1 200 000

如果上述借款期限是8个月,则到期日为9月1日,8月末之前的会计处理与上述相同。

(6) 9月1日,偿还银行借款本金,同时支付7月和8月已预提未付利息:

借:短期借款　　1 200 000
　应付利息　　8 000
　贷:银行存款　　1 208 000

【例3-17】 企业以银行存款偿还到期的短期借款,关于这笔经济业务,以下说法正确的是(　　)。

A. 导致负债内部增减变动,总额不变　　B. 导致资产、负债同时减少

C. 导致资产、负债同时增加　　D. 导致所有者权益减少,负债减少

【答案】 B

【解析】 以银行存款偿还到期的短期借款,资产、负债同时减少。企业对于此笔经济业务,应当借记"短期借款"科目(借方表示减少),贷记"银行存款"科目(贷方表示减少)。

章节测试

班级：________ 姓名：________ 学号：________ 日期：________ 平时分：________

一、单项选择题(每小题5分,共20分)

1. 某公司2021年7月1日向银行借入资金60万元,期限6个月,年利率为6%,到期还本,按月计提利息,按季付息。该公司2021年7月31日应计提的利息为(　　)万元。
A. 0.3　　B. 0.6　　C. 0.9　　D. 3.6

2. 某公司短期借款利息采取月末预提的方式核算,下列关于预提短期借款利息的会计分录表述中,正确的是(　　)。
A. 借：财务费用
　　贷：应付利息
B. 借：管理费用
　　贷：应付利息
C. 借：财务费用
　　贷：应付账款
D. 借：管理费用
　　贷：应付债券

3. 下列各项中,能够引起企业所有者权益增加的是(　　)。
A. 宣告发放股票股利
B. 以资本公积转增资本
C. 提取盈余公积
D. 增发新股

4. 下列关于所有者权益的表述中,不正确的是(　　)。
A. 所有者权益包括实收资本(或股本)、资本公积、其他综合收益、盈余公积和本年利润
B. 所有者权益是企业所有者对企业净资产的所有权
C. 所有者权益是企业所有者对企业资产的剩余索取权
D. 所有者权益金额等于资产减去负债后的余额

二、多项选择题(每小题10分,共20分)

1. 下列各项中,能够引起负债和所有者权益项目同时发生变动的有(　　)。
A. 用盈余公积分配现金股利
B. 董事会宣告将提取的法定盈余公积用于发放股票股利
C. 购买固定资产,款项未付
D. 外商投资企业从税后利润中提取职工奖励基金

2. 下列有关短期借款的表述中,正确的有(　　)。
A. 短期借款利息属于筹资费用,应当于发生时直接计当期财务费用
B. 短期借款属于企业的非流动负债
C. 企业从银行取得短期借款时,借记“银行存款”等科目,贷记“短期借款”科目
D. 短期借款到期偿还本金时,借记“短期借款”科目,贷记“银行存款”科目

三、不定项选择题(每小题6分,共30分)

甲股份有限公司(以下简称甲公司),2020年度所有者权益相关情况如下：

(1) 2020年年初未分配利润为600万元，资本公积为2 000万元，盈余公积为3 000万元。

(2) 2月1日，为扩大经营规模，发行股票500万股，每股面值1元，每股发行价格为4元，按照发行收入的3%支付手续费和佣金。

(3) 12月1日，经股东大会批准，以现金回购本公司股票600万股并注销，每股回购价格为3元。

(4) 2020年甲公司共实现净利润1 000万元，按净利润的10%提取法定盈余公积，按净利润的5%提取任意盈余公积。

(5) 2020年年末甲公司宣告发放现金股利100万元。

要求：根据上述资料，不考虑其他因素，分析回答下列小题(答案中的金额单位用万元表示)。

(1) 下列各项中，能够引起甲公司所有者权益总额发生增减变动的有(　　)。

A. 按净利润的10%计提法定盈余公积　　B. 向投资者宣告发放现金股利100万元

C. 按净利润的5%计提任意盈余公积　　D. 注销本公司股票600万股

(2) 2月1日，甲公司因发行股票计入“资本公积——股本溢价”的金额为(　　)万元。

A. 1 440　　B. 1 500　　C. 1 515　　D. 2 000

(3) 12月1日，甲公司因注销库存股应该冲减的盈余公积为(　　)万元。

A. 640　　B. 0　　C. 1 000　　D. 540

(4) 根据上述资料，2020年年末甲公司“未分配利润”科目的余额为(　　)万元。

A. 1 500　　B. 1 000　　C. 1 450　　D. 1 350

(5) 下列关于2020年年末甲公司宣告发放现金股利的会计分录表述中，正确的有(　　)。

A. 借：利润分配——未分配利润　　100
　　贷：本年利润　　100

B. 借：未分配利润　　100
　　贷：本年利润　　100

C. 借：利润分配——未分配利润　　100
　　贷：应付股利　　100

D. 借：应付股利　　100
　　贷：银行存款　　100

四、判断题(每小题6分，共30分)

1. 企业接受固定资产、无形资产等非现金投资时，应该按照投资合同或协议约定的价值作为固定资产、无形资产的价值入账，如果投资合同或协议约定的价值不公允，应该按照公允价值入账。(　　)
2. 资本公积经批准后可用于派发现金股利。(　　)
3. 股份有限公司发行股票发生的手续费、佣金等交易费用，应从溢价中扣除，即冲减资本公积，溢价不足冲减的，应该计入财务费用。(　　)
4. 留存收益是企业按照有关规定从净利润中提取的积累资金。(　　)
5. 按照《中华人民共和国企业所得税法》规定，以前年度亏损均可用税前利润进行弥补。(　　)

第四章　企业投资环节的账务处理

知识导航

- 企业投资环节的账务处理
  - 对外投资经济业务——交易性金融资产
    - 交易性金融资产的内容
    - 交易性金融资产的账务处理
  - 对内投资经济业务——固定资产
    - 固定资产概述
    - 取得固定资产
    - 对固定资产计提折旧
    - 固定资产发生的后续支出
    - 固定资产的处置
    - 固定资产清查
    - 固定资产减值
  - 对内投资经济业务——无形资产
    - 无形资产概述
    - 无形资产的账务处理

学习目标

1. 熟悉交易性金融资产的主要内容和核算方法。
2. 熟悉固定资产的主要内容和核算方法。
3. 熟悉无形资产的内容，掌握无形资产的核算方法。
4. 掌握长期待摊费用的核算方法。
5. 了解固定资产和无形资产减值的会计处理。

第一节　对外投资经济业务——交易性金融资产

一、交易性金融资产的内容

在企业全部资产中，库存现金、银行存款、应收账款、应收票据、贷款、其他应收款、应收利息、债券投资、股票投资、基金投资及衍生金融资产等统称为金融资产。根据企业管理金融资产的业务模式和金融资产的合同现金流量特征，《企业会计准则第 22 号——金融工具确认和计量》(2018)将金融资产划分为：①以摊余成本计量的金融资产。②以公允价值计量且其变动计入其他综合收益的金融资产。③以公允价值计量且其变动计入当期损益的金融资产。

以公允价值计量且其变动计入当期损益的金融资产称为“交易性金融资产”。它是企业为了近期内出售而持有的金融资产，如企业以赚取差价为目的从二级市场购入的股票、债券、基金等;或者是在初始确认时属于集中管理的可辨认金融工具组合的一部分,且有客观证据表明近期实际存在短期获利模式的金融资产等,如企业管理的以公允价值进行业绩考核的某项投资组合。

从企业管理金融资产的业务模式(即企业如何管理其金融资产以产生现金流量)看,企业关键管理人员决定对交易性金融资产进行管理的业务是以"交易"为目的,而不是为收取合同现金流量(即与基本借贷安排相一致,如本金加利息)而持有,也不是为既以收取合同现金流量为目标又以出售该金融资产为目标而持有,仅仅是通过"交易性"活动,即频繁地购买和出售,从市场价格的短期波动中,赚取买卖差价,使企业闲置的资金能获得较高的投资回报。

重点提示

金融资产满足下列条件之一的,表明企业持有该金融资产的目的是交易性的:

(1) 取得相关金融资产的目的,主要是近期出售。

(2) 相关金融资产在初始确认时属于集中管理的可辨认金融工具组合的一部分,且有客观证据表明近期实际存在短期获利模式。

(3) 相关金融资产属于衍生工具,但符合财务担保合同定义的衍生工具以及被指定为有效套期工具的衍生工具除外(如未作为套期工具的利率互换或外汇期权)。

二、交易性金融资产的账务处理

(一) 交易性金融资产核算应设置的会计科目

为了反映和监督交易性金融资产的取得、收取现金股利或利息、出售等情况,企业应当设置"交易性金融资产""公允价值变动损益""投资收益"等科目进行核算。

"交易性金融资产"科目核算企业以公允价值计量且其变动计入当期损益的金融资产。"交易性金融资产"科目的借方登记交易性金融资产的取得成本、资产负债表日其公允价值高于账面余额的差额,以及出售交易性金融资产时结转公允价值低于账面余额的变动金额;贷方登记资产负债表日其公允价值低于账面余额的差额,以及企业出售交易性金融资产时结转的成本和公允价值高于账面余额的变动金额。企业应当按照交易性金融资产的类别和品种,分别设置"成本""公允价值变动"等明细科目进行核算。其账户结构如图4-1所示。

借方　　　　交易性金融资产	贷方
① 取得成本	① 出售的成本
② 资产负债表日其公允价值高于账面余额的差额	② 资产负债表日其公允价值低于账面余额的差额
③ 出售时结转公允价值低于账面余额的变动金额	③ 出售时结转公允价值高于账面余额的变动金额

图4-1　交易性金融资产账户结构图

"公允价值变动损益"科目核算企业交易性金融资产等的公允价值变动而形成的应计入当期损益的利得或损失。"公允价值变动损益"科目的借方登记资产负债表日企业持有的交易性金融资产等的公允价值低于账面余额的差额;贷方登记资产负债表日企业持有的交易性金融资产等的公允价值高于账面余额的差额。其账户结构如图 4-2 所示。

借方　　　公允价值变动损益	贷方
资产负债表日企业持有的交易性金融资产等的公允价值低于账面余额的差额	资产负债表日企业持有的交易性金融资产等的公允价值高于账面余额的差额

图 4-2　公允价值变动损益结构图

"投资收益"科目核算企业持有交易性金融资产等的期间内取得的投资收益以及出售交易性金融资产等实现的投资收益或投资损失,借方登记企业取得交易性金融资产时支付的交易费用、出售交易性金融资产等发生的投资损失,贷方登记企业持有交易性金融资产等的期间内取得的投资收益以及出售交易性金融资产等实现的投资收益。"投资收益"科目应当按照投资项目设置明细科目进行核算。其账户结构如图 4-3 所示。

借方　　　投资收益	贷方
企业取得交易性金融资产时支付的交易费用、出售交易性金融资产等发生的投资损失	企业持有交易性金融资产等的期间内取得的投资收益以及出售交易性金融资产等实现的投资收益

图 4-3　投资收益结构图

(二) 取得交易性金融资产

(1) 企业取得交易性金融资产时,应当按照该金融资产取得时的公允价值作为其初始入账金额。公允价值,是指市场参与者在计量日发生的有序交易中,出售一项资产所能收到或者转移一项负债所需支付的价格。金融资产的公允价值,应当以市场交易价格为基础确定。

(2) 企业取得交易性金融资产所支付价款中包含的已宣告但尚未发放的现金股利或已到付息期但尚未领取的债券利息,应当单独确认为应收项目,不构成交易性金融资产的初始入账金额。

(3) 企业取得交易性金融资产所发生的相关交易费用应当在发生时计入当期损益,冲减投资收益。交易费用是指可直接归属于购买、发行或处置金融工具的增量费用,包括支付给代理机构、咨询公司、券商、证券交易所、政府有关部门等的手续费、佣金、相关税费以及其他必要支出。

(4) 企业取得交易性金融资产,应当按照该金融资产取得时的公允价值,借记"交易性金融资产——成本"科目,按照发生的交易费用,借记"投资收益"科目,按照已到付息期但尚未领取的利息或已宣告但尚未发放的现金股利,借记"应收利息"或"应收股利"账户,按照实际支付的金额,贷记"其他货币资金——存出投资款"等账户。

借：交易性金融资产——成本　　×××
　投资收益　　×××
　应收利息/应收股利　　×××
　贷：其他货币资金——存出投资款　　×××

【例 4-1】 2020 年 12 月 20 日，兴茂公司从上海证券交易所购入 A 上市公司股票 50 000 股，该笔股票投资在购买日的公允价值为 1 000 000 元，另支付相关交易费用 3 000 元。

要求：编制兴茂公司相关会计分录。

【解析】

(1) 2020 年 12 月 20 日，购买 A 上市国内公司股票时：

借：交易性金融资产——成本(A 上市公司)　　1 000 000
　贷：其他货币资金——存出投资款　　1 000 000

(2) 2020 年 12 月 20 日，支付相关交易费用时：

借：投资收益　　3 000
　贷：其他货币资金——存出投资款　　3 000

本例中，取得交易性金融资产发生的相关交易费用 3 000 元，应当在发生时记入“投资收益”账户，而不记入“交易性金融资产——成本”账户。如果该交易费用取得了增值税专用发票，且兴茂公司是一般纳税人，那么该增值税额应当记入“应交税费——应交增值税(进项税额)”账户。

(三) 持有交易性金融资产

(1) 企业持有交易性金融资产期间对于被投资单位宣告发放的现金股利或企业在资产负债表日按分期付息、一次还本债券的票面利率计算的利息收入，应当确认为应收项目，并计入投资收益。

企业在持有交易性金融资产的期间，取得被投资单位宣告发放的现金股利，或在资产负债表日按分期付息、一次还本债券的票面利率计算的利息收入，借记“应收股利”或“应收利息”账户，贷记“投资收益”账户。

借：应收利息/应收股利　　×××
　贷：投资收益　　×××

收到股利或利息时，借记“其他货币资金——存出投资款”账户，贷记“应收股利”或“应收利息”账户。

借：其他货币资金——存出投资款　　×××
　贷：应收利息/应收股利　　×××

(2) 资产负债表日，交易性金融资产应当按照公允价值计量，公允价值与账面价值余额之间的差额计入当期损益。

企业应当在资产负债表日按照交易性金融资产公允价值高于其账面余额的差额，借记“交易性金融资产——公允价值变动”账户，贷记“公允价值变动损益”账户。

借：交易性金融资产——公允价值变动　　×××
　贷：公允价值变动损益　　×××

公允价值低于其账面余额的差额作相反的会计分录。

重点提示

企业只有在同时满足三个条件时，才能确认交易性金融资产所取得的股利或利息收入并计入当期损益：一是企业收取股利或利息的权利已经确立；二是与股利或利息相关的经济利益很可能流入企业；三是股利或利息的金额能够可靠计量。

【例 4-2】 2019 年 1 月 1 日，兴茂公司购入 B 公司发行的公司债券，该笔债券于 2017 年 7 月 1 日发行，面值为 25 000 000 元，票面利率为 4%。上年债券利息于下年初支付。兴茂公司将其划分为交易性金融资产，支付价款为 26 000 000 元(其中包含已到付息期但尚未领取的债券利息 500 000 元)，另支付交易费用 300 000 元。2020 年 1 月 8 日，兴茂公司收到该笔债券利息 500 000 元。2021 年 1 月 8 日，兴茂公司收到债券利息 1 000 000 元。

要求：编制兴茂公司相关会计分录。

【解析】

(1) 2019 年 1 月 1 日，购入 B 公司债券时：

借：交易性金融资产——成本(B公司债券)	25 500 000	
应收利息	500 000	
投资收益	300 000	
贷：其他货币资金——存出投资款		26 300 000

(2) 2020 年 1 月 8 日，收到购买价款中包含的已到付息期但尚未领取的债券利息时：

借：其他货币资金——存出投资款	500 000	
贷：应收利息		500 000

(3) 2020 年 12 月 31 日，确认 B 公司的公司债券利息收入 1 000 000 元时：

借：应收利息	1 000 000	
贷：投资收益		1 000 000

公司债券利息收入 = 25 000 000 × 4%

(4) 2021 年 1 月 8 日，收到持有 B 公司的公司债券利息时：

借：其他货币资金——存出投资款	1 000 000	
贷：应收利息		1 000 000

取得交易性金融资产所支付价款中包含的已到付息期但尚未领取的债券利息 500 000 元，应当记入“应收利息”账户，而不记入“交易性金融资产——成本”账户。取得交易性金融资产所支付价款 26 000 000 元，扣除已到付息期但尚未领取的债券利息 500 000 元后的余额 25 500 000 元，应当记入“交易性金融资产——成本”账户。

【例 4-3】 沿用[例 4-2]的资料，假定 2019 年 6 月 30 日，兴茂公司于 2019 年 1 月 1 日所购买的 B 公司债券的公允价值(市价)为 27 800 000 元；2019 年 12 月 31 日，兴茂公司购买的 B 公司债券的公允价值(市价)为 25 600 000 元。

要求：编制兴茂公司相关会计分录。

【解析】

(1) 2019 年 6 月 30 日，确认 B 公司债券的公允价值变动损益时：

借：交易性金融资产——公允价值变动(B公司债券)　　2 300 000
　　贷：公允价值变动损益——B公司债券　　2 300 000

(2) 2019年12月31日，确认B公司债券的公允价值变动损益时：

借：公允价值变动损益——B公司债券　　2 200 000
　　贷：交易性金融资产——公允价值变动(B公司债券)　　2 200 000

2019年6月30日，B公司债券的公允价值为27 800 000元，账面余额为25 500 000元，公允价值大于账面余额2 300 000元，应记入"公允价值变动损益"账户的贷方。2019年12月31日，B公司债券的公允价值为25 600 000元，账面余额为27 800 000元，公允价值小于账面余额2 200 000元，应记入"公允价值变动损益"账户的借方。

(四) 出售交易性金融资产

企业出售交易性金融资产时，应当将该金融资产出售时的公允价值与其账面余额之间的差额作为投资损益进行会计处理。同时，将原计入公允价值变动损益的该金融资产的公允价值变动转出，由公允价值变动损益转为投资收益。

企业出售交易性金融资产，应当按照实际收到的金额，借记"其他货币资金"等账户，按照该金融资产的账面余额，贷记"交易性金融资产——成本(或公允价值变动)"账户，根据规定计算的应交增值税，贷记"应交税费——转让金融商品应交增值税"账户，按照其差额，贷记或借记"投资收益"账户；同时，将原计入该金融资产的公允价值变动转出，借记或贷记"公允价值变动损益"账户，贷记或借记"投资收益"账户。

借：其他货币资金　　×××
　　贷：交易性金融资产——成本　　×××
　　　　　　　　　　——公允价值变动(或借方)　　×××
　　　　投资收益(差额，或借方)　　×××

(五) 转让金融商品应交增值税

金融商品转让按照卖出价扣除买入价(不需要扣除已宣告未发放现金股利和已到付息期未领取的利息)后的余额作为销售额计算增值税，即转让金融商品按盈亏相抵后的余额为销售额。若相抵后出现负差，可结转下一纳税期与下期转让金融商品销售额互抵，但年末时仍出现负差的，不得转入下一会计年度。

(1) 转让金融资产当月月末，如产生转让收益，则按应纳税额，借记"投资收益"等科目，贷记"应交税费——转让金融商品应交增值税"科目。

借：投资收益　　×××
　　贷：应交税费——转让金融商品应交增值税　　×××

(2) 如产生转让损失，则按可结转下月抵扣税额，借记"应交税费——转让金融商品应交增值税"科目，贷记"投资收益"等科目。

借：应交税费——转让金融商品应交增值税　　×××
　　贷：投资收益　　×××

(3) 年末，如果"应交税费——转让金融商品应交增值税"科目有借方余额，说明本年度的金融商品转让损失无法弥补，且本年度的金融资产转让损失不可转入下年度继续抵减转让金融资产的收益，应将“应交税费——转让金融商品应交增值税”科目的借方余额转出。因此，应借记“投资收益”等科目，贷记“应交税费——转让金融商品应交增值税”科目。

借：投资收益　　×××

　　贷：应交税费——转让金融商品应交增值税　　×××

【例 4-4】 甲公司为增值税一般纳税人，2019—2020 年发生的有关交易性金融资产业务如下：

(1) 2019 年 6 月 3 日，向证券公司存出投资款 2 000 万元。同日，委托证券公司购入乙上市公司股票 100 万股，支付价款 1 510 万元(其中包含已宣告但尚未发放的现金股利 10 万元)，另支付相关交易费用 5 万元，支付增值税 0.3 万元，甲公司将该股票投资确认为交易性金融资产。

(2) 2019 年 6 月 20 日，甲公司收到乙上市公司发放的现金股利并存入银行的投资款专户。

(3) 2019 年 6 月 30 日，甲公司持有的乙上市公司股票公允价值为 1 550 万元；2019 年 12 月 31 日，甲公司持有的乙上市公司股票公允价值为 1 530 万元。

(4) 2020 年 3 月 10 日，乙上市公司宣告发放 2019 年现金股利，甲公司按其持有该上市公司股份计算确定的应分得的现金股利为 20 万元。

(5) 2020 年 3 月 20 日，甲公司出售乙上市公司全部股票 100 万股，售价为 1 560 万元，转让该金融商品应交的增值税为 2.83 万元，款项已收到。

要求：编制甲公司相关会计分录。

【解析】

(1) 2019 年 6 月 3 日，甲公司向证券公司存出投资款时：

借：其他货币资金——存出投资款　　20 000 000

　　贷：银行存款　　20 000 000

(2) 2019 年 6 月 3 日，甲公司购入乙上市公司股票时：

借：交易性金融资产——成本　　15 000 000

　　应收股利　　100 000

　　投资收益　　50 000

　　应交税费——应交增值税(进项税额)　　3 000

　　贷：其他货币资金——存出投资款　　15 153 000

(3) 2019 年 6 月 20 日，甲公司收到乙上市公司发放的现金股利时：

借：其他货币资金——存出投资款　　100 000

　　贷：应收股利　　100 000

(4) 2019 年 6 月 30 日，确认乙上市公司股票的公允价值变动损益时：

借：交易性金融资产——公允价值变动　　500 000

　　贷：公允价值变动损益　　500 000

(5) 2019 年 12 月 31 日，确认乙上市公司股票的公允价值变动损益时：

借：公允价值变动损益　　200 000
　贷：交易性金融资产——公允价值变动　　200 000

(6) 2020年3月10日，乙上市公司宣告发放2019年现金股利时：

借：应收股利　　200 000
　贷：投资收益　　200 000

(7) 2020年3月20日，甲公司出售乙上市公司股票时：

借：其他货币资金——存出投资款　　15 600 000
　贷：交易性金融资产——成本　　15 000 000
　　　　　　　　　——公允价值变动　　300 000
　　投资收益　　300 000
借：投资收益　　28 300
　贷：应交税费——转让金融商品应交增值税　　28 300

甲公司持有乙上市公司股票：

对“投资收益”科目的影响金额＝1 560－1 530＋20－5－2.83＝42.17(万元)

对“公允价值变动损益”科目的影响金额＝1 530－1 500＝30(万元)

对损益的影响金额＝1 560－1 500＋20－5－2.83＝72.17(万元)

对2019年利润影响的金额＝1 530－1 500－5＝25(万元)

对2020年利润影响的金额＝1 560－1 530＋20－2.83＝47.17(万元)

甲公司出售乙上市公司股票：

对损益的影响金额＝1 560－1 530－2.83＝27.17(万元)

【例4-5】 甲公司将其持有的交易性金融资产全部出售，售价为26 400 000元，出售前该金融资产的账面价值为2 570 000元。甲公司购入该交易性金融资产，支付价款26 000 000元(其中包含已到付息期但尚未领取的债券利息500 000元)。假定不考虑其他因素，适用的增值税税率为6%，该项转让金融商品的业务应交增值税为(　　)元。

A. 39 622.64　　B. 700 000　　C. 22 641.51　　D. 400 000

【答案】 C

【解析】 转让该交易性金融资产应交增值税＝(26 400 000－26 000 000)÷(1＋6%)×6%＝22 641.51(万元)。

【例4-6】 甲公司购入乙上市公司股票确认为交易性金融资产，支付价款106万元，其中包括已宣告但尚未发放的现金股利3万元，另支付交易费用0.1万元，增值税税额0.006万元，则甲公司应当借记“投资收益”科目(　　)万元。

A. 3　　B. 0.1　　C. 106　　D. 2.9

【答案】 B

【解析】 相关账务处理如下：

借：交易性金融资产　　10 300 000
　　应收股利　　30 000
　　投资收益　　1 000
　　应交税费——应交增值税(进项税额)　　60
　贷：其他货币资金　　1 061 060

第二节 对内投资经济业务——固定资产

一、固定资产概述

(一) 固定资产的概念和特征

固定资产是指同时具有以下特征的有形资产：为生产商品、提供劳务、出租或经营管理而持有；使用寿命超过一个会计年度。

从这一定义可以看出，作为企业的固定资产应具备以下两个特征：

第一，企业持有固定资产的目的是用于生产商品、提供劳务、出租或经营管理，而不是直接用于出售。这一特征是固定资产区别于存货等流动资产的重要标志。

第二，企业使用固定资产的期限较长，使用寿命一般超过一个会计年度。这一特征表明企业固定资产属于非流动资产，其给企业带来的收益期超过一年，能在一年以上的时间里为企业创造经济利益。

(二) 固定资产的分类

根据不同的管理需要和核算要求以及不同的分类标准，可以对固定资产进行不同的分类，主要有以下几种分类方法：

1. 按经济用途分类

固定资产按经济用途分类，可分为生产经营用固定资产和非生产经营用固定资产。

(1) 生产经营用固定资产，是指直接服务于企业生产、经营过程的各种固定资产，如生产经营用的房屋、建筑物、机器、设备、器具、工具等。

(2) 非生产经营用固定资产，是指不直接服务于生产、经营过程的各种固定资产，如职工宿舍等使用的房屋、设备和其他固定资产等。

按照固定资产的经济用途分类，可以归类反映和监督企业生产经营用固定资产和非生产经营用固定资产之间，以及生产经营用各类固定资产之间的组成和变化情况，借以考核和分析企业固定资产的利用情况，促使企业合理地配置固定资产，充分发挥其效用。

2. 综合分类

按固定资产的经济用途和使用情况等综合分类，可把企业的固定资产划分为以下七大类：

(1) 生产经营用固定资产。

(2) 非生产经营用固定资产。

(3) 租出固定资产(企业在经营租赁方式下出租给外单位使用的固定资产)。

(4) 不需用固定资产。

(5) 未使用固定资产。

(6) 土地(指过去已经估价单独入账的土地。因征地而支付的补偿费，应计入与土地有关的房屋、建筑物的价值内，不单独作为土地价值入账。企业取得的土地使用权，应作为无形资产管理和核算，不作为固定资产管理和核算)。

(7) 租入固定资产(指企业除短期租赁和低价值资产租赁租入的固定资产，该资产在租赁期内，应作为使用权资产进行核算与管理)。

由于企业的经营性质不同，经营规模各异，对固定资产的分类不可能完全一致。但实际工作中，企业大多采用综合分类的方法作为编制固定资产目录、进行固定资产核算的依据。

重点提示

以经营租赁方式出租的建筑物属于投资性房地产。

(1) 融资租入的固定资产，视为承租方资产，承租方按自有资产进行管理经营租入的固定资产属于出租方的固定资产，不属于承租方的固定资产。

(2) 企业以经营租赁方式出租的房屋建筑物，按照投资性房地产核算。企业以经营租赁方式出租的机器、设备，按照固定资产核算。

(三) 固定资产核算应设置的会计科目

为了反映和监督固定资产的取得、计提折旧和处置等情况，企业一般需要设置“固定资产”“累计折旧”“在建工程”“工程物资”“固定资产清理”等科目。

“固定资产”科目核算企业固定资产的原价，借方登记企业增加的固定资产原价，贷方登记企业减少的固定资产原价，期末借方余额，反映企业期末固定资产的账面原价。企业应当设置“固定资产登记簿”和“固定资产卡片”，按固定资产类别、使用部门和每项固定资产进行明细核算。其账户结构具体如图 4-4 所示。

借方　固定资产	贷方
企业增加的固定资产原价	企业减少的固定资产原价
企业期末固定资产的账面原价	

图 4-4　固定资产账户结构图

“累计折旧”科目属于“固定资产”的调整科目，核算企业固定资产的累计折旧，贷方登记企业计提的固定资产折旧，借方登记处置固定资产转出的累计折旧，期末贷方余额，反映企业固定资产的累计折旧额。其账户结构具体如图 4-5 所示。

借方　累计折旧	贷方
处置固定资产转出的累计折旧	企业计提的固定资产折旧
	企业固定资产的累计折旧额

图 4-5　累计折旧账户结构图

“在建工程”科目核算企业基建、更新改造等在建工程发生的支出，借方登记企业各项在建工程的实际支出，贷方登记完工工程转出的成本，期末借方余额，反映企业尚未达到预定可使用状态的在建工程的成本。其账户结构具体如图 4-6 所示。

借方　在建工程	贷方
企业各项在建工程的实际支出	完工工程转出的成本
尚未达到预定可使用状态的在建工程的成本	

图 4-6　在建工程账户结构图

“工程物资”科目核算企业为在建工程而准备的各种物资的实际成本，借方登记企业购入工程物资的成本，贷方登记领用工程物资的成本，期末借方余额，反映企业为在建工程准备的各种物资的成本。其账户结构具体如图 4-7 所示。

借方 工程物资	贷方
企业购入工程物资的成本	领用工程物资的成本
为在建工程准备的各种物资的成本	

图 4-7 工程物资账户结构图

“固定资产清理”科目核算企业因出售、报废、毁损、对外投资、非货币性资产交换、债务重组等原因转入清理的固定资产价值以及在清理过程中发生的清理费用和清理收益。该科目借方登记转出的固定资产账面价值、清理过程中应支付的相关税费及其他费用，贷方登记出售固定资产取得的价款、残料价值和变价收入。期末借方余额，反映企业尚未清理完毕的固定资产清理净损失，期末如为贷方余额，则反映企业尚未清理完毕的固定资产清理净收益。固定资产清理完成，其借方登记转出的清理净收益，贷方登记转出的清理净损失，清理净损益结转后，“固定资产清理”科目无余额。企业应当按照被清理的固定资产项目设置明细账，进行明细核算。其账户结构具体如图 4-8 所示。

借方 固定资产清理	贷方
转出的固定资产账面价值、清理过程中应支付的相关税费及其他费用	出售固定资产取得的价款、残料价值和变价收入
尚未清理完毕的固定资产清理净损失	尚未清理完毕的固定资产清理净收益

图 4-8 固定资产清理账户结构图

此外，企业固定资产、在建工程、工程物资发生减值的，还应当设置“固定资产减值准备”“在建工程减值准备”“工程物资减值准备”等科目进行核算。

二、取得固定资产

(一) 外购固定资产

企业外购的固定资产，应按实际支付的购买价款、相关税费、使固定资产达到预定可使用状态前所发生的可归属于该项资产的运输费、装卸费、安装费和专业人员服务费等，作为固定资产的取得成本。其中，相关税费不包括按照现行增值税制度规定，可以从销项税额中抵扣的增值税进项税额。

1. 一般纳税人取得不需要安装的固定资产

企业作为一般纳税人，购入不需要安装的固定资产时，应按支付的购买价款、使固定资产达到预定可使用状态前所发生的可归属于该项资产的运输费、装卸费和专业人员服务费等，作为固定资产成本，借记“固定资产”科目，取得增值税专用发票、海关完税证明或公路发票等增值税扣税凭证，并经税务机关认证可以抵扣的，应按专用发票上注明的增值税进项税额，借记“应交税费——应交增值税(进项税额)”科目，贷记“银行存款”“应付账款”等科目。

借：固定资产　×××
　　应交税费——应交增值税（进项税额）　×××
　　贷：银行存款/应付账款等　×××

2. 一般纳税人取得需要安装的固定资产

企业作为一般纳税人，购入需要安装的固定资产时，应在购入的固定资产取得成本的基础上加上安装调试成本作为入账成本。

（1）按照购入需要安装的固定资产的取得成本及发生的安装调试成本，借记“在建工程”科目，按购入固定资产时可抵扣的增值税进项税额，借记“应交税费——应交增值税（进项税额）”科目，贷记“银行存款”“应付账款”等科目。

借：在建工程　×××
　　应交税费——应交增值税（进项税额）　×××
　　贷：银行存款/应付账款等　×××

（2）需要安装的固定资产耗用了本单位的材料或人工的，按应承担的成本金额，借记“在建工程”科目，贷记“原材料”“应付职工薪酬”等科目。

借：在建工程　×××
　　贷：原材料/应付职工薪酬等　×××

（3）安装完成达到预定可使用状态时，由“在建工程”科目转入“固定资产”科目，借记“固定资产”科目，贷记“在建工程”科目。

借：固定资产　×××
　　贷：在建工程　×××

【例 4-7】 甲公司 2020 年 10 月 8 日购入需要安装的设备一台，取得增值税专用发票已认证，设备价款 180 000 元，增值税额为 23 400 元，安装费 6 500 元，增值税额为 585 元。货运增值税专用发票列示的运输费为 5 000 元，增值税额为 450 元。货款、运输费和安装费均已通过银行结算，设备已验收。

要求：编制甲公司相关会计分录。

【解析】

（1）购买设备时，根据购买设备增值税专用发票发票联、银行付款通知：

借：在建工程——安装工程　180 000
　　应交税费——应交增值税（进项税额）　23 400
　　贷：银行存款　203 400

（2）支付运输费时，根据增值税专用发票发票联、银行付款通知：

借：在建工程——安装工程　5 000
　　应交税费——应交增值税（进项税额）　450
　　贷：银行存款　5 450

（3）支付设备的安装费用时，根据安装费增值税专用发票发票联、银行付款通知：

借：在建工程——安装工程　6 500
　　应交税费——应交增值税（进项税额）　585
　　贷：银行存款　7 085

(4) 设备安装完工投入使用时,根据固定资产验收单、固定资产交接单:

借:固定资产　　191 500
　贷:在建工程——安装工程　　191 500

3. 小规模纳税人取得固定资产

企业作为小规模纳税人,购入固定资产发生的增值税进项税额不予抵扣,应将购买价款和增值税一并计入固定资产成本,借记“固定资产”或“在建工程”科目,不通过“应交税费——应交增值税”科目核算。

重点提示

企业以一笔款项购入多项没有单独标价的固定资产,应将各项资产单独确认为固定资产,并按各项固定资产公允价值的比例对总成本进行分配,分别确定各项固定资产的成本。

(二) 建造固定资产

企业自行建造固定资产,应当按照建造该项资产达到预定可使用状态前所发生的必要支出,作为固定资产的成本。

企业自行建造固定资产,应先通过“在建工程”科目核算,工程达到预定可使用状态时,再从“在建工程”科目转入“固定资产”科目。企业自行建造固定资产,主要有自营和出包两种方式,由于采用的建设方式不同,其会计处理也不同。

1. 自营工程

自营工程是指企业自行组织工程物资采购、自行组织施工人员施工的建筑工程和安装工程。

(1) 购入工程物资时,按已认证的增值税专用发票上注明的价款,借记“工程物资”科目;按增值税专用发票上注明的增值税进项税额,借记“应交税费——应交增值税(进项税额)”科目,按应实际支付或应付的金额,贷记“银行存款”“应付账款”等科目。

借:工程物资　　×××
　应交税费——应交增值税(进项税额)　　×××
　贷:银行存款/应付账款等　　×××

(2) 领用工程物资时,借记“在建工程”科目,贷记“工程物资”科目。

借:在建工程　　×××
　贷:工程物资　　×××

(3) 在建工程领用本企业原材料时,借记“在建工程”科目,贷记“原材料”等科目。

借:在建工程　　×××
　贷:原材料　　×××

(4) 在建工程领用本企业生产的商品时,借记“在建工程”科目,贷记“库存商品”科目。

借:在建工程　　×××
　贷:库存商品　　×××

(5) 自营工程发生的其他费用(如分配工程人员薪酬等),借记“在建工程”科目,贷记“银行存款”“应付职工薪酬”等科目。

借：在建工程　　×××
　　贷：银行存款/应付职工薪酬　　×××

(6) 自营工程达到预定可使用状态时，按其成本，借记“固定资产”科目，贷记“在建工程”科目。

借：固定资产　　×××
　　贷：在建工程　　×××

【例 4-8】 2020 年 5 月，乙公司自行组织力量建造一座仓库以存放公司生产的产品，发生经济业务具体如下。

(1) 购进工程用物资，增值税专用发票列示的价款为 86 万元，增值税额 11.18 万元，物资已验收入库，货款通过开户银行转账付讫。

(2) 基建部门将上述工程用物资全部领用进行工程建造。

(3) 工程建设期间发放建筑工程职工工资 51 600 元，基建管理部门职工工资 24 000 元。

(4) 本月企业辅助生产车间为工程提供的水、电、设备安装的费用共计 18 000 元。

(5) 仓库建造工程已完工，达到预定可使用状态并交付使用，结转工程成本 95.36 万元。

要求：编制乙公司相关会计分录。

【解析】

(1) 根据增值税专用发票联、银行付款通知、工程物资验收单编制如下会计分录：

借：工程物资　　860 000
　　应交税费——应交增值税(进项税额)　　111 800
　　贷：银行存款　　971 800

(2) 根据工程物资领用单编制如下会计分录：

借：在建工程——仓库　　860 000
　　贷：工程物资　　860 000

(3) 根据职工薪酬分配表编制如下会计分录：

借：在建工程——仓库　　75 600
　　贷：应付职工薪酬　　75 600

(4) 根据辅助生产费用分配表编制如下会计分录：

借：在建工程——仓库　　18 000
　　贷：生产成本——辅助生产成本　　18 000

(5) 根据固定资产决算单、固定资产验收单编制如下会计分录：

借：固定资产　　953 600
　　贷：在建工程——仓库　　953 600

2. 出包工程

出包工程是指企业通过招标方式将工程项目发包给建造承包商，由建造承包商组织施工的建筑工程和安装工程。企业采用出包方式进行的固定资产工程，其工程的具体支出主要由建造承包商核算，在这种方式下，“在建工程”科目主要是反映企业与建造承包商办理工程价款结算的情况，企业支付给建造承包商的工程价款作为工程成本，通过“在建工程”科目核算。

（1）企业按合理估计的发包工程进度和合同规定向建造承包商结算进度款，并由对方开具增值税专用发票，按增值税专用发票上注明的价款，借记“在建工程”科目，按增值税专用发票上注明的增值税进项税额，借记“应交税费——应交增值税（进项税额）”科目，按应实际支付的金额，贷记“银行存款”科目。

借：在建工程　×××
　应交税费——应交增值税（进项税额）　×××
　贷：银行存款/应付账款等　×××

（2）工程达到预定可使用状态时，按其成本，借记“固定资产”科目，贷记“在建工程”科目。

借：固定资产　×××
　贷：在建工程　×××

【例4-9】 丙公司将一台大型生产设备的安装工程出包给浩强公司，有关业务具体如下。

（1）2020年3月1日，按照合同预付工程款80 000元。

（2）2020年5月31日，根据合理估计的发包工程进度和合同规定向A公司结算进度款72 000元，增值税额6 480元。

（3）2020年8月31日，收到A公司有关工程结算单据，结算工程款40 000元和增值税税额3 600元，丙公司转账支付尾款42 080元。

（4）2020年8月31日，工程完工并达到预定可使用状态，结转工程成本。

要求：编制丙公司相关会计分录。

【解析】

（1）根据建造合同、银行付款凭证编制如下会计分录：

借：预付账款　80 000
　贷：银行存款　80 000

（2）根据工程结算单、增值税专用发票发票联编制如下会计分录：

借：在建工程　72 000
　应交税费——应交增值税（进项税额）　6 480
　贷：预付账款　78 480

（3）根据建造合同、工程结算单、增值税专用发票发票联、银行付款通知单编制如下会计分录：

借：在建工程　40 000
　应交税费——应交增值税（进项税额）　3 600
　贷：预付账款　43 600

借：预付账款　42 080
　贷：银行存款　42 080

（4）根据固定资产决算单、固定资产验收单编制如下会计分录：

借：固定资产　　112 000

　贷：在建工程　　112 000

重点提示

以其他方式取得的固定资产，分别按照下列方法确定固定资产的初始入账价值：

(1) 购入固定资产超过正常信用条件延期支付价款，实质上具有融资性质的，按照购买价款的现值为基础确定固定资产的初始入账价值。

(2) 投资者投入的固定资产，其初始入账价值应当按照投资合同或协议约定的价值确定，但合同或协议约定的价值不公允的除外。

(3) 融资租入固定资产视同本企业自有固定资产核算，其初始入账价值按《企业会计准则第21号——租赁》的规定确定。

(4) 企业接受其他单位捐赠的固定资产，应根据捐赠方提供的有关凭据金额或该项资产的公允价值为基础确定固定资产的初始入账价值。

(5) 非货币性资产交换取得的固定资产，其初始入账价值按《企业会计准则第7号——非货币性资产交换》的规定确定。

(6) 债务重组取得的固定资产，其初始入账价值按《企业会计准则第12号——债务重组》的规定确定。

三、对固定资产计提折旧

(一) 固定资产折旧概述

企业应当在固定资产的使用寿命内，按照确定的方法对应计折旧额进行系统分摊。应计折旧额，是指应当计提折旧的固定资产原价扣除其预计净残值后的金额，已计提减值准备的固定资产，还应当扣除已计提的固定资产减值准备累计金额。企业应当根据固定资产的性质和使用情况，合理确定固定资产的使用寿命和预计净残值。固定资产的使用寿命、预计净残值一经确定，不得随意变更，但是符合《企业会计准则第4号——固定资产》第十九条规定的除外。上述事项在报经股东大会或董事会、经理(厂长)会议或类似机构批准后，作为计提折旧的依据，并按照法律、行政法规等的规定报送有关各方备案。

1. 影响固定资产折旧的主要因素

(1) 固定资产原价，是指固定资产的成本。

(2) 预计净残值，是指假定固定资产预计使用寿命已满并处于使用寿命终了时的预期状态，企业目前从该项资产处置中获得的扣除预计处置费用后的金额。

(3) 固定资产减值准备，是指固定资产已计提的固定资产减值准备累计金额。

(4) 固定资产的使用寿命，是指企业使用固定资产的预计期间，或者该固定资产所能生产产品或提供劳务的数量。企业确定固定资产使用寿命时，应当考虑下列因素：该项资产预计生产能力或实物产量；该项资产预计有形损耗，如设备使用中发生磨损、房屋建筑物受到自然侵蚀等；该项资产预计无形损耗，如因新技术的出现而使现有的资产技术水平相对陈旧、市场需求变化使产品过时等；法律或者类似规定对该项资产使用的限制。

2. 固定资产的折旧范围

除以下情况外，企业应当对所有固定资产计提折旧：

(1) 已提足折旧仍继续使用的固定资产。

(2) 单独计价入账的土地。

重点提示

(1) 固定资产应当按月计提折旧,当月增加的固定资产,当月不计提折旧,从下月起计提折旧;当月减少的固定资产,当月仍计提折旧,从下月起不计提折旧。

(2) 固定资产提足折旧后,不论能否继续使用,均不再计提折旧;提前报废的固定资产,也不再补提折旧。提足折旧,是指已经提足该项固定资产的应计折旧额。

(3) 已达到预定可使用状态但尚未办理竣工决算的固定资产,应当按照估计价值确定其成本,并计提折旧;待办理竣工决算后,再按实际成本调整原来的暂估价值,但不需要调整原已计提的折旧额。

3. 固定资产使用寿命、预计净残值和折旧方法的复核

企业至少应当于每年年度终了,对固定资产的使用寿命、预计净残值和折旧方法进行复核。使用寿命预计数与原先估计数有差异的,应当调整固定资产使用寿命。预计净残值预计数与原先估计数有差异的,应当调整预计净残值。与固定资产有关的经济利益预期实现方式有重大改变的,应当改变固定资产折旧方法。

固定资产使用寿命、预计净残值和折旧方法的改变应当作为会计估计变更进行会计处理。

(二) 固定资产的折旧方法

企业应当根据与固定资产有关的经济利益的预期实现方式,合理选择固定资产折旧方法。可选用的折旧方法包括年限平均法(又称直线法)、工作量法、双倍余额递减法和年数总和法等,具体如表 4-1 所示。

表 4-1　　固定资产折旧方法

方法	计算公式
年限平均法	年折旧率 = (1 − 预计残值率) ÷ 预计使用寿命(年) × 100% 月折旧率 = 年折旧率 ÷ 12 月折旧额 = 固定资产原值 × 月折旧率
工作量法	单位工作量折旧额 = [固定资产原值 × (1 − 预计净残值率)] ÷ 预计总工作量 某项固定资产月折旧额 = 该项固定资产当月工作量 × 单位工作量折旧额
双倍余额递减法	年折旧率 = 2 ÷ 预计使用寿命(年) × 100% 年折旧额 = 每个折旧年度年初固定资产账面净值 × 年折旧率 月折旧额 = 年折旧额 ÷ 12
年数总和法	$年折旧率 = \frac{预计使用寿命 - 已使用寿命}{预计使用寿命 \times (预计使用寿命 + 1) \div 2} \times 100\%$ 或 年折旧率 = 尚可使用年限 ÷ 预计使用寿命的年数总和 × 100% 年折旧额 = (固定资产原价 − 预计净残值) × 年折旧率

重点提示

采用双倍余额递减法计提固定资产折旧,一般应在固定资产使用寿命到期前两年内,按照固定资产账面净值扣除预计残值后的余额平均摊销。

【例 4-10】 甲公司一台生产设备原价为 800 万元，预计净残值为 38.4 万元，预计可使用 5 年，未计提固定资产减值准备。不考虑其他因素，计算该设备分别采用年限平均法、双倍余额递减法和年数总和法时每年应计提的折旧额。

【解析】

(1) 采用年限平均法时：

每年应计提的折旧额相等，应计提的折旧额＝(800－38.4)÷5＝152.32(万元)

(2) 采用双倍余额递减法时：

年折旧率＝2÷5×100%＝40%

第一年应计提的折旧额＝800×40%＝320(万元)

第二年应计提的折旧额＝(800－320)×40%＝192(万元)

第三年应计提的折旧额＝(800－320－192)×40%＝115.2(万元)

第四、五年应计提的折旧额＝(800－320－192－115.2－38.4)÷2＝67.2(万元)

(3) 采用年数总和法时：

$$\text{第一年应计提的折旧额}=(800-38.4)\times\frac{5}{5+4+3+2+1}=253.87(\text{万元})$$

$$\text{第二年应计提的折旧额}=(800-38.4)\times\frac{4}{5+4+3+2+1}=203.09(\text{万元})$$

$$\text{第三年应计提的折旧额}=(800-38.4)\times\frac{3}{5+4+3+2+1}=152.32(\text{万元})$$

$$\text{第四年应计提的折旧额}=(800-38.4)\times\frac{2}{5+4+3+2+1}=101.55(\text{万元})$$

$$\text{第五年应计提的折旧额}=(800-38.4)\times\frac{1}{5+4+3+2+1}=50.77(\text{万元})$$

【例 4-11】 某企业 2018 年 12 月 3 日购入一台不需要安装的设备，原价 60 000 元，预计净残值 3 000 元，预计使用年限 5 年，采用年数总和法计提折旧，2019 年 12 月 31 日该设备账面价值为(　　)元。

A. 48 600　　B. 36 000　　C. 41 000　　D. 54 000

【答案】 C

【解析】

某企业 2018 年 12 月 3 日购入不需要安装的设备，购入当月不进行折旧，下月开始折旧，采用年数总和法计提折旧，2019 年计提的折旧＝(60 000－3 000)×5÷15＝19 000(元)，该设备账面价值＝60 000－19 000＝41 000(元)。

(三) 固定资产折旧的账务处理

固定资产应当按月计提折旧，计提的折旧应当记入"累计折旧"科目，并根据固定资产的用途计入相关资产的成本或者当期损益。

企业自行建造固定资产过程中使用的固定资产，其计提的折旧应计入在建工程成本；基本生产车间所使用的固定资产，其计提的折旧应计入制造费用；管理部门所使用的固定资产，其计提的折旧应计入管理费用；销售部门所使用的固定资产，其计提的折旧应计入销售费用；经营租出的固定资产，其计提的折旧应计入其他业务成本。

企业计提固定资产折旧时，借记"在建工程""制造费用""管理费用""销售费用""其他业务成本”等科目，贷记“累计折旧”科目。

借：在建工程 ×××
　　制造费用 ×××
　　管理费用 ×××
　　销售费用 ×××
　　其他业务成本 ×××
　　贷：累计折旧 ×××

【例 4-12】 2020 年 3 月，甲公司计提固定资产折旧情况如下：一车间厂房计提折旧 4 800 000 元，机器设备计提折旧 4 500 000 元；管理部门房屋计提折旧 7 500 000 元，运输工具计提折旧 2 400 000 元；销售部门房屋计提折旧 3 200 000 元，运输工具计提折旧 2 630 000 元。当月新购置机器设备一台，价值为 5 400 000 元，预计使用寿命为 10 年，该公司同类设备计提折旧采用年限平均法。本例中，新购置的机器设备本月不计提折旧。

要求：编制甲公司相关会计分录。

【解析】

借：制造费用——一车间 9 300 000
　　管理费用 9 900 000
　　销售费用 5 830 000
　　贷：累计折旧 25 030 000

四、固定资产发生的后续支出

固定资产的后续支出，是指固定资产在使用过程中发生的更新改造支出、修理费用等。

固定资产的更新改造、修理等后续支出，满足固定资产确认条件的，应当计入固定资产成本，如有被替换的部分，应同时将被替换部分的账面价值从该固定资产原账面价值中扣除；不满足固定资产确认条件的后续支出，应当在发生时计入当期损益。

(一) 资本化后续支出

固定资产发生可资本化后续支出时，应当通过“在建工程”科目核算，将该固定资产的原价、已计提的累计折旧和减值准备转销，将固定资产的账面价值转入在建工程，借记“在建工程”“累计折旧”“固定资产减值准备”等科目，贷记“固定资产”科目。发生可资本化后续支出时，借记“在建工程”科目，发生后续支出取得增值税专用发票的，按增值税专用发票上注明的增值税进项税额，借记“应交税费——应交增值税(进项税额)”科目，按实际支付的金额，贷记“银行存款”等科目。发生后续支出的固定资产达到预定可使用状态时，借记“固定资产”科目，贷记“在建工程”科目。

(1) 发生可资本化的后续支出时：

借：在建工程 ×××
　　应交税费——应交增值税(进项税额) ×××
　　贷：银行存款等 ×××

(2) 后续支出完工并达到可使用状态时：

借：固定资产 ×××
　　贷：在建工程 ×××

【例 4-13】 甲航空公司为增值税一般纳税人，2010 年 12 月份购入一架飞机总计花费 8 000 万元(含发动机)，发动机当时的购价为 500 万元。该公司未将发动机作为一项单独的固定资产进行核算。2019 年 6 月末，甲航空公司开辟新航线，航程增加。为延长飞机的空中飞行时间，该公司决定更换一部性能更为先进的发动机。新发动机购价为 700 万元，增值税专用发票上注明的增值税额为 91 万元，另需支付安装费并取得增值税专用发票，注明安装费 10 万元，税率 9%，增值税额 0.9 万元。假定飞机的年折旧率为 3%，不考虑预计净残值的影响，替换下的老发动机报废且无残值收入。

要求：编制甲航空公司相关会计分录。

【解析】

(1) 2019 年 6 月末飞机的累计折旧金额＝80 000 000×3%×8.5＝20 400 000(元)，将固定资产转入在建工程：

借：在建工程	59 600 000	
累计折旧	20 400 000	
贷：固定资产		80 000 000

(2) 购入并安装新发动机：

借：工程物资	7 000 000	
应交税费——应交增值税(进项税额)	910 000	
贷：银行存款		7 910 000

借：在建工程	7 000 000	
贷：工程物资		7 000 000

(3) 支付安装费用时：

借：在建工程	100 000	
应交税费——应交增值税(进项税额)	9 000	
贷：银行存款		109 000

(4) 2019 年年初老发动机的账面价值＝ 5 000 000－500 000×3%×8.5＝ 3 725 000(元)，终止确认老发动机的账面价值：

借：营业外支出——非流动资产处置损失	3 725 000	
贷：在建工程		3 725 000

(5) 新发动机安装完毕，投入使用，固定资产的入账价值＝59 600 000＋7 000 000＋100 000－3 725 000＝62 975 000(元)：

借：固定资产	62 975 000	
贷：在建工程		62 975 000

(二) 费用化支出

企业生产车间(部门)和行政管理部门的固定资产发生不可资本化后续支出，如固定资产日常修理费用及其可抵扣的增值税进项税额，应借记“管理费用”“应交税费——应交增值税(进项税额)”科目，贷记“银行存款”等科目。

借：管理费用　　×××
　　应交税费——应交增值税(进项税额)　　×××
　　贷：银行存款等　　×××

企业专设销售机构的固定资产发生不可资本化的后续支出，如固定资产日常修理费用及其可抵扣的增值税进项税额，应借记“销售费用”“应交税费——应交增值税(进项税额)”科目，贷记“银行存款”等科目。

借：销售费用　　×××
　　应交税费——应交增值税(进项税额)　　×××
　　贷：银行存款等　　×××

【例 4-14】 企业对固定资产进行更新改造时，应当将该固定资产账面价值转入在建工程，并将被替换部件的变价收入冲减在建工程。　　(　　)

【答案】 ×

【解析】 企业对固定资产进行更新改造时，应当将该固定资产账面价值转入在建工程，被替换部分的变价收入不可冲减在建工程。

【例 4-15】 某企业对生产设备进行改良，发生资本化支出共计 45 万元，被替换旧部件的账面价值为 10 万元，该设备原价为 500 万元，已计提折旧 300 万元。不考虑其他因素，该设备改良后的入账价值为(　　)万元。

A. 245　　B. 235　　C. 200　　D. 190

【答案】 B

【解析】 设备改良后的入账价值＝45－10＋500－300＝235(万元)。

五、固定资产的处置

固定资产处置，即固定资产的终止确认，包括固定资产的出售、报废、毁损、对外投资、非货币性资产交换、债务重组等。

企业在生产经营过程中，可能将不适用或不需用的固定资产对外出售转让，或因磨损、技术进步等原因对固定资产进行报废，或因遭受自然灾害而对毁损的固定资产进行处理。对于上述事项在进行会计处理时，应当按照规定程序办理有关手续，结转固定资产的账面价值，计算有关的清理收入、清理费用及残料价值等，清理完毕，结转固定资产清理损益。

企业处置固定资产应通过“固定资产清理”科目核算，通常包括以下五个环节。

(一) 固定资产转入清理

企业因出售、报废、毁损、对外投资、非货币性资产交换、债务重组等转出的固定资产，按该项固定资产的账面价值，借记“固定资产清理”科目，按已计提的累计折旧，借记“累计折旧”科目，按已计提的减值准备，借记“固定资产减值准备”科目，按其账面原价，贷记“固定资产”科目。

借：固定资产清理(固定资产的账面价值)　　×××
　　累计折旧　　×××
　　固定资产减值准备　　×××
　　贷：固定资产　　×××

（二）结算清理费用等

固定资产清理过程中，应支付的清理费用及其可抵扣的增值税进项税额，借记“固定资产清理”“应交税费——应交增值税（进项税额）”科目，贷记“银行存款”等科目。

借：固定资产清理　　×××
　　应交税费——应交增值税（进项税额）　　×××
　　贷：银行存款　　×××

（三）收回出售固定资产的价款、残料价值和变价收入等

（1）收回出售固定资产的价款和税款，借记“银行存款”科目，按增值税专用发票上注明的价款，贷记“固定资产清理”科目，按增值税专用发票上注明的增值税销项税额，贷记“应交税费——应交增值税（销项税额）”科目。

借：银行存款　　×××
　　贷：固定资产清理　　×××
　　　　应交税费——应交增值税（销项税额）　　×××

（2）残料入库，按残料价值，借记“原材料”等科目，贷记“固定资产清理”科目。

借：原材料　　×××
　　贷：固定资产清理　　×××

（四）确认应收责任单位（或个人）赔偿损失

应由保险公司或过失人赔偿的损失，借记“其他应收款”等科目，贷记“固定资产清理”科目。

借：其他应收款　　×××
　　贷：固定资产清理　　×××

（五）结转清理净损益

固定资产清理完成后，对清理净损益，应区分不同情况进行账务处理：

（1）因固定资产已丧失使用功能或因自然灾害发生毁损等原因而报废清理产生的利得或损失应计入营业外收支。

第一，属于生产经营期间报废清理产生的处理净损失，借记“营业外支出——非流动资产处置损失”（正常原因）或“营业外支出——非常损失”（非正常原因）科目，贷记“固定资产清理”科目。

借：营业外支出——非流动资产处置损失（正常原因）　　×××
　　　　　　　——非常损失（非正常原因）　　×××
　　贷：固定资产清理　　×××

第二，属于生产经营期间报废清理产生的处理净收益，借记“固定资产清理”科目，贷记“营业外收入——非流动资产处置利得”科目。

借：固定资产清理　　×××
　　贷：营业外收入——非流动资产处置利得　　×××

（2）因出售、转让等原因产生的固定资产处置利得或损失应计入资产处置收益。

净损失，借记“资产处置损益”科目，贷记“固定资产清理”科目。

借：资产处置损益　　×××
　　贷：固定资产清理　　×××

净收益，借记“固定资产清理”科目，贷记“资产处置损益”科目。

借：固定资产清理　　×××
　　贷：资产处置损益　　×××

【例 4-16】 2020 年 3 月 5 日，甲公司出售一台设备，原价 80 万元，已使用 5 年，已计提折旧 78 万元，将其转为清理。在原取得该设备时，其增值税已作为进项税额进行了抵扣。

要求：编制甲公司相关会计分录。

【解析】

(1) 将设备转为清理时：

借：固定资产清理　　20 000
　　累计折旧　　780 000
　　贷：固定资产　　800 000

(2) 用银行存款支付清理费用 1.1 万元(未取得增值税专用发票)：

借：固定资产清理　　11 000
　　贷：银行存款　　11 000

(3) 取得出售收入 3 万元(不含增值税，其税率为 13%)，款项已存入银行：

借：银行存款　　33 900
　　贷：固定资产清理　　30 000
　　　　应交税费——应交增值税(销项税额)　　3 900

(4) 结转固定资产清理净损益：

借：资产处置损益　　1 000
　　贷：固定资产清理　　1 000

【例 4-17】 乙公司为增值税一般纳税人，因遭受台风袭击毁损一座仓库。该仓库原价 3 000 000 元，已计提折旧 1 000 000 元，已计提减值准备 200 000 元。其残料估计价值为 50 000 元，残料已办理入库。发生清理费用并取得增值税专用发票，注明的清理费为 30 000 元，增值税额为 1 800 元，全部款项以银行存款支付。应收保险公司赔款 1 500 000 元。假定不考虑其他相关税费。

要求：编制乙公司相关会计分录。

【解析】

(1) 将毁损的仓库转入清理：

借：固定资产清理　　1 800 000
　　累计折旧　　1 000 000
　　固定资产减值准备　　200 000
　　贷：固定资产　　3 000 000

(2) 残料50 000元入库：

借：原材料　　50 000
　　贷：固定资产清理　　50 000

(3) 支付清理费用及其增值税进项税额：

借：固定资产清理　　30 000
　　应交税费——应交增值税(进项税额)　　1 800
　　贷：银行存款　　31 800

(4) 确认应收保险公司赔款：

借：其他应收款　　1 500 000
　　贷：固定资产清理　　1 500 000

(5) 结转毁损固定资产清理净损益：

借：营业外支出——非常损失　　280 000
　　贷：固定资产清理　　280 000

六、固定资产清查

为保证固定资产核算的真实性，充分挖掘企业现有固定资产的潜力，企业应当定期或者至少于每年年末对固定资产进行清查盘点。在固定资产清查过程中，如果发现盘盈、盘亏的固定资产，应当填制固定资产盘盈盘亏报告表。清查固定资产的损溢，应当及时查明原因，并按照规定程序报批处理。

(一) 固定资产的盘盈

企业在财产清查中盘盈的固定资产，根据《企业会计准则第28号——会计政策、会计估计变更和差错更正》的规定，应当作为重要的前期差错进行会计处理。企业在财产清查中盘盈的固定资产，在按管理权限报经批准处理前，应先通过“以前年度损益调整”科目核算。

重点提示

如果盘盈、盘亏或毁损的固定资产在期末结账前未经批准的，在对外提供财务会计报告时应按上述规定进行处理，并在财务报表附注中作出说明；如果其后批准处理的金额与已处理的金额不一致，应按其差额调整财务报表相关项目的年初数。

(1) 盘盈的固定资产，应按重置成本确定其入账价值，借记“固定资产”科目，贷记“以前年度损益调整”科目。

借：固定资产　　×××
　　贷：以前年度损益调整　　×××

(2) 由于以前年度损益调整而增加的所得税费用，借记“以前年度损益调整”科目，贷记“应交税费——应交所得税”科目。

借：以前年度损益调整　　×××
　　贷：应交税费——应交所得税　　×××

(3) 将以前年度损益调整科目余额转入留存收益时,借记“以前年度损益调整”科目,贷记“盈余公积”“利润分配——未分配利润”科目。

借:以前年度损益调整　　×××
　　贷:盈余公积/利润分配——未分配利润　　×××

【例 4-18】 甲公司 2019 年 12 月 27 日进行财产清查时发现有未入账设备一台,其重置价值为 100 000 元。该企业的所得税税率为 25%,其按照净利润的 20%提取盈余公积。

要求:编制甲公司相关会计分录。

【解析】

(1) 发生盘盈(即发现问题):

借:固定资产　　100 000
　　贷:以前年度损益调整　　100 000

(2) 确认应补缴的所得税:

借:以前年度损益调整　　25 000
　　贷:应交税费——应交所得税　　25 000

(3) 调整盈余公积、未分配利润项目:

借:以前年度损益调整　　75 000
　　贷:盈余公积　　15 000
　　　　利润分配——未分配利润　　60 000

(二) 固定资产的盘亏

企业在财产清查中盘亏的固定资产,按照盘亏固定资产的账面价值,借记“待处理财产损溢”科目,按照已计提的累计折旧,借记“累计折旧”科目,按照已计提的减值准备,借记“固定资产减值准备”科目,按照固定资产的原价,贷记“固定资产”科目。

借:待处理财产损溢　　×××
　　累计折旧　　×××
　　固定资产减值准备　　×××
　　贷:固定资产　　×××

企业按照管理权限报经批准后处理时,按照可收回的保险赔偿或过失人赔偿,借记“其他应收款”科目,按照应计入营业外支出的金额,借记“营业外支出——盘亏损失”科目,贷记“待处理财产损溢”科目。

借:其他应收款　　×××
　　营业外支出——盘亏损失　　×××
　　贷:待处理财产损溢　　×××

【例 4-19】 甲公司为增值税一般纳税人。甲公司在 2020 年 12 月 27 日进行财产清查时发现某设备已无实物形态存在,经批准作为盘亏处理。该设备原价 120 000 元,已提取折旧 100 000 元,未提取减值准备。该设备购买时的增值税税率为 13%。

要求:编制甲公司相关会计分录。

【解析】

（1）发生固定资产盘亏：

借：待处理财产损溢 20 000
　　累计折旧 100 000
　　贷：固定资产 120 000

（2）转出不可以抵扣的增值税进项税额：

应转出的进项税额 =（120 000－100 000）×13% = 2 600(元)

借：待处理财产损溢 2 600
　　贷：应交税费——应交增值税(进项税额转出) 2 600

（3）其损失报经批准转为营业外支出：

借：营业外支出 22 600
　　贷：待处理财产损溢 22 600

七、固定资产减值

固定资产的初始入账价值为历史成本。固定资产使用年限较长、市场条件和经营环境的变化、科学技术的进步以及企业经营管理不善等，都可能导致固定资产创造未来经济利益的能力大大下降。因此，固定资产的真实价值有可能低于账面价值，在期末必须对固定资产减值损失进行确认。

固定资产在资产负债表日存在可能发生减值的迹象时，其可收回金额低于账面价值的，企业应当将该固定资产的账面价值减记至可收回金额，减记的金额确认为减值损失，计入当期损益，借记"资产减值损失——固定资产减值损失"科目，同时，计提相应的资产减值准备，贷记"固定资产减值准备"科目。

借：资产减值损失——固定资产减值损失 ×××
　　贷：固定资产减值准备 ×××

重点提示

（1）根据《小企业会计准则》的规定，小企业的固定资产不计提减值准备。固定资产产生的减值损失，待固定资产处置时一并处理，计入营业外支出。

（2）根据《企业会计准则第 8 号——资产减值》的规定，企业固定资产减值损失一经确认，在以后会计期间不得转回。

【例 4-20】 2019 年 12 月 31 日，甲公司某设备存在可能发生减值的迹象。经计算，该设备的可收回金额为 1 200 000 元，其未提取减值准备之前的账面价值为 1 300 000 元，该设备减值了 100 000 元。

要求：编制甲公司相关会计分录。

【解析】

借：资产减值损失 100 000
　　贷：固定资产减值准备 100 000

第三节 对内投资经济业务——无形资产

一、无形资产概述

(一) 无形资产的概念和特征

无形资产是指企业拥有或者控制的没有实物形态的可辨认非货币性资产。其主要包括专利权、非专利技术、商标权、著作权、土地使用权、特许权等。

无形资产具有以下三个主要特征:

1. 不具有实物形态

无形资产是不具有实物形态的非货币性资产,它不像固定资产、存货等资产,具有实物形态。

2. 具有可辨认性

资产满足下列条件之一的,符合无形资产定义中的可辨认性标准:

(1) 能够从企业中分离或者划分出来,并能单独或者与相关合同、资产或负债一起,用于出售、转让、授予许可、租赁或者交换。

(2) 源自合同性权利或其他法定权利,无论这些权利是否可以从企业或其他权利和义务中转移或者分离。

重点提示

商誉由于无法与企业自身分离而存在,不具有可辨认性。

3. 属于非货币性长期资产

无形资产属于非货币性资产,且能够在多个会计期间为企业带来经济利益。无形资产的使用年限在一年以上,其价值将在各个收益期间逐渐摊销。

(二) 无形资产的内容

1. 专利权

专利权是指国家专利主管机关依法授予发明创造专利申请人对其发明创造在法定期限内所享有的专有权利,包括发明专利权、实用新型专利权和外观设计专利权。企业持有专利可以降低成本,或者提高产品质量,或者将其转让出去能获得转让收入。

企业从外单位购入的专利权,应按实际支付的价款作为专利权的成本。企业自行开发并按法律程序申请取得的专利权,应按照《企业会计准则第 6 号——无形资产》确定的金额作为成本。

2. 非专利技术

非专利技术即专有技术,是指先进的、未公开的、未申请专利、可以带来经济效益的技术及诀窍,主要内容包括:

(1) 工业专有技术,即在生产上已经采用,仅限于少数人知道,不享有专利权或发明权的生产、装配、修理、工艺或加工方法的技术知识。

(2) 商业(贸易)专有技术,即具有保密性质的市场情报、原材料价格情报以及用户、竞争对象的情况和有关知识。

(3) 管理专有技术,即生产组织的经营方式、管理方式、培训职工方法等保密知识非专利技术并不是专利法的保护对象，专有技术所有人依靠自我保密的方式来维持其独占权，可以用于转让和投资。

重点提示

企业的非专利技术，有些是自己开发研究的，有些是根据合同规定从外部购入的。如果是企业自己开发研究的，应将符合《企业会计准则第6号——无形资产》规定的开发支出资本化条件的，确认为无形资产。对于从外部购入的非专利技术，应将实际发生的支出予以资本化，作为无形资产入账。

3. 商标权

商标是用来辨认特定的商品或劳务的标记。商标权是指专门在某类指定的商品或产品上使用特定的名称或图案的权利。《中华人民共和国商标法》明确规定，经商标局核准注册的商标为注册商标，商标注册人享有商标专用权，受法律的保护。

企业为宣传自创并已注册登记的商标而发生的相关费用，应在发生时直接计入当期损益。

企业如果购买他人的商标，一次性支出费用较大，可以将购入商标的价款、支付的手续费及有关费用确认为商标权的成本。

4. 著作权

著作权又称版权，指作者对其创作的文学、科学和艺术作品依法享有的某些特殊权利。著作权包括两方面的权利，即精神权利（人身权利）和经济权利（财产权利）。前者指作品署名、发表作品、确认作者身份、保护作品的完整性、修改已经发表的作品等各项权利，包括作品署名权、发表权、修改权和保护作品完整权；后者指以出版、表演、广播、展览、录制唱片、摄制影片等方式使用作品以及因授权他人使用作品而获得经济利益的权利。

5. 土地使用权

土地使用权是指国家准许某一企业或单位在一定期间内对国有土地享有开发、利用、经营的权利。根据《中华人民共和国土地管理法》的规定，我国实行土地的社会主义公有制，即全民所有制和劳动群众集体所有制。任何单位和个人不得侵占、买卖或者以其他形式非法转让土地。土地使用权可以依法转让。企业取得土地使用权，应将取得时发生的支出资本化，作为土地使用权的成本，计入无形资产成本。

6. 特许权

特许权又称经营特许权、专营权，指企业在某一地区经营或销售某种特定商品的权利或是一家企业接受另一家企业使用其商标、商号、技术秘密等的权利。前者一般是由政府机构授权，准许企业使用或在一定地区享有经营某种业务的特权，如水、电、邮电通信等专营权、烟草专卖权等；后者指企业间依照签订的合同，有限期或无限期使用另一家企业的某些权利，如连锁店分店使用总店的名称等。

二、无形资产的账务处理

为了反映和监督无形资产的取得、摊销和处置等情况，企业应当设置“无形资产”“累计摊销”等科目进行核算。

“无形资产”科目核算企业持有的无形资产成本，借方登记取得无形资产的成本，贷方登记处置无形资产转出无形资产的账面余额，期末借方余额，反映企业无形资产的成本。“无形资产”科目应当按照无形资产的项目设置明细科目进行核算。其账户结构如图 4-9 所示。

借方	无形资产		贷方
取得无形资产的成本	×××	处置无形资产转出账面余额	×××
企业无形资产的成本	×××		

图 4-9 无形资产账户结构图

"累计摊销"科目核算企业对使用寿命有限的无形资产计提的累计摊销，该科目属于"无形资产"的调整科目。"累计摊销"科目的贷方登记企业计提的无形资产摊销，借方登记处置无形资产转出无形资产的累计摊销，期末贷方余额，反映企业无形资产的累计摊销额。其账户结构如图 4-10 所示。

借方	累计摊销		贷方
处置无形资产转出累计摊销	×××	企业计提的无形资产摊销	×××
		无形资产的累计摊销额	×××

图 4-10 累计摊销账户结构图

此外，企业无形资产发生减值的，还应当设置"无形资产减值准备"科目进行核算。

(一) 取得无形资产

取得的无形资产应当按照成本进行初始计量。企业取得无形资产的主要方式有接受投资、外购和自行研究开发等。取得的方式不同，其会计处理也有所差别。

1. 接受投资、外购无形资产

接受投资、外购无形资产的成本包括购买价款、相关税费以及直接归属于使该项资产达到预定用途所发生的其他支出。其中，相关税费不包括按照现行增值税制度规定，可以从销项税额中抵扣的增值税进项税额。外购无形资产，取得增值税专用发票的，按注明的增值税进项税额，借记"应交税费——应交增值税(进项税额)"科目；取得增值税普通发票的，按照注明的价税合计金额作为无形资产的成本，其进项税额不可抵扣。

借：无形资产　　×××
　　应交税费——应交增值税(进项税额)　　×××
　　贷：银行存款/实收资本等　　×××

【例 4-21】 甲有限责任公司接受乙公司以其所拥有的非专利技术投资，双方商定的价值为 56 万元(不含增值税，增值税税率为 6%)。其增值税专用发票上注明的进项税额为 3.36 万元。甲公司注册资本为 1 000 万元，乙公司投资后占甲公司注册资本的 5%。

要求：编制甲公司相关会计分录。

【解析】

借：无形资产　　560 000
　　应交税费——应交增值税(进项税额)　　33 600
　　贷：实收资本——乙公司　　500 000
　　　　资本公积——资本溢价　　93 600

2. 自行研究开发无形资产

企业内部研究开发项目所发生的支出应区分研究阶段支出和开发阶段支出。

(1) 企业自行开发无形资产发生研发支出时：

企业自行开发无形资产发生的研发支出，不满足资本化条件的，借记“研发支出——费用化支出”科目，满足资本化条件的，借记“研发支出——资本化支出”科目，贷记“原材料”“银行存款”“应付职工薪酬”等科目。自行研究开发无形资产发生的支出取得增值税专用发票可抵扣的进项税额，借记“应交税费——应交增值税(进项税额)”科目。

借：研发支出——费用化支出(不满足资本化条件)　　×××
　　　　　　——资本化支出(满足资本化条件)　　×××
　　应交税费——应交增值税(进项税额)　　×××
　　贷：原材料/银行存款/应付职工薪酬等　　×××

(2) 研究开发项目达到预定用途形成无形资产时：

研究开发项目达到预定用途形成无形资产的，应当按照“研发支出——资本化支出”科目的余额，借记“无形资产”科目，贷记“研发支出——资本化支出”科目。

借：无形资产　　×××
　　贷：研发支出——资本化支出　　×××

重点提示

企业无法可靠区分研究阶段支出和开发阶段支出的，应将发生的研发支出全部费用化，计入当期损益，记入“管理费用”科目。

(3) 期末，将费用化支出转入当期损益时：

期末，应将“研发支出——费用化支出”科目归集的金额转入“管理费用”科目，借记“管理费用”科目，贷记“研发支出——费用化支出”科目。

借：管理费用　　×××
　　贷：研发支出——费用化支出　　×××

重点提示

(1) 自行开发的无形资产，其研发支出能够形成企业的无形资产时，将其达到预定用途前发生的支出总额确认为无形资产的成本，但对以前期间已经费用化的支出不再调整。

(2) 研发费用作为利润表项目单独列示即管理费用中的研发支出(费用化支出)作为研发费用单独反映。

【例 4-22】 2016 年 1 月 1 日，某企业开始自行研究开发一套软件，研究阶段发生支出 30 万元，开发阶段发生支出 125 万元，开发阶段的支出满足资本化条件，4 月 15 日，该软件开发成功并依法申请了专利，支付相关费用 1 万元。不考虑其他因素，该无形资产的入账价值是(　　)万元。

A. 126　　B. 155　　C. 125　　D. 156

【答案】 A

【解析】 自行研发的无形资产的入账价值按照开发阶段达到预计用途的(可以资本化的)支出确定。无形资产的入账价值＝125＋1＝126(万元)。

【例 4-23】 乙公司决定自行研发一项技术。截至 2019 年 12 月 31 日发生研发支出合计 1 500 000 元，另外取得的增值税专用发票上注明的增值税额为 130 000 元。经测试，该项研发活动完成了研究阶段，从 2020 年 1 月 1 日起进入开发阶段。至 2020 年 11 月 30 日累计发生开发支出 1 000 000 元，该项支出符合费用资本化的条件，另外取得的增值税专用发票上注明的增值税额为 52 000 元。2020 年 11 月 30 日该项研发活动结束，最终开发出一项非专利技术。

要求：编制乙公司相关会计分录。

【解析】

(1) 2019 年发生研发支出：

借：研发支出——费用化支出　　1 500 000
　　应交税费——应交增值税(进项税额)　　130 000
　　贷：银行存款　　1 630 000

(2) 2019 年 12 月 31 日结转研究阶段的支出：

借：管理费用　　1 500 000
　　贷：研发支出——费用化支出　　1 500 000

(3) 2020 年确认符合资本化条件的开发支出：

借：研发支出——费用化支出　　1 000 000
　　应交税费——应交增值税(进项税额)　　52 000
　　贷：银行存款　　1 520 000

(4) 2020 年 11 月 30 日，该技术研究完成并形成无形资产：

借：无形资产　　1 000 000
　　贷：研发支出——资本化支出　　1 000 000

(二) 摊销无形资产成本

企业应当于取得无形资产时分析判断其使用寿命。使用寿命有限的无形资产应进行摊销。使用寿命不确定的无形资产不应摊销。

使用寿命有限的无形资产，其残值通常视为零。对于使用寿命有限的无形资产，企业应当按月进行摊销。自可供使用(即其达到预定用途)当月起开始摊销，处置当月不再摊销。无形资产摊销方法有年限平均法(即直线法)、生产总量法等。企业选择的无形资产摊销方法，应当反映与该项无形资产有关的经济利益的预期实现方式。无法可靠确定预期实现方式的，应当采用年限平均法(直线法)摊销。

无形资产的摊销额一般应当计入当期损益。企业管理用的无形资产，其摊销金额计入管理费用；出租的无形资产，其摊销金额计入其他业务成本；某项无形资产包含的经济利益通过所生产的产品或其他资产实现的，其摊销金额应当计入相关资产成本。

企业对无形资产进行摊销时，借记“管理费用”“其他业务成本”“生产成本”“制造费用”等科目，贷记“累计摊销”科目。

借：管理费用(管理用的无形资产)　　×××
　　其他业务成本(出租的无形资产)　　×××
　　生产成本/制造费用(生产或其他资产消耗的无形资产)　　×××
　　贷：累计摊销　　×××

重点提示

企业出租无形资产取得的收入，应作为其他业务收入处理。取得收入时，应借记“银行存款”等科目，贷记“其他业务收入”“应交税费——应交增值税（销项税额）”科目。

【例 4-24】 2020 年 1 月 1 日，A 公司将其一项专利技术出租，每月租金 10 万元，租赁期 2 年。该无形资产于 2017 年 3 月 3 日研发成功并达到预定可使用状态，成本为 300 万元，预计使用年限为 10 年，预计净残值为零。该项业务对 A 公司 2020 年度损益的影响为（　　）万元。

A. 120　　B. 90　　C. 150　　D. 300

【答案】 B

【解析】

专利技术年摊销额 = 300 ÷ 10 = 30（万元），2020 年度其账务处理如下：

借：银行存款　　1 356 000
　贷：其他业务收入　　1 200 000
　　应交税费——应交增值税（销项税额）　　156 000

同时：

借：其他业务成本　　300 000
　贷：累计摊销　　300 000

该业务对 2020 年度损益的影响 = 120 − 30 = 90（万元）。因此，选项 B 符合题意。

（三）无形资产的处置

1. 无形资产的出售

企业出售无形资产，应当将取得的价款扣除该无形资产账面价值以及出售相关税费后的差额作为资产处置损益进行会计处理。

企业出售无形资产，应当按照实际收到或应收的金额等，借记“银行存款”“其他应收款”等科目，按照已计提的累计摊销，借记“累计摊销”科目，按照实际支付相关费用的可抵扣进项税额，借记“应交税费——应交增值税（进项税额）”科目，按照实际支付的相关费用，贷记“银行存款”等科目，按无形资产账面余额，贷记“无形资产”科目，按照开具的增值税专用发票上注明的增值税销项税额，贷记“应交税费——应交增值税（销项税额）”科目，按照其差额，贷记或借记“资产处置损益”科目。已计提减值准备的，还应同时结转减值准备，借记“无形资产减值准备”科目。

借：银行存款等　　×××
　累计摊销　　×××
　无形资产减值准备　　×××
　应交税费——应交增值税（进项税额）　　×××
　贷：无形资产　　×××
　　应交税费——应交增值税（销项税额）　　×××
　　银行存款（按实际支付的价款）　　×××
　　资产处置损益（差额，或借方）　　×××

2. 无形资产的报废

如果无形资产预期不能为企业带来未来经济利益，如某项无形资产已被其他新技术所替代或超过法律保护期，该资产不再符合无形资产的定义，企业应将其报废并予以转销，其账面价值转入当期损益。

企业报废并转销无形资产时，应按已计提的累计摊销，借记“累计摊销”科目，按其账面余额，贷记“无形资产”科目，如果已计提减值准备的，还应同时结转减值准备，借记“无形资产减值准备”科目，按其差额，借记“营业外支出——处置非流动资产损失”科目。

借：累计摊销	×××	
无形资产减值准备	×××	
营业外支出——处置非流动资产损失	×××	
贷：无形资产		×××

【例 4-25】 甲公司为增值税一般纳税人，将其一项购买成本为 1 000 000 元、已计提累计摊销 300 000 元、已计提减值准备 50 000 元的专利技术出售给乙公司。其开具的增值税专用发票上注明的转让金额为 800 000 元，增值税销项税额为 48 000 元，全部款项 848 000 元已存入银行。

要求：编制甲公司相关会计分录。

【解析】

借：银行存款	848 000	
累计摊销	300 000	
无形资产减值准备	50 000	
贷：无形资产		1 000 000
资产处置损益		150 000
应交税费——应交增值税(销项税额)		48 000

(四) 无形资产的减值

如果无形资产将来为企业创造的经济利益还不足以补偿无形资产成本(摊余成本)，则说明无形资产发生了减值，具体表现为无形资产的账面价值超过了其可收回金额。

在资产负债表日，无形资产存在可能发生减值迹象，且其可收回金额低于账面价值的，企业应当将该无形资产的账面价值减记至可收回金额，减记的金额确认为减值损失，并计提相应的资产减值准备。企业按照应减记的金额，借记“资产减值损失——无形资产减值损失”科目，贷记“无形资产减值准备”科目。

借：资产减值损失——无形资产减值损失	×××	
贷：无形资产减值准备		×××

重点提示

根据《企业会计准则第 8 号——资产减值》的规定，企业无形资产减值损失一经确认，在以后会计期间不得转回。无形资产减值的确认和计量，与固定资产减值的确认和计量的原则相一致。

【例 4-26】 甲公司为增值税一般纳税人，2019 年 12 月 20 日，甲公司经批准将内部研发成功的非专利技术替代原有的 M 专利技术，并将 M 专利技术的成本核定为 1 800 000 元，已计提累计摊销 1 600 000 元，已计提减值准备 150 000 元，该 M 专利技术的残值为 0。假定不考虑其他相关因素。

要求：编制甲公司相关会计分录。

【解析】

借：营业外支出——非流动资产处置损失　　50 000
　　累计摊销　　1 600 000
　　无形资产减值准备　　150 000
　　贷：无形资产　　1 800 000

章节测试

班级：________ 姓名：________ 学号：________ 日期：________ 平时分：________

一、单项选择题(每小题 5 分，共 40 分)

1. 甲公司以 1 100 万元(其中包含已到付息期但尚未领取的债券利息 25 万元)购入乙公司发行的公司债券，另支付交易费用 10 万元，将其确认为交易性金融资产。该债券面值为 1 000 万元，票面年利率为 5%，每年年初付息一次。不考虑其他因素，甲公司取得该项交易性金融资产的初始入账金额为(　　)万元。

A. 1 000　　B. 1 100　　C. 1 075　　D. 1 110

2. 甲公司 2020 年 7 月 1 日购入乙公司 2020 年 1 月 1 日发行的债券，支付价款为 2 100 万元(含已到付息期但尚未领取的债券利息 40 万元)，另支付交易费用 15 万元。该债券面值为 2 000 万元，票面年利率为 4%(票面利率等于实际利率)，每半年付息一次，甲公司将其划分为交易性金融资产。甲公司 2020 年度该项交易性金融资产应确认的投资收益为(　　)万元。

A. 25　　B. 40　　C. 65　　D. 80

3. 下列各项中，影响企业投资收益的是(　　)。

A. 期末交易性金融资产的公允价值大于账面余额

B. 期末交易性金融资产的公允价值小于账面余额

C. 交易性金融资产持有期间被投资单位宣告发放的现金股利

D. 取得交易性金融资产时应交的增值税进项税额

4. 甲公司为增值税一般纳税人(增值税税率为 13%)，2021 年 5 月月初自 A 公司购入一台需要安装的生产设备，实际支付买价 60 万元，增值税税额 7.8 万元；另支付运杂费 3 万元(假定不考虑运费抵扣进项税的因素)，途中保险费 8 万元；安装过程中，领用一批外购原材料，成本 6 万元，售价为 6.5 万元，支付安装人员工资 5 万元，该设备在 2021 年 9 月 1 日达到预定可使用状态，则该项设备的入账价值为(　　)万元。

A. 93.22　　B. 93.30　　C. 82.5　　D. 82

5. 2019 年 12 月 31 日，甲公司购入一台设备并投入使用，其成本为 25 万元，预计使用年限 5 年，预计净残值 1 万元，采用双倍余额递减法计提折旧。假定不考虑其他因素，2020 年度该设备应计提的折旧为(　　)万元。

A. 4.8　　B. 8　　C. 9.6　　D. 10

6. 某生产线原值 40 万元，已计提折旧 75 万元。经过 3 个月的改扩建，完成了对这条生产线的改扩建工程，共发生支出 220 万元，符合固定资产确认条件。被更换部件的原价为 44 万元，更换新部件的价值为 10 万元。则对该项生产线进行改扩建后的账面价值为(　　)万元。

A. 660　　B. 558.5　　C. 358.5　　D. 298.5

7. 某公司出售专用设备一台，取得价款 30 万元(不考虑增值税)，发生清理费用 5 万元(不考虑增值税)，该设备的账面价值 22 万元。不考虑其他因素，下列关于此项交易净损益会计处理结果的表述中，正确的是(　　)。

A. “资产处置损益”科目贷方增加 8 万元　B. “资产处置损益”科目贷方增加 3 万元

C. “资产处置损益”科目贷方增加 25 万元　D. “资产处置损益”科目贷方增加 27 万元

8. 2021 年 1 月 1 日，某企业开始自行研究开发一套软件，研究阶段发生支出 30 万元，开发阶段发生支出 125 万元，开发阶段的支出满足资本化条件，4 月 15 日，该软件开发成并依法申请了专利，支付相关费用 1 万元。不考虑其他因素，该无形资产的入账价值是(　　)万元。

A. 126　B. 155　C. 125　D. 156

二、多项选择题(每小题 10 分，共 40 分)

1. 下列关于固定资产的后续支出的表述中，正确的有(　　)。

A. 固定资产的后续支出是指固定资产在使用过程中发生的更新改造支出、修理费用等

B. 固定资产的更新改造中，如有被替换的部分，应同时将被替换部分的账面余额从该固定资产原账面价值中扣除

C. 企业生产车间发生的固定资产日常修理费用，记入“制造费用”科目

D. 企业专设销售机构发生的不可资本化的后续支出，记入“销售费用”科目

2. 下列各项中，“固定资产清理”账户的借方登记的项目有(　　)。

A. 转入清理的固定资产账面价值　B. 固定资产处置时的变价收入

C. 结转的清理净收益　D. 结转的清理净损

3. 下列关于无形资产的会计处理的表述中，正确的有(　　)。

A. 无法可靠确定经济利益预期消耗方式的无形资产不摊销

B. 无形资产处置时应同时结转已计提的减值准备

C. 自行研发无形资产在研究阶段发生的支出计入当期损益

D. 使用寿命不确定的无形资产应当采用直线法摊销

4. 下列各项中，能够确认为无形资产的有(　　)。

A. 通过购买方式取得的土地使用权　B. 商誉

C. 通过吸收投资方式取得的土地使用权　D. 通过购买方式取得的专利技术

三、判断题(每小题 4 分，共 20 分)

1. 资产负债表日，企业应将交易性金融资产的公允价值变动记入“资本公积——其他资本公积”科目。(　　)

2. 企业出售无形资产取得的款项扣除其成本及相关费用后的净额，应当计入营业外收入或营业外支出。(　　)

3. 如果无法可靠区分研究阶段的支出和开发阶段的支出，应将其所发生的研发支出全部费用化，计入当期损益。(　　)

4. 企业当月新增加的固定资产，当月不计提折旧，自下月起计提折旧。当月减少的固定资产，当月仍计提折旧。(　　)

5. 企业无论是采用年数总和法还是双倍余额递减法计算累计折旧，折旧总额均是相同的。(　　)

第五章　供应环节的账务处理

知识导航

- 供应环节的账务处理
  - 货币资金
    - 库存现金
    - 银行存款
    - 其他货币资金
  - 应付及预付款项
    - 应付票据
    - 应付账款
    - 预付账款
  - 原材料购入及委托加工经济业务核算
    - 原材料
    - 委托加工物资

学习目标

1. 熟悉现金管理的主要内容和现金核算、现金清查。
2. 掌握其他货币资金的核算方法。
3. 掌握应付账款、应付票据及预付账款的核算方法。
4. 掌握原材料、委托加工物资的核算方法。
5. 熟悉银行结算制度的主要内容。
6. 了解应收账款减值的会计处理。

供应环节的主要内容有货币资金、原材料的供应等。本章主要介绍涉及三种采购方式所发生的经济业务账务处理，包括钱货两清、赊购和预付款的形式购买材料经济业务核算，具体如图 5-1 所示。

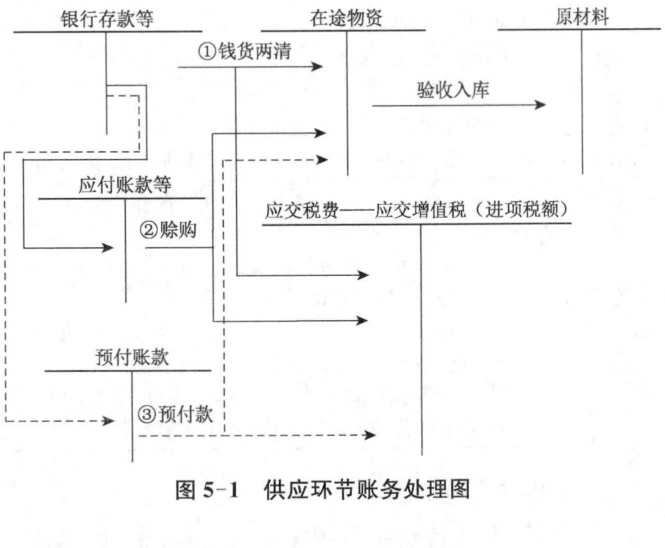

图 5-1　供应环节账务处理图

（1）钱货两清。在钱货两清的情况下，企业支付的价款包括购货款和应支付的增值税进项税额。如果所购材料即在途物资，等到所购材料验收入库、单价和总价确认后，其才能由在途物资转为原材料。

（2）赊购。在赊购的情况下，企业在购买材料时形成债务——应付账款或应付票据，该金额包括所购货物的价款和应支付的增值税进项税额。

(3) 预付款。在采用预付货款购买时,企业支付的款项形成预付账款,企业以后获得所购的物资时,所支付的价款仍然包括购货款和应支付的增值税进项税额。

第一节 货币资金

货币资金是指企业生产经营过程中处于货币形态的资产,包括库存现金、银行存款和其他货币资金。

一、库存现金

库存现金是指存放于企业财会部门、由出纳人员经管的货币。库存现金是企业流动性最强的资产,企业应当严格遵守国家和企业有关现金管理制度,正确进行现金收支的核算,监督现金使用的合法性与合理性。

(一) 现金管理制度

库存现金内部控制制度的基本内容,如表 5-1 所示。

表 5-1　库存现金内部控制制度的基本内容

项目	基本内容
库存现金的使用范围	① 职工工资、津贴 ② 个人劳务报酬 ③ 根据国家规定颁发给个人的科学技术、文化艺术、体育比赛等各种奖金 ④ 各种劳保、福利费用以及国家规定的对个人的其他支出 ⑤ 向个人收购农副产品和其他物资的价款 ⑥ 出差人员必须随身携带的差旅费 ⑦ 结算起点(1 000 元)以下的零星支出 ⑧ 中国人民银行确定需要支付现金的其他支出 除企业可以现金支付的款项中的第⑤、第⑥项外,开户单位支付给个人的款项,超过使用现金限额(即个人劳务报酬)的部分,应当以支票或者银行本票等方式支付;确需全额支付现金的,经开户银行审核后,予以支付现金
库存现金的限额	一般按照单位 3～5 天日常零星开支所需确定。边远地区和交通不便地区的开户单位的库存现金限额,可按多于 5 天,但不得超过 15 天的日常零星开支的需要确定
库存现金收支规定	① 开户单位现金收入应当于当日送存开户银行,当日送存确有困难的,由开户银行确定送存时间 ② 开户单位从开户银行提取现金时,应当写明用途,由本单位财会部门负责人签字盖章,经开户银行审核后,予以支付 ③ 开户单位支付现金,可以从本单位库存现金限额中支付或从开户银行提取,不得从本单位的现金收入中直接支付(即坐支) ④ 因特殊情况需要坐支现金的,应当事先报经开户银行审查批准,由开户银行核定坐支范围和限额。坐支单位应当定期向开户银行报送坐支金额和使用情况

(二) 库存现金的账务处理

为了反映和监督企业库存现金的收入、支出和结存情况,企业应当设置"库存现金"科目,借方登记企业库存现金的增加,贷方登记企业库存现金的减少,期末借方余额反映期末企业实际持有的库存现金的金额。企业内部各部门周转使用的备用金,可以单独设置"其他应收款——备用金”科目进行核算。其账户结构如图 5-2 所示。

借方	库存现金 贷方
企业库存现金的增加	企业库存现金的减少
期末企业实际持有的金额	

图 5-2 库存现金账户结构图

企业应当设置库存现金总账和库存现金日记账，分别进行库存现金的总分类核算和明细分类核算。库存现金日记账由出纳人员根据收付款凭证，按照业务发生顺序逐日逐笔登记。每日终了，应当在库存现金日记账上计算出当日的现金收入合计额、现金支出合计额和余额，并将库存现金日记账的余额与实际库存现金金额相核对，保证账款相符。月度终了，库存现金日记账的余额应当与库存现金总账的余额核对，做到账账相符。

（三）现金的清查

企业应当按规定对库存现金进行定期和不定期的清查，一般采用实地盘点法，对于清查的结果应当编制现金盘点报告单。如果有挪用现金、白条顶库的情况，应及时予以纠正；对于超限额留存的现金应及时送存银行。如果账款不符，发现有待查明原因的现金短缺或溢余，应先通过“待处理财产损溢”科目核算，按管理权限经批准后，分别两种情况处理：

第一，如为现金短缺，属于应由责任方赔偿的部分，记入“其他应收款”；属于无法查明原因的，记入“管理费用”。

借：其他应收款 ×××
　　管理费用 ×××
　　贷：库存现金 ×××

第二，如为现金溢余，属于应支付给有关人员或单位的，记入“其他应付款”；属于无法查明原因的，记入“营业外收入”。

借：库存现金 ×××
　　贷：其他应付款 ×××
　　　　营业外收入 ×××

【例 5-1】 企业进行库存现金清查，发现实存数大于账面余额 150 元。经查，100 元为应退还职工的，50 元无法查明原因。

要求：编制该企业相关会计分录。

【解析】

（1）报批处理前：

借：库存现金 150
　　贷：待处理财产损溢 150

（2）报批处理后：

借：待处理财产损溢 150
　　贷：其他应付款 100
　　　　营业外收入 50

【例 5-2】 企业进行库存现金清查，发现实存数小于账面余额 150 元。经查，50 元为出纳员过失造成，应由其赔偿，100 元无法查明原因。

要求：编制该企业相关会计分录。

【解析】

(1) 报批处理前：

借：待处理财产损溢　　150
　　贷：库存现金　　150

(2) 报批处理后：

借：其他应收款　　50
　　管理费用　　100
　　贷：待处理财产损溢　　150

二、银行存款

银行存款是企业存放在银行或其他金融机构的货币资金。企业应当根据业务需要，按照规定在其所在地银行开设账户，运用所开设的账户，进行存款、取款以及各种收支转账业务的结算。银行存款的收付应严格执行银行结算制度的规定。

(一) 银行存款的账务处理

为了反映和监督企业银行存款的收入、支出和结存情况，企业应当设置“银行存款”科目，借方登记企业银行存款的增加，贷方登记企业银行存款的减少，期末借方余额反映期末企业实际持有的银行存款的金额。其账户结构如图 5-3 所示。

借方 银行存款	贷方
企业银行存款的增加	企业银行存款的减少
期末企业实际持有的金额	

图 5-3　银行存款账户结构图

企业应当设置银行存款总账和银行存款日记账，分别进行银行存款的总分类核算和序时、明细分类核算。企业可按开户银行和其他金融机构、存款种类等设置银行存款日记账，根据收付款凭证，按照业务的发生顺序逐笔登记。每日终了，应结出余额。

企业将款项存入银行和其他金融机构时，应借记“银行存款”科目，贷记“库存现金”等科目。

借：银行存款　　×××
　　贷：库存现金　　×××

提取或支付已存入银行和其他金融机构存款时，借记“库存现金”等科目，贷记“银行存款”科目。

借：库存现金　　×××
　　贷：银行存款　　×××

(二) 银行存款的核对

银行存款日记账应定期与银行对账单核对，至少每月核对一次。企业银行存款账面余额与银行对账单余额之间如有差额，应编制“银行存款余额调节表”对此予以调节，如没有记账错误，调节后的双方余额应相等。

【例 5-3】 2020 年 9 月 30 日，某企业银行存款日记账账面余额为 216 万元，银行对账单余额为 212.3 万元。经逐笔核对，该企业存在以下记账差错及未达账项。从银行提取现金 6.9 万元，会计人员误记为 9.6 万元；银行为企业代付电话费 6.4 万元，企业未接到银行付款通知，尚未入账。9 月 30 日调节后的银行存款余额为(　　)万元。

A. 212.3　　B. 225.1　　C. 205.9　　D. 218.7

【答案】 A

【解析】 调节后银行存款余额＝216＋9.6－6.9－6.4＝212.3(万元)

三、其他货币资金

其他货币资金是指企业除库存现金、银行存款以外的其他各种货币资金，主要包括银行汇票存款、银行本票存款、信用卡存款、信用证保证金存款、存出投资款和外埠存款等。这些货币资金的存放地点和用途与库存现金、银行存款不同。它们在管理与核算上应与库存现金和银行存款有所不同。

为了反映和监督其他货币资金的收支和结存情况，企业应当设置“其他货币资金科目，借方登记其他货币资金的增加，贷方登记其他货币资金的减少，期末余额在借方，反映企业实际持有的其他货币资金的金额。“其他货币资金”科目应当按照其他货币资金的种类设置明细科目进行核算。其账户结构如图 5-4 所示。

借方　　　　其他货币资金	贷方
其他货币资金的增加	其他货币资金的减少
期末企业实际持有的金额	

图 5-4　其他货币资金账户结构图

(一) 银行汇票存款

1. 银行汇票存款概述

银行汇票存款是指企业为取得银行汇票按照规定存入银行的款项。

银行汇票是指由出票银行签发的，由其在见票时按照实际结算金额无条件支付给收款人或者持票人的票据。银行汇票的出票银行为银行汇票的付款人。单位和个人各种款项的结算，均可使用银行汇票。银行汇票可以用于转账，填明“现金”字样的银行汇票也可以用于支取现金。

银行汇票结算的具体步骤如下：

(1) 汇款单位(即申请人)使用银行汇票，应向出票银行填写“银行汇票申请书”，填明收款人名称、汇票金额、申请人名称、申请日期等事项并签章，签章是其预留银行的签章。

(2) 出票银行受理银行汇票申请书，收妥款项后签发银行汇票，并用压数机压印出票金额，将银行汇票和解讫通知一并交给申请人。

(3) 申请人应将银行汇票和解讫通知一并交付给汇票上记明的收款人。

(4) 收款人受理申请人交付的银行汇票时,应在出票金额以内,根据实际需要的款项办理结算,并将实际结算的金额和多余金额准确、清晰地填入银行汇票和解讫通知的有关栏内,到银行办理款项入账手续。

重点提示

收款人可以将银行汇票背书转让给被背书人。银行汇票的背书转让以不超过出票金额的实际结算金额为准。未填写实际结算金额或实际结算金额超过出票金额的银行汇票,不得背书转让。银行汇票的提示付款期限为自出票日起一个月,持票人超过付款期限提示付款的,银行将不予受理。持票人向银行提示付款时,必须同时提交银行汇票和解讫通知,缺少任何一联,银行不予受理。

银行汇票丧失,失票人可以凭人民法院出具的其享有票据权利的证明,向出票银行请求付款或退款。银行汇票流程如图5-5所示。

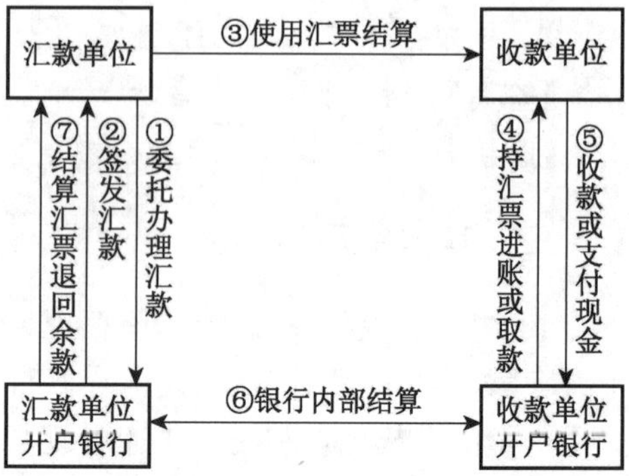

图5-5 银行汇票流程

2. 银行汇票存款账务处理

(1) 企业填写"银行汇票申请书"、将款项交存银行时,借记"其他货币资金——银行汇票"科目,贷记"银行存款"科目。

借:其他货币资金——银行汇票　　×××
　贷:银行存款　　×××

(2) 企业持银行汇票购货、收到有关发票账单时,借记"材料采购""原材料""库存商品""应交税费——应交增值税(进项税额)"等科目,贷记"其他货币资金——银行汇票"科目。

借:材料采购/原材料/库存商品　　×××
　应交税费——应交增值税(进项税额)　　×××
　贷:其他货币资金——银行汇票　　×××

(3) 采购完毕收回剩余款项时,借记"银行存款"科目,贷记"其他货币资金——银行汇票"科目。

借:银行存款　　×××
　贷:其他货币资金——银行汇票　　×××

(4) 销货企业收到银行汇票、填制进账单到开户银行办理款项入账手续时,根据进账单及销货发票等,借记"银行存款"科目,贷记"主营业务收入""应交税费——应交增值税(销项税额)"等科目。

借:银行存款　　×××
　贷:主营业务收入　　×××
　　应交税费——应交增值税(销项税额)　　×××

(二)银行本票存款

1. 银行本票存款概述

银行本票存款是指企业为了取得银行本票按规定存入银行的款项。

银行本票是指银行签发的,承诺自己在见票时无条件支付确定的金额给收款人或持票人的票据。单位和个人在同一票据交换区域需要支付的各种款项,均可使用银行本票。银行本票可以用于转账,注明“现金”字样的银行本票可以用于支取现金。

银行本票分为不定额本票和定额本票两种。定额本票面额为 1 000 元、5 000 元、10 000 元和 50 000 元。银行本票的提示付款期限自出票日起最长不得超过两个月。在有效付款期内,银行见票付款。持票人超过提示付款期限付款的,银行不予受理。

申请人使用银行本票,应向银行填写“银行本票申请书”。申请人或收款人为单位的,不得申请签发现金银行本票。出票银行受理银行本票申请书,收妥款项后签发银行本票,在本票上签章后交给申请人。申请人应将银行本票交付给本票上记明的收款人。收款人可以将银行本票背书转让给被背书人。

申请人因银行本票超过提示付款期限或其他原因要求退款时,应将银行本票提交到出票银行并出具单位证明。根据银行盖章退回的进账单第一联,借记“银行存款”科目,贷记“其他货币资金——银行本票”科目。出票银行对于在本行开立存款账户的申请人,只能将款项转入原申请人账户;对于现金银行本票和未到本行开立存款账户的申请人,才能退付现金。

银行本票丧失,失票人可以凭人民法院出具的其享有票据权利的证明,向出票银行请求付款或退款。

2. 银行本票存款账务处理

(1) 企业填写“银行本票申请书”、将款项交存银行时,借记“其他货币资金——银行本票”科目,贷记“银行存款”科目。

借:其他货币资金——银行本票	×××	
贷:银行存款		×××

(2) 企业持银行本票购货、收到有关发票账单时,借记“材料采购”“原材料”“库存商品”“应交税费——应交增值税(进项税额)”等科目,贷记“其他货币资金——银行本票”科目。

借:材料采购/原材料/库存商品	×××	
应交税费——应交增值税(进项税额)	×××	
贷:其他货币资金——银行本票		×××

(3) 销货企业收到银行本票、填制进账单到开户银行办理款项入账手续时,根据进账单及销货发票等,借记“银行存款”科目,贷记“主营业务收入”“应交税费——应交增值税(销项税额)”等科目。

借:银行存款	×××	
贷:主营业务收入		×××
应交税费——应交增值税(销项税额)		×××

【例 5-4】 下列各项中,应通过“其他货币资金”科目核算的是(　　)。

A. 购进原材料签发的银行承兑汇票　　B. 销售商品收到的商业承兑汇票

C. 销售商品收到的银行汇票　　　　D. 为购买原材料签发的银行本票

【答案】 D

【解析】 选项 A 通过“应付票据”科目核算；选项 B 通过“应收票据”科目核算；选项 C 通过“银行存款”科目核算。

（三）信用卡存款

1. 信用卡存款概述

信用卡存款是指企业为取得信用卡而存入银行信用卡专户的款项。信用卡是银行卡的一种。

凡在中国境内金融机构开立基本存款账户的单位可申领单位卡。单位卡可申领若干张，持卡人资格由申领单位法定代表人或其委托的代理人书面指定和注销。单位卡账户的资金一律从其基本存款账户转账存入，不得交存现金，不得将销货收入的款项存入其账户。持卡人可持信用卡在特约单位购物、消费，但单位卡不得用于 10 万元以上的商品交易、劳务供应款项的结算，不得支取现金。特约单位在每日营业终了，应将当日受理的信用卡签购单汇总，计算手续费和净额，并填写汇（总）计单和进账单，连同签购单一并送交收单银行办理进账。

2. 信用卡存款账务处理

（1）企业申领信用卡应填制“信用卡申请表”，连同支票和有关资料一并送存发卡银行，根据银行盖章退回的进账单第一联，借记“其他货币资金——信用卡”科目，贷记“银行存款”科目。

借：其他货币资金——信用卡　　　　×××
　　贷：银行存款　　　　×××

（2）企业用信用卡购物或支付有关费用，收到开户银行转来的信用卡存款的付款凭证及所附发票账单，借记“管理费用”等科目，贷记“其他货币资金——信用卡”科目。

借：管理费用　　　　×××
　　贷：其他货币资金——信用卡　　　　×××

（3）企业信用卡在使用过程中，需要向其账户续存资金的，应借记“其他货币资金——信用卡”科目，贷记“银行存款”科目。

借：其他货币资金——信用卡　　　　×××
　　贷：银行存款　　　　×××

（4）企业的持卡人如不需要继续使用信用卡时，应持信用卡主动到发卡银行办理销户，销卡时，信用卡余额转入企业基本存款户，不得提取现金，借记“银行存款”科目，贷记“其他货币资金——信用卡”科目。

借：银行存款　　　　×××
　　贷：其他货币资金——信用卡　　　　×××

【例 5-5】 甲公司于 2020 年 8 月 24 日向银行申领信用卡，向银行交存 50 000 元。2020 年 9 月 10 日，该公司用信用卡支付购书款 3 000 元，增值税专用发票上注明的增值税额为 270 元。

要求：编制该公司相关会计分录。

【解析】

借：其他货币资金——信用卡　　50 000
　　贷：银行存款　　50 000

借：管理费用　　3 000
　　应交税费——应交增值税(进项税额)　　270
　　贷：其他货币资金——信用卡　　3 270

(四)信用证保证金存款

1. 信用证保证金存款概述

信用证有国际信用证、国内信用证之分，以下内容专指国内信用证(以下简称“信用证”)。

信用证是指银行(包括政策性银行、商业银行、农村合作银行、村镇银行和农村信用社)依照申请人的申请开立的、对相符交单予以付款的承诺。它是指以人民币计价、不可撤销的跟单信用证。信用证的开立和转让，应当具有真实的贸易背景，适用于银行为国内企事业单位之间货物和服务贸易提供的信用证服务。信用证只限于转账结算，不得支取现金。

信用证保证金存款是指采用信用证结算方式的企业为开具信用证而存入银行信用证保证金专户的款项。企业向银行申请开立信用证，应按规定向银行提交开证申请书、信用证申请人承诺书和购销合同。

2. 信用证保证金存款账务处理

(1) 企业填写“信用证申请书”，将信用证保证金交存银行时，应根据银行盖章退回的“信用证申请书”回单，借记“其他货币资金——信用证保证金”科目，贷记“银行存款”科目。

借：其他货币资金——信用证保证金　　×××
　　贷：银行存款　　×××

(2) 企业接到开证行通知，根据供货单位信用证结算凭证及所附发票账单，借记“材料采购”“原材料”“库存商品”“应交税费——应交增值税(进项税额)”等科目，贷记“其他货币资金——信用证保证金”科目。

借：材料采购/原材料/库存商品　　×××
　　应交税费——应交增值税(进项税额)　　×××
　　贷：其他货币资金——信用证保证金　　×××

(3) 将未用完的信用证保证金存款余额转回开户银行时，借记“银行存款”科目，贷记“其他货币资金——信用证保证金”科目。

借：银行存款　　×××
　　贷：其他货币资金——信用证保证金　　×××

(五)存出投资款

存出投资款是指企业为购买股票、债券、基金等根据有关规定存入在证券公司指定银行开立的投资款专户的款项。

(1) 企业向证券公司划出资金时，应按实际划出的金额，借记“其他货币资金——存出投资款”科目，贷记“银行存款”科目。

借：其他货币资金——存出投资款　　×××
　　贷：银行存款　　×××

（2）购买股票、债券、基金等时，借记“交易性金融资产”等科目，贷记“其他货币资金——存出投资款”科目。

借：交易性金融资产　　×××
　贷：其他货币资金——存出投资款　　×××

（六）外埠存款

1. 外埠存款概述

外埠存款是指企业为了到外地进行临时或零星采购，而汇往采购地银行开立采购专户的款项。

企业将款项汇往外地时，应填写汇款委托书，委托开户银行办理汇款。汇入地银行以汇款单位名义开立临时采购账户，该账户的存款不计利息、只付不收、付完清户，除了采购人员可从中提取少量现金外，一律采用转账结算。

2. 外埠存款账务处理

（1）企业将款项汇往外地开立采购专用账户，根据汇出款项凭证编制付款凭证时，借记“其他货币资金——外埠存款”科目，贷记“银行存款”科目。

借：其他货币资金——外埠存款　　×××
　贷：银行存款　　×××

（2）收到采购人员转来供应单位发票账单等报销凭证时，借记“材料采购”“原材料”“库存商品”“应交税费——应交增值税（进项税额）”等科目，贷记“其他货币资金——外埠存款”科目。

借：材料采购/原材料/库存商品　　×××
　　应交税费——应交增值税（进项税额）　　×××
　贷：其他货币资金——外埠存款　　×××

（3）采购完毕收回剩余款项时，根据银行的收账通知，借记“银行存款”科目，贷记“其他货币资金——外埠存款”科目。

借：银行存款　　×××
　贷：其他货币资金——外埠存款　　×××

【例 5-6】 2020 年 10 月 19 日，甲公司向银行申请并获得银行汇票，金额为 177 000 元。10 月 24 日，公司用银行汇票支付采购材料价款，购入 A 材料 20 吨，价款总计 90 000 元，B 材料 10 吨，价款总计 60 000 元，支付增值税进项税额 19 500 元，材料尚未验收入库。10 月 25 日，公司以转账支票支付两材料的运输费 3 000 元（不含增值税，增值税税率为 9%），该运输费按材料重量分配。10 月 26 日，公司收到开户银行转来的银行汇票多余款 7 500 元的收账通知。10 月 26 日，在该材料验收入库的过程中，发现 A 材料损耗 50 千克，经查，属于运输途中的合理损耗。计算并结转这批材料采购的实际成本，完成全部采购过程。

要求：编制甲公司相关会计分录。

【解析】

（1）2020 年 10 月 19 日，取得银行汇票：

借：其他货币资金——银行汇票存款　　177 000
　贷：银行存款　　177 000

(2) 10 月 24 日,采购 A、B 材料:

借:在途物资——A 材料	90 000	
——B 材料	60 000	
应交税费——应交增值税(进项税额)	19 500	
贷:银行存款		169 500

(3) 10 月 25 日,支付并分配运输费用:

$$A材料应分担的运输费 = 3\,000 \times (20/30) = 2\,000(元)$$
$$B材料应分担的运输费 = 3\,000 \times (10/30) = 1\,000(元)$$

借:在途物资——A 材料	2 000	
——B 材料	1 000	
应交税费——应交增值税(进项税额)	270	
贷:银行存款		3 270

(4) 10 月 26 日,收到银行转来的银行汇款多余款项:

借:银行存款	7 500	
贷:其他货币资金——银行汇票存款		7 500

(5) 10 月 26 日,材料已验收入库,并结转 A、B 材料的实际采购成本:

借:原材料——A 材料	92 000	
——B 材料	61 000	
贷:在途物资——A 材料		92 000
——B 材料		61 000

第二节 应付及预付款项

企业在日常生产供应过程中发生的各项债务,如应付款项;同时企业在日常生产供应过程中也会发生的各项债权,如预付款项。其中,应付款项包括应付票据、应付账款等;预付款项是指企业按照合同规定预付的款项,如预付账款等。

一、应付票据

(一) 应付票据概述

应付票据是指企业购买材料、商品和接受劳务供应等而开出、承兑的商业汇票,包括商业承兑汇票和银行承兑汇票。我国商业汇票的付款期限不超过 6 个月,因此,企业应将应付票据作为流动负债管理和核算。同时,由于应付票据的偿付时间较短,在会计实务中,一般均按照开出、承兑的应付票据的面值入账。

(二) 应付票据账户结构

企业应设置“应付票据”科目核算应付票据的开出、偿付等情况。其账户结构如图 5-6 所示。

借方	应付票据 贷方
支付票据或转出金额	开出、承兑汇票的票面金额
	尚未到期的商业汇票的票面金额

图 5-6 应付票据账户结构图

企业应当设置“应付票据备查簿”，详细登记商业汇票的种类、号数和出票日期、到期日、票面余额、交易合同号和收款人姓名或单位名称以及付款日期和金额等资料。应付票据到期结清时，上述内容应当在备查簿内予以注销。

（三）应付票据的账务处理

企业因购买材料、商品和接受劳务供应等而开出、承兑的商业汇票，应当按其票面金额作为应付票据的入账金额，借记“材料采购”“在途物资”“原材料”“库存商品”“应付账款”“应交税费——应交增值税（进项税额）”等科目，贷记“应付票据”科目。

借：材料采购　　×××
　　在途物资　　×××
　　原材料　　×××
　　库存商品　　×××
　　应付账款　　×××
　　应交税费——应交增值税（进项税额）　　×××
　　贷：应付票据　　×××

企业因开出银行承兑汇票而支付的银行承兑汇票手续费，应当计入当期财务费用。支付手续费时，按照确认的手续费，借记“财务费用”科目，取得增值税专用发票的，按注明的增值税进项税额，借记“应交税费——应交增值税（进项税额）”科目，按照实际支付的金额，贷记“银行存款”科目。

借：财务费用　　×××
　　应交税费——应交增值税（进项税额）　　×××
　　贷：银行存款　　×××

企业开具的商业汇票到期支付票据款时，根据开户银行的付款通知，借记“应付票据”科目，贷记“银行存款”科目。

借：应付票据　　×××
　　贷：银行存款　　×××

【例 5-7】 甲公司为增值税一般纳税人，原材料按计划成本核算。2020 年 1 月 6 日购入原材料一批，增值税专用发票上注明的价款为 60 000 元，增值税额为 7 800 元，原材料验收入库。该企业开出并经开户银行承兑的商业汇票一张，面值为 67 800 元，期限 5 个月。缴纳银行承兑手续费 33.90 元，其中增值税 1.92 元。6 月 6 日商业汇票到期，甲公司通知其开户银行以银行存款支付票款。

要求：编制甲公司相关会计分录。

【解析】

(1) 开出并承兑商业汇票购入材料：

借：材料采购 60 000

　　应交税费——应交增值税(进项税额) 7 800

　　贷：应付票据 67 800

(2) 支付商业汇票承兑手续费：

借：财务费用 31.98

　　应交税费——应交增值税(进项税额) 1.92

　　贷：银行存款 33.90

(3) 支付商业汇票款：

借：应付票据 67 800

　　贷：银行存款 67 800

(四) 应付票据的转销

应付商业承兑汇票到期，如企业无力支付票款，由于商业汇票已经失效，企业应将应付票据按账面余额转作应付账款，借记“应付票据”科目，贷记“应付账款”科目。应付银行承兑汇票到期，如企业无力支付票款，则由承兑银行代为支付并作为付款企业的贷款处理，企业应将应付票据的账面余额转作短期借款，借记“应付票据”科目，贷记“短期借款”科目。

【例 5-8】 依据[例 5-7]，假设上述银行承兑汇票到期时甲公司无力支付票款。

要求：编制甲公司相关会计分录。

【解析】

借：应付票据——甲公司 67 800

　　贷：短期借款 67 800

二、应付账款

(一) 应付账款概述

应付账款是指企业因购买材料、商品或接受劳务供应等经营活动而应付给供应单位的款项。在实际工作中，为了使所购入材料、商品的金额、品种、数量和质量等与合同规定的条款相符，避免因验收时发现所购材料、商品的数量或质量存在问题而对入账的材料、商品或应付账款金额进行改动，在材料、商品和发票账单同时到达的情况下，一般在所购材料、商品验收入库后，根据发票账单登记入账，确认应付账款。在所购材料、商品已经验收入库，但是发票账单未能同时到达的情况下，企业应付材料、商品供应单位的债务已经成立，在会计期末，为了反映企业的负债情况，需要将所购材料、商品和相关的应付账款暂估入账，待下月初用红字将上月末暂估入账的应付账款予以冲销。

(二) 应付账款账户结构

企业应设置“应付账款”科目核算应付账款的发生、偿还、转销等情况。本科目可按债权人设置明细科目进行明细核算。其账户结构如图 5-7 所示。

借方　　　　应付账款	贷方
应付未付款项的减少	应付未付款项的增加
	尚未支付的应付账款余额

图 5-7　应付账款账户结构图

(三)应付账款的账务处理

1. 购入材料、商品

企业购入材料、商品等所产生的应付账款,应按应付金额入账。购入材料、商品等验收入库,但货款尚未支付,根据有关凭证(发票账单、随货同行发票上记载的实际价款或暂估价值),借记“材料采购”“在途物资”“原材料”“库存商品”等科目,按照可抵扣的增值税进项税额,借记“应交税费——应交增值税(进项税额)”科目,按应付的款项,贷记“应付账款”科目。

借:材料采购　×××
　　在途物资　×××
　　原材料　×××
　　库存商品　×××
　　应交税费——应交增值税(进项税额)　×××
　　贷:应付账款　×××

2. 接受劳务

企业接受供应单位提供劳务而发生的应付未付款项,根据供应单位的发票账单所列金额,借记“生产成本”“管理费用”等科目,按照增值税专用发票上注明的可抵扣的增值税进项税额,借记“应交税费——应交增值税(进项税额)”科目,贷记“应付账款”科目。

借:生产成本　×××
　　管理费用　×××
　　应交税费——应交增值税(进项税额)　×××
　　贷:应付账款　×××

3. 偿付应付账款

企业偿还应付账款或开出商业汇票抵付应付账款时,借记“应付账款”科目,贷记“银行存款”“应付票据”等科目。

借:应付账款　×××
　　贷:银行存款　×××
　　　　应付票据　×××

【例5-9】 甲公司为增值税一般纳税人。2020年2月1日,从A公司购入一批材料,增值税专用发票上注明的价款为100 000元,增值税额为13 000元;同时,对方代垫运费1 000元,增值税额90元,已收到对方开具的增值税专用发票。材料验收入库(该企业材料按实际成本进行日常核算),款项尚未支付。3月10日,甲公司开出转账支票支付购入材料相关款项114 090元。

要求:编制甲公司相关会计分录。

【解析】

(1) 确认应付账款:

借:原材料　101 000
　　应交税费——应交增值税(进项税额)　13 090
　　贷:应付账款——A公司　114 090

(2) 偿还应付账款:

借：应付账款——A公司　　114 090
　　贷：银行存款　　114 090

4. 现金折扣

应付账款附有现金折扣条款的，企业应按照扣除现金折扣前的应付款总额入账。因在折扣期限内付款而获得的现金折扣，应在偿付应付账款时冲减财务费用。

借：应付账款　　×××
　　贷：银行存款　　×××
　　　　财务费用　　×××

【例5-10】 2020年3月2日，乙公司从B公司购入一批设备并验收入库。增值税专用发票上注明的该批设备的价款为1 000 000元，增值税额为130 000元。按照购货协议的规定，乙公司如在10天内付清货款，将获得1%的现金折扣(假定计算现金折扣时需考虑增值税)。2020年3月10日，乙公司按照扣除现金折扣后的金额，用银行存款付清了所欠B公司货款。乙公司采用实际成本核算库存商品。

要求：编制乙公司相关会计分录。

【解析】

(1) 3月2日确认应付账款：

借：库存商品　　1 000 000
　　应交税费——应交增值税(进项税额)　　130 000
　　贷：应付账款——B公司　　1 130 000

(2) 3月10日付清货款：

借：应付账款——B公司　　1 130 000
　　贷：银行存款　　1 118 700
　　　　财务费用　　11 300

例题中，乙公司在3月10日(即购货后的第8天)付清所欠B公司的货款，按照购货协议可以获得现金折扣。乙百货商场获得的现金折扣＝1 130 000×1%＝11 300(元)，实际支付的货款＝1 130 000－11 300＝1 118 700(元)。

5. 外购动力

实务中，企业外购电力、燃气等动力一般通过“应付账款”科目核算，即在每月付款时先作暂付款处理，按照增值税专用发票上注明的价款，借记“应付账款”科目，按照增值税专用发票上注明的可抵扣的增值税进项税额，借记“应交税费——应交增值税(进项税额)”科目，贷记“银行存款”等科目。

借：应付账款　　×××
　　应交税费——应交增值税(进项税额)　　×××
　　贷：银行存款　　×××

月末按照外购动力的用途分配动力费时，借记“生产成本”“制造费用”“管理费用”等科目，贷记“应付账款”科目。

借：生产成本　　×××
　　制造费用　　×××
　　管理费用　　×××
　　贷：应付账款　　×××

【例 5-11】 2020 年 5 月 20 日，丙企业收到银行转来某电力公司供电部门开具的增值税专用发票，发票上注明的电费为 38 400 元，增值税额为 4 992 元，企业以银行存款付讫。月末，该企业经计算，本月应付电费 38 400 元，其中生产车间电费 25 600 元，企业行政管理部门电费 12 800 元。

要求：编制丙公司相关会计分录。

【解析】

（1）支付外购动力费：

借：应付账款——某电力公司　　38 400
　　应交税费——应交增值税(进项税额)　　4 992
　　贷：银行存款　　43 392

（2）月末分配外购动力费：

借：制造费用　　25 600
　　管理费用　　12 800
　　贷：应付账款——某电力公司　　38 400

（四）应付账款的转销

应付账款一般在较短期限内支付，但有时由于债权单位撤销或其他原因而使应付账款无法清偿。企业对于确实无法支付的应付账款应予以转销，按其账面余额计入营业外收入，借记“应付账款”科目，贷记“营业外收入”科目。

借：应付账款　　×××
　　贷：营业外收入　　×××

【例 5-12】 2020 年 12 月 31 日，丁企业确认一笔应付某公司货款 56 500 元为无法支付的款项，对此予以转销。

要求：编制丁企业相关会计分录。

【解析】

借：应付账款　　56 500
　　贷：营业外收入　　56 500

三、预付账款

1. 预付账款概述

预付账款是指企业按照合同规定预付的款项，如预付的材料、商品采购款、在建工程价款等。

为了反映和监督预付账款的增减变动及其结存情况，企业应当设置“预付账款”科目。“预付账款”科目的借方登记预付的款项及补付的款项，贷方登记收到所购物资时根据有关发票账单记入“原材料”等科目的金额及收回多付款项的金额，期末余额在借方，反映企业实际预付的款项；如果期末余额在贷方,则反映企业应付或应补付的款项。其账户结构如图 5-8 所示。

借方	预付账款 贷方
预付的款项及补付的款项	收到有关发票账单的金额 收回多付款项的金额
实际预付的款项	企业应付或应补付的款项

图 5-8 预付账款账户结构图

重点提示

预付款项情况不多的企业,可以不设置“预付账款”科目,而将预付的款项通过“应付账款”科目核算。

2. 预付账款账务处理

(1) 企业根据购货合同的规定向供应单位预付款项时,借记“预付账款”科目,贷记“银行存款”科目。

借:预付账款 ×××
　　贷:银行存款 ×××

(2) 企业收到所购物资,按应计入购入物资成本的金额,借记“材料采购”“原材料”“库存商品”等科目,按可抵扣的增值税进项税额,借记“应交税费——应交增值税(进项税额)”等科目,贷记“预付账款”科目。

借:材料采购/原材料/库存商品 ×××
　　应交税费——应交增值税(进项税额) ×××
　　贷:预付账款 ×××

(3) 当预付价款小于采购货物所需支付的款项时,应将不足部分补付,借记“预付账款”科目,贷记“银行存款”等科目。

借:预付账款 ×××
　　贷:银行存款 ×××

(4) 当预付价款大于采购货物所需支付的款项时,对收回的多余款项,应借记“银行存款”等科目,贷记“预付账款”科目。

借:银行存款 ×××
　　贷:预付账款 ×××

【例 5-13】 甲公司为增值税一般纳税人,2020 年 12 月 5 日向乙公司(为增值税一般纳税人)采购材料 5 000 千克,每千克单价 10 元,所需支付的价款总计 50 000 元。按照合同规定向乙公司预付价款的 50%,验收货物后补付其余款项。12 月 10 日,收到乙公司发来的 5 000 千克材料,验收无误,增值税专用发票上注明的价款为 50 000 元,增值税额为6 500 元,以银行存款结清余款 31 500 元。

要求:编制甲公司相关会计分录。

【解析】

(1) 12 月 5 日预付 50%的价款时:

借：预付账款——乙公司　　25 000
　贷：银行存款　　25 000

(2) 12 月 10 日收到货物验收入库时：

借：原材料　　50 000
　应交税费——应交增值税(进项税额)　　6 500
　贷：预付账款——乙公司　　56 500

借：预付账款——乙公司　　31 500
　贷：银行存款　　31 500

第三节 原材料购入及委托加工经济业务核算

一、原材料

原材料是指企业在生产过程中经过加工改变其形态或性质并构成产品主要实体的各种原料、主要材料和外购半成品，以及不构成产品实体但有助于产品形成的辅助材料。

原材料具体包括原料及主要材料、辅助材料、外购半成品(外购件)、修理用备件(备品备件)、包装材料、燃料等。

原材料的日常收入、发出及结存可以采用实际成本核算，也可以采用计划成本核算。

(一) 采用实际成本核算

1. 原材料核算应设置的会计科目

材料采用实际成本核算时，材料的收入、发出及结存，无论总分类核算还是明细分类核算，均按照实际成本计价。使用的会计科目有“原材料”“在途物资”等，“原材料”科目的借方、贷方及余额均以实际成本计价，不存在成本差异的计算与结转问题。但采用实际成本核算，日常反映不出材料成本是节约还是超支，从而不便于反映和考核物资采购业务对经营成果的影响。因此，这种方法通常适用于材料收发业务较少的企业。

重点提示

在实务工作中，对于材料收发业务较多并且计划成本资料较为健全、准确的企业，一般可以采用计划成本进行材料收入、发出的核算。

“原材料”科目用于核算企业库存各种材料的收入、发出与结存情况。在原材料按实际成本核算时，“原材料”科目的借方登记入库材料的实际成本，贷方登记发出材料的实际成本，期末余额在借方，反映企业库存材料的实际成本。“原材料”科目应按照材料的保管地点(仓库)、材料的类别、品种和规格等设置明细账进行明细核算。其账户结构如图 5-9 所示。

借方　原材料	贷方
入库材料的实际成本	发出材料的实际成本
企业库存材料的实际成本	

图 5-9　原材料账户结构图

“在途物资”科目用于核算企业采用实际成本(进价)进行材料、商品等物资的日常核算、价款已付尚未验收入库的各种物资(即在途物资)的采购成本,本科目应当按照供应单位和物资品种进行明细核算。"在途物资"科目的借方登记企业购入的在途物资的实际成本,贷方登记验收入库的在途物资的实际成本,期末余额在借方,反映企业在途物资的采购成本。"在途物资"科目应按照供应单位和物资品种设置明细账进行明细核算。其账户结构如图5-10所示。

借方　在途物资	贷方
购入在途物资的实际成本	验收入库在途物资的实际成本
企业在途物资的采购成本	

图5-10　在途物资账户结构图

"应付账款"科目用于核算企业因购买材料、商品和接受劳务等经营活动应支付的款项。"应付账款"科目的贷方登记企业因购入材料、商品和接受劳务等尚未支付的款项,借方登记支付的应付账款,期末余额一般在贷方,反映企业尚未支付的应付账款。"应付账款"科目应按照债权人设置明细科目进行明细核算。其账户结构如图5-11所示。

借方　应付账款	贷方
支付的应付账款	因购入材料、商品和接受劳务等尚未支付的款项
	企业尚未支付的应付账款

图5-11　应付账款账户结构图

2. 购入原材料的账务处理

(1) 材料已验收入库,货款已经支付或开出、承兑商业汇票。

借:原材料　×××
　　应交税费——应交增值税(进项税额)　×××
　　贷:银行存款　×××

(2) 货款已经支付或已开出、承兑商业汇票,材料尚未到达或尚未验收入库。

借:在途物资　×××
　　应交税费——应交增值税(进项税额)　×××
　　贷:银行存款　×××

(3) 材料已经验收入库,货款尚未支付。

借:原材料　×××
　　应交税费——应交增值税(进项税额)　×××
　　贷:应付账款　×××

(4) 材料已验收入库,月末发票账单尚未收到也无法确定其实际成本。

在这种情况下,发票账单未到难以确定实际成本,期末应按照暂估价值先入账,在下月初,用红字冲销原暂估入账金额,待收到发票账单后再按照实际金额记账,即对于材料已到达并已验收入库,但发票账单等结算凭证未到,货款尚未支付的采购业务,应于期末按材料的暂估价值,借记"原材料"科目,贷记"应付账款——暂估应付账款"科目。

借：原材料　　×××
　　贷：应付账款——暂估应付账款　　×××

下月初，用红字冲销原暂估入账金额，以便下月付款或开出、承兑商业汇票后，按正常程序，借记“原材料”“应交税费——应交增值税（进项税额）”科目，贷记“银行存款”或“应付票据”等科目。

借：原材料　　×××
　　应交税费——应交增值税（进项税额）　　×××
　　贷：银行存款　　×××

（5）货款已经预付，材料尚未验收入库。

① 预付款项时：

借：预付账款　　×××
　　贷：银行存款　　×××

② 收到货物时：

借：原材料　　×××
　　应交税费——应交增值税（进项税额）　　×××
　　贷：预付账款　　×××

③ 补付货款时：

借：预付账款　　×××
　　贷：银行存款　　×××

收回多余款项时，做相反分录。

【例5-14】 甲公司是增值税一般纳税人，原材料按实际成本核算。2020年3月10日购入A材料一批，取得的增值税专用发票上注明的材料价款为100 000元，增值税额为13 000元，发票等结算凭证已收到，货款尚未支付，公司开出一张金额为113 000元的无息银行承兑汇票，该材料尚未验收入库。

要求：编制甲公司相关会计分录。

【解析】

（1）2020年3月10日购入材料时，甲公司应编制的会计分录：

借：在途物资——A材料　　100 000
　　应交税费——应交增值税（进项税额）　　13 000
　　贷：应付票据　　113 000

（2）甲公司交付银行承兑汇票手续费31.8元，其中增值税1.8元，取得增值税专用发票：

借：财务费用　　30.0
　　应交税费——应交增值税（进项税额）　　1.8
　　贷：银行存款　　31.8

（3）甲公司取得运输费增值税专用发票，运费3 000元，增值税额270元，以现金支票支付：

借：在途物资——A材料　　3 000
　　应交税费——应交增值税(进项税额)　　270
　　贷：银行存款　　3 270

(4) 该材料已验收入库，结转其实际采购成本：

借：原材料——A材料　　103 000
　　贷：在途物资——A材料　　103 000

(5) 该商业票据到期，公司以银行存款支付：

借：应付票据　　113 000
　　贷：银行存款　　113 000

(6) 如该商业票据属于商业承兑汇票，到期时公司无力偿还：

借：应付票据　　113 000
　　贷：应付账款——销货方或担保方　　113 000

(二) 采用计划成本核算

1. 原材料核算应设置的会计科目

在计划成本管理下，原材料等项目采用计划成本计量，该项目的资金量反映该材料的计划价格，而不是其实际成本。因而，企业需要单独设置一个过程所得项目——“材料采购”来专门反映企业采购这批材料所花费的实际成本。在这种情况下，无论企业所购买的材料是否已验收入库，首先都必须在“材料采购”账户上汇集，以确定其实际采购成本。

材料采购过程结束时，企业需要将这批材料按计划价格确定价值，而材料采购的实际成本与其计划价格经常不一致。为了反映、控制和监督这种不一致所形成的差异，企业需要开设“材料成本差异”项目。在这种模式下，原材料与材料成本差异结合起来才能反映库存材料的实际成本。

重点提示

按计划成本计价的原材料，在月末结转入库材料的成本差异时，不是逐笔结转，而是将所有本期入库相同的材料的实际成本总额与计划成本总额之间的差异一次进行结转。

“原材料”科目用于核算库存各种材料的收入、发出与结存情况。在采用计划成本核算材料时，“原材料”科目的借方登记入库材料的计划成本，贷方登记发出材料的计划成本，期末余额在借方，反映企业库存材料的计划成本。其账户结构如图5-12所示。

借方　　**原材料**	贷方
入库材料的计划成本	发出材料的计划成本
企业库存材料的计划成本	

图5-12　原材料账户结构图

“材料采购”科目借方登记采购材料的实际成本，贷方登记入库材料的计划成本，期末为借方余额，反映企业在途材料的实际采购成本。其账户结构如图5-13所示。

借方　　　　材料采购	贷方
采购材料的实际成本	入库材料的计划成本
在途材料的实际成本	

图 5-13　材料采购账户结构图

(1) 借方金额大于贷方金额表示超支，从“材料采购”科目的贷方转入“材料成本差异”科目的借方。

借：材料成本差异　　　　×××
　　贷：材料采购　　　　×××

(2) 贷方金额大于借方金额表示节约，从“材料采购”科目的借方转入“材料成本差异”科目的贷方。

借：材料采购　　　　×××
　　贷：材料成本差异　　　　×××

“材料成本差异”科目反映企业已入库各种材料的实际成本与计划成本的差异，借方登记超支差异及发出材料应负担的节约差异，贷方登记节约差异及发出材料应负担的超支差异。期末如为借方余额，反映企业库存材料的实际成本大于计划成本的差异（即超支差异）；如为贷方余额，反映企业库存材料实际成本小于计划成本的差异（即节约差异）。其账户结构如图 5-14 所示。

借方　　　　材料成本差异	贷方
超支差异 发出材料应负担的节约差异	节约差异 发出材料应负担的超支差异
超支差异	节约差异

图 5-14　材料成本差异账户结构图

2. 购入原材料的账务处理

(1) 材料已验收入库，货款已经支付或开出、承兑商业汇票。

① 购入原材料时：

借：材料采购　　　　×××
　　应交税费——应交增值税（进项税额）　　　　×××
　　贷：银行存款　　　　×××

② 材料验收入库：

借：原材料　　　　×××
　　贷：材料采购　　　　×××

③ 结转材料成本差异：

借：材料采购　　　　×××
　　贷：材料成本差异　　　　×××

超支差异做相反记录。

(2) 货款已经支付或已开出、承兑商业汇票，材料尚未到达或尚未验收入库。

借：材料采购 ×××
　　应交税费——应交增值税（进项税额） ×××
　　贷：银行存款 ×××

(3) 材料已经验收入库，货款尚未支付。

① 购入原材料时：

借：材料采购 ×××
　　应交税费——应交增值税（进项税额） ×××
　　贷：应付账款/应付票据 ×××

② 材料验收入库时：

借：原材料 ×××
　　贷：材料采购 ×××

③ 结转材料成本差异：

借：材料采购 ×××
　　贷：材料成本差异 ×××

超支差异做相反记录。

【例 5-15】 下列关于原材料按计划成本核算的会计处理的表述中，正确的有(　　)。

A. 入库原材料的超支差异应借记"材料成本差异"科目

B. 发出材料应负担的节约差异应借记"材料成本差异"科目

C. 发出材料应负担的超支差异应贷记"材料成本差异"科目

D. 入库原材料的节约差异应借记"材料成本差异"科目

【答案】 ABC

【解析】 选项 D，材料的节约差异应记入"材料成本差异"科目的贷方。

【例 5-16】 某企业为增值税一般纳税人，增值税税率为 13%，本月销售一批材料，价值 5 876 元(含增值税)。该批材料计划成本 4 200 元，材料成本差异率为 2%，该企业销售该批材料应确认的损益为(　　)元。

A. 916　　B. 1 000　　C. 1 592　　D. 1 676

【答案】 A

【解析】 该企业相关交易账务处理如下：

借：银行存款 5 876
　　贷：主营业务收入 5 200
　　　　应交税费——应交增值税(销项税额) 676

同时结转成本：

借：主营业务成本 4 284
　　贷：原材料 4 200
　　　　材料成本差异 84

因此，该企业应确认的损益＝5 200－4 284＝916(元)，选项 A 符合题意。

二、委托加工物资

委托加工物资是指企业委托外单位加工的各种材料、商品等物资。与材料或商品销售不同，委托加工材料发出后，虽然其保管地点发生位移，但材料或商品仍属于企业存货范畴。经过加工，材料或商品不仅实物形态、性能和使用价值可能发生变化，加工过程中也要消耗其他材料，发生加工费、税费，导致被加工材料或商品的成本增加。

企业委托外单位加工物资的成本包括加工中实际耗用物资的成本、支付的加工费用及应负担的运杂费、支付的税费等。委托加工物资的核算内容主要包括拨付加工物资、支付加工费用和税金、收回加工物资和剩余物资等。

为了反映和监督委托加工物资增减变动及其结存情况，企业应当设置“委托加工物资”科目，借方登记委托加工物资的实际成本，贷方登记加工完成验收入库的物资的实际成本和剩余物资的实际成本，期末余额在借方，反映企业尚未完工的委托加工物资的实际成本等。委托加工物资也可以采用计划成本或售价进行核算，其方法与库存商品相关业务会计处理基本相同。其账户结构如图 5-15 所示。

借方　　　　委托加工物资	贷方
委托加工物资的实际成本	加工完成验收入库物资的实际成本和剩余物资的实际成本
尚未完工的委托加工物资的实际成本	

图 5-15　委托加工物资账户结构图

(1) 发出物资：

借：委托加工物资　　×××
　　贷：原材料　　×××
　　　　材料成本差异　　×××
　　　　商品进销差价(或借方)　　×××

(2) 支付加工费、运费：

借：委托加工物资　　×××
　　应交税费——应交增值税(进项税额)　　×××
　　贷：银行存款　　×××

(3) 需要缴纳的消费税：

① 收回后直接用于销售，消费税可以抵扣计入委托加工物资成本：

借：委托加工物资　　×××
　　贷：银行存款/应付账款　　×××

② 收回后用于连续生产应税消费品的：

借：应交税费——应交消费税　　×××
　　贷：银行存款/应付账款　　×××

(4) 加工完成并验收入库：

借：原材料/库存商品/周转材料　　×××
　贷：委托加工物资　　×××
　　材料成本差异(或借方)　　×××

【例 5-17】 某一般纳税人企业委托外单位加工一批应税货物，该批货物收回后用于继续加工应税消费品，则委托加工物资成本为(　　)。

A. 受托方代收代缴的消费税　　B. 支付的材料增值税

C. 支付的物资加工费　　D. 支付的代销手续费

【答案】 C

【解析】 选项 A，受托方代收代缴的消费税计入应交税费——应交消费税；选项 B，支付的材料增值税计入应交税费——应交增值税(进项税额)；选项 C，支付的物资加工费计入委托加工物资；选项 D，支付的代销手续费计入销售费用。

【例 5-18】 甲公司对材料和委托加工物资采用计划成本核算。2020 年 10 月 12 日，甲公司委托乙企业加工一批器具，发出材料的计划成本为 100 000 元，材料成本差异率为 5%。甲公司以银行存款支付相关运费 1 000 元，增值税专用发票上注明的增值税额为 90 元。11 月 10 日，甲公司以银行存款支付上述器具的加工费用 14 000 元，增值税专用发票上注明的增值税额为 1 820 元。该委托加工物资涉及消费税，该消费税由受托方代扣代缴，消费税税率为 20%，11 月 12 日，甲公司以银行存款支付了该消费税。11 月 13 日，甲公司收回乙公司加工的器具、以银存款支费 2 000 元，增值税专用发票上注明的增值税税额为 180 元。同日，该器具已验收入库，其计划成本为 150 000 元。

要求：按照器具收回后直接销售和连续生产应税消费品两种不同情况编制相关会计分录。

【解析】

第一种情况：该器具收回后直接销售。

(1) 发出委托加工物：

借：委托加工物资　　105 000
　贷：原材料　　100 000
　　材料成本差异　　5 000

(2) 支付运费和增值税进项税额：

借：委托加工物资　　1 000
　应交税费——应交增值税(进项税额)　　90
　贷：银行存款　　1 090

(3) 支付加工费用和增值税进项税额：

借：委托加工物资　　14 000
　应交税费——应交增值税(进项税额)　　1 820
　贷：银行存款　　15 820

(4) 计算并缴纳消费税，并将其计入委托加物资成本：

消费税组成计税价格 =(105 000+1 000+14 000)÷(1-20%)= 150 000(元)
受托方代收代缴的消费税金额 = 150 000×20% = 30 000(元)

借:委托加工物资	30 000	
贷:银行存款		30 000

(5) 支付运费和增值税进项税额:

借:委托加工物资	2 000	
应交税费——应交增值税(进项税额)	180	
贷:银行存款		2 180

(6) 收回委托加工物资,并验收入库:

借:原材料	150 000	
材料成本差异	2 000	
贷:委托加工物资		152 000

第二种情况:甲公司收回加工后的器具用于连续生产应税消费品。

(1)(2)(3)的处理同第一种情况,本处略。

(4)计算并缴纳消费税:

消费税组成计税价格 =(105 000+1 000+14 000)÷(1-20%)= 150 000(元)
受托方代收代缴的消费税金额 = 150 000×20% = 30 000(元)

借:应交税费——应交消费税	30 000	
贷:银行存款		30 000

(5) 支付运费和增值税进项税额:

借:委托加工物资	2 000	
应交税费——应交增值税(进项税额)	180	
贷:银行存款		2 180

(6) 收回委托加工物资,并验收入库:

借:原材料	150 000	
贷:委托加工物资		28 000
材料成本差异		122 000

章节测试

班级：________ 姓名：________ 学号：________ 日期：________ 平时分：________

一、单项选择题(每小题 5 分,共 15 分)

1. 下列各项中,符合现金管理制度的是(　　)。
A. 现金收入应当于次日送存银行
B. 单位根据需要支付现金,可以从本单位库存现金限额中支付或开户银行中提取,不得从本单位的现金收入中直接支付
C. 开户单位在任何情况下都不得坐支现金
D. 开户单位从银行提取现金时应经单位负责人签字盖章

2. 甲公司为增值税一般纳税人,2021 年 5 月外购原材料一批,取得的增值税专用发票上注明价款 100 万元,增值税进项税额 13 万元,销货方代垫运费,取得运费专用发票注明运费 10 万元,增值税税额 0.9 万元,款项尚未支付。则甲公司应付账款的入账价值为(　　)万元。
A. 123.9　　B. 123　　C. 113　　D. 110

3. 2021 年 7 月 1 日某企业购入原材料一批,开出一张面值为 226 000 元、期限为 3 个月的不带息的银行承兑汇票。2021 年 10 月 1 日该企业无力支付票款时,下列各项中,正确的是(　　)。

A. 借:应付票据　226 000
　　贷:短期借款　226 000

B. 借:应付票据　226 000
　　贷:其他应付款　226 000

C. 借:应付票据　226 000
　　贷:应付账款　226 000

D. 借:应付票据　226 000
　　贷:预付账款　226 000

二、多项选择题(每小题 10 分,共 30 分)

1. 下列各项中,企业应通过“其他货币资金”科目核算的有(　　)。
A. 存入证券公司指定银行的存出投资款　B. 申请银行汇票划转出票银行的款项
C. 开具信用证存入银行的保证金款项　D. 汇往采购地银行开立采购专户的款项

2. 下列关于“预付账款”账户的表述中,正确的有(　　)。
A. “预付账款”属于资产性质的账户
B. 预付货款不多的企业,可以不单独设置“预付账款”账户,将预付的货款记入“应付账款”账户的借方
C. “预付账款”账户方余额反映的是应付供应单位的款项
D. “预付账款”账户核算企业因销售业务产生的往来款项

3. 下列各项中，属于材料采购成本的有(　　)。
A. 材料采购运输途中发生的合理损耗　　B. 材料入库前的挑选整理费用
C. 购买材料的价款　　D. 购入材料的运杂费

三、不定项选择题(每小题 6 分，共 30 分)

甲公司(一般纳税人)存货采用计划成本核算，2021 年 4 月份发生如下事项：
(1) 期初结存原材料计划成本为 25 万元，材料成本差异借方余额为 3 万元，存货跌价准备贷方余额为 3 万元。
(2) 2 日，购入原材料一批，实际支付价款为 50 万元，取得增值税专用发票上注明的增值税额为 6.5 万元；采购过程中发生运杂费 0.3 万元，保险费 1 万元，入库前挑选整理费 0.2 万元。该批材料的计划成本为 58 万元。
(3) 10 日，生产领用该原材料一批，领用材料计划成本 30 万元。管理部门领用原材料一批，领用材料计划成本 5 万元。
(4) 15 日，收回之前委托 A 公司加工的半成品一批，委托加工时发出半成品的实际成本为 15 万元，加工过程中支付加工费 2 万元，装卸费 0.8 万元，受托方代收代缴消费税 4.5 万元。甲公司收回该委托加工物资后准备继续加工生产，该批半成品的计划成本为 20 万元。
(5) 月末，甲公司结存原材料的市场价格为 42 万元。
要求：根据上述资料，不考虑其他因素，分析回答下列小题。(答案中的金额单位用万元表示，有小数点的保留两位小数)
(1) 甲公司本月材料成本差异率为(　　)。
A. −4.22%　　B. 1.2%　　C. 6.02%　　D. 11.45%
(2) 甲公司本月发出原材料的实际成本为(　　)万元。
A. 28.73　　B. 33.52　　C. 37.11　　D. 39.01
(3) 下列有关甲公司委托加工业务的说法中，正确的有(　　)。
A. 甲公司将发出的委托加工物资仍作为存货进行核算
B. 收回委托加工物资时，支付的装卸费应计入管理费用核算
C. 收回委托加工物资的实际成本为 17.8 万元
D. 收回委托加工物资的实际成本为 22.3 万元
(4) 期末，甲公司结存存货的实际成本为(　　)万元。
A. 42　　B. 45.98　　C. 63.78　　D. 97.3
(5) 根据资料(5)，甲公司本月针对原材料应计提的存货跌价准备为(　　)万元。
A. 0.98　　B. 3.98　　C. 18.78　　D. 37.5

四、判断题(每小题 5 分，共 25 分)

1. 企业银行存款日记账的账面余额与银行对账单余额存在未达账项时，应按照银行存款余额调节表调整银行存款日记账。(　　)
2. 企业进行在建工程预付的工程价款，应在“预付账款”科目核算。(　　)
3. 如果企业所购的物资已经验收入库，但是没有收到发票账单(包括未收到货物清单及无法按照合同协议确定价格)，在会计期末，企业也不应该做任何会计处理。(　　)
4. 企业支付的银行承兑汇票手续费应当计入当期管理费用。(　　)
5. 原材料采用月末一次加权平均法核算的只有在月末一次计算加权平均单价，比较简单，可以简化成本计算工作。(　　)

第六章　生产环节的账务处理

知识导航

- 生产环节的账务处理
  - 存货
    - 存货的概念和内容
    - 存货成本的确定
    - 发出存货的计价方法
  - 生产环节领用原材料相关经济业务核算
    - 发出原材料
    - 周转材料
    - 库存商品
    - 存货清查
    - 存货减值
  - 职工薪酬经济业务核算
    - 职工薪酬概述
    - 应付职工薪酬的账户结构
    - 应付职工薪酬的账务处理
    - 离职后福利

学习目标

1. 掌握原材料发出的成本核算方法。
2. 熟悉存货成本的确定、发出存货的计价方法、存货清查。
3. 掌握原材料、周转材料、库存商品的核算方法。
4. 掌握生产成本、制造费用等账户的账务处理方法。
5. 熟悉存货的主要内容和成本核算方法。

企业为生产产品，生产车间会发生各种支出，如材料支出、工资支出、机器设备等损耗，当该支出直接服务于某一特定产品的生产时，应将其作为直接费用计入生产成本；当该支出服务于生产车间的一般性耗费时，应将其作为间接费用计入制造费用。在资产负债表日或产品生产完工时，企业需要将原汇集在制造费用上的累计间接生产费用按照合理的标准分配给企业所生产的各个产品。最后，所生产的产品完工并验收入库，资金由生产成本存在形态转为库存商品，企业整个生产过程到此全部结束，具体如图 6-1 所示。

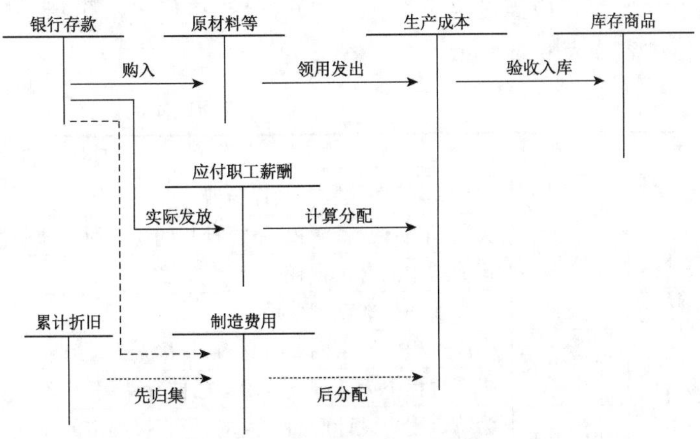

图 6-1　生产环节账务处理图

第一节 存 货

一、存货的概念和内容

存货是指企业在日常活动中持有以备出售的产品或商品，处在生产过程中的在产品、在生产过程或提供劳务过程中储备的材料或物料等，如各类材料、在产品、半成品、产成品、商品以及包装物、低值易耗品、委托代销商品等，具体如表6-1所示。

表6-1 存货的内容

项目	具体内容
原材料	企业在生产过程中经加工将改变其形态或性质并构成产品主要实体的各种原料及主要材料、辅助材料、外购半成品（外购件）、修理用备件（备品备件）、包装材料、燃料等
在产品	企业正在制造尚未完工的生产物，包括正在各个生产工序加工的产品和已加工完毕但尚未检验或已检验但尚未办理入库手续的产品
半成品	经过一定生产过程并已检验合格交付半成品仓库保管，但尚未制造完工，仍需进一步加工的中间产品
产成品	企业已经完成全部生产过程并已验收入库，可以按照合同规定的条件送交订货单位，或者可以作为商品对外销售的产品。企业接受来料加工制造的代制品和为外单位加工修理的代修品，制造和修理完成验收入库后，应视同企业的产成品
商品	商品流通企业外购或委托加工完成验收入库用于销售的各种商品
包装物	为了包装本企业的商品而储备的各种包装容器，如桶、箱、瓶、坛、袋等，其主要作用是盛装、装潢产品或商品
低值易耗品	不能作为固定资产核算的各种用具物品，如工具、管理用具、玻璃器皿、劳动保护用品以及在经营过程中周转使用的容器等，其特点是单位价值较低，或使用期限相对于固定资产较短，在使用过程中保持其原有实物形态基本不变
委托代销商品	企业委托其他单位代销的商品

二、存货成本的确定

1. 存货应当按照成本进行初始计量，存货成本包括采购成本、加工成本和其他成本，具体内容如表6-2所示。

表6-2 存货成本的内容

<table>
<tr><th>项目</th><th>分类</th><th>具体内容</th></tr>
<tr><td rowspan="8">计入存货成本的项目</td><td rowspan="4">采购成本</td><td>买价、运输费、装卸费、保险费</td></tr>
<tr><td>关税、消费税、资源税、不能抵扣的增值税进项税额以及相应的教育费附加</td></tr>
<tr><td>运输途中的合理损耗</td></tr>
<tr><td>入库前的挑选整理费用</td></tr>
<tr><td rowspan="2">加工成本</td><td>生产过程中发生的直接材料、直接人工、制造费用</td></tr>
<tr><td>生产过程中为达到下一阶段的储存费用</td></tr>
<tr><td rowspan="2">其他成本</td><td>为特定用户设计产品发生的、可直接确定的设计费用</td></tr>
<tr><td>商品流通企业在采购过程中发生的运输费、仓储费、包装费等进货费用</td></tr>
</table>

2. 存货的来源不同，其成本的构成内容也不同

原材料、商品、低值易耗品等通过购买而取得的存货的成本主要由采购成本构成；产成品、在产品、半成品等自制或需委托外单位加工完成的存货的成本由采购成本、加工成本以及使存货达到目前场所和状态所发生的其他支出构成。

实务中具体按以下原则确定：

(1) 购入的存货，其成本包括买价、运杂费(包括运输费、装卸费、保险费、包装费、仓储费等)、运输途中的合理损耗、入库前的挑选整理费用(包括挑选整理中发生的人工、费用支出和挑选整理过程中所发生的数量损耗，并扣除回收的下脚废料价值)以及按规定应计入存货成本的税费和其他费用。

(2) 自制的存货，包括自制原材料、自制包装物、自制低值易耗品、自制半成品及库存商品等，其成本包括直接材料、直接人工和制造费用等的各项实际支出。

(3) 委托外单位加工完成的存货，包括加工后的原材料、包装物、低值易耗品、半成品、产成品等，其成本包括实际耗用的原材料或者半成品、加工费、装卸费、保险费、委托加工的往返运输费等费用以及按规定应计入存货成本的税费。

重点提示

下列费用不应计入存货成本，而应在其发生时计入当期损益，具体如表 6-3 所示。

表 6-3 不计入存货成本的内容

项目	具体内容
不计入存货成本的项目及其归属	一般纳税人可以抵扣的增值税，单独列示
	非正常消耗的直接材料、直接人工和制造费用，应在发生时计入当期损益
	运输途中的不合理损耗，扣减成本
	入库后的挑选整理费，计入当期损益
	一般的设计费用，计入当期损益
	入库后的存储费用，计入当期损益
	商品流通企业进货费用较小的，可以计入当期损益
	采购人员的差旅费通常不计入外购材料的成本，而应计入管理费用

三、发出存货的计价方法

企业应当根据各类存货的实物流转方式、企业管理的要求、存货的性质等实际情况，合理地确定发出存货成本的计算方法，以及当期发出存货的成本。对于性质和用途相同的存货，应当采用相同的成本计算方法确定发出存货的成本。

实务中，企业发出的存货既可以按实际成本核算，也可以按计划成本核算。如采用计划成本核算，会计期末应调整为实际成本。在实际成本核算方式下，企业可以采用的发出存货成本的计价方法包括先进先出法、月末一次加权平均法、移动加权平均法和个别计价法等。

1. 先进先出法

先进先出法是指以先购入的存货应先发出(用于销售或耗用)这样一种存货实物流动假设为前提，对发出存货进行计价的一种方法。采用这种方法，先购入的存货成本在后购入存

货成本之前转出，据此确定发出存货和期末存货的成本。

具体方法是，收入存货时，逐笔登记收入存货的数量、单价和金额；发出存货时，按照先进先出的原则逐笔登记存货的发出成本和结存金额。

先进先出法可以随时结转存货发出成本，但较繁琐。如果存货收发业务较多，且存货单价不稳定时，其工作量较大。在物价持续上升时，期末存货成本接近于市价，而发出成本偏低，会高估企业当期利润和库存存货价值；反之，会低估企业存货价值和当期利润。

【例 6-1】 某企业采用先进先出法计算发出材料成本。2020 年 8 月 1 日库存甲材料 200 千克，单价 40 元；8 月甲材料收发业务如下：12 日购入甲材料 800 千克，单位成本 45 元；16 日行政部门领用甲材料 100 千克；20 日车间生产 M 产品领用甲材料 600 千克。不考虑其他因素，8 月发出甲材料时计入 M 产品生产成本的金额为(　　)元。

A. 26 000　　B. 30 500　　C. 27 000　　D. 26 500

【答案】 D

【解析】 采用先进先出法时，先购入的存货应先发出(用于销售或耗用)，故 8 月发出甲材料时计入 M 产品生产成本的金额＝100×40＋(600－100)×45＝26 500(元)。

2. 月末一次加权平均法

月末一次加权平均法是指以本月全部进货数量加上月初存货数量作为权数，除以本月全部进货成本与月初存货成本之和，计算出存货的加权平均单位成本，以此为基础计算本月发出存货的成本和期末结存存货的成本的一种方法。计算公式如下：

$$\text{加权平均单位成本}=\left[\text{月初结存存货成本}+\sum\left(\text{本月各批进货的实际单位成本}\times\text{本月各批进货的数量}\right)\right]\div\left(\text{月初结存存货的数量}+\text{本月各批进货数量之和}\right)$$

其中

$$\text{本期发出存货成本}=\text{本期发出存货数量}\times\text{加权平均成本}$$

$$\text{期末结存存货成本}=\text{期末结存数量}\times\text{加权平均单位成本}$$

或者

$$\text{期末结存存货成本}=\text{期初结存存货成本}+\text{本期存货成本}-\text{本期发出存货成本}$$

采用月末一次加权平均法只在月末一次计算加权平均单价，可以简化成本计算工作。但由于月末一次计算加权平均单价和发出存货成本，不便于存货成本的日常管理与控制。

3. 移动加权平均法

移动加权平均法是指以每次进货的成本加上原有结存存货的成本的合计额，除以每次进货数量加上原有结存存货的数量的合计数，据以计算加权平均单位成本，作为在下次进货前计算各次发出存货成本依据的一种方法。计算公式如下：

$$\text{移动加权平均单位成本}=\frac{\text{以前结存存货成本}+\text{本次收入存货成本}}{\text{以前结存存货数量}+\text{本次收入存货数量}}$$

其中

$$\text{本次发出存货成本}=\text{本次发出存货数量}\times\text{移动加权平均单位成本}$$

$$\text{本次结存存货成本}=\text{本次结存数量}\times\text{移动加权平均单位成本}$$

或者

本次结存存货成本＝以前结存存货成本＋本次存货成本－本次发出存货成本

采用移动加权平均法能够使企业管理层及时了解存货的结存情况，计算的平均单位成本以及发出和结存的存货成本比较客观。但由于每次收货都要计算一次平均单位成本，计算工作量较大，对收发货较频繁的企业不太适用。

4. 个别计价法

个别计价法是假设存货具体项目的实物流转与成本流转相一致，按照各种存货逐一辨认各批发出存货和期末存货所属的购进批别或生产批别，分别按其购入或生产时所确定的单位成本计算各批发出存货和期末存货成本的方法。在这种方法下，把每一种存货的实际成本作为计算发出存货成本和期末存货成本的基础。

重点提示

个别计价法的成本计算准确，符合实际情况，但在存货收发频繁的情况下，其发出成本分辨的工作量较大。因此，这种方法通常适用于一般不能替代使用的存货、为特定项目专门购入或制造的存货以及提供的劳务，如珠宝、名画等贵重物品。

【例 6-2】 甲公司核算发出材料成本。2020 年 6 月 1 日结存乙材料 200 件、单位成本 35 元；6 月 10 日，购入乙材料 400 件，单位成本 40 元；6 月 20 日，购入乙材料 400 件，单位成本 45 元。相关条件如下，不考虑其他因素。

要求：计算该企业 6 月发出乙材料的成本为多少元？

【解析】

(1) 6 月 15 日，发出乙材料 400 件，包括月初结存的 100 件和 6 月 10 日购入的 300 件。6 月 25 日，发出乙材料 200 件，包括月初结存的 100 件和 6 月 20 日购入的 100 件。请采用个别计价法核算。

该企业 6 月发出乙材料的成本＝(100 × 35 ＋ 300 × 40)＋(100 × 35 ＋ 100 × 45)＝23 500(元)

(2) 当月发出乙材料 600 件，采用先进先出法核算。

该企业 6 月发出乙材料的成本＝200 × 35＋400 × 40＝23 000(元)

(3) 当月发出乙材料 600 件，采用月末一次加权平均法核算。

该企业 6 月发出乙材料的成本＝(200×35＋400×40＋400×45)÷(200＋400＋400)×600＝24 600(元)

(4) 6 月 15 日，发出乙材料 400 件。6 月 25 日，发出乙材料 200 件。采用移动加权平均法核算。

6 月 10 日，购入乙材料的平均单价＝(200 × 35 ＋ 400 × 40) ÷ (200 ＋ 400) ＝38.33(元)

6 月 20 日，购入乙材料的平均单价＝(200 × 38.33 ＋ 400 × 45) ÷ (200 ＋ 400) ＝42.78(元)

6 月 15 日，发出乙材料成本＝400 × 38.33＝15 332(元)

6 月 25 日，发出乙材料成本＝200 × 42.78＝8 556(元)

第二节 生产环节领用原材料相关经济业务核算

一、发出原材料

原材料是指企业在生产过程中经过加工改变其形态或性质并构成产品主要实体的各种原料、主要材料和外购半成品，以及不构成产品实体但有助于产品形成的辅助材料。

原材料具体包括原料及主要材料、辅助材料、外购半成品（外购件）、修理用备件（备品备件）、包装材料、燃料等。

原材料的日常发出及结存既可以采用实际成本核算，也可以采用计划成本核算。

（一）采用实际成本核算

企业发出材料主要有以下几种情形：

（1）生产经营领用材料，企业按照领用材料的用途，借记“生产成本”“制造费用”“销售费用”“管理费用”等科目，贷记“原材料”科目。

借：生产成本　　×××
　　制造费用　　×××
　　销售费用　　×××
　　管理费用　　×××
　　贷：原材料　　×××

（2）出售材料结转成本，借记“其他业务成本”科目，贷记“原材料”科目。

借：其他业务成本　　×××
　　贷：原材料　　×××

（3）发出委托外单位加工的材料，借记“委托加工物资”科目，贷记“原材料”科目。

借：委托加工物资　　×××
　　贷：原材料　　×××

【例 6-3】 甲公司为增值税一般纳税人，其采用实际成本对原材料进行核算。甲公司根据领料单编制了 2020 年 1 月份“发料凭单汇总表”如下：基本生产车间领用 A 材料 400 000 元，辅助生产车间领用 A 材料 60 000 元，车间管理部门领用 A 材料 2 000 元，销售机构领用 A 材料 3 000 元用于宣传耗费，甲公司行政管理部门领用 A 材料 4 000 元，在建工程领用 A 材料 4 000 元，共计 473 000 元。

要求：编制甲公司相关会计分录。

【解析】

借：生产成本——基本生产成本　　400 000
　　　　　　——辅助生产成本　　60 000
　　制造费用　　2 000
　　销售费用　　3 000
　　管理费用　　4 000
　　在建工程　　4 000
　　贷：原材料　　473 000

重点提示

企业各生产单位及有关部门领用的材料具有种类多、业务频繁等特点。为了简化核算，企业可以在月末根据“领料单”或“限额领料单”中有关领料的单位、部门等加以归类，编制“发料凭证汇总表”，据以编制记账凭证、登记入账。发出材料实际成本的确定，可以由企业从上述个别计价法、先进先出法、月末一次加权平均法、移动加权平均法等方法中选择。计价方法一经确定，不得随意变更。如需变更，应在附注中予以说明。

(二) 采用计划成本核算

1. 发出原材料概述

材料按计划成本核算时，材料的收入、发出及结存，无论是总分类核算还是明细分类核算，均按计划价格计价。其使用的会计科目有“原材料”“材料采购”“材料成本差异”等。材料实际成本与计划成本的差异，通过“材料成本差异”科目核算。月末，计算本月发出材料应负担的成本差异并进行分摊，根据领用材料的用途计入相关资产的成本或者当期损益之中，从而将发出材料的计划成本调整为实际成本。

采用计划成本进行日常核算的企业，其基本的核算程序如下：

(1) 应制定各种存货的计划成本目录，规定存货的分类、各种存货的名称、规格、编号、计量单位和计划单位价格。除一些特殊情况外，计划单位成本在年度内一般不作调整。

(2) 平时收到存货时，应按计划单位成本计算入库存货的计划成本，填入收料单内，并按实际成本与计划成本的差额，作为“材料成本差异”分类登记。

(3) 平时领用、发出存货，都按计划成本核算。月份终了，再对本月发出的存货应负担的成本差异进行分摊，随同本月发出存货的计划成本记入有关账户，将发出存货的计划成本调整为实际成本。发出存货应负担的成本差异，必须按期(月)分摊，不得在季末或年末一次分摊。

2. 发出原材料成本差异率的计算

在计划成本法下，企业需要通过“材料成本差异”项目，将发出存货和期末存货的计划成本调整为实际成本。调整的基本公式为：

$$\text{实际成本} = \text{计划成本} \pm \text{材料成本差异}$$

材料成本差异随着材料的入库而形成，包括外购材料、自制材料、委托加工完成材料入库等，同时也随着材料的出库而减少，如领用材料、出售材料、消耗材料等。期初和当期形成的材料成本差异，应该在当期已发出材料和期末结存材料之间进行分配，属于已消耗材料应分配的材料成本差异，应从“材料成本差异”账户转入有关项目。企业应该在月份终了时计算材料成本差异率，据以分配当月形成的材料成本差异。

材料成本差异率的计算公式如下：

$$\begin{matrix}\text{本期材料}\\\text{成本差异率}\end{matrix} = \left(\begin{matrix}\text{期初结存材料}\\\text{的成本差异}\end{matrix} + \begin{matrix}\text{本期验收入库}\\\text{材料的成本差异}\end{matrix}\right) \div \left(\begin{matrix}\text{期初结存材料}\\\text{的计划成本}\end{matrix} + \begin{matrix}\text{本期验收入库}\\\text{材料的计划成本}\end{matrix}\right) \times 100\%$$

$$\text{发出材料应负担的材料成本差异} = \text{发出材料的计划成本} \times \text{本期材料成本差异率}$$

重点提示

采用上述公式计算材料成本差异率，必须是在月末根据有关部门的资料计算，虽然计算结果比较准确，但存在核算不及时的缺点。为了保证本月发出材料实际成本计算的及时性，有些企业以月初材料成本差异率来计算本月发出材料应负担的成本差异，其计算公式为：

$$月初结存材料成本差异率=\frac{月初结存材料成本差异}{月初结存材料计划成本}\times 100\%$$

(1) 材料成本差异率的计算方法一经确定，不得随意变更。如果需要变更，应在会计报表附注中予以说明。

(2) 企业应按存货的类别，如原材料、包装物、低值易耗品等，对材料成本差异进行明细分类核算，不能使用综合差异率。

(3) 企业暂估入账的原材料在计算材料成本差异率时不予考虑。

3. 发出原材料的账务处理

在企业采用计划成本对材料进行日常核算的情况下，企业发出材料同样也主要有以下几种情形：

(1) 生产经营领用材料，企业按照领用材料的用途和计划成本，借记"生产成本""制造费用""销售费用""管理费用"等科目，贷记"原材料"科目。

借：生产成本　×××
　　制造费用　×××
　　销售费用　×××
　　管理费用　×××
　　贷：原材料　×××

(2) 出售材料结转成本，按出售材料计划成本，借记"其他业务成本"科目，贷记"原材料"科目。

借：其他业务成本　×××
　　贷：原材料　×××

(3) 发出委托外单位加工的材料，按发出委托加工材料计划成本，借记"委托加工物资"科目，贷记"原材料"科目。

借：委托加工物资　×××
　　贷：原材料　×××

重点提示

在实务中，为了简化核算，企业平时发出原材料不编制会计分录，通常在月末，根据领料单等编制"发料凭证汇总表"结转发出材料的计划成本，按计划成本分别记入"生产成本""制造费用""销售费用""管理费用""其他业务成本""委托加工物资"等科目，贷记"原材料"科目，同时结转材料成本差异。

【例 6-4】 下列关于原材料按计划成本核算的会计处理的表述中，正确的有(　　)。

A. 入库原材料的超支差异应借记"材料成本差异"科目

B. 发出材料应负担的节约差异应借记"材料成本差异"科目

C. 发出材料应负担的超支差异应贷记"材料成本差异"科目

D. 入库原材料的节约差异应借记"材料成本差异"科目

【答案】 ABC

【解析】 选项D,材料的节约差异应记入“材料成本差异”科目的贷方。

【例6-5】 某企业为增值税一般纳税人,增值税税率为13%,本月销售一批材料,价值5 876元(含增值税)。该批材料计划成本4 200元,材料成本差异率为2%,该企业销售该批材料应确认的损益为(　　)元。

A. 916　　B. 1 000　　C. 1 592　　D. 1 676

【答案】 A

【解析】 该企业相关交易账务处理如下:

借:银行存款　　5 876
　贷:主营业务收入　　5 200
　　应交税费——应交增值税(销项税额)　　676

同时结转成本:

借:主营业务成本　　4 284
　贷:原材料　　4 200
　　材料成本差异　　84

因此,该企业应确认的损益=5 200－4284=916(元),选项A符合题意。

【例6-6】 甲公司材料存货采用计划成本法核算。2020年1月份,“原材料”科目某类材料的期初余额为56 000元,“材料成本差异”科目期初借方余额4 400元,原材料单位计划成本12元/千克。本月10日进货1 500千克,进价10元/千克。20日进货2 000千克,进价13元/千克。本月15日和25日车间分别领用材料2 000千克、2 200千克用于生产产品。

要求:编制甲公司相关会计分录。

【解析】

(1) 1月10日进货,支付材料货款15 000元,材料进项税额1 950元。运输费500元,取得增值税专用发票,增值税额45元:

借:材料采购　　15 500
　应交税费——应交增值税(进项税额)　　1 995
　贷:银行存款　　17 495

(2) 1月11日,第一批材料验收入库:

借:原材料　　18 000
　贷:材料采购　　15 500
　　材料成本差异　　2 500

(3) 1月15日,车间领料2 000千克用于生产产品:

借:生产成本　　24 000
　贷:原材料　　24 000

(4) 1月20日进货,取得增值税专用发票,支付材料货款26 000元(不含增值税,增值税税率为13%)。取得运输费增值税专用发票运输费1 000元(不含增值税,增值税税率为9%):

借：材料采购　27 000
　应交税费——应交增值税(进项税额)　3 470
　贷：银行存款　30 470

(5) 1月22日,第二批材料验收入库:

借：原材料　24 000
　材料成本差异　3 000
　贷：材料采购　27 000

(6) 1月25日,车间第二次领料2 200千克用于生产产品:

借：生产成本　26 400
　贷：原材料　26 400

(7) 1月31日,计算分摊本月领用材料的材料成本差异:

本月材料成本差异率=(4 400−2 500+3 000)÷(56 000+18 000+24 000)×100%=5%

本月领用材料应分摊的材料成本差异=(24 000+26 400)×5%=2 520(元)

借：生产成本　2 520
　贷：原材料　2 520

二、周转材料

周转材料,是指企业能够多次使用,不符合固定资产定义,逐渐转移其价值但仍保持原有形态的材料物品。企业的周转材料包括包装物和低值易耗品等。

(一) 包装物

1. 包装物的内容

包装物,是指为了包装商品而储备的各种包装容器,如桶、箱、瓶、坛、袋等,具体包括:

(1) 生产过程中用于包装产品作为产品组成部分的包装物。

(2) 随同商品出售而不单独计价的包装物。

(3) 随同商品出售单独计价的包装物。

(4) 出租或出借给购买单位使用的包装物。

重点提示

企业的下列物品不属于包装物的范围:

(1) 各种包装材料,如纸、绳、铁丝、铁皮等因其数量零星、单位价值低,应在"原材料"科目中核算。

(2) 计划中单独列作企业商品产品的自制包装物,这类包装物是企业的产品,应在"库存商品"科目中核算。

2. 包装物的账务处理

为了反映和监督包装物的增减变动及其价值损耗、结存等情况,企业应当设置"周转材料——包装物"科目进行核算,借方登记包装物的增加,贷方登记包装物的减少,期末余额在借方,反映企业期末结存包装物的金额。其账户结构如图6-2所示。

借方	周转材料——包装物 贷方
包装物的增加	包装物的减少
企业期末结存包装物的金额	

图 6-2 周转材料——包装物账户结构图

(1) 对于生产领用包装物,应根据领用包装物的实际成本或计划成本,借记“生产成本”科目,贷记“周转材料——包装物”“材料成本差异”(采用计划成本核算时使用该科目)等科目。

借:生产成本(领用包装物的实际成本) ×××
　贷:周转材料——包装物(包装物的计划成本) ×××
　　材料成本差异(差额,或借方) ×××

(2) 随同商品出售的包装物。

① 随同商品出售而不单独计价的包装物,应于包装物发出时,按其实际成本计入销售费用,借记“销售费用”科目,贷记“周转材料——包装物”等科目。

借:销售费用(实际成本) ×××
　贷:周转材料——包装物(包装物的计划成本) ×××
　　材料成本差异(差额,或借方) ×××

② 随同商品出售而单独计价的包装物,一方面应反映其销售收入,记入“其他业务收入”科目的贷方。另一方面应反映其实际销售成本,记入“其他业务成本”科目的借方。

借:银行存款(实际成本) ×××
　贷:其他业务收入 ×××
　　应交税费——应交增值税(销项税额) ×××

同时:

借:其他业务成本 ×××
　贷:周转材料——包装物(包装物的计划成本) ×××
　　材料成本差异(差额,或借方) ×××

(3) 企业出租或出借包装物。

借:周转材料——包装物——出租包装物(或出借包装物) ×××
　贷:周转材料——包装物——库存包装物 ×××

(4) 收取包装物押金。

借:库存现金/银行存款等 ×××
　贷:其他应付款——存入保证金 ×××

退还押金时做相反分录。

(5) 收取包装物租金。

借:库存现金/银行存款等 ×××
　贷:其他业务收入 ×××

(6) 企业对包装物进行摊销。

借：其他业务成本(出租包装物)　　×××
　　销售费用(出借包装物)　　×××
　　贷：周转材料——包装物——包装物摊销　　×××

(7) 企业确认应由其负担的包装物修理费用等支出时。

借：其他业务成本(出租包装物)　　×××
　　销售费用(出借包装物)　　×××
　　贷：库存现金/银行存款/原材料/应付职工薪酬等　　×××

【例 6-7】 2020 年 1 月 10 日，甲公司生产车间领用包装物用于产品包装，其计划成本为 15 000 元，材料成本差异率为 4%。甲公司为增值税一般纳税人，对周转材料采用计划成本核算。

要求：编制甲公司相关会计分录。

【解析】

借：生产成本　　15 600
　　贷：周转材料——包装物　　15 000
　　　　材料成本差异　　600

【例 6-8】 2020 年 8 月 10 日，甲公司销售商品，领用不单独计价的包装物，其计划成本为 20 000 元，材料成本差异率为 −5%。甲公司为增值税一般纳税人，对周转材料采用计划成本核算。

要求：编制甲公司相关会计分录。

【解析】

借：销售费用　　15 600
　　材料成本差异　　100
　　贷：周转材料——包装物　　15 000

【例 6-9】 2020 年 9 月 10 日，甲公司销售商品，领用单独计价的包装物，其计划成本为 30 000 元，材料成本差异率为 −5%。该包装物售价为 50 000 元，取得的增值税专用发票上注明的增值税额为 6 500 元，款项已存入银行。甲公司为增值税一般纳税人，对周转材料采用计划成本核算。

要求：编制甲公司相关会计分录。

【解析】

(1) 销售收入的取得：

借：银行存款　　56 500
　　贷：其他业务收入　　50 000
　　　　应交税费——应交增值税(销项税额)　　6 500

(2) 销售费用的确认：

借：其他业务成本　　28 500
　　材料成本差异　　1 500
　　贷：周转材料——包装物　　30 000

【例 6-10】 2020 年 1 月 25 日，甲公司出租新包装物一批，其计划成本为 10 000 元，材料成本差异率为 4%，收到租金 20 000 元（不含增值税，增值税税率为 13%），款项已存入银行。该包装物的价值分两次摊销，领用时摊销一半，剩下的一半在报废时摊销。甲公司为增值税一般纳税人，对周转材料采用计划成本核算。

要求：编制甲公司相关会计分录。

【解析】

(1) 租金收入的取得：

借：银行存款	22 600	
贷：其他业务收入		20 000
应交税费——应交增值税（销项税额）		2 600

(2) 费用的确认，领用时摊销一半包装物成本：

借：其他业务成本	5 200	
贷：周转材料——包装物		5 200
材料成本差异		200

【例 6-11】 2020 年 1 月 25 日，甲公司出借新包装物一批，其计划成本为 3 000 元，材料成本差异率为 4%，收到押金 2 000 元，款项已存入银行。该包装物的价值分两次摊销，领用时摊销一半，剩下的一半在报废时摊销。2020 年 3 月 25 日甲公司收回出借的包装物，以银行存款退还押金 2 000 元。甲公司为增值税一般纳税人，对周转材料采用计划成本核算。

要求：编制甲公司相关会计分录。

【解析】

(1) 押金的取得：

借：银行存款	2 000	
贷：其他应付款——存入保证金		2 000

(2) 费用的确认，领用时摊销一半包装物成本：

借：销售费用	1 560	
贷：周转材料——包装物		1 500
材料成本差异		60

(3) 押金的退还：

借：其他应付款——存入保证金	2 000	
贷：银行存款		2 000

(二) 低值易耗品

1. 低值易耗品的内容

作为存货核算和管理的低值易耗品，一般划分为一般工具、专用工具、替换设备、管理用具、劳动保护用品和其他用具等。

2. 低值易耗品的账务处理

为了反映和监督低值易耗品的增减变动及其结存情况，企业应当设置“周转材料——低值易耗品”科目，借方登记低值易耗品的增加，贷方登记低值易耗品的减少，期末余额在借方，通常反映企业期末结存低值易耗品的金额。其账户结构如图 6-3 所示。

借方　　　　周转材料——低值易耗品	贷方
低值易耗品的增加	低值易耗品的减少
期末结存低值易耗品的金额	

图 6-3　周转材料——低值易耗品账户结构图

低值易耗品等企业的周转材料符合存货定义和条件的，按照使用次数分次计入成本费用。金额较小的，可在领用时一次计入成本费用，但为加强实物管理，应当在备查簿中进行登记。

采用分次摊销法摊销低值易耗品，低值易耗品在领用时摊销其账面价值的单次平均摊销额。分次摊销法适用于可供多次反复使用的低值易耗品。在采用分次摊销法的情况下，需要单独设置“周转材料——低值易耗品——在用”“周转材料——低值易耗品——在库”“周转材料——低值易耗品——摊销”明细科目。

（1）领用时：

借：周转材料——低值易耗品——在用　　×××
　　贷：周转材料——低值易耗品——在库　　×××

（2）第一次领用时摊销其价值的一半：

① 实际成本法下：

借：制造费用　　×××
　　贷：周转材料——低值易耗品——摊销　　×××

② 计划成本法下：

借：制造费用　　×××
　　贷：周转材料——低值易耗品——摊销　　×××

同时：

借：制造费用　　×××
　　贷：材料成本差异——低值易耗品　　×××

（3）第二次领用时摊销其价值的一半：

① 实际成本法下：

借：制造费用　　×××
　　贷：周转材料——低值易耗品——摊销　　×××

同时：

借：周转材料——低值易耗品——摊销　　×××
　　贷：周转材料——低值易耗品——在用　　×××

② 计划成本法下：

借：制造费用　　×××
　　贷：周转材料——低值易耗品——摊销　　×××

同时：

借：制造费用　　×××

　　贷：材料成本差异——低值易耗品　　×××

借：周转材料——低值易耗品——摊销　　×××

　　贷：周转材料——低值易耗品——在用　　×××

【例 6-12】 甲公司生产车间 2020 年 6 月 2 日领用一批低值易耗品，其计划成本为 5 000 元，材料成本差异率为 4%。会计上分两次摊销（领用时摊销一半，报废时再摊销一半，即五五摊销法）。假定 2020 年 10 月 20 日，该批低值易耗品报废，收回残料价值 100 元作为原材料处理。甲公司为增值税一般纳税人，对周转材料采用计划成本核算。

要求：编制甲公司相关会计分录。

【解析】

(1) 2020 年 6 月 2 日，领用低值易耗品：

借：周转材料——低值易耗品——在用　　5 000

　　贷：周转材料——低值易耗品——在库　　5 000

(2) 第一次摊销，即领用时摊销 50%：

借：制造费用　　2 600

　　贷：周转材料——低值易耗品——摊销　　2 500

　　　　材料成本差异——低值易耗品　　100

(3) 2020 年 10 月 20 日，第二次摊销，即报废时再摊销另外的 50%（扣除残料 100 元）：

借：制造费用　　2 500

　　原材料　　100

　　贷：周转材料—低值易耗品——摊销　　2 500

　　　　材料成本差异——低值易耗品　　100

(4) 报废时，冲销该批低值易耗品的账面价值：

借：周转材料——低值易耗品——摊销　　5 000

　　贷：周转材料——低值易耗品——在用　　5 000

【例 6-13】 2020 年 3 月 5 日，甲公司购买包装物 100 只，增值税专用发票上注明的包装物价款为 5 000 元，进项税额为 650 元，购买低值易耗品 300 件，收到普通发票上注明的金额为 9 000 元。货款全部以银行存款支付。包装物计划价格为 45 元/只，低值易耗品计划价格为 35 元/件。

要求：编制甲公司相关会计分录。

【解析】

(1) 包装物、低值易耗品的购买：

借：材料采购——包装物　　5 000

　　　　　　——低值易耗品　　9 000

　　应交税费——应交增值税（进项税额）　　650

　　贷：银行存款　　14 650

(2) 按计划价格结转实际采购成本:

借:低值易耗品　　10 500
　包装物　　4 500
　材料成本差异——包装物　　500
　贷:材料采购　　14 000
　　材料成本差异——低值易耗品　　1 500

三、库存商品

(一) 库存商品的内容

库存商品是指企业完成全部生产过程并已验收入库、合乎标准规格和技术条件,可以按照合同规定的条件送交订货单位,或可以作为商品对外销售的产品以及外购或委托加工完成验收入库用于销售的各种商品。

库存商品具体包括库存产成品、外购商品、存放在门市部准备出售的商品、发出展览的商品、寄存在外的商品、接受来料加工制造的代制品和为外单位加工修理的代修品等。

重点提示

已完成销售手续但购买单位在月末未提取的产品,不应作为企业的库存商品,而应作为代管商品处理,单独设置"代管商品"备查簿进行登记。

为了反映和监督库存商品的增减变动及其结存情况,企业应当设置"库存商品"科目,借方登记验收入库的库存商品成本,贷方登记发出的库存商品成本,期末余额在借方,反映各种库存商品的实际成本。"库存商品"科目应按库存商品的种类、品种和规格设置明细科目进行核算。其账户结构如图 6-4 所示。

借方　　库存商品	贷方
验收入库的库存商品成本	发出的库存商品成本
各种库存商品的实际成本	

图 6-4　库存商品账户结构图

(二) 库存商品的账务处理

1. 库存商品验收入库

对于库存商品采用实际成本核算的企业,当产品完成生产并验收入库时,应按实际成本,借记"库存商品"科目,贷记"生产成本——基本生产成本"科目。

借:库存商品　　×××
　贷:生产成本——基本生产成本　　×××

2. 发出商品

企业销售产成品按规定确认收入的同时,应计算、结转与收入相关的产成品成本。产成品销售成本的计算与结转,通常是在期(月)末进行。采用实际成本进行产成品日常核算的,应根据本期(月)销售产品数量及其相应的单位生产成本(按先进先出法、加权平均法或个别计价法计算)计算确定本期产品销售成本总额,借记"主营业务成本"科目,贷记"库存商品"科目。

借：银行存款等　　×××
　　贷：主营业务收入　　×××
　　　　应交税费——应交增值税(销项税额)　　×××

同时，结转成本。

借：主营业务成本　　×××
　　贷：库存商品　　×××

【例 6-14】 2020 年 8 月末，甲公司“商品入库汇总表”注明，该月已验收入库 M 商品 1 000 台，实际单位成本为 500 元，共计 500 000 元。已验收入库 N 商品 2 000 台，实际单位成本为 600 元，共计 1 200 000 元。

要求：编制甲公司相关会计分录。

【解析】

借：库存商品——M 商品　　500 000
　　　　　　——N 商品　　1 200 000
　　贷：生产成本——基本生产成本——M 商品　　500 000
　　　　　　　　　　　　　　　　——N 商品　　1 200 000

【例 6-15】 2020 年 8 月末，甲公司月末汇总的发出商品中，该月已销售 M 商品 500 台和 N 商品 1 500 台。该月采用加权平均法计算的 M 商品实际单位成本为 550 元，N 商品实际单位成本为 620 元，合计总成本为 1 205 000 元。

要求：编制甲公司相关会计分录。

【解析】

借：主营业务成本　　1 205 000
　　贷：库存商品——M 商品　　275 000
　　　　　　　　——N 商品　　930 000

(三) 商品流通企业库存商品的核算方法

商品流通企业发出库存商品的核算方法主要有毛利率法和售价金额核算法，具体内容如下：

1. 毛利率法

毛利率法是指根据本期销售净额乘以上期实际(或本期计划)毛利率匡算本期销售毛利，并据以计算发出存货和期末存货成本的一种方法。其计算公式如下：

毛利率 = 销售毛利 ÷ 销售额 × 100%

销售净额 = 商品销售收入 − 销售退回与折让

销售毛利 = 销售净额 × 毛利率

销售成本 = 销售净额 − 销售毛利

期末成本 = 期初存货成本 + 本期购货成本 − 本期销售成本

重点提示

这一方法是商品流通企业，尤其是商业批发企业常用的计算本期商品销售成本和期末库存商品成本的方法。商品流通企业由于经营商品的品种繁多，如果分品种计算商品成本，工作量将大大增加，一般来讲，商品流通企业同类商品的毛利率大致相同，采用这种存货计价方法既能减轻工作量，也能满足对存货管理的需要。

2. 售价金额核算法

售价金额核算法是指平时商品的购入、加工收回、销售均按售价记账，售价与进价的差额通过“商品进销差价”科目核算，期末计算进销差价率和本期已销售商品应分摊的进销差价，并据以调整本期销售成本的一种方法。其计算公式如下：

$$\text{商品进销差价率}=\left(\begin{matrix}\text{期初库存商品}\\ \text{进销差价}\end{matrix}+\begin{matrix}\text{本期购入商品}\\ \text{进销差价}\end{matrix}\right)\div\left(\begin{matrix}\text{期初库存}\\ \text{商品售价}\end{matrix}+\begin{matrix}\text{本期购入}\\ \text{商品售价}\end{matrix}\right)\times 100\%$$

$$\text{本期销售商品应分摊的商品进销差价}=\text{本期商品销售收入}\times\text{商品进销差价率}$$

$$\text{本期销售商品成本}=\text{本期商品销售收入}-\text{本期销售商品应分摊的商品进销差价}$$

$$\text{期末结存商品的成本}=\begin{matrix}\text{期初库存商品}\\ \text{的进价成本}\end{matrix}+\begin{matrix}\text{本期购进商品}\\ \text{的进价成本}\end{matrix}-\begin{matrix}\text{本期销售}\\ \text{商品的成本}\end{matrix}$$

如果企业的商品进销差价率各期之间比较均衡，也可以采用上期商品进销差价率分摊本期的商品进销差价。年度终了，应对商品进销差价进行核实调整。

企业购入商品采用售价金额核算，按验收入库商品的售价，借记“库存商品”科目，按商品进价，贷记“银行存款”“在途物资”“委托加工物资”等科目，按商品售价与进价之间的差额，贷记“商品进销差价”等科目。

借：库存商品　　×××

　　贷：银行存款/在途物资/委托加工物资等（按商品进价）　　×××

　　　　商品进销差价（商品售价与进价差额）　　×××

对外销售发出商品时，按售价结转销售成本，借记“主营业务成本”科目，贷记“库存商品”科目。

借：主营业务成本　　×××

　　贷：库存商品　　×××

期（月）末分摊已销商品的进销差价，借记“商品进销差价”科目，贷记“主营业务成本”科目。

借：商品进销差价　　×××

　　贷：主营业务成本　　×××

重点提示

对于从事商业零售业务的企业（如百货公司、超市等），由于经营的商品种类、品种、规格等繁多，而且要求按商品零售价格标价，采用其他成本计算结转方法均较困难，因此广泛采用这一方法。

【例 6-16】 某增值税一般纳税人因管理不善，发生火灾损毁库存原材料一批，该批原材料账面记载的成本为 100 万元，确认应转出的增值税额为 13 万元，收到保险公司赔偿款 56 万元。假定不考虑其他因素，经批准企业确认该材料毁损净损失的会计分录是（　　）。

借：营业外支出　　440 000

　　贷：待处理财产损溢　　440 000

借：管理费用 440 000
　　贷：待处理财产损溢 440 000

借：营业外支出 570 000
　　贷：待处理财产损溢 570 000

借：管理费用 570 000
　　贷：待处理财产损溢 570 000

【答案】 D

【解析】

批准前：

借：待处理财产损溢 1 130 000
　　贷：原材料 1 000 000
　　　　应交税费——应交增值税(进项税额转出) 130 000

批准后：

借：其他应收款 560 000
　　管理费用 570 000
　　贷：待处理财产损溢 1 130 000

四、存货清查

存货清查是指通过对存货的实地盘点，确定存货的实有数量，并与账面结存数核对，从而确定存货实存数与账面结存数是否相符的一种专门方法。

由于存货种类繁多、收发频繁，在日常收发过程中可能发生计量错误、计算错误、自然损耗，还可能发生损坏变质等情况，造成账实不符，形成存货的盘盈、盘亏。对于存货的盘盈、盘亏，应填写存货盘点报告(如实存账存对比表)，及时查明原因，按照规定程序报批处理。

为了反映和监督企业在财产清查中查明的各种存货的盘盈、盘亏和毁损情况，企业应当设置"待处理财产损溢"科目，借方登记存货的盘亏、毁损金额及盘盈的转销金额，贷方登记存货的盘盈金额及盘亏的转销金额。企业清查的各种存货损溢，应在期末结账前处理完毕，期末处理后，"待处理财产损溢"科目应无余额。其账户结构如图 6-5 所示。

借方　　待处理财产损溢	贷方
① 存货的盘亏、毁损金额 ② 存货盘盈的转销金额	① 存货的盘盈金额 ② 存货盘亏的转销金额

图 6-5　待处理财产损溢账户结构图

(一) 存货盘盈的账务处理

1. 发生盘盈时

企业发生存货盘盈时，借记"原材料""库存商品"等科目，贷记"待处理财产损溢"科目。

借：原材料/库存商品等 ×××
　　贷：待处理财产损溢 ×××

2. 报经批准后

按管理权限报经批准后，借记“待处理财产损溢”科目，贷记“管理费用”科目。

借：待处理财产损溢　　×××
　　贷：管理费用　　×××

（二）存货盘亏及毁损的账务处理

1. 发生盘亏时

企业发生存货盘亏及毁损时，借记“待处理财产损溢”科目，贷记“原材料”“库存商品”等科目。

借：待处理财产损溢　　×××
　　贷：原材料/库存商品等　　×××

2. 报经批准后

在按管理权限报经批准后应作如下账务处理：对于入库的残料价值，记入“原材料”等科目。对于应由保险公司和过失人的赔款，记入“其他应收款”科目。扣除残料价值和应由保险公司、过失人赔款后的净损失，属于一般经营损失的部分，记入“管理费用”科目，属于非常损失的部分，记入“营业外支出”等科目。

借：原材料（入库的残料价值）　　×××
　　其他应收款（应由保险公司和过失人的赔款）　　×××
　　管理费用（一般经营损失的部分）　　×××
　　营业外支出（非常损失的部分）　　×××
　　贷：待处理财产损溢　　×××

五、存货减值

在会计期末，存货应当按照成本与可变现净值孰低进行计量。

（一）存货跌价准备的计提和转回

资产负债表日，存货应当按照成本与可变现净值孰低计量。其中，成本是指期末存货的实际成本，如企业在存货成本的日常核算中采用计划成本法、售价金额核算法等简化核算方法，则成本为经调整后的实际成本。可变现净值是指在日常活动中，存货的估计售价减去至完工时估计将要发生的成本、估计的销售费用以及估计的相关税费后的金额。可变现净值的特征表现为存货的预计未来净现金流量，而不是存货的售价或合同价。

可变现净值的计算公式如下：

可变现净值 = 存货估计售价 − 完工时估计将要发生的成本 − 估计的销售费用 − 相关税费

当存货成本低于可变现净值时，存货按成本计价；当存货成本高于可变现净值时，存货按可变现净值计价。当存货成本高于其可变现净值时，表明存货可能发生损失，应在存货销售之前确认这一损失，计入当期损益，并相应减少存货的账面价值。以前减记存货价值的影响因素已经消失的，减记的金额应当予以恢复，并在原已计提的存货跌价准备金额内转回，转回的金额计入当期损益。

重点提示

当以前减记存货价值的因素已经消失，减记的金额应当予以恢复，并在原已计提的存货跌价准备金额内转回，即冲减的跌价准备金额，应以“存货跌价准备”科目的余额为限冲减至零。期末按照应冲减金额，借记“存货跌价准备”科目，贷记“资产减值损失”科目。

企业应在每一会计期末比较成本与可变现净值并计算出应计提的存货跌价准备，再与已提数进行比较。若应提数大于已提数，应予补提：反之，应将已提数与应提数之间的差额冲销已提数。

（二）存货跌价准备的账务处理

为了反映和监督存货跌价准备的计提、转回和转销情况，企业应当设置“存货跌价准备”科目，贷方登记计提的存货跌价准备金额；借方登记实际发生的存货跌价损失金额和转回的存货跌价准备金额，期末余额一般在贷方，反映企业已计提但尚未转销的存货跌价准备。其账户结构如图 6-6 所示。

借方　　　　存货跌价准备	贷方
实际发生的存货跌价损失金额 和转回的存货跌价准备金额	计提的存货跌价准备金额
	已计提但尚未转销的存货跌价准备

图 6-6　存货跌价准备账户结构图

（1）期末存货成本高于其可变现净值时，存货应计提存货跌价准备，企业应当按照存货可变现净值低于账面价值的差额，借记“资产减值损失——计提存货跌价准备”科目，贷记“存货跌价准备”科目。

借：资产减值损失——计提存货跌价准备　　×××
　　贷：存货跌价准备　　×××

（2）转回已计提的存货跌价准备金额时，按企业会计准则允许恢复增加的金额，借记“存货跌价准备”科目，贷记“资产减值损失——计提的存货跌价准备”科目。

借：存货跌价准备　　×××
　　贷：资产减值损失——计提存货跌价准备　　×××

转回存货跌价准备时，应在原已计提的金额范围内转回，不得超出该金额。

（3）企业结转存货销售成本时，对于已计提存货跌价准备的，应当一并结转，同时调整销售成本，借记“存货跌价准备”科目，贷记“主营业务成本”“其他业务成本”等。

借：存货跌价准备　　×××
　　贷：主营业务成本/其他业务成本　　×××

【例 6-17】 下列各项中，影响企业资产负债表日存货可变现净值的有（　　）。

A. 存货的账面价值　　B. 销售存货过程中估计的销售费用及相关税费

C. 存货的估计售价　　D. 存货至完工时估计将要发生的成本

【答案】 BCD

重点提示

根据《企业会计准则第 1 号——存货》规定，在资产负债表日，为生产而持有的材料等，用其生产的产成品的可变现净值高于成本的，该材料仍然应当按照成本计量；材料价格的下降表明产成品的可变现净值低于成本的，该材料应当按照可变现净值计量。也就是说，材料存货在期末通常按照成本计量，除非企业用其生产的产成品发生了跌价，并且该跌价是由材料本身的价格下跌所引发的，才需要考虑计算材料存货的可变现净值，然后将该材料的可变现净值与成本进行比较，从而确定材料存货是否发生了跌价问题。

第三节 职工薪酬经济业务核算

一、职工薪酬概述

（一）职工薪酬的概念

职工薪酬是指企业为获得职工提供的服务或解除劳动关系而给予的各种形式的报酬或补偿。应付职工薪酬包括短期薪酬、离职后福利、辞退福利和其他长期职工福利。企业提供给职工配偶、子女、受赡养人、已故员工遗属及其他受益人等的福利，也属于应付职工薪酬。

这里所称的“职工”，主要包括以下三类人员：

（1）与企业订立劳动合同的所有人员，含全职、兼职和临时职工。

（2）未与企业订立劳动合同，但由企业正式任命的企业治理层和管理层人员，如董事会成员、监事会成员等。

（3）在企业的计划和控制下，虽未与企业订立劳动合同或未由其正式任命，但向企业所提供服务与职工所提供服务类似的人员，也属于职工的范畴，包括通过企业与劳务中介公司签订用工合同而向企业提供服务的人员。

（二）职工薪酬的内容

职工薪酬主要包括短期薪酬和离职后福利。

1. 短期薪酬

短期薪酬是指企业在职工提供相关服务的年度报告期间结束后12个月内需要全部予以支付的职工薪酬，因解除与职工的劳动关系给予的补偿除外。短期薪酬的具体内容如表6-4所示。

表6-4　　短期薪酬的具体内容

序号	项目	具体内容
（1）	职工工资、奖金、津贴和补贴	按照构成工资总额的计时工资、计件工资、支付给职工的超额劳动报酬和增收节支的劳动报酬、为补偿职工特殊或额外的劳动消耗和因其他特殊原因支付给职工的津贴，以及为保证职工工资水平不受物价影响支付给职工的物价补贴等。其中，企业按照短期奖金计划向职工发放的奖金属于短期薪酬，按照长期奖金计划向职工发放的奖金属于其他长期职工福利
（2）	职工福利费	企业向职工提供的生活困难补助、丧葬补助费、抚恤费、职工异地安家费、防暑降温费等职工福利支出
（3）	医疗保险费、工伤保险费等社会保险费	企业按照国家规定的基准和比例计算，向社会保险经办机构缴纳的医疗保险费、工伤保险费
（4）	住房公积金	企业按照国家规定的基准和比例计算，向住房公积金管理机构缴存的住房公积金

（续表）

序号	项目	具体内容
(5)	工会经费和职工教育经费	企业为了改善职工文化生活、为职工学习先进技术及提高文化水平和业务素质，用于开展工会活动和职工教育及职业技能培训等相关支出
(6)	短期带薪缺勤	职工虽然缺勤但企业仍向其支付报酬的安排，包括年休假、病假、婚假、产假、丧假、探亲假等。长期带薪缺勤属于其他长期职工福利
(7)	短期利润分享计划	因职工提供服务而与职工达成的基于利润或其他经营成果提供薪酬的协议。长期利润分享计划属于其他长期职工福利
(8)	其他短期薪酬	除上述薪酬以外的其他为获得职工提供的服务而给予的短期薪酬

2. 离职后福利

离职后福利是指企业为获得职工提供的服务而在职工退休或与企业解除劳动关系后，提供的各种形式的报酬和福利，短期薪酬和辞退福利除外。离职后福利计划，是指企业与职工就离职后福利达成的协议，或者企业为向职工提供离职后福利制定的规章或办法等。企业应当将离职后福利计划分类为设定提存计划和设定受益计划。其中，设定提存计划，是指向独立的基金缴存固定费用后，企业不再承担进一步支付义务的离职后福利计划；设定受益计划，是指除设定提存计划以外的离职后福利计划。

二、应付职工薪酬的账户结构

企业应设置“应付职工薪酬”科目，核算应付职工薪酬的计提、结算、使用等情况。其账户结构如图 6-7 所示。

借方	应付职工薪酬　　贷方
实际发放的职工薪酬	已分配计入有关成本费用项目的职工薪酬
	企业应付未付的职工薪酬

图 6-7　应付职工薪酬账户结构图

“应付职工薪酬”科目应按照“工资”“职工福利费”“非货币性福利”“社会保险费”“住房公积金”“工会经费”“职工教育经费”“带薪缺勤”“利润分享计划”“设定提存计划”“设定受益计划”“辞退福利”等职工薪酬项目设置明细账进行明细核算。

三、应付职工薪酬的账务处理

（一）货币性职工薪酬

1. 职工工资、奖金、津贴和补贴

对于职工工资、奖金、津贴和补贴等货币性职工薪酬，企业应当在职工为其提供服务的会计期间，将实际发生的职工工资、奖金、津贴和补贴等，根据职工提供服务的受益对象，将应确认的职工薪酬，借记“生产成本”“制造费用”“管理费用”“销售费用”等科目，贷记“应付职工薪酬——工资”科目。

借：生产成本　×××
　　制造费用　×××
　　管理费用　×××
　　销售费用　×××
　　贷：应付职工薪酬——工资　×××

实务中，企业一般在每月发放工资前，根据“工资费用分配汇总表”中的“实发金额”栏的合计数，通过开户银行支付给职工或从开户银行提取现金，然后向职工发放。

企业按照有关规定向职工支付工资、奖金、津贴、补贴等，借记“应付职工薪酬——工资”科目，贷记“银行存款”“库存现金”等科目。

借：应付职工薪酬——工资　×××
　　贷：银行存款　×××

企业从应付职工薪酬中扣还的各种款项(代垫的家属药费、个人所得税等)，借记“应付职工薪酬”科目，贷记“银行存款”“其他应收款”“应交税费——应交个人所得税”等科目。

借：应付职工薪酬——工资　×××
　　贷：银行存款　×××
　　　　其他应收款　×××
　　　　应交税费——应交个人所得税　×××

【例 6-18】 甲公司 2020 年 7 月份应付职工工资总额为 693 000 元，根据“工资费用分配汇总表”可知，产品生产人员工资为 480 000 元，车间管理人员工资为 105 000 元，企业行政管理人员工资为 90 600 元，专设销售机构人员工资为 17 400 元。8 月初，甲公司根据“工资费用分配汇总表”结算 7 月应付职工工资总额为 693 000 元，其中实发工资 653 000 元，企业代扣职工房租 32 000 元，代扣代垫的职工医药费 8 000 元。

要求：编制甲公司相关会计分录。

【解析】

(1) 确认职工工资、奖金、津贴和补贴：

借：生产成本——基本生产成本　480 000
　　制造费用　105 000
　　管理费用　90 600
　　销售费用　17 400
　　贷：应付职工薪酬——工资　693 000

(2) 月初从开户银行提取现金，以备发放工资：

借：库存现金　653 000
　　贷：银行存款　653 000

(3) 用现金发放工资：

借：应付职工薪酬——工资　653 000
　　贷：库存现金　653 000

如果通过银行发放工资，甲公司应编制如下会计分录：

借：应付职工薪酬——工资 653 000
　　贷：银行存款 653 000

（4）结转代垫款项：

借：应付职工薪酬——工资 40 000
　　贷：其他应收款——职工房租 32 000
　　　　　　　　——代垫医药费 8 000

2. 职工福利费

对于职工福利费，企业应当在实际发生时根据实际发生额计入当期损益或相关资产成本，借记“生产成本”“制造费用”“管理费用”“销售费用”等科目，贷记“应付职工薪酬——职工福利费”科目。

借：生产成本 ×××
　　制造费用 ×××
　　管理费用 ×××
　　销售费用 ×××
　　贷：应付职工薪酬——职工福利费 ×××

【例6-19】 甲公司下设一所职工食堂，每月根据在岗职工数量及岗位分布情况、相关历史经验数据等计算需要补贴食堂的金额，从而确定企业每期因补贴职工食堂需要承担的福利费金额。2020年9月，企业在岗职工共计200人，其中管理部门30人，生产车间生产人员170人，企业的历史经验数据表明，每个职工每月需补贴食堂150元。2020年10月，甲公司支付30 000元补贴给食堂。

要求：编制甲公司相关会计分录。

【解析】

（1）计算职工福利费：

借：生产成本 25 500
　　管理费用 4 500
　　贷：应付职工薪酬——职工福利费 30 000

（2）实际支付职工福利费：

借：应付职工薪酬——职工福利费 30 000
　　贷：银行存款 30 000

3. 国家规定计提标准的职工薪酬

对于国家规定了计提基础和计提比例的医疗保险费、工伤保险费、生育保险费等社会保险费和住房公积金，以及按规定提取的工会经费和职工教育经费，企业应当在职工为其提供服务的会计期间，根据规定的计提基础和计提比例计算确定相应的职工薪酬金额，借记“生产成本”“制造费用”“管理费用”“销售费用”等账户，贷记“应付职工薪酬——社会保险费”“住房公积金”“工会经费”“职工教育经费”账户。

1）工会经费和职工教育经费

根据《工会法》的规定，企业按每月全部职工工资总额的2%向工会拨缴经费，并在成本费用中列支，主要用于为职工服务和工会活动；职工教育经费一般由企业按照每月工资总额的8%计提，主要用于职工接受岗位培训、继续教育等方面的支出。

期末，企业根据规定的计提基础和比例计算确定应付工会经费、职工教育经费，借记“生产成本”“制造费用”“管理费用”“销售费用”等科目，贷记“应付职工薪酬——工会经费”“应付职工薪酬——职工教育经费”科目。

借：生产成本	×××	
制造费用	×××	
管理费用	×××	
销售费用	×××	
贷：应付职工薪酬——工会经费		×××
应付职工薪酬——职工教育经费		×××

实际上缴或发生实际开支时，借记“应付职工薪酬——工会经费”“应付职工薪酬——职工教育经费”，贷记“银行存款”等科目。

借：应付职工薪酬——工会经费	×××	
应付职工薪酬——职工教育经费	×××	
贷：银行存款		×××

【例6-20】 依据[例6-18]，2020年7月份，甲公司根据相关规定，分别按照职工工资总额的2%和8%的计提标准，确认应付工会经费和职工教育经费。

要求：编制甲公司相关会计分录。

【解析】

借：生产成本——基本生产成本	48 000	
制造费用	10 500	
管理费用	9 060	
销售费用	1 740	
贷：应付职工薪酬——工会经费		13 860
——职工教育经费		55 440

本例中，

应确认的应付职工薪酬＝(480 000＋105 000＋90 600＋17 400)×(2%＋8%)＝69 300(元)，其中，工会经费为13 860元、职工教育经费为55 440元。

本例中，

应记入“生产成本”科目的金额＝480 000×(2%＋8%)＝48 000(元)

应记入“制造费用”科目的金额＝105 000×(2%＋8%)＝10 500(元)

应记入“管理费用”科目的金额＝90 600×(2%＋8%)＝9 060(元)

应记入“销售费用”科目的金额＝17 400×(2%＋8%)＝1 740(元)

2）社会保险费和住房公积金

社会保险费包括医疗保险费、养老保险费、失业保险费、工伤保险费。企业承担的社会保险费，除养老保险费和失业保险费按规定确认为离职后福利外，其他的社会保险作为企业的短期薪酬。

住房公积金分为职工所在单位为职工缴存和职工个人缴存两部分，全部属于职工个人所有。

期末，对于企业应缴纳的社会保险费（不含基本养老费和失业保险费）和住房公积金，应按照国家规定的计提基础和比例，在职工提供服务期间根据受益对象计入当期损益或相关资产成本，并确认相应的应付职工薪酬金额，借记“生产成本”“制造费用”“管理费用”“销售费用”等科目，贷记“应付职工薪酬——社会保险费、住房公积金”科目。

借：生产成本 ×××
　　制造费用 ×××
　　管理费用 ×××
　　销售费用 ×××
　　贷：应付职工薪酬——社会保险费 ×××
　　　　　　　　　　——住房公积金 ×××

对于职工个人承担的社会保险费和住房公积金，由职工所在企业每月从其工资中代扣代缴，借记“应付职工薪酬——工资”科目，贷记“其他应付款——社会保险费、住房公积金”科目。

借：应付职工薪酬——工资 ×××
　　贷：其他应付款——社会保险费、住房公积金 ×××

【例6-21】 依据[例6-18]，2020年7月，甲公司根据国家规定的计提标准，计算应由企业负担的向社会保险经办机构缴纳社会保险费共计83 160元。按照规定标准计提住房公积金为76 230元。

要求：编制甲公司相关会计分录。

【解析】

借：生产成本——基本生产成本 110 400
　　制造费用 24 150
　　管理费用 20 838
　　销售费用 4 002
　　贷：应付职工薪酬——社会保险费 83 860
　　　　　　　　　　——住房公积金 76 230

本例中，

应确认的应付职工薪酬＝83 160＋76 230＝159 390（元）

应记入“生产成本”科目的金额159 390×（480 000÷693 000）＝110 400（元）

应记入“制造费用”科目的金额159 390×（105 000÷693 000）＝24 150（元）

应记入“管理费用”科目的金额159 390×（90 600÷693 000）＝20 838（元）

应记入“销售费用”科目的金额159 390－110 400－24 150－20 838＝4 002（元）

假定该企业从应付职工薪酬中代扣个人应缴纳的社会保险费（不含基本养老险和失业保险）20 790元、住房公积金为76 230元，共计97 020元。

要求：编制甲公司相关会计分录。

【解析】

借：应付职工薪酬——工资　　97 020
　贷：其他应付款——社会保险费　　20 790
　　　　　　　　——住房公积金　　76 230

4. 短期带薪缺勤

短期带薪缺勤，是指职工虽然缺勤但企业仍向其支付报酬的安排，包括年休假、病假、婚假、产假、丧假、探亲假等。对于职工带薪缺勤，企业应当根据其性质及职工享有的权利，分为累积带薪缺勤和非累积带薪缺勤两类。

1）累积带薪缺勤

累积带薪缺勤，是指带薪权利可以结转下期的带薪缺勤，本期尚未用完的带薪缺勤权利可以在未来期间使用。企业应当在职工提供了服务从而增加了其未来享有的带薪缺勤权利时，确认与累积带薪缺勤相关的职工薪酬，并以累积未行使权利而增加的预期支付金额计量。确认累积带薪缺勤时，借记"管理费用"等科目，贷记"应付职工薪酬——累积带薪缺勤"科目。

借：管理费用　　×××
　贷：应付职工薪酬——累积带薪缺勤　　×××

【例 6-22】 甲公司从 2019 年 1 月 1 日起实行累积带薪缺勤制度。该制度规定公司每名职工每年有权享受 12 个工作日的带薪休假，休假权利可以向后结转 2 个日历年度。在第 2 年年末，公司将对职工未使用的带薪休假权利支付现金。

假定该公司每名职工平均每月工资为 2 000 元，每名职工每月工作日为 20 个，每个工作日平均工资为 100 元。以公司一名直接参与生产的职工为例。

要求：编制甲公司相关会计分录。

【解析】

(1) 2019 年 1 月，该名职工没有休假。公司应当在职工为其提供服务的当月，累积相当于 1 个工作日工资的带薪休假：

借：生产成本　　2 100
　贷：应付职工薪酬——工资　　2 000
　　　　　　　　　——累积带薪缺勤　　100

(2) 2019 年 2 月，该名职工休了 1 天假。公司应当在职工为其提供服务的当月，累积相当于 1 个工作日工资的带薪休假，反映职工使用累积权利的情况：

借：生产成本　　2 100
　贷：应付职工薪酬——工资　　2 000
　　　　　　　　　——累积带薪缺勤(计提本期休假)　　100

借：应付职工薪酬——累积带薪缺勤　　100
　贷：生产成本　　100

(3) 第 2 年年末(2020 年 12 月 31 日)，该名职工有 5 天未使用的带薪休假，公司以现金支付了未使用的带薪休假：

借：应付职工薪酬——累积带薪缺勤　　500
　　贷：库存现金　　500

2）非累积带薪缺勤

非累积带薪缺勤，是指带薪权利不能结转下期的带薪缺勤，本期尚未用完的带薪缺勤权利将予以取消，并且职工离开企业时也无权获得现金支付。我国企业职工休婚假、产假、丧假、探亲假、病假期间的工资通常属于非累积带薪缺勤。企业应当在职工实际发生缺勤的会计期间确认与非累积带薪缺勤相关的职工薪酬。

企业确认职工享有的与非累积带薪缺勤权利相关的薪酬，视同职工出勤确认的当期损益或相关资产成本。通常情况下，与非累积带薪缺勤相关的职工薪酬已经包括在企业每期向职工发放的工资等薪酬中，因此，不必额外作相应的账务处理。

【例6-23】 按照《中华人民共和国劳动法》的规定，甲公司职工可享受3天的婚假，总经理秘书王某全年工资为60 000元（每月5 000元），平均日工资为200元。2020年，王某结婚期间享受婚假2天。假设公司规定，对于未使用的非累积带薪缺勤，其权利将作废、企业也不支付货币补偿。

在此规定下，对于非累积带薪缺勤，不管是否使用，都不涉及额外支付现金的问题，因此企业只需要进行正常的职工薪酬账务处理，无须另外对带薪缺勤进行处理。

要求：编制甲公司相关会计分录。

【解析】

借：管理费用　　60 000
　　贷：应付职工薪酬——工资（王某）　　60 000

借：应付职工薪酬——工资（王某）　　60 000
　　贷：银行存款　　60 000

（二）非货币性职工薪酬

1. 以自产产品作为非货币性福利发放给职工

企业以其自产产品作为非货币性福利发放给职工的，应当根据受益对象，按照该产品的含税公允价值计入相关资产成本或当期损益，同时确认应付职工薪酬，借记“生产成本”“制造费用”“管理费用”等科目，贷记“应付职工薪酬——非货币性福利”科目。

2. 以自有房屋作为非货币性福利发放给职工

将企业拥有的房屋等资产无偿提供给职工使用的，应当根据受益对象，将该住房每期应计提的折旧计入相关资产成本或当期损益，同时确认应付职工薪酬，借记“生产成本”“制造费用”“管理费用”等科目，贷记“应付职工薪酬——非货币性福利”科目，并且同时借记“应付职工薪酬——非货币性福利”科目，贷记“累计折旧”科目。

借：生产成本/制造费用/管理费用　　×××
　　贷：应付职工薪酬——非货币性福利　　×××

借：应付职工薪酬——非货币性福利　　×××
　　贷：累计折旧　　×××

租赁住房等资产供职工无偿使用的，应当根据受益对象，将每期应付的租金计入相关资产成本或当期损益，并确认应付职工薪酬，借记“生产成本”“制造费用”“管理费用”等科目，贷记“应付职工薪酬——非货币性福利”科目。难以认定受益对象的非货币性福利，直接计入当期损益和应付职工薪酬。

企业以自产产品作为职工薪酬发放给职工时，应确认主营业务收入，借记“应付职工薪酬——非货币性福利”科目，贷记“主营业务收入”科目。

借：应付职工薪酬——非货币性福利　　×××
　　贷：主营业务收入　　×××

同时结转相关成本，涉及增值税销项税额的，还应进行相应的处理，借记“应付职工薪酬——非货币性福利”科目，贷记“应交税费——应交增值税（销项税额）”科目。

借：应付职工薪酬——非货币性福利　　×××
　　贷：应交税费——应交增值税（销项税额）　　×××

企业支付租赁住房等资产供职工无偿使用所发生的租金，借记“应付职工薪酬——非货币性福利”科目，贷记“银行存款”等科目。

借：应付职工薪酬——非货币性福利　　×××
　　贷：银行存款　　×××

【例 6-24】 甲公司为小型家电生产企业，共有职工 200 名，其中 170 名为直接参加生产的职工，30 名为总部管理人员。2020 年 12 月 20 日，甲公司以其生产的每台成本为 900 元的吸尘器作为春节福利发放给公司每名职工。该型号的吸尘器市场售价（不含增值税）为每台 1 000 元，甲公司适用的增值税税率为 13%。

要求：编制甲公司相关会计分录。

【解析】

借：生产成本　　192 100
　　管理费用　　33 900
　　贷：应付职工薪酬——非货币性福利　　226 000

本例中，

应确认的应付职工薪酬 ＝200×1 000＋200×1 000×13%＝226 000（元）

其中，

应记入“生产成本”账户的金额＝170×1 000＋170×1 000×13%＝192 100（元）

应记入“管理费用”账户的金额＝30×1 000＋30×1 000×13%＝33 900（元）

【例 6-25】 甲公司为总部各部门经理级别以上职工提供汽车免费使用，同时为副总裁以上高级管理人员每人租赁一套住房。甲公司总部共有部门经理以上职工 20 名，每人提供一辆桑塔纳汽车免费使用，假定每辆桑塔纳汽车每月计提折旧 1 000 元。该公司共有副总裁以上高级管理人员 5 名，公司为其每人租赁一套面积为 200 平方米的公寓，月租金为每套 8 000 元（含税）。

要求：编制甲公司相关会计分录。

【解析】

（1）确认提供汽车的非货币性福利：

借：管理费用　　20 000
　　贷：应付职工薪酬——非货币性福利　　20 000

借：应付职工薪酬——非货币性福利　　20 000
　　贷：累计折旧　　20 000

公司提供汽车供职工使用的非货币性福利＝20×1 000＝20 000(元)

(2) 确认为职工租赁住房的非货币性福利：

借：管理费用　　40 000
　　贷：应付职工薪酬——非货币性福利　　40 000

公司租赁住房供职工使用的非货币性福利＝5×8 000＝40 000(元)

【例 6-26】 依据[例 6-24]和[例 6-25]，甲公司向职工发放吸尘器作为非货币性福利，应确认为主营业务收入，同时根据现行增值税制度规定，计算增值税销项税额。

要求：编制甲公司相关会计分录。

【解析】

借：应付职工薪酬——非货币性福利　　226 000
　　贷：主营业务收入　　200 000
　　　　应交税费——应交增值税(销项税额)　　26 000

借：主营业务成本　　180 000
　　贷：库存商品——吸尘器　　180 000

甲公司应确认的主营业务收入＝200×1 000＝200 000(元)

甲公司应确认的增值税销项税额＝200×1 000×13%＝26 000(元)

甲公司应结转的销售成本＝200×900＝180 000(元)

甲公司每月支付副总裁以上高级管理人员住房租金时，应编制如下会计分录：

借：应付职工薪酬——非货币性福利　　40 000
　　贷：银行存款　　40 000

四、离职后福利

企业应当将离职后福利计划分为设定提存计划和设定受益计划。

1) 设定提存计划

企业应当在职工为其提供服务的会计期间，将根据设定提存计划计算的应缴存金额确认为负债，并计入当期损益或相关资产成本。

对于设定提存计划，企业应当根据在资产负债表日为换取职工在会计期间提供的服务而应向单独主体缴存的提存金，确认为应付职工薪酬，并计入当期损益或相关资产成本，借记“生产成本”“制造费用”“管理费用”“销售费用”等账户，贷记“应付职工薪酬——设定提存计划”账户。

2) 设定受益计划

设定提存计划和设定受益计划的区别，在于离职后福利计划的主要条款和条件所包含的经济实质。在设定受益计划下，企业的义务是为现在及以前的职工提供约定的福利，并且精算风险和投资风险实质上由企业来承担。

【例 6-27】 2020 年 7 月份，甲公司当月应发工资 1 560 万元，其中：生产部门生产工人工资为 1 000 万元，生产部门管理人员工资为 200 万元，管理部门管理人员工资为 360 万元。根据所在地政府规定，按照职工工资总额的 16%计提基本养老保险费，缴存当地社会保险经办机构。

要求：编制甲公司相关会计分录。

【解析】

借：生产成本	1 600 000	
制造费用	320 000	
管理费用	576 000	
贷：应付职工薪酬——设定提存计划——基本养老保险费		2 496 000

章节测试

班级：________ 姓名：________ 学号：________ 日期：________ 平时分：________

一、单项选择题(每小题 5 分,共 40 分)

1. 某企业材料采用计划成本核算。月初结存材料计划成本为 130 万元,材料成本差异为节约 20 万元。当月购入材料一批,实际成本 110 万元,计划成本 120 万元,领用材料的计划成本为 100 万元。该企业当月领用材料的实际成本为(　　)万元。
A. 88　　B. 96　　C. 100　　D. 112

2. 某企业原材料采用实际成本核算。2021 年 6 月 29 日该企业对存货进行全面清查。发现短缺原材料一批,账面成本12 000元。已计提存货跌价准备2 000元,经确认,应由保险公司赔款4 000元,由过失人员赔款 3 000 元,假定不考虑其他因素,该项存货清查业务应确认的净损失为(　　)元。
A. 3 000　　B. 5 000　　C. 6 000　　D. 8 000

3. 某企业为增值税一般纳税人,该企业因暴雨毁损库存原材料一批,其成本为 200 万元,增值税税额为 26 万元,收回残料价值 8 万元,收到保险公司赔偿款 112 万元。假定不考虑其他因素,经批准后企业确认该材料毁损净损失的会计分录是(　　)。

A. 借:营业外支出　　1 120 000
　　贷:待处理财产损溢　　1 120 000

B. 借:管理费用　　1 120 000
　　贷:待处理财产损溢　　1 120 000

C. 借:营业外支出　　800 000
　　贷:待处理财产损溢　　800 000

D. 借:管理费用　　800 000
　　贷:待处理财产损溢　　800 000

4. 2021 年 6 月 30 日,A 公司甲材料账面余额为 350 万元,已计提存货跌价准备 50 万元。由于市场价格的变化,2021 年 6 月 30 日,以甲材料生产的乙产品市价为 380 万元,由甲材料加工为乙产品尚需发生加工成本 40 万元,预计销售费用和税金 5 万元。2021 年 6 月 30 日,应计提的存货跌价准备金额为(　　)万元。
A. 10　　B. −10　　C. 35　　D. −35

5. 企业在对随同商品出售且单独计价的包装物进行会计处理时,该包装物的实际成本应结转到(　　)科目。
A. “制造费用”　　B. “销售费用”　　C. “管理费用”　　D. “其他业务成本”

6. 某企业月初结存材料的计划成本为 40 000 元,成本差异为超支差 200 元。本月入库材料的计划成本为 60 000 元,成本差异为节约差 600 元。当月生产车间领用材料的计划成本为 70 000 元。当月生产车间领用材料应负担的材料成本差异为(　　)元。
A. −280　　B. 280　　C. −420　　D. 420

7. 下列各项中,企业应记入“应付职工薪酬”科目的贷方的是(　　)。

A. 发放职工工资
B. 确认因解除与职工劳动关系应给予的补偿
C. 支付职工的培训费
D. 缴存职工基本养老保险

8. 甲公司为增值税一般纳税人，适用的增值税税率为13%。2021年5月，甲公司董事会决定将本公司生产的500件产品作为非货币性福利发放给公司管理人员。该批产品的单件成本为12万元，市场销售价格为每件2万元（不含增值税）。不考虑其他相关税费，甲公司在2021年因该项业务应计入管理费用的金额为（　　）万元。

A. 60　　B. 678　　C. 1 000　　D. 1 130

二、多项选择题（每小题10分，共50分）

1. 下列各项中，影响企业资产负债表日存货可变现净值的有（　　）。

A. 存货的账面价值
B. 销售存货过程中估计的销售费用及相关税费
C. 存货的估计售价
D. 存货至完工估计将要发生的成本

2. 下列关于周转材料会计处理的表述中，正确的有（　　）。

A. 多次使用的包装物应根据使用次数分次进行摊销
B. 低值易耗品金额较小的可在领用时一次计入成本费用
C. 随同商品销售出借的包装物的摊销额应计入管理费用
D. 随同商品出售单独计价的包装物取得的收入应计入其他业务收入

3. 下列关于职工薪酬的处理的表述中，不正确的有（　　）。

A. 职工福利费为非货币福利的，应当按照公允价值计量
B. 企业应当将辞退福利分为设定提存计划和设定受益计划
C. 短期薪酬是指企业在职工提供相关服务的年度开始12个月内需要全部予以支付的职工薪酬
D. 在职工提供服务从而增加了其未来享有的带薪缺勤权利时，企业应确认与累积带勤相关的职工薪酬

4. A企业本月应付职工薪例总额为210 000元，其中，车间生产工人工资160 000元，车间管理人员工资20 000元，厂部行政管理人员工资15 000元，从事专项工程建造人员的工资10 000元，生产工人其他福利5 000元。则下列会计处理正确的有（　　）。

A. 借记"生产成本"科目160 000元
B. 借记"制造费用"科目20 000元
C. 借记"管理费用"科目15 000元
D. 借记"在建工程"科目10 000元

5. 下列有关离职后福利的表述中，正确的有（　　）。

A. 离职后福利是指企业在职工提供相关服务的年度报告期间结束后12个月内需要全部予以支付的职工薪酬
B. 离职后福利计划包括设定提存计划、设定受益计划和长期利润分享计划
C. 设定提存计划是指向独立的基金缴存固定费用后，企业不再承担进一步支付义务的离职后福利计划
D. 设定受益计划是指除设定提存计划以外的离职后福利计划

三、判断题（每小题5分，共10分）

1. 企业按规定计算的代扣代缴的职工个人所得税，借记"管理费用"等科目，贷记"其他应付款"科目。（　　）

2. 企业采用计划成本对材料进行日常核算，应按月分摊发出材料应负担的成本差异率。（　　）

第七章　销售环节的账务处理

知识导航

- 销售环节的账务处理
  - 收入
    - 收入的确认和计量
    - 收入核算应设置的会计科目
    - 履行履约义务确认收入的账务处理
    - 合同成本
  - 应收及预收款项
    - 应收票据
    - 应收账款
    - 预收账款
    - 应收股利和应收利息
    - 其他应收款
    - 应收款项减值
  - 费用
    - 营业成本
    - 税金及附加
    - 期间费用
  - 应交消费税
    - 消费税概述
    - 应交消费税的账务处理
    - 其他应交税费

学习目标

1. 了解收入确认的原则和前提条件。
2. 了解收入确认和计量的步骤以及收入核算应设置的会计科目。
3. 熟悉在某一时点和某一时段履行履约义务并确认收入的账务处理方法。
4. 熟悉合同取得成本和合同履约成本的内容和账务处理方法。
5. 掌握营业成本的账务处理方法。
6. 掌握税金及附加、期间费用的账务处理方法。
7. 掌握期间营业外收入、营业外支出的核算内容及账务处理方法。
8. 掌握应交税费、所得税费用的计算及账务处理方法。
9. 熟悉营业成本的组成、税金及附加的内容。

企业销售环节经济业务核算，主要包括收入和费用。收入的确认因结算方式不同，对应账户不同，主要包括钱货两清、赊销和预收款三种方式。费用主要包括营业成本、税金及附加和期间费用三类，期间费用包括销售费用、管理费用和财务费用。具体账务处理如图7-1所示。

(1) 钱货两清。在钱货两清的情况下，企业销售的价款包括销货款和代收的增值税销项税额。

(2) 赊销。在赊销的情况下，企业在销售行为成立，确认收入，形成债权——应收账款

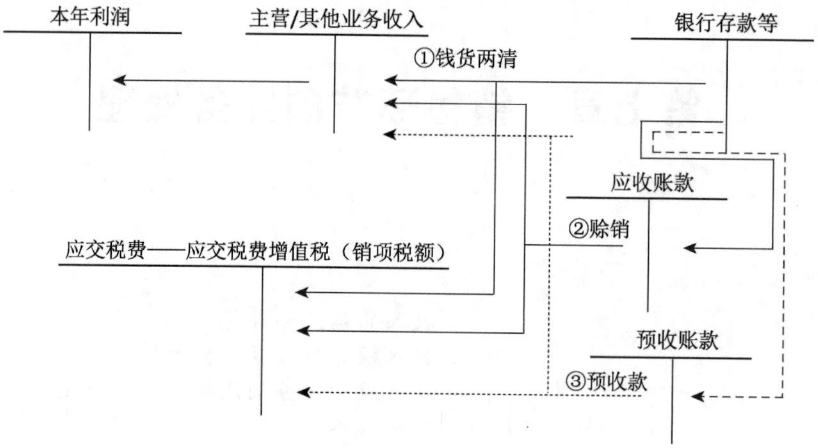

图 7-1　销售环节账务处理图

或应收票据，该金额包括销售货物的价款和代收的增值税销项税额。

（3）预收款。在采用预收货款销售时，企业预收的款项形成预收账款，企业以后销售行为成立时，再由预收账款确认收入，所预收的价款仍然包括销售货物的价款和代收的增值税销项税额。

第一节　收　　入

企业在确认和计量收入时，应遵循的基本原则是：确认收入的方式应当反映其向客户转让商品或提供服务的模式，收入的金额应当反映企业因转让商品或提供服务而预期有权收取的对价金额。通过收入确认和计量能进一步如实地反映企业的生产经营成果，准确核算企业实现的损益。

一、收入的确认和计量

（一）收入确认的原则

企业应当在履行了合同中的履约义务，即在客户取得相关商品控制权时确认收入。取得相关商品控制权，是指客户能够主导该商品的使用并从中获得几乎全部经济利益，也包括有能力阻止其他方主导该商品的使用并从中获得经济利益。取得商品控制权包括以下三个要素：

（1）客户必须拥有现时权利，能够主导该商品的使用并从中获得几乎全部经济利益。如果客户只能在未来的某一期间主导该商品的使用并从中获益，则表明其尚未取得该商品的控制权。

（2）客户有能力主导该商品的使用，即客户在其活动中有权使用该商品，或者能够允许或阻止其他方使用该商品。

（3）客户能够获得商品几乎全部的经济利益。商品的经济利益是指商品的潜在现金流量，既包括现金流入的增加，也包括现金流出的减少。客户可以通过使用、消耗、出售、处置、交换、抵押或持有等多种方式直接或间接地获得商品的经济利益。

（二）收入确认的前提条件

企业与客户之间的合同同时满足一定条件时，企业应当在客户取得相关商品控制权时确认收入。合同需要满足的条件包括以下五个：

(1) 合同各方已批准该合同并承诺将履行各自义务。

(2) 该合同明确了合同各方与所转让商品相关的权利和义务。

(3) 该合同有明确的与所转让商品相关的支付条款。

(4) 该合同具有商业实质，即履行该合同将改变企业未来现金流量的风险、时间分布或金额。

(5) 企业因向客户转让商品而有权取得的对价很可能收回。

(三) 收入确认和计量的步骤

根据《企业会计准则第14号——收入》(2018)，收入确认和计量大致分为五步，如图7-2所示。

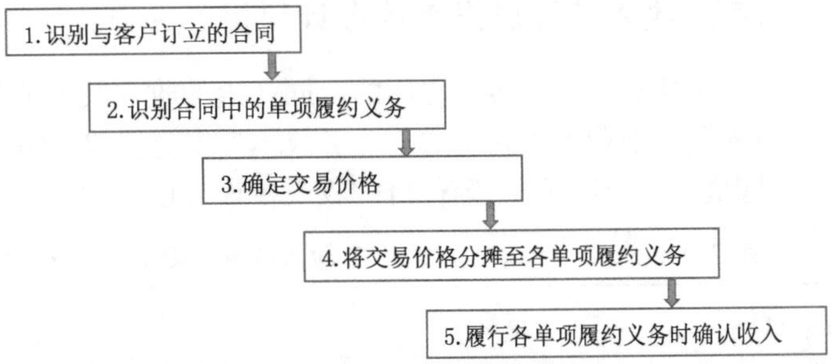

图7-2 收入确认与计量的步骤

第一步，识别与客户订立的合同。

合同是指双方或多方之间订立有法律约束力的权利义务的协议。合同有书面形式、口头形式以及其他形式。合同的存在是企业确认客户合同收入的前提，企业与客户之间的合同一经签订，企业即享有从客户取得与转移商品和服务对价的权利，同时负有向客户转移商品和服务的履约义务。

第二步，识别合同中的单项履约义务。

履约义务是指合同中企业向客户转让可明确区分商品或服务的承诺。企业应当将向客户转让可明确区分商品(或者商品的组合)的承诺以及向客户转让一系列实质相同且转让模式相同的、可明确区分商品的承诺作为单项履约义务。例如，企业与客户签订合同，向其销售商品并提供安装服务，该安装服务简单，除该企业外其他供应商也可以提供此类安装服务，该合同中销售商品和提供安装服务为两项单项履约义务。若该安装服务复杂且商品需要按客户定制要求修改，则合同中销售商品和提供安装服务合并为单项履约义务。

第三步，确定交易价格。

交易价格是指企业因向客户转让商品而预期有权收取的对价金额，不包括企业代第三方收取的款项(如增值税)以及企业预期将退还给客户的款项。合同条款所承诺的对价，可能是固定金额、可变金额或两者兼有。

第四步，将交易价格分摊至各单项履约义务。

当合同中包含两项或多项履约义务时，需要将交易价格分摊至各单项履约义务，分摊的方法是在合同开始日，按照各单项履约义务所承诺商品的单独售价(企业向客户单独销售商品的价格)的相对比例，将交易价格分摊至各单项履约义务。通过分摊交易价格，使企业分摊至各单项履约义务的交易价格能够反映其因向客户转让已承诺的相关商品而有权收取的对价金额。

第五步，履行各单项履约义务时确认收入。

当企业将商品转移给客户，客户取得了相关商品的控制权，意味着企业履行了合同履约义务，此时，企业应确认收入。企业将商品控制权转移给客户，可能是在某一时段内(即履行履约义务的过程中)发生,也可能在某一时点(即履约义务完成时)发生。企业应当根据实际情况,首先判断履约义务是否满足在某一时段内履行的条件,如不满足,则该履约义务属于在某一时点履行的履约义务。

收入确认和计量的五个步骤中,第一步、第二步和第五步主要与收入的确认有关,第三步和第四步主要与收入的计量有关。

需要说明的是,一般而言,确认和计量任何一项合同收入应考虑全部的五个步骤。但履行某些合同义务确认收入不一定都经过五个步骤,如企业按照第二步确定某项合同仅为单项履约义务时,可以从第三步直接进入第五步确认收入,不需要第四步所涉及的分摊交易价格问题。

二、收入核算应设置的会计科目

为了核算企业与客户之间的合同产生的收入及相关的成本费用,一般需要设置"主营业务收入""其他业务收入""主营业务成本""其他业务成本""合同取得成本""合同履约成本""合同资产""合同负债"等科目。收入核算应设置的会计科目如表 7-1 所示。

表 7-1 收入核算应设置的会计科目

科目	核算内容	借方	贷方	余额
主营业务收入	企业确认的销售商品、提供服务等主营业务的收入	期末转入"本年利润"科目的主营业务收入	企业主营业务活动实现的收入	无余额
其他业务收入	企业确认的除主营业务活动以外的其他经营活动实现的收入,包括出租固定资产、出租无形资产、出租包装物和商品、销售材料等实现的收入	期末转入"本年利润"科目的其他业务收入	企业其他业务活动实现的收入	无余额
主营业务成本	企业确认销售商品、提供服务等主营业务收入时应结转的成本	企业应结转的主营业务成本	转入"本年利润"科目的主营业务成本	无余额
其他业务成本	企业确认的除主营业务活动以外的其他经营活动所形成的成本,包括出租固定资产的折旧额、出租无形资产的摊销额、出租包装物的成本或摊销额、销售材料的成本等	企业应结转的其他业务成本	期末转入"本年利润"科目的其他业务成本	无余额
合同取得成本	企业取得合同发生的、预计能够收回的增量成本	发生的合同取得成本	摊销的合同取得成本	期末借方余额,反映企业尚未结转的合同取得成本
合同履约成本	企业为履行当前或预期取得的合同所发生的、不属于其他企业会计准则规范范围且按照收入准则应当确认为一项资产的成本	发生的合同履约成本	摊销的合同履约成本	期末借方余额,反映企业尚未结转的合同履约成本
合同资产	企业已向客户转让商品而有权收取对价的权利,且该权利取决于时间流逝之外的其他因素(如履行合同中的其他履约义务)	因已转让商品而有权收取的对价金额	取得无条件收款权的金额	期末借方余额,反映企业已向客户转让商品而有权收取的对价金额

（续表）

科目	核算内容	借方	贷方	余额
合同负债	企业已收或应收客户对价而应向客户转让商品的义务	企业向客户转让商品时冲销的金额	企业在向客户转让商品之前，已经收到或已经取得无条件收取合同对价权利的金额	期末贷方余额，反映企业在向客户转让商品之前，已经收到的合同对价或已经取得的无条件收取合同对价权利的金额

此外，企业发生减值的，还应当设置“合同履约成本减值准备”“合同取得成本减值准备”“合同资产减值准备”等科目进行核算。

三、履行履约义务确认收入的账务处理

（一）在某一时点履行履约义务确认收入

对于在某一时点履行的履约义务，企业应当在客户取得相关商品控制权时点确认收入。在判断控制权是否转移时，企业应当综合考虑下列迹象：

（1）企业就该商品享有现时收款权利，即客户就该商品负有现时付款义务。例如，甲企业与客户签订销售商品合同，约定客户有权定价且在收到商品无误后10日内付款。在客户收到甲企业开具的发票、商品验收入库后，客户能够自主确定商品的销售价格或商品的使用情况，此时甲企业享有收款权利，客户负有现时付款义务。

（2）企业已将该商品的法定所有权转移给客户，即客户已拥有该商品的法定所有权。例如，房地产企业向客户销售商品房，在客户付款后取得房屋产权证时，表明企业已将该商品房的法定所有权转移给客户。

（3）企业已将该商品实物转移给客户，即客户已占有该商品实物。例如，企业与客户签订交款提货合同，在企业销售商品并送货到客户指定地点，客户验收合格并付款，表明企业已将该商品实物转移给客户，即客户已占有该商品实物。

（4）企业已将该商品所有权上的主要风险和报酬转移给客户，即客户已取得该商品所有权上的主要风险和报酬。例如，甲房地产公司向客户销售商品房办理产权转移手续后，该商品房价格上涨或下跌带来的利益或损失全部属于客户，表明客户已取得该商品房所有权上的主要风险和报酬。

（5）客户已接受该商品。例如，企业向客户销售为其定制生产的节能设备，客户收到并验收合格后办理入库手续，表明客户已接受该商品。

（6）其他表明客户已取得商品控制权的迹象。

（二）销售业务确认收入的账务处理

1. 一般销售商品业务收入的账务处理

（1）确认收入时：

借：银行存款/应收票据/应收账款/合同资产等　　×××

　　贷：主营业务收入　　×××

　　　　应交税费——应交增值税（销项税额）　　×××

（2）结转成本时：

借：主营业务成本　　×××

　　贷：库存商品　　×××

【例 7-1】　甲公司向乙公司销售一批商品，开出的增值税专用发票上注明的价款为 50 000 元，增值税额为 6 500 元。商品已经发出，并已向银行办妥托收手续；该批商品的成本为 40 000 元，下列说法中正确的有（　　）。

A. 主营业务成本增加 40 000 元　　B. 主营业务收入增加 56 500 元

C. 主营业务收入增加 50 000 元　　D. 应收账款增加 56 500 元

【答案】 ACD

【解析】 甲公司该销售业务应编制的会计分录如下：

借：应收账款　　56 500

　　贷：主营业务收入　　50 000

　　　　应交税费——应交增值税（销项税额）　　6 500

借：主营业务成本　　40 000

　　贷：库存商品　　40 000

2. 已经发出商品但不能确认收入的账务处理

企业按合同发出商品，合同约定客户只有在商品售出取得价款后才支付货款。企业向客户转让商品的对价未达到“很可能收回”收入确认条件。在发出商品时，企业不应确认收入，将发出商品的成本记入“发出商品”科目，借记“发出商品”科目，贷记“库存商品”科目。如已发出的商品被客户退回，应编制相反的会计分录。“发出商品”科目核算企业商品已发出但客户没有取得商品的控制权的商品成本。当收到货款或取得收取货款权利时，确认收入，借记“银行存款”“应收账款”科目，贷记“主营业务收入”“应交税费——应交增值税（销项税额）”科目，同时结转已销售商品成本，借记“主营业务成本”科目，贷记“发出商品”科目。

其账务处理如下：

(1) 发出商品时：

借：发出商品　　×××

　　贷：库存商品　　×××

如发生退回，应作相反的会计分录。

(2) 当企业收到货款或取得收取货款的权利时：

借：银行存款/应收票据/应收账款等　　×××

　　贷：主营业务收入　　×××

　　　　应交税费——应交增值税（销项税额）　　×××

(3) 同时，结转成本：

借：主营业务成本　　×××

　　贷：发出商品　　×××

【例 7-2】　2020 年 1 月 20 日，甲公司委托乙公司销售商品 100 件，乙公司按每件 200 元的价格出售给客户，甲公司按照售价（不含增值税）的 10%向乙公司支付手续费（不含增值税，增值税税率为 6%）。该商品成本为 120 元/件，增值税税率为 13%。乙公司实际销售时，向买方开出一张增值税专用发票，发票上注明 M 商品售价 20 000 元，增值税税额 2 600 元。2020 年 2 月 18 日，甲公司在收到乙公司交来的代销清单时，向乙公司开具一张相同金额的增值税发票。2020 年 2 月 25 日，甲公司收到乙公司扣除手续费后的销售款项，并已将其存入银行，同时还收到乙公司开具的增值税专用发票，发票注明手续费 2 000 元，增值税额 120 元。

要求：编制甲公司相关会计分录。

【解析】

(1) 2020 年 1 月 20 日，将 M 商品交付给乙公司：

借：发出商品　　12 000
　　贷：库存商品　　12 000

(2) 2020 年 2 月 18 日，甲公司收到乙公司开具的代销清单时：

借：应收账款——乙公司　　22 600
　　贷：主营业务收入　　20 000
　　　　应交税费——应交增值税(销项税额)　　2 600

同时，结转成本。

借：主营业务成本　　12 000
　　贷：发出商品　　12 000

(3) 2020 年 2 月 18 日，甲公司确认代销手续费和进项税额：

借：销售费用　　2 000
　　应交税费——应交增值税(进项税额)　　120
　　贷：应收账款——乙公司　　2 120

(4) 2020 年 2 月 25 日，甲公司收到货款净额：

借：银行存款　　20 480
　　贷：应收账款——乙公司　　20 480

本题中，甲公司将 M 商品发送至乙公司后，乙公司虽然承担了 M 商品实物保管责任，但仅为接受甲公司委托销售 M 商品，并根据实际销售数量赚取一定比例的手续费。甲公司有权要求收回 M 商品或者将其销售给其他客户，乙公司并不能主导这些商品的销售，这些商品对外销售与否、是否获利或者获利多少等不由乙公司控制，乙公司没有取得这些商品的控制权。因此，甲公司将 M 商品发送至乙公司时，不应该确认收入，而应该在乙公司将 M 商品销售给最终客户时确认收入。

3. 商业折扣和销售退回

1) 商业折扣

商业折扣是指企业为促进商品销售而给予的价格扣除，其目的是增加销量，相当于打折优惠。此外，企业为了尽快出售一些残次、陈旧、冷背的商品，也可能降价(即打折)销售。商业折扣在销售前即已发生，并不构成最终成交价格的一部分，企业应当按照扣除商业折扣后的金额确定商品销售价格和销售商品收入金额。

2) 现金折扣

现金折扣是企业为了早日回笼货款，鼓励债务人在规定的期限内付款而向债务人提供的债务扣除。现金折扣具有融资的性质，因此企业销售商品涉及现金折扣的，应当按照扣除现金折扣前的金额，确定销售商品收入金额。现金折扣实际上是企业为了尽快回笼资金而发生的理财费用，应在实际发生时计入当期财务费用。

现金折扣一般用符号“折扣率/付款期限”表示，例如，“2/10，1/20，N/30”表示：销货方允许客户最长的付款期限为30天，如果客户在10天内付款，销货方可按商品售价给予客户2%的折扣；如果客户在11～20天内付款，销货方可按商品售价给予客户1%的折扣；如果客户在21～30天内付款，将不能享受现金折扣。

在计算现金折扣时，还应注意是按不含增值税的价款计算确定，还是按含增值税的价款计算确定，两种情况下客户享有的折扣金额不同。例如，销售价格为1 000元的商品，增值税税额为130元，如计算现金折扣不考虑增值税，按1%折扣率计算，客户享有的现金折扣金额为10元；如果企业与客户约定计算现金折扣时一并考虑增值税，则客户享有的现金折扣金额为11.3元。

(3) 销售退回。

销售退回是指企业因售出商品在质量、规格等方面不符合销售合同规定条款的要求，客户要求企业予以退货。企业销售商品发生退货，表明企业履约义务的减少和客户商品控制权及其相关经济利益的丧失。已确认销售商品收入的售出商品发生销售退回的，除属于资产负债表日后事项的外，企业收到退回的商品时，应退回货款或冲减应收账款，并冲减主营业务收入和增值税销项税额，借记“主营业务收入”“应交税费——应交增值税(销项税额)”等科目，贷记“银行存款”“应收票据”“应收账款”等科目。收到退回商品验收入库，按照商品成本，借记“库存商品”科目，贷记“主营业务成本”科目。如该项销售退回已发生现金折扣，应同时调整相关财务费用的金额。

其账务处理具体如下：

借：主营业务收入	×××	
应交税费——应交增值税(销项税额)	×××	
贷：银行存款/应收票据/应收账款等		×××

借：库存商品	×××	
贷：主营业务成本		×××

【例7-3】 甲公司2020年5月20日销售A商品一批，增值税专用发票上注明售价为300 000元，增值税额为39 000元，该批商品成本为140 000元。A商品于2020年5月20日发出，客户于5月27日付款，并享受了销售货款(不含增值税)1%的现金折扣，即3 000元的现金折扣。该项业务属于在某一时点履行的履约义务并确认销售收入。2020年9月16日，该商品质量出现严重问题，客户将该批商品全部退回给甲公司。甲公司同意退货，于退货当日支付了退货款(1%的现金折扣也同时取消)，并按规定向客户开具了增值税专用发票(红字)。假定不考虑其他因素。

要求：编制甲公司相关会计分录。

【解析】

(1) 2020年5月20日确认收入时：

借：应收账款	339 000	
贷：主营业务收入		300 000
应交税费——应交增值税(销项税额)		39 000

同时，结转成本。

借：主营业务成本　　140 000
　贷：库存商品　　140 000

(2) 2020 年 5 月 27 日收到货款时：

借：银行存款　　336 000
　财务费用　　30 000
　贷：应收账款　　339 000

(3) 2020 年 9 月 16 日销售退回时：

借：主营业务收入　　300 000
　应交税费——应交增值税(销项税额)　　39 000
　贷：银行存款　　339 000
　　财务费用　　3 000

借：库存商品　　140 000
　贷：主营业务成本　　140 000

4. 销售材料等存货的账务处理

企业在日常活动中会发生对外销售不需要的原材料、随同商品对外销售单独计价的包装物等业务。企业销售原材料、包装物等存货取得收入的确认和计量原则比照商品销售。企业销售原材料、包装物等存货确认的收入作为其他业务收入处理，结转的相关成本作为其他业务成本处理。

其账务处理具体如下：

借：库存现金/应收账款/银行存款/应收票据/合同资产等　　×××
　贷：其他业务收入　　×××
　　应交税费——应交增值税(销项税额)　　×××

借：其他业务成本　　×××
　贷：原材料　　×××

【例 7-4】 甲工业企业为增值税一般纳税人，2020 年 6 月销售一批原材料，不含税售价为 100 万元，增值税额 13 万元，款项已收妥。该批原材料的实际成本为 70 万元，该项销售商品业务属于在某一时点履行的履约义务并满足收入确认条件，则下列各项中正确的有(　　)。

A. 确认主营业务收入 100 万元　　B. 确认主营业务成本 70 万元
C. 确认其他业务收入 100 万元　　D. 确认其他业务成本 70 万元

【答案】 CD

【解析】 甲工业企业 6 月发生经济业务的账务处理如下：

借：银行存款　　1 130 000
　贷：其他业务收入　　1 000 000
　　应交税费——应交增值税(销项税额)　　130 000

借：其他业务成本　　700 000
　贷：原材料　　700 000

（三）在某一时段内履行履约义务确认收入

对于在某一时段内履行的履约义务，企业应当在该段时间内按照履约进度确认收入，履约进度不能合理确定的除外。满足下列条件之一的，属于在某一时段内履行的履约义务：

（1）客户在企业履约的同时即取得并消耗企业履约所带来的经济利益。

（2）客户能够控制企业履约过程中在建的商品。

（3）企业履约过程中所产出的商品具有不可替代用途，且该企业在整个合同期间内有权就累计至今已完成的履约部分收取款项。

企业应当考虑商品的性质，采用实际产出指标或投入指标确定恰当的履约进度，并且在确定履约进度时，应当扣除那些控制权尚未转移给客户的商品和服务。资产负债表日，企业按照合同的交易价格总额乘以履约进度扣除以前会计期间累计已确认的收入后的金额，确认当期收入。

其中，产出指标包括实际测量的完工进度、评估已实现的结果、时间进度、已完工或交付的产品等。投入指标包括投入的材料数量、花费的人工工时、机器工时、发生的成本和时间进度等。

【例 7-5】 甲公司为增值税一般纳税人，其主营业务为装饰服务业务，适用增值税税率为 9%。2020 年 12 月 1 日，甲公司与乙公司签订一项为期 3 个月的装饰合同，合同约定装修价款为 700 000 元，增值税额为 63 000 元，装饰费用每月末按完工进度支付（即按已完工劳务成本占预计完工劳务总成本的比例确定）。

2020 年 12 月 31 日，甲公司为完成该合同累计发生劳务成本 120 000 元（假定均为装饰人员薪酬），估计还将发生劳务成本 380 000 元。截至 2020 年 12 月 31 日，经专业测量师测量后，确定该项劳务的完工程度为 24%；乙公司按完工进度支付价款及相应的增值税款。

假定该业务属于甲公司的主营业务，全部由其自行完成；该装饰服务构成单项履约义务，并属于在某一时段内履行的履约义务；甲公司按照实际测量的完工进度（已完工劳务成本占预计完工劳务总成本的比例）确定履约进度。

要求：编制甲公司相关会计分录。

【解析】

（1）2020 年 4 月，本期实际发生劳务成本 120 000 元：

借：合同履约成本　　120 000
　　贷：应付职工薪酬　　120 000

（2）2020 年 12 月 31 日确认劳务收入：

确认的劳务收入 = 700 000 × 24% − 0 = 168 000（元）

确认的增值税税额 = 168 000 × 9% = 15 120（元）

借：银行存款　　183 120
　　贷：主营业务收入　　168 000
　　　　应交税费——应交增值税（销项税额）　　15 120

（3）2020 年 12 月 31 日结转劳务成本：

借：主营业务成本　　120 000
　　贷：合同履约成本　　120 000

【例 7-6】 依据[例 7-5]，2021 年 1 月 31 日，甲公司为完成该合同发生劳务成本 300 000 元(假定均为装饰人员薪酬)，为完成该合同估计还将发生劳务成本 200 000 元。2021 年 1 月，经专业测量师测量后，确定该项劳务的完工程度为 60%；乙公司按完工进度支付价款同时支付对应的增值税款。

要求：编制甲公司相关会计分录。

【解析】

(1) 2021 年 1 月 31 日实际发生劳务成本 180 000 元：

借：合同履约成本 180 000
  贷：应付职工薪酬 180 000

(2) 2021 年 1 月 31 日确认劳务收入：

确认的劳务收入＝700 000×60%－168 000＝252 000(元)

确认的增值税税额＝252 000×9%＝22 680(元)

借：银行存款 274 680
  贷：主营业务收入 252 000
    应交税费——应交增值税(销项税额) 22 680

(3) 2021 年 1 月 31 日结转劳务成本：

借：主营业务成本 180 000
  贷：合同履约成本 180 000

【例 7-7】 依据[例 7-5]和[例 7-6]，2021 年 2 月 28 日，装修完工；乙公司验收合格，按完工进度支付价款同时支付对应的增值税税款。2021 年 2 月，为完成该合同发生劳务成本 500 000 元(假定均为装饰人员薪酬)。

要求：编制甲公司相关会计分录。

【解析】

(1) 2021 年 2 月 28 日实际发生劳务成本 200 000 元：

借：合同履约成本 200 000
  贷：应付职工薪酬 200 000

(2) 2021 年 2 月 28 日确认劳务收入：

确认的劳务收入＝700 000－168 000－252 000＝280 000(元)

确认的增值税税额＝280 000×9%＝25 200(元)

借：银行存款 305 200
  贷：主营业务收入 280 000
    应交税费——应交增值税(销项税额) 25 200

(3) 2021 年 2 月 28 日结转劳务成本：

借：主营业务成本 200 000
  贷：合同履约成本 200 000

【例 7-8】 甲公司经营一家健身俱乐部。2020 年 7 月 1 日，某客户与甲公司签订合同，成为甲公司的会员，并向甲公司支付会员费 3 600 元(不含税价)，可在未来的 12 个月内在该俱乐部健身，且没有次数的限制。该业务适用的增值税税率为 6%。

要求：编制甲公司相关会计分录。

【解析】

(1) 2020 年 7 月 1 日收到会员费时：

借：银行存款　　3 600

　　贷：合同负债　　3 600

本例中，客户签订合同时支付了合同对价，可在未来的 12 个月内在该俱乐部进行健身消费，且没有次数的限制。企业在向客户转让商品之前已经产生一项负债，即合同负债。

(2) 2020 年 7 月 31 日确认收入，开具增值税专用发票并收到税款时：

借：合同负债　　300

　　银行存款　　18

　　贷：主营业务收入　　300

　　　　应交税费——应交增值税(销项税额)　　18

2020 年 8 月至 2021 年 6 月，每月确认收入同上。

本例中，客户在会籍期间可随时来俱乐部健身，且没有次数限制，客户已使用俱乐部健身的次数不会影响其未来继续使用的次数，甲公司在该合同下的履约义务是承诺随时准备在客户需要时为其提供健身服务，因此，该履约义务属于在某一时段内履行的履约义务，并且该履约义务在会员的会籍期间内随时间的流逝而被履行。因此，甲公司按照直线法确认收入，每月应当确认的收入为 300 元(3 600÷12)。

当履约进度不能合理确定时，企业已经发生的成本预计能够得到补偿的，应当按照已经发生的成本金额确认收入，直到履约进度能够合理确定为止。

四、合同成本

企业在与客户之间建立合同关系过程中发生的成本主要有合同取得成本和合同履约成本。

(一) 合同取得成本

企业为取得合同发生的增量成本预期能够收回的，应作为合同取得成本确认为一项资产。增量成本是指企业不取得合同就不会发生的成本，也就是企业发生的与合同直接相关，但又不是所签订合同的对象或内容(如建造商品或提供服务)本身所直接发生的费用，如销售佣金，若预期可通过未来的相关服务收入予以补偿，该销售佣金(即增量成本)应在发生时确认为一项资产，即合同取得成本。

企业取得合同发生的增量成本已经确认为资产的，应当采用与该资产相关的商品收入确认相同的基础进行摊销，计入当期损益。为简化实务操作，该资产摊销期限不超过一年的，可以在发生时计入当期损益。

企业为取得合同发生的、除预期能够收回的增量成本之外的其他支出。例如，无论是否取得合同均会发生的差旅费、投标费、为准备投标资料发生的相关费用等，应当在发生时计入当期损益，除非这些支出明确由客户承担。

1. 取得合同时支付的相关费用

借：合同取得成本　　×××

　　管理费用　　×××

　　贷：银行存款　　×××

2. 每月确认收入时摊销合同取得成本

借：销售费用　×××
　　应收账款　×××
　　贷：合同取得成本　×××
　　　　主营业务收入　×××
　　　　应交税费——应交增值税(销项税额)　×××

【例 7-9】 甲公司为一家咨询服务提供商通过竞标赢得一个新客户，并为其提供咨询服务。甲公司为取得合同而发生的成本如下：

(1) 尽职调查的外部律师费 7 万元。

(2) 提交标书的差旅费 8 万元(客户不承担)。

(3) 销售人员佣金 4 万元。

假定不考虑其他因素，甲公司应确认的合同取得成本为(　　)万元。

A. 12　　B. 15　　C. 4　　D. 19

【答案】 C

【解析】 “合同取得成本”科目核算企业取得合同发生的、预计能够收回的增量成本。尽职调查的外部律师费 7 万元、提交标书的差旅费 8 万元不是预计能够收回的增量成本，故甲公司应确认的合同取得成本为 4 万元。

【例 7-10】 企业在确认收入的同时应当将为履行合同发生的各种成本确认为合同取得成本。(　　)

【答案】 ×

【解析】 “合同取得成本”科目仅核算企业为取得合同发生的预计能够收回的增量成本。

(二) 合同履约成本

合同履约成本是指企业为履行当前或预期取得的合同所发生的、属于《企业会计准则第 14 号——收入》(2018)规范范围并且按照该准则应当确认为一项资产的成本。

企业为履行合同可能会发生各种成本，企业在确认收入的同时应当对这些成本进行分析，属于《企业会计准则第 14 号——收入》(2018)准则规范范围且同时满足下列条件的，应当作为合同履约成本确认为一项资产：

(1) 该成本与一份当前或预期取得的合同直接相关，包括：①与合同直接相关的成本、明确由客户承担的成本以及仅因该合同而发生的其他成本。②与合同直接相关的成本包括直接人工、直接材料、制造费用或类似费用等。③明确由客户承担的成本以及仅因该合同而发生的其他成本，包括支付给分包商的成本、机械使用费、设计和技术援助费用、施工现场二次搬运费、生产工具和用具使用费、检验试验费、工程定位复测费、工程点交费用、场地清理费等。

(2) 该成本增加了企业未来用于履行(包括持续履行)履约义务的资源。

(3) 该成本预期能够收回。

企业应当在下列支出发生时，将其计入当期损益：

(1) 管理费用，除非这些费用明确由客户承担。

(2) 非正常消耗的直接材料、直接人工和制造费用(或类似费用)，这些支出为履行合同发生，但未反映在合同价格中。

(3) 与履约义务中已履行(包括已全部履行或部分履行)部分相关的支出，即该支出与企业过去的履约活动相关。

(4) 无法在尚未履行的与已履行(或已部分履行)的履约义务之间区分的相关支出。

企业发生合同履约成本时,借记"合同履约成本"科目,贷记"银行存款""应付职工薪酬""原材料"等科目;对合同履约成本进行摊销时,借记"主营业务成本""其他业务成本"等科目,贷记"合同履约成本"科目。涉及增值税的,还应进行相应的处理。其具体账务处理如下:

(1) 企业发生合同履约成本时:

借:合同履约成本　　×××

　　贷:银行存款/应付职工薪酬/原材料等　　×××

(2) 对合同履约成本进行摊销时:

借:主营业务成本/其他业务成本　　×××

　　贷:合同履约成本　　×××

【例 7-11】 甲公司为增值税一般纳税人,经营一家酒店,该酒店是甲公司的自有资产,适用的增值税税率为 6%。2020 年 12 月甲公司计提与酒店经营直接相关的酒店、客房以及客房内的设备家具等折旧费 100 000 元、酒店土地使用权摊销费用 50 000 元、酒店直接服务人员薪酬 60 000 元。经计算,当月确认住宿、餐饮等服务含税收入 636 000 元,款项已全部存入银行。

要求:编制甲公司相关会计分录。

【解析】

(1) 确认资产的折旧费、摊销费和人工费用时:

借:合同履约成本　　210 000

　　贷:累计折旧　　100 000

　　　　累计摊销　　50 000

　　　　应付职工薪酬　　60 000

(2) 12 月确认酒店服务收入:

借:银行存款　　636 000

　　贷:主营业务收入　　600 000

　　　　应交税费——应交增值税(销项税额)　　36 000

(3) 摊销合同履约成本:

借:主营业务成本　　210 000

　　贷:合同履约成本　　210 000

本例中,甲公司经营酒店主要是通过提供客房服务赚取收入,而客房服务的提供直接依赖于酒店物业(包含土地)以及家具等相关资产,这些资产折旧和摊销属于甲公司为履行与客户的合同而发生的合同履约成本。已确认的合同履约成本在收入确认时予以摊销,计入营业成本。

第二节 应收及预收款项

应收款项是指企业在日常生产经营过程中发生的各项债权,包括应收票据、应收账款、应收股利、应收利息和其他应收款等;预收款项是指企业按照合同规定预收的款项。

一、应收票据

（一）应收票据概述

应收票据是指企业因销售商品、提供服务等而收到的商业汇票。商业汇票是一种由出票人签发的，委托付款人在指定日期无条件支付确定金额给收款人或者持票人的票据。商业汇票的付款期限，最长不得超过6个月。定日付款的汇票付款期限自出票日起计算，并在汇票上记载具体到期日；出票后定期付款的汇票付款期限自出票日起按月计算，并在汇票上记载；见票后定期付款的汇票付款期限自承兑或拒绝承兑日起按月计算，并在汇票上记载。商业汇票的提示付款期限，自汇票到期日起10日。符合条件的商业汇票的持票人，可以持未到期的商业汇票连同贴现凭证向银行申请贴现。

根据承兑人不同，商业汇票分为商业承兑汇票和银行承兑汇票。商业承兑汇票是指由付款人签发并承兑，或由收款人签发交由付款人承兑的汇票。商业承兑汇票的付款人收到开户银行的付款通知，应在当日通知银行付款。付款人在接到通知日的次日起3日内（遇法定休假日顺延）未通知银行付款的，视同付款人承诺付款。银行将于付款人接到通知日的次日起第四日（遇法定休假日顺延），将票款划给持票人。付款人提前收到由其承兑的商业汇票，应通知银行于汇票到期日付款。银行在办理划款时，付款人存款账户不足支付的，银行应填制付款人未付票款通知书，连同商业承兑汇票邮寄持票人开户银行转交持票人。

银行承兑汇票是指由在承兑银行开立存款账户的存款人（即出票人）签发，由承兑银行承兑的票据。企业申请使用银行承兑汇票时，应向其承兑银行按票面金额的万分之五交纳手续费。银行承兑汇票的出票人应于汇票到期前将票款足额交存其开户银行，承兑银行应在汇票到期日或到期日后的见票当日支付票款。银行承兑汇票的出票人于汇票到期前未能足额交存票款时，承兑银行除凭票向持票人无条件付款外，对出票人尚未支付的汇票金额按每天万分之五计收利息。

重点提示

对于票据贴现，企业通常按实际收到的金额，借记“银行存款”科目，按应收票据的票面金额，贷记“应收票据”科目，按照其差额，借记或贷记“财务费用”。

（二）应收票据的账务处理

为了反映和监督应收票据取得、票款收回等情况，企业应当设置“应收票据”科目，借方登记取得的应收票据的面值，贷方登记到期收回票款或到期前向银行贴现的应收票据的票面金额，期末余额在借方，反映企业持有的商业汇票的票面金额。其账户结构如图7-3所示。

借方　　　　应收票据	贷方
取得的应收票据的面值	到期收回票款或到期前向银行贴现的应收票据的票面金额
企业持有的商业汇票的票面金额	

图7-3　应收票据账户结构图

“应收票据”科目可按照开出、承兑商业汇票的单位进行明细核算，并设置“应收票据备查簿”，逐笔登记商业汇票的种类、号数和出票日、票面金额、交易合同号和付款人、承兑人、背书人的姓名或单位名称、到期日、背书转让日、贴现日、贴现率和贴现净额以及收款日和收回金额、退票情况等资料。商业汇票到期结清票款或退票后,在备查簿中应予注销。

1. 取得应收票据和收回到期票款

应收票据取得的原因不同,其账务处理亦有所区别。

(1) 因债务人抵偿前欠货款而取得的应收票据,借记"应收票据"科目,贷记"应收账款"科目。

借:应收票据 ×××
　贷:应收账款 ×××

(2) 因企业销售商品、提供劳务等而收到开出、承兑的商业汇票,借记"应收票据"科目,贷记"主营业务收入""应交税费——应交增值税(销项税额)"等科目。

借:应收票据 ×××
　贷:主营业务收入 ×××
　　应交税费——应交增值税(销项税额) ×××

(3) 商业汇票到期收回款项时,应按实际收到的金额,借记"银行存款"科目,贷记"应收票据"科目。

借:银行存款 ×××
　贷:应收票据 ×××

【例 7-12】 甲公司为增值税一般纳税人,发生经济业务如下:

(1) 2020 年 9 月 1 日,甲公司向乙公司(为增值税一般纳税人)销售一批产品,价款为 1 500 000 元,尚未收到,已办妥托收手续,适用的增值税税率为 13%。

(2) 2020 年 9 月 15 日,甲公司收到乙公司寄来的一张期限为 3 个月的银行承兑汇票,面值为 1 695 000 元,抵付产品的价款和增值税税款。

(3) 2020 年 12 月 15 日,甲公司持有的上述票据到期,收回票面金额 1 695 000 元,并存入银行。

要求:编制甲公司相关会计分录。

【解析】

(1) 2020 年 9 月 1 日:

借:应收账款 1 695 000
　贷:主营业务收入 1 500 000
　　应交税费——应交增值税(销项税额) 195 000

(2) 2020 年 9 月 15 日:

借:应收票据 1 695 000
　贷:应收账款 1 695 000

(3) 2020 年 12 月 15 日:

借:银行存款 1 695 000
　贷:应收票据 1 695 000

2. 转让应收票据

企业可以将持有的商业汇票背书转让。背书是指在票据背面或者粘单上记载有关事项并签章的票据行为。背书转让的,背书人应当承担票据责任。

（1）通常情况下，企业将持有的商业汇票背书转让以取得所需物资时，按应计入取得物资成本的金额，借记“在途物资”“材料采购”“原材料”“库存商品”等科目，按照增值税专用发票上注明的可抵扣的增值税税额，借记“应交税费——应交增值税（进项税额）”科目，按商业汇票的票面金额，贷记“应收票据”科目，如有差额，借记或贷记“银行存款”等科目。

借：在途物资/材料采购/原材料/库存商品　　×××
　　应交税费——应交增值税（进项税额）　　×××
　　贷：应收票据　　×××

（2）对于票据贴现，企业通常应按实际收到的金额，借记“银行存款”科目，按应收票据的票面金额，贷记“应收票据”科目，按其差额，借记或贷记“财务费用”科目。

借：银行存款　　×××
　　贷：应收票据　　×××

【例 7-13】 依据[例 7-12]，甲公司为增值税一般纳税人，甲公司于 2020 年 10 月 15 日将上述应收票据背书转让，以取得生产经营所需的 A 种材料，该材料价款为 1 500 000 元，适用的增值税税率为 13%。

要求：编制甲公司相关会计分录。

【解析】

借：原材料　　1 500 000
　　应交税费——应交增值税（进项税额）　　195 000
　　贷：应收票据　　1 695 000

二、应收账款

应收账款是指企业因销售商品、提供服务等经营活动，应向购货单位或接受服务单位收取的款项，主要包括企业销售商品或提供服务等应向有关债务人收取的价款及代购货单位垫付的包装费、运杂费等。

为了反映和监督应收账款的增减变动及其结存情况，企业应设置“应收账款”科目，不单独设置“预收账款”科目的企业，预收的账款也在“应收账款”科目核算。

“应收账款”科目的借方登记应收账款的增加，贷方登记应收账款的收回及确认的坏账损失，期末余额一般在借方，反映企业尚未收回的应收账款；如果期末余额在贷方，一般为企业预收的账款。其账户结构如图 7-4 所示。

借方　　　　应收账款	贷方
应收账款的增加	应收账款的收回 确认的坏账损失
企业尚未收回的应收账款	企业预收的账款

图 7-4　应收账款账户结构图

重点提示

（1）企业如有代购货单位垫付的包装费、运杂费，也计入应收账款，通过“应收账款”科目核算。

（2）企业应收账款改用应收票据结算，在收到承兑的商业票据时，借记“应收票据”科目，贷记“应收账款”科目。

【例 7-14】 甲公司为增值税一般纳税人，采用托收承付结算方式向乙公司（为增值税一般纳税人）销售商品一批，取得的增值税专用发票上注明的价款为 300 000 元，增值税额为 39 000 元，已办理托收手续。

要求：编制甲公司的会计分录。

【解析】

借：应收账款　　339 000
　　贷：主营业务收入　　300 000
　　　　应交税费——应交增值税（进项税额）　　39 000

甲公司实际收到款项时，应编制如下会计分录：

借：应收账款　　339 000
　　贷：主营业务收入　　300 000
　　　　应交税费——应交增值税（进项税额）　　39 000

【例 7-15】 依据[例 7-12]，如果甲公司委托银行收取乙公司的款项改用应收票据结算，收到乙公司交来的商业承兑汇票一张，面值为 339 000 元，用以偿还其前欠价款。

要求：编制甲公司的会计分录。

【解析】

借：应收票据　　339 000
　　贷：应收账款　　339 000

三、预收账款

（一）预收账款的概念

预收账款是指企业按照合同规定预收的款项。预收账款通常以货物清偿。

（二）预收账款账户结构

企业应设置“预收账款”科目，核算和监督预收账款的取得、偿付等情况。本科目一般应按照客户设置明细科目进行明细核算。其账户结构如图 7-5 所示。

借方　　　　**预收账款**　　　　贷方

冲销的预收账款金额	发生的预收账款金额
企业尚未转销的款项	企业预收的账款金额

图 7-5　预收账款账户结构图

（三）预收账款的账务处理

企业预收款项时，按实际收到的全部预收款，借记“库存现金”“银行存款”科目，涉及增值税的，按照预收款计算的应交增值税，贷记“应交税费——应交增值税（销项税额）”科目，全部预收款扣除应交增值税的差额，贷记“预收账款”科目；企业收到客户补付款项时，借记“库存现金”“银行存款”科目，贷记“预收账款”“应交税费——应交增值税（销项税额）”科目。

借：银行存款　　×××
　　贷：预收账款　　×××
　　　　应交税费——应交增值税(销项税额)　　×××

企业销售实现时，按照实现的收入，借记“预收账款”科目，贷记“主营业务收入”“其他业务收入”科目；退回客户多预付的款项时，借记“预收账款”科目，贷记“库存现金”“银行存款”科目。

预收货款业务不多的企业，可以不单独设置“预收账款”科目，其所发生的预收货款，可通过“应收账款”科目核算。

【例 7-16】 甲公司为增值税一般纳税人，2020 年 7 月 1 日，甲公司与乙公司签订销售合同，向乙公司出售设备三台，三台设备(含税)共计 67 800 元。合同约定，合同签订日预付货款(含税)22 600 元，合同到期结清全部余款。合同签订日，甲公司收到货款 20 000 并存入银行。合同到期日，甲公司收到货款余款及相应的增值税。

要求：编制甲公司相关会计分录。

【解析】

(1) 收到乙公司预付货款：

借：银行存款　　22 600
　　贷：预收账款——乙公司　　22 600

(2) 设备发出时，确认收入：

借：预收账款——乙公司　　67 800
　　贷：主营业务收入　　60 000
　　　　应交税费——应交增值税(销项税额)　　7 800

(3) 合同到期，收到货款余款：

借：银行存款　　45 200
　　贷：预收账款——乙公司　　45 200

【例 7-17】 依据[例 7-16]，假设甲公司不设置“预收账款”科目，其预收的款项可通过“应收账款”科目核算。

要求：编制甲公司的会计分录。

【解析】

(1) 收到乙公司预付货款：

借：银行存款　　22 600
　　贷：应收账款——乙公司　　20 000
　　　　应交税费——应交增值税(销项税额)　　2 600

(2) 设备发出时，确认收入：

借：应收账款——乙公司　　67 800
　　贷：主营业务收入　　60 000
　　　　应交税费——应交增值税(销项税额)　　7 800

(3) 合同到期，收到货款余款：

借：银行存款　　45 200
　　贷：应收账款——乙公司　　45 200

四、应收股利和应收利息

（一）应收股利

1. 应收股利概述

应收股利是指企业应收取的现金股利或应收取其他单位分配的利润。为了反映和监督应收股利的增减变动及其结存情况，企业应设置“应收股利”科目。“应收股利”科目的借方登记应收现金股利或利润的增加，贷方登记收到的现金股利或利润，期末余额一般在借方，反映企业尚未收到的现金股利或利润。“应收股利”科目应当按照被投资单位设置明细科目进行核算。其账户结构如图 7-6 所示。

借方　　**应收股利**　　贷方

应收现金股利或利润的增加	收到的现金股利或利润
尚未收到的现金股利或利润	

图 7-6　应收股利账户结构图

2. 应收股利的账务处理

（1）企业在持有以公允价值计量且其变动计入当期损益的金融资产（交易性金融资产）期间，被投资单位宣告发放现金股利，按应享有的份额，确认为当期投资收益，借记“应收股利”科目，贷记“投资收益”科目。

借：应收股利　　×××
　　贷：投资收益　　×××

重点提示

企业收到被投资单位分配的现金股利或利润，应贷记“应收股利”科目，但对于应借记的会计科目，应分两种情况分别进行处理：对于企业通过证券公司购入上市公司股票所形成的股权投资取得的现金股利，应借记“其他货币资金——存出投资款”科目；对于企业持有的其他股权投资取得的现金股利或利润，应借记“银行存款”科目。

【例 7-18】 甲公司持有丙上市公司股票，且作为以公允价值计量且其变动计入当期损益的金融资产（交易性金融资产）进行管理和核算。2020 年 5 月 10 日，丙上市公司发放 2019 年现金股利，甲公司按其持有该上市公司股份计算确定的应分得的现金股利为 200 000 元。假定不考虑相关税费。

要求：编制甲公司相关会计分录。

【解析】

借：应收股利——丙上市公司　　200 000
　　贷：投资收益——丙上市公司　　200 000

【例 7-19】 依据［例 7-18］，2020 年 5 月 30 日，甲公司收到丙上市公司发放的现金股利 200 000 元，款项已存入银行。假定不考虑相关税费。

要求：编制甲公司相关会计分录。

【解析】

借：其他货币资金——存出投资款　　200 000

　贷：应收股利——丙上市公司　　200 000

(二) 应收利息

应收利息是指企业根据合同或协议规定应向债务人收取的利息。为了反映和监督应收利息的增减变动及其结存情况，企业应设置“应收利息”科目。“应收利息”科目的借方登记应收利息的增加，贷方登记收到的利息，期末余额一般在借方，反映企业尚未收到的利息。“应收利息”科目应当按照借款人或被投资单位设置明细科目进行核算。其账户结构如图 7-7 所示。

借方　　应收利息	贷方
应收利息的增加	收到的利息
尚未收到的利息	

图 7-7　应收利息账户结构图

【例 7-20】　甲公司持有庚公司债券投资，2020 年 1 月 11 日，甲公司收到庚公司通知，拟向其支付 2019 年利息 1 000 000 元，款项尚未支付。假定不考虑相关税费。

要求：编制甲公司相关会计分录。

【解析】

借：应收利息——庚公司　　1 000 000

　贷：投资收益——庚公司　　1 000 000

五、其他应收款

1. 其他应收款概述

其他应收款是指企业除应收票据、应收账款、预付账款、应收股利和应收利息以外的其他各种应收及暂付款项。其主要内容包括：应收的各种赔款、罚款，如因企业财产等遭受意外损失而应向有关保险公司收取的赔款等；应收的出租包装物租金；应向职工收取的各种垫付款项，如为职工垫付的水电费、应由职工负担的医药费、房租费等；存出保证金，如租入包装物支付的押金；其他各种应收、暂付款项。

为了反映和监督其他应收账款的增减变动及其结存情况，企业应当设置“其他应收款”科目进行核算。“其他应收款”科目的借方登记其他应收款的增加，贷方登记其他应收款的收回，期末余额一般在借方，反映企业尚未收回的其他应收款项。“其他应收款”科目应当按照对方单位(或个人)设置明细科目进行核算。其账户结构如图 7-8 所示。

借方　　其他应收款	贷方
其他应收款的增加	其他应收款的收回
企业尚未收回的其他应收款项	

图 7-8　其他应收款账户结构图

2. 其他应收款的账务处理

(1) 企业发生各种其他应收款项时，应借记“其他应收款”科目，贷记“库存现金”“银行存款”“固定资产清理”等科目。

借：其他应收款　　×××
　贷：库存现金/银行存款/固定资产清理　　×××

（2）收回其他各种应收款项时，借记“库存现金”“银行存款”“应付职工薪酬”等科目，贷记“其他应收款”科目。

借：库存现金/银行存款/应付职工薪酬　　×××
　贷：其他应收款　　×××

【例 7-21】 2020 年 11 月 13 日，甲公司在采购过程中发生材料毁损，按保险合同规定，应由 M 保险公司赔偿损失 30 000 元。11 月 20 日，甲公司如数收到上述 M 保险公司的赔款。假定甲公司对原材料采用计划成本进行日常核算。

要求：编制甲公司相关会计分录。

【解析】

（1）2020 年 11 月 13 日：

借：其他应收款——M 保险公司　　300 000
　贷：材料采购　　300 000

（2）2020 年 11 月 20 日：

借：银行存款　　300 000
　贷：其他应收款——M 保险公司　　300 000

【例 7-22】 甲公司以银行存款替职工王某垫付应由其个人负担的医疗费 5 000 元，拟从其工资中扣回。

要求：编制甲公司相关会计分录。

【解析】

（1）垫付款时：

借：其他应收款——王某　　5 000
　贷：银行存款　　5 000

（2）扣款时：

借：应付职工薪酬　　5 000
　贷：其他应收款——王某　　5 000

【例 7-23】 2020 年 11 月 5 日，甲公司向丁公司租入包装物一批，以银行存款向丁公司支付押金 10 000 元。11 月 21 日，甲公司按期如数向丁公司退回所租包装物，并收到丁公司退还的押金 10 000 元，已存入银行。

要求：编制甲公司相关会计分录。

【解析】

（1）2020 年 11 月 5 日：

借：其他应收款——丁公司　　10 000
　贷：银行存款　　10 000

(2) 2020 年 11 月 21 日：

借：银行存款　　10 000
　　贷：其他应收款——丁公司　　10 000

六、应收款项减值

企业的各项应收款项，可能会由于购货人拒付、破产、死亡等原因而无法收回。这类无法收回的应收款项就是坏账。企业因坏账而遭受的损失为坏账损失或减值损失。企业应当在资产负债表日对应收款项的账面价值进行评估，应收款项发生减值的，应当将减记的金额确认为减值损失，计提坏账准备。应收款项减值有两种核算方法，即直接转销法和备抵法，我国企业会计准则规定，应收款项减值的核算应采用备抵法，不得采用直接转销法。

(一) 直接转销法

采用直接转销法时，日常核算中应收款项可能发生的坏账损失不予考虑，只有在实际发生坏账时，才作为坏账损失计入当期损益，同时直接冲销应收款项，即借记“信用减值损失”科目，贷记“应收账款”等科目。

借：信用减值损失　　×××
　　贷：应收账款　　×××

【例 7-24】 某企业 2016 年发生的一笔 20 000 元的应收账款，长期无法收回，于 2020 年末确认为坏账。

要求：编制该企业相关会计分录。

【解析】

借：信用减值损失——坏账损失　　20 000
　　贷：应收账款　　20 000

这种方法的优点是账务处理简单，其缺点是不符合权责发生制会计基础，与资产定义相冲突。在这种方法下，只有坏账实际发生时，才将其确认为当期费用，导致资产和各期损益不实；另外，在资产负债表上，应收账款是按账面余额而不是按账面价值反映，这在一定程度上歪曲了期末的财务状况。所以，企业会计准则不允许采用直接转销法。

(二) 备抵法

备抵法是采用一定的方法按期估计坏账损失，计入当期损益，同时建立坏账准备，待坏账实际发生时，冲销已计提的坏账准备和相应的应收款项。采用这种方法，在财务报表上列示应收款项的净额，使财务报表使用者能了解企业应收款项预期可收回的金额或真实的财务情况。

企业应当设置“坏账准备”科目，核算应收款项的坏账准备计提、转销等事项。“坏账准备”科目的贷方登记当期计提的坏账准备、收回已转销的应收账款而恢复的坏账准备，借方登记实际发生的坏账损失金额和冲减的坏账准备金额，期末贷方余额，反映企业已计提但尚未转销的坏账准备。

坏账准备可按以下公式计算：

$$\text{当期应计提的坏账准备} = \text{当期按应收款项计算的坏账准备金额} - (\text{或}+)\ \text{“坏账准备”科目的贷方(或借方)金额}$$

1. 计提坏账准备

（1）企业计提坏账准备时，按照应收款项应减记的金额，借记“信用减值损失——计提的坏账准备”科目，贷记“坏账准备”科目。

借：信用减值损失——计提的坏账准备　　×××
　　贷：坏账准备　　×××

（2）冲减多计提的坏账准备时，借记“坏账准备”科目，贷记“信用减值损失——计提的坏账准备”科目。

借：坏账准备　　×××
　　贷：信用减值损失——计提的坏账准备　　×××

【例 7-25】 2019 年 12 月 31 日，甲公司应收丙公司的账款余额为 1000 000 元，甲公司根据企业会计准则确定应计提坏账准备的金额为 100 000 元。

要求：编制甲公司相关会计分录。

【解析】

借：信用减值损失——计提的坏账准备　　100 000
　　贷：坏账准备　　100 000

2. 转销坏账

企业确实无法收回的应收款项按管理权限报经批准后作为坏账转销时，应当冲减已计提的坏账准备。企业实际发生坏账损失时，借记“坏账准备”科目，贷记“应收账款”“其他应收款”等科目。

借：坏账准备　　×××
　　贷：应收账款/其他应收款　　×××

【例 7-26】 依据[例 7-25]，2020 年 6 月，甲公司应收丙公司的销货款实际发生坏账损失 30 000 元。

要求：编制甲公司相关会计分录。

【解析】

借：坏账准备　　30 000
　　贷：应收账款　　30 000

【例 7-27】 依据[例 7-25]和[例 7-26]，假定甲公司 2020 年 12 月 31 日应收丙公司的账款余额为 1 200 000 元，甲公司对该应收账款应计提 120 000 元坏账准备。即 2020 年 12 月 31 日甲公司“坏账准备”科目应保持的贷方余额为 120 000 元。计提坏账准备前，“坏账准备”科目的实际余额为贷方 70 000 元（100 000－30 000），因此，本年年末应计提的坏账准备金额为 50 000 元（120 000－70 000）。

要求：编制甲公司相关会计分录。

【解析】

借：信用减值损失——计提的坏账准备　　50 000
　　贷：坏账准备　　50 000

3. 收回已确认坏账并转销应收款项

已确认并转销的应收款项以后又收回的，应当按照实际收到的金额增加坏账准备的账面余额。已确认并转销的应收款项以后又收回时，借记"应收账款""其他应收款"等科目，贷记"坏账准备"科目；同时，借记"银行存款"科目，贷记"应收账款""其他应收款"等科目。

借：应收账款/其他应收款　　×××
　　贷：坏账准备　　×××

借：银行存款　　×××
　　贷：应收账款/其他应收款　　×××

【例 7-28】 2021 年 1 月 20 日，甲公司收回 2020 年已作坏账转销的应收账款 20 000 元，已存入银行。

要求：编制甲公司相关会计分录。

【解析】

借：应收账款　　20 000
　　贷：坏账准备　　20 000

借：银行存款　　20 000
　　贷：应收账款　　20 000

第三节　费　用

费用包括企业日常活动所发生的经济利益的总流出，企业为生产产品、提供劳务等发生的可归属于产品成本、劳务成本等的费用，应当在确认销售商品收入、提供劳务收入等时，将已销售商品、已提供劳务的成本确认为营业成本(包括主营业务成本和其他业务成本)。

费用主要包括营业成本、税金及附加和期间费用三类，期间费用包括销售费用、管理费用和财务费用。

一、营业成本

营业成本是指企业为生产产品、提供服务等发生的可归属于产品成本、服务成本等的费用，应当在确认销售商品收入、提供服务收入等时，将已销售商品、已提供服务的成本等计入当期损益。营业成本包括主营业务成本和其他业务成本。

(一) 主营业务成本

主营业务成本是指企业销售商品、提供服务等经常性活动所发生的成本。企业一般在确认销售商品、提供服务等主营业务收入时，或在月末，将已销售商品、已提供服务的成本转入主营业务成本。企业应当设置"主营业务成本"科目，用于核算企业因销售商品、提供服务等日常活动而发生的实际成本，该科目按主营业务的种类进行明细核算。企业结转已销售商品或提供服务成本时，借记"主营业务成本"科目，贷记"库存商品""合同履约成本"等科目。期末，将主营业务成本的余额转入"本年利润"科目，借记"本年利润"科目，贷记"主营业务成本"科目，结转后，"主营业务成本"科目无余额。其具体账务处理如下：

(1) 结转成本时：

借：主营业务成本　　×××
　　贷：库存商品/合同履约成本　　×××

（2）期末结转时：

借：本年利润　　　　×××

　　贷：主营业务成本　　　　×××

（二）其他业务成本

其他业务成本是指企业确认的除主营业务活动以外的其他日常经营活动所发生的支出。其他业务成本包括销售材料的成本、出租固定资产的折旧额、出租无形资产的摊销额、出租包装物的成本或摊销额等。采用成本模式计量投资性房地产的，其投资性房地产计提的折旧额或摊销额，也构成其他业务成本。

企业应当设置“其他业务成本”科目，核算企业确认的除主营业务活动以外的其他日常经营活动所发生的支出。“其他业务成本”科目按其他业务成本的种类进行明细核算。企业发生的其他业务成本，借记“其他业务成本”科目，贷记“原材料”“周转材料”“累计折旧”“累计摊销”“应付职工薪酬”“银行存款”等科目。期末，“其他业务成本”科目余额转入“本年利润”科目，结转后，“其他业务成本”科目无余额。其具体账务处理如下：

（1）结转成本时：

借：其他业务成本　　　　×××

　　贷：原材料/合同履约成本　　　　×××

（2）期末结转时：

借：本年利润　　　　×××

　　贷：其他业务成本　　　　×××

【例7-29】 下列各项中，不应列入利润表“营业成本”项目的是（　　）。

A. 已销商品的实际成本　　B. 在建工程领用产品的成本

C. 对外提供劳务结转的成本　　D. 投资性房地产计提的折旧额

【答案】 B

【解析】 利润表“营业成本”项目包括主营业务成本和其他业务成本。选项A，已销商品的实际成本计入主营业务成本；选项C，对外提供劳务结转的成本应计入主营业务成本；选项D，投资性房地产计提的折旧额计入其他业务成本；选项B，在建工程领用产品的成本应计入在建工程，不在利润表“营业成本”项目列示。

【例7-30】 某企业转让一项商标权的使用权，协议约定转让期为5年，每月月末收取使用费2 000元，并且开具的增值税专用发票上注明的增值税税额为120元，该商标权的月摊销额为1 500元，不考虑其他因素，该企业的商标使用权转让期内每月应计入其他业务成本的金额为（　　）元。

A. 1 620　　B. 2 000　　C. 1 500　　D. 1 380

【答案】 C

【解析】 该企业商标使用权的转让不属于该企业的主营业务，因此商标权的摊销额应计入其他业务成本，故该企业的商标使用权转让期内每月应计入其他业务成本的金额为1 500元。

【例7-31】 下列各项中，制造业企业应计入其他业务成本的是（　　）。

A. 出租固定资产的折旧费　　B. 存货盘亏净损失

C. 台风造成的财产净损失　　　　　　　D. 公益性捐赠支出

【答案】 A

【解析】 选项B,管理不善导致的存货盘亏净损失计入管理费用;选项C,非常损失如自然灾害等导致的存货盘亏净损失计入营业外支出,由保险公司和过失人赔偿的计入其他应收款;选项D,公益性捐赠支出计入营业外支出。

二、税金及附加

税金及附加是指企业经营活动应负担的相关税费,包括消费税、城市维护建设税、教育费附加、资源税、土地增值税、房产税、城镇土地使用税、车船税、印花税等。

1. 消费税、城市维护建设税、教育费附加、资源税、房产税、城镇土地使用税、车船税

企业应当设置"税金及附加"科目,核算企业经营活动发生的消费税、城市维护建设税、教育费附加、资源税、房产税、城镇土地使用税、车船税等相关税费。其中,按规定计算确定的与经营活动相关的消费税、城市维护建设税、资源税、教育费附加、房产税、城镇土地使用税、车船税等税费,企业应借记"税金及附加"科目,贷记"应交税费"科目。期末,应将"税金及附加"科目余额转入"本年利润"科目,结转后,"税金及附加"科目无余额。其账务处理具体如下:

(1) 计算税费时:

借:税金及附加　　　　×××

　贷:应交税费——应交消费税等　　　　×××

(2) 期末结转:

借:本年利润　　　　×××

　贷:税金及附加　　　　×××

2. 印花税

企业交纳的印花税,不会发生应付未付税款的情况,不需要预计应纳税金额,同时也不存在与税务机关结算或者清算的问题。因此,企业交纳的印花税不通过"应交税费"科目核算,于购买印花税票时,直接借记"税金及附加"科目,贷记"银行存款"科目。

借:税金及附加　　　　×××

　贷:银行存款　　　　×××

3. 契税、耕地占用税、车辆购置税

契税、耕地占用税、车辆购置税的计算不计入"税金及附加"账户,直接计入资产成本。

【例7-32】 下列各项中,应通过"税金及附加"科目核算的有(　　)。

A. 按规定计算确认的应交教育费附加

B. 销售商品应交的增值税

C. 订立货物运输合同支付的印花税

D. 按规定计算确认的应交城市维护建设税

【答案】 ACD

【解析】 企业应当设置"税金及附加"科目,核算企业经营活动发生的消费税、城市维护建设税、教育费附加、资源税、房产税、城镇土地使用税、车船税、印花税等相关税费。

三、期间费用

（一）期间费用概述

期间费用是指企业日常活动发生的不能计入特定核算对象的成本，而应计入发生当期损益的费用。

期间费用是企业日常活动中所发生的经济利益的流出，通常不计入特定的成本核算对象，是因为期间费用是企业为组织和管理整个经营活动所发生的费用，与可以确定特定成本核算对象的材料采购、产成品生产等没有直接关系，因而期间费用不计入有关核算对象的成本，而是直接计入当期损益。

（二）期间费用的账务处理

期间费用包括销售费用、管理费用和财务费用。

1. 销售费用

销售费用是指企业销售商品和材料、提供服务的过程中发生的各种费用，包括企业在销售商品过程中发生的保险费、包装费、展览费和广告费、商品维修费、预计产品质量保证损失、运输费、装卸费等以及为销售本企业商品而专设的销售机构（含销售网点、售后服务网点等）的职工薪酬、业务费、折旧费等经营费用。企业发生的与专设销售机构相关的固定资产修理费用等后续支出也属于销售费用。

销售费用是与企业销售商品活动有关的费用，但不包括销售商品本身的成本，该成本属于主营业务成本。

企业应设置“销售费用”科目，核算销售费用的发生和结转情况。该科目借方登记企业所发生的各项销售费用，贷方登记期末转入“本年利润”科目的销售费用，结转后，“销售费用”科目应无余额。“销售费用”科目应按销售费用的费用项目进行明细核算。其账户结构如图 7-9 所示。

借方　　　　　　　　销售费用	贷方
企业所发生的各项销售费用	期末转入“本年利润”科目的金额

图 7-9　销售费用账户结构图

（1）费用发生时：

借：销售费用　　×××
　　贷：银行存款等　　×××

（2）期末结转时：

借：本年利润　　×××
　　贷：销售费用　　×××

【例 7-33】　下列各项中，应列入利润表“销售费用”项目的是（　　）。

A. 计提行政管理部门使用无形资产的摊销额

B. 计提由行政管理部门负担的工会经费

C. 计提专设销售机构固定资产的折旧费

D. 发生的不符合资本化条件的研发费用

【答案】 C

【解析】 销售费用是指企业销售商品或材料提供服务的过程中发生的各种费用，包括企业在销售商品过程中发生的保险费、包装费、展览费、广告费、商品维修费、预计产品质量保证损失、运输费、装卸费等以及为销售本企业商品而专设的销售机构（含销售网点、售后服务网点等）的职工薪酬、业务费、折旧费等经营费用。企业发生的与专设销售机构相关的固定资产修理费用等后续支出也属于销售费用。选项 ABD 三项计入管理费用。

2. 管理费用

管理费用是指企业为组织和管理生产经营发生的各种费用，包括企业在筹建期间内发生的开办费、董事会和行政管理部门在企业的经营管理中发生的以及应由企业统一负担的公司经费（包括行政管理部门职工薪酬、物料消耗、低值易耗品摊销、办公费和差旅费等）、行政管理部门负担的工会经费、董事会费（包括董事会成员津贴、会议费和差旅费等）、聘请中介机构费、咨询费（含顾问费）、诉讼费、业务招待费、技术转让费、研究费用等。企业生产车间（部门）和行政管理部门发生的固定资产修理费用等后续支出，也作为管理费用核算。

企业应设置“管理费用”科目，核算管理费用的发生和结转情况。“管理费用”科目借方登记企业发生的各项管理费用，贷方登记期末转入“本年利润”科目的管理费用，结转后，“管理费用”科目应无余额。“管理费用”科目按管理费用的费用项目进行明细核算。商品流通企业管理费用不多的，可不设“管理费用”科目，相关核算内容可并入“销售费用”科目核算。其账户结构如图 7-10 所示。

借方　　　　管理费用	贷方
企业发生的各项管理费用	期末转入“本年利润”科目的金额

图 7-10　管理费用账户结构图

（1）费用发生时：

借：管理费用　　×××

　　贷：银行存款等　　×××

（2）期末结转时：

借：本年利润　　×××

　　贷：管理费用　　×××

【例 7-34】 下列各项中，应计入管理费用的有（　　）。

A. 合同违约支付的诉讼费　　B. 专设销售机构发生的计算机维修费用

C. 聘请会计师事务所支付的审计费用　　D. 筹建期间发生的开办费

【答案】 ACD

【解析】 选项 B，应计入销售费用。

3. 财务费用

财务费用是指企业为筹集生产经营所需资金等而发生的筹资费用，包括利息支出（减利息收入）、汇兑损益以及相关的手续费、企业发生的现金折扣或收到的现金折扣等。

企业应设置“财务费用”科目，核算财务费用的发生和结转情况。“财务费用”科目借方登记企业发生的各项财务费用，贷方登记期末转入“本年利润”科目的财务费用，结转后，“财务费用”科目应无余额。“财务费用”科目应按财务费用的费用项目进行明细核算。其账户结构如图 7-11 所示。

借方　　　　财务费用	贷方
企业发生的各项财务费用	期末转入“本年利润”科目的金额

图 7-11　财务费用账户结构图

（1）费用发生时：

借：财务费用　　　　×××
　　贷：银行存款等　　　　×××

（2）期末结转时：

借：本年利润　　　　×××
　　贷：财务费用　　　　×××

【例 7-35】 下列各项中，不应计入企业财务费用的是（　　）。

A. 支付的发行股票手续费　　　　B. 支付的银行结算手续费

C. 支付的银行承兑汇票手续费　　D. 确认的短期借款利息费用

【答案】 A

【解析】 支付的发行股票手续费计入资本公积核算，不计入财务费用。股份有限公司发行股票相关的手续费、佣金等交易费用，如果是溢价发行股票的，应从溢价中抵扣，冲减资本公积（股本溢价）；无溢价发行股票或溢价金额不足以抵扣的，应将不足抵扣的部分冲减盈余公积和未分配利润。

【例 7-36】 甲公司为增值税一般纳税人，主要生产和销售 M 和 N 产品。2020 年 8 月份发生有关经济业务如下：

① 本月完工入库 M 产品一批。为推销该产品共发生支出 568 000 元，其中电视广告费 500 000 元，参加推介会的展览费 60 000 元，专设销售机构人员薪酬 8 000 元，全部款项以银行存款支付，取得增值税专用发票上注明的增值税税额为 33 600 元。

② 本月发出 M 产品，委托乙公司进一步加工为 N 产品，发出 M 产品实际成本为 400 000 元，支付加工费 50 000 元，增值税专用发票上注明的增值税额为 6 500 元，由受托方代收代缴消费税 110 000 元。收回加工完成的 N 产品直接对外销售，相关款项以银行存款支付。

③ 销售 M 产品一批，增值税专用发票上注明的价款 500 000 元、增值税额 65 000 元，收到客户出具的一张面值为 565 000 元、期限为 3 个月的商业承兑汇票；该批产品生产成本为 360 000 元。

④ 月末，经计算本期应交城市维护建设税 1 743 元，教育费附加 747 元。

要求：根据上述资料，不考虑其他因素，分析回答下列小题。

（1）根据资料①，下列关于甲公司推销产品有关支出的会计处理的表述中，正确的有（　　）。

A. 支付展览费 60 000 元，记入“销售费用”科目的借方

B. 支付广告费 500 000 元，记入“管理费用”科目的借方

C. 支付增值税进项税额 33 600 元，记入“应交税费”科目的借方

D. 支付专设销售机构人员薪酬8 000元，记入“销售费用”科目的借方

【答案】 AC

【解析】 选项AB，支付的广告费、展览费应记入“销售费用”科目的借方；选项C，支付的增值税进项税额记入“应交税费”科目的借方；选项D，支付专设销售机构人员薪酬，计提时，借记“销售费用”科目，贷记“应付职工薪酬”科目，支付时，借记“应付职工薪酬”科目，贷记“银行存款”科目。

(2) 根据资料②，下列关于甲公司委托加工物资代收代缴消费税的会计处理的表述中，正确的是(　　)。

A. 记入“税金及附加”科目的借方

B. 记入“应交税费——应交消费税”科目的贷方

C. 记入“委托加工物资”科目的借方

D. 记入“应交税费——应交消费税”科目的借方

【答案】 C

【解析】 委托加工物资收回后，直接用于销售的，应将受托方代收代缴的消费税计入委托加工物资的成本，借记“委托加工物资”等科目，贷记“应付账款”“银行存款”等科目。

(3) 根据资料②，甲公司委托加工完成的N产品实际成本是(　　)元。

A. 560 000　　B. 450 000　　C. 566 500　　D. 400 000

【答案】 A

【解析】 甲公司委托加工完成的N产品实际成本＝400 000＋50 000＋110 000＝560 000(元)。

(4) 根据资料③，下列关于甲公司销售M产品的会计处理的表述中，正确的有(　　)。

A. 结转销售成本，记入“主营业务成本”科目的借方

B. 确认销售收入，记入“主营业务收入”科目的贷方

C. 确认增值税销项税额，记入“应交税费”科目的贷方

D. 按商业承兑汇票的面值，记入“其他货币资金”科目的借方

【答案】 ABC

【解析】 选项D，按商业承兑汇票的面值记入“应收票据”科目的借方。

(5) 根据资料①至④，甲公司利润表中“税金及附加”项目本期金额是(　　)元。

A. 2 490　　B. 110 000　　C. 112 490　　D. 137 390

【答案】 A

【解析】 甲公司利润表中“税金及附加”项目本期金额＝1 734＋747＝2 490(元)。

第四节 应交消费税

一、消费税概述

消费税是指在我国境内生产、委托加工和进口应税消费品的单位和个人，按其流转额缴纳的一种税。消费税有从价定率、从量定额、从价定率和从量定额复合计税(简称“复合计税”)三种征收方法。采取从价定率方法征收的消费税，以不含增值税的销售额为税基，按照税法规定的税率计算。企业的销售收入包含增值税的，应将其换算为不含增值税的销售额。

采取从量定额计征的消费税，按税法确定的企业应税消费品的数量和单位应税消费品应缴纳的消费税计算确定。采取复合计税计征的消费税，以不含增值税的销售额为税基，按照税法规定的税率计算的消费税和根据按税法确定的企业应税消费品的数量和单位应税消费品应缴纳的消费税计算的消费税合计确定。

二、应交消费税的账务处理

企业应在“应交税费”科目下设置“应交消费税”明细科目，核算应交消费税的发生、缴纳情况。其账户结构如图 7-12 所示。

借方	应交税费——应交消费税　　　　贷方
已缴纳的消费税	应缴纳的消费税
企业多缴纳的消费税	企业尚未缴纳的消费税

图 7-12　应交消费税账户结构

1. 销售应税消费品

企业销售应税消费品应交的消费税，应借记“税金及附加”科目，贷记“应交税费——应交消费税”科目。

【例 7-37】 甲公司销售所生产的化妆品，价款 1 000 000 元(不含增值税)，开具的增值税专用发票上注明的增值税额为 130 000 元，适用的消费税税率为 15%，款项已存入银行。

要求：编制甲公司相关会计分录。

【解析】

(1) 取得价款和税款时：

借：银行存款　　　　1 130 000

　　贷：主营业务收入　　　　1 000 000

　　　　应交税费——应交增值税(销项税额)　　　　130 000

(2) 计算应缴纳的消费税：

$$应纳消费税税额 = 1\,000\,000 \times 15\% = 150\,000(元)$$

借：税金及附加　　　　150 000

　　贷：应交税费——应交消费税　　　　150 000

2. 自产自用应税消费品

企业将生产的应税消费品用于在建工程等非生产机构时，按规定应缴纳的消费税，借记“在建工程”等科目，贷记“应交税费——应交消费税”科目。

【例 7-38】 乙企业领用自产柴油用于工程建设，成本为 50 000 元，应纳消费税 6 000 元。不考虑其他相关税费。

要求：编制乙企业相关会计分录。

【解析】

借：在建工程　　　　56 000

　　贷：库存商品　　　　50 000

　　　　应交税费——应交消费税　　　　6 000

【例 7-39】 丙公司下设的职工食堂享受企业提供的补贴，本月领用自产产品一批，该产品的成本为 20 000 元，市场不含税售价为 30 000 元，适用的增值税税率为 13%，消费税税率为 10%。

要求：编制丙公司相关会计分录。

【解析】

借：应付职工薪酬——职工福利费　　33 900
　　税金及附加　　3 000
　　贷：主营业务收入　　30 000
　　　　应交税费——应交增值税(销项税额)　　3 900
　　　　应交税费——应交消费税　　3 000

同时，结转产品成本。

借：主营业务成本　　20 000
　　贷：库存商品　　20 000

3. 委托加工应税消费品

企业如有应交消费税的委托加工物资，一般应由受托方代收代缴消费税。委托加工物资收回后，直接用于销售的，应将受托方代收代缴的消费税计入委托加工物资的成本，借记“委托加工物资”等科目，贷记“应付账款”“银行存款”等科目。

借：委托加工物资　　×××
　　贷：应付账款　　×××
　　　　银行存款　　×××

委托加工物资收回后用于连续生产应税消费品的，按规定准予抵扣的，应按已由受托方代收代缴的消费税，借记“应交税费——应交消费税”科目，贷记“应付账款”“银行存款”等科目，待用委托加工的应税消费品生产出应纳消费税的产品销售时，再缴纳消费税。

借：应交税费——应交消费税　　×××
　　贷：应付账款　　×××
　　　　银行存款　　×××

【例 7-40】 甲公司委托乙企业代为加工一批应交消费税的材料(非金银首饰)。甲公司发出材料的成本为 2 000 000 元，应付加工费为 400 000 元，增值税税率为 13%，由乙企业代收代缴的消费税为 160 000 元。材料已经加工完成，并由甲公司收回验收入库，加工费及相关税金尚未支付。甲公司采用实际成本法进行原材料的核算。

要求：编制甲公司相关会计分录。

【解析】

(1) 委托加工物资收回继续用于生产应税消费品：

借：委托加工物资　　2 000 000
　　贷：原材料　　2 000 000

借：委托加工物资　　400 000
　　应交税费——应交增值税(进项税额)　　52 000
　　　　　　——应交消费税　　160 000
　　贷：应付账款　　612 000

借：原材料　　2 400 000
　贷：委托加工物资　　2 400 000

（2）如果委托加工物资收回直接对外销售：

借：委托加工物资　　2 000 000
　贷：原材料　　2 000 000

借：委托加工物资　　560 000
　应交税费——应交增值税(进项税额)　　52 000
　贷：应付账款　　612 000

借：原材料　　2 560 000
　贷：委托加工物资　　2 560 000

4. 进口应税消费品

企业进口应税物资缴纳的消费税由海关代征。应交的消费税按照组成计税价格和规定的税率计算，消费税计入该项物资成本，借记“在途物资”“材料采购”“原材料”“库存商品”科目，贷记“银行存款”等科目。

【例7-41】 甲公司从国外进口一批需要缴纳消费税的商品，已知该商品关税完税价格为540 000元，按规定应缴纳关税108 000元，假定进口的应税消费品的消费税税率为10%、增值税税率为13%。货物报关后，自海关取得的“海关进口消费税专用缴款书”注明的消费税税额为72 000元，“海关进口增值税专用缴款书”注明的增值税税额为93 600元。进口商品已验收入库，全部货款和税款已用银行存款支付。

要求：编制甲公司相关会计分录。

【解析】

借：库存商品　　720 000
　应交税费——应交增值税(进项税额)　　93 600
　贷：银行存款　　813 600

本例中，

进口商品的入账成本＝540 000＋108 000＋72 000＝720 000(元)

应交消费税税额＝[(540 000＋108 000)÷(1－10%)]×10%＝72 000(元)

应交增值税税额＝(540 000＋108 000＋72 000)×13%＝93 600(元)

三、其他应交税费

其他应交税费是指除上述应交税费以外的其他各种应上交国家的税费，包括应交资源税、应交城市维护建设税、应交土地增值税、应交所得税、应交房产税、应交土地使用税、应交车船税、应交教育费附加、应交个人所得税等。企业应当在“应交税费”科目下设置相应的明细科目进行核算，贷方登记应缴纳的有关税费，借方登记已缴纳的有关税费，期末贷方余额，反映企业尚未缴纳的有关税费。

（一）应交资源税

资源税是对在我国境内开采矿产品或者生产盐的单位和个人征收的税。

对外销售应税产品应缴纳的资源税应记入“税金及附加”科目，借记“税金及附加”科目，贷记“应交税费——应交资源税”科目。

借：税金及附加　　×××
　　贷：应交税费——应交资源税　　×××

自产自用应税产品应缴纳的资源税应记入“生产成本”“制造费用”等科目，借记“生产成本”“制造费用”等科目，贷记“应交税费——应交资源税”科目。

借：生产成本　　×××
　　制造费用　　×××
　　贷：应交税费——应交资源税　　×××

【例 7-42】 甲公司本期对外销售资源税应税矿产品 4 000 吨，将自产资源税应税矿产品 1 000 吨用于其产品生产，税法规定每吨矿产品应交资源税 5 元。

要求：编制甲公司相关会计分录。

【解析】

(1) 计算对外销售应税矿产品应交资源税：

借：税金及附加　　20 000
　　贷：应交税费——应交资源税　　20 000

企业对外销售应税产品而应缴纳的资源税＝4 000×5＝20 000(元)

(2) 计算自用应税矿产品应交资源税：

借：生产成本　　5 000
　　贷：应交税费——应交资源税　　5 000

企业自产自用应税矿产品而应缴纳的资源税＝1 000×5＝5 000(元)

(3) 缴纳资源税：

借：应交税费——应交资源税　　25 000
　　贷：银行存款　　25 000

(二) 应交城市维护建设税

城市维护建设税是以增值税和消费税为计税依据征收的一种税。其纳税人为缴纳增值税和消费税的单位和个人，以纳税人实际缴纳的增值税和消费税税额为计税依据，并分别与两项税金同时缴纳。税率因纳税人所在地不同从1%到7%不等。应纳税额计算公式为：

应纳税额＝(实际缴纳的增值税＋实际缴纳的消费税)×适用税率

增值额是转让收入减去税法规定扣除项目金额后的余额，其中，转让收入包括货币收入、企业按规定计算出应缴纳的城市维护建设税，借记“税金及附加”等科目，贷记“应交税费——应交城市维护建设税”科目。

借：税金及附加　　×××
　　贷：应交税费——应交城市维护建设税　　×××

缴纳城市维护建设税，借记“应交税费——应交城市维护建设税”科目，贷记“银行存款”科目。

借：应交税费——应交城市维护建设税　　×××
　　贷：银行存款　　×××

【例 7-43】 2020 年 5 月份，甲公司实际缴纳增值税 510 000 元，消费税 240 000 元，适用的城市维护建设税税率为 7%。

要求：编制甲公司相关会计分录。

【解析】

(1) 计算应交城市维护建设税：

借：税金及附加　　52 500

　贷：应交税费——应交城市维护建设税　　52 500

应交的城市维护建设税 = (510 000 + 240 000) × 7% = 52 500(元)

(2) 用银行存款缴纳城市维护建设税：

借：应交税费——应交城市维护建设税　　52 500

　贷：银行存款　　52 500

(三) 应交教育费附加

教育费附加是指为了加快发展地方教育事业、扩大地方教育经费资金来源而向企业征收的附加费用。教育费附加以各单位实际缴纳的增值税、消费税的税额为计征依据，按其一定比例分别与增值税、消费税同时缴纳。企业按规定计算出应缴纳的教育费附加，借记"税金及附加"等科目，贷记"应交税费——应交教育费附加"科目。

借：税金及附加　　×××

　贷：应交税费——应交教育费附加　　×××

【例 7-44】 甲公司按税法规定计算，2020 年第三季度应缴纳教育费附加 300 000 元。款项已经用银行存款支付。

要求：编制甲公司相关会计分录。

【解析】

(1) 计算应缴纳的教育费附加：

借：税金及附加　　300 000

　贷：应交税费——应交教育费附加　　300 000

(2) 缴纳教育费附加：

借：应交税费——应交教育费附加　　300 000

　贷：银行存款　　300 000

(四) 应交土地增值税

土地增值税是对转让国有土地使用权、地上的建筑物及其附着物(简称"转让房地产")并取得增值性收入的单位和个人所征收的一种税。

土地增值税按照转让房地产所取得的增值额和规定的税率计算征收。转让房地产的实物收入和其他收入；扣除项目主要包括取得土地使用权所支付的金额、开发土地的成本及费用、新建房及配套设施的成本及费用、与转让房地产有关的税金、旧房及建筑物的评估价格、财政部确定的其他扣除项目等。土地增值税采用四级超率累进税率，其中最低税率为 30%，最高税率为 60%。

根据企业对房地产核算方法不同，企业应交土地增值税的账务处理也有所区别：

（1）企业转让的土地使用权连同地上建筑物及其附着物一并在“固定资产”科目核算的，转让时应交的土地增值税，借记“固定资产清理”科目，贷记“应交税费——应交土地增值税”科目。

（2）土地使用权在“无形资产”科目核算的，借记“银行存款”“累计摊销”“无形资产减值准备”科目，按应交的土地增值税，贷记“应交税费——应交土地增值税”科目，同时冲销土地使用权的账面价值，贷记“无形资产”科目，按其差额，借记或贷记“资产处置损益”科目。

（3）房地产开发经营企业销售房地产应缴纳的土地增值税，借记“税金及附加”科目，贷记“应交税费——应交土地增值税”科目。缴纳土地增值税，借记“应交税费——应交土地增值税”科目，贷记“银行存款”科目。

【例7-45】 甲公司对外转让一栋厂房，根据税法规定计算的应交土地增值税为25 000元。

要求：编制甲公司相关会计分录。

【解析】

（1）计算应交土地增值税：

借：固定资产清理　　25 000
　　贷：应交税费——应交土地增值税　　25 000

（2）用银行存款缴纳土地增值税：

借：应交税费——应交土地增值税　　25 000
　　贷：银行存款　　25 000

（五）应交房产税、城镇土地使用税和车船税

房产税是国家对在城市、县城、建制镇和工矿区征收的由产权所有人缴纳的一种税。房产税依照房产原值一次减除10%～30%后的余额计算缴纳。没有房产原值作为依据的，由房产所在地税务机关参考同类房产核定；房产出租的，以房产租金收入为房产税的计税依据。

城镇土地使用税是以城市、县城、建制镇、工矿区范围内使用土地的单位和个人为纳税人，以其实际占用的土地面积和规定税额计算征收。

车船税是以车辆、船舶（简称“车船”）为课征对象，向车船的所有人或者管理人征收的一种税。

企业应交的房产税、城镇土地使用税、车船税，记入“税金及附加”科目，借记“税金及附加”科目，贷记“应交税费——应交房产税、应交城镇土地使用税、应交车船税”科目。

借：税金及附加　　×××
　　贷：应交税费——应交房产税　　×××
　　　　　　　　——应交城镇土地使用税　　×××
　　　　　　　　——应交车船税　　×××

【例7-46】 某企业按税法规定本期应缴纳房产税160 000元、车船税38 000元、城镇土地使用税45 000元。

要求：编制该企业相关会计分录。

【解析】

（1）计算应缴纳上述税金：

借：税金及附加　　243 000
　贷：应交税费——应交房产税　　160 000
　　　　　　——应交城镇土地使用税　　45 000
　　　　　　——应交车船税　　38 000

（2）用银行存款缴纳上述税金：

借：应交税费——应交房产税　　160 000
　　　　　——应交城镇土地使用税　　45 000
　　　　　——应交车船税　　38 000
　贷：银行存款　　243 000

（六）应交个人所得税

企业职工按规定应缴纳的个人所得税通常由单位代扣代缴。企业按规定计算的代扣代缴的职工个人所得税，借记“应付职工薪酬”科目，贷记“应交税费——应交个人所得税”科目。

借：应付职工薪酬　　×××
　贷：应交税费——应交个人所得税　　×××

企业缴纳个人所得税时，借记“应交税费——应交个人所得税”科目，贷记“银行存款”等科目。

借：应交税费——应交个人所得税　　×××
　贷：银行存款　　×××

【例 7-47】 甲公司结算本月应付职工工资总额 300 000 元，按税法规定应代扣代缴的职工个人所得税共计 3 000 元，实发工资 297 000 元。

要求：编制该企业相关会计分录。

【解析】

（1）代扣个人所得税：

借：应付职工薪酬——工资　　3 000
　贷：应交税费——应交个人所得税　　3 000

（2）缴纳个人所得税：

借：应交税费——应交个人所得税　　3 000
　贷：银行存款　　3 000

章节测试

班级：________ 姓名：________ 学号：________ 日期：________ 平时分：________

一、单项选择题(每小题 5 分,共 35 分)

1. 采用支付手续费方式委托代销商品时,委托方应将支付的手续费记入(　　)科目。
   A. 管理费用　B. 财务费用　C. 销售费用　D. 其他业务成本
2. 下列各项中,不应计入其他业务成本的是(　　)。
   A. 经营出租设备计提的折旧额　B. 出借包装物的成本摊销额
   C. 出售原材料结转的成本　D. 随同商品出售单独计价的包装物成本
3. 甲企业 2013 年 3 月份发生的费用有：计提车间管理人员工资费用 50 万元,发生管理部门人员工资 30 万元,支付广告宣传费用 40 万元,筹集外币资金发生汇兑损失 10 万元,支付固定资产维修费用 15 万元。则该企业当期的期间费用总额为(　　)万元。
   A. 95　B. 130　C. 140　D. 145
4. 当合同中包含两项或多项履约义务时,企业应当在合同开始日,将交易价格分摊至各单项履约义务,具体分摊时采用的方法是(　　)。
   A. 直线法平均摊销
   B. 各单项履约义务所承诺商品的成本的相对比例
   C. 各单项履约义务所承诺商品的净收益的相对比例
   D. 各单项履约义务所承诺商品的单独售价的相对比例
5. 甲企业销售 A 产品每件 500 元,若客户购买 100 件(含 100 件)以上可得到 10%的商业折扣。乙公司于 2019 年 11 月 5 日购买该企业产品 200 件,款项尚未支付。按规定现金折扣条件为 2/10,1/20,n/30。适用的增值税税率为 13%。该项销售业务属于在某一时点履行的履约义务。甲企业于 2019 年 11 月 5 日销售 A 产品时应确认的收入金额为(　　)元。(假定计算现金折扣时不考虑增值税)
   A. 105 300　B. 89 100　C. 90 000　D. 104 400
6. 2020 年 1 月 1 日,甲建筑公司与客户签订承建一栋办公楼的合同,合同规定 2021 年 3 月 31 日完工;合同总金额为 9 000 万元,预计合同总成本为 7 500 万元。2020 年 12 月 31 日,发生成本 2 250 万元,预计完成合同还需发生成本 5 250 万元。2021 年发生成本 3 750 万元,该年年底预计完成合同还需发生成本 1 500 万元。采用累计发生成本占预计合同总成本的比例确定履约进度,不考虑其他因素。甲建筑公司 2021 年度对该合同应确认的营业收入为(　　)万元。
   A. 5 400　B. 4 500　C. 1 200　D. 7 500
7. 下列各项中,应计入营业外收入的是(　　)。
   A. 银行存款利息收入　B. 存货盘盈
   C. 与日常活动无关的政府补助　D. 确实无法收回的应收账款

二、多项选择题(每小题 5 分,共 30 分)

1. 下列各项中,经济业务的发生不会导致应收账款账面价值增加的有(　　)。
A. 代购货方垫付运输费
B. 购进货物开出的商业承兑汇票到期,企业无力支付票款
C. 赊销商品,购货方在规定日期付款,享受现金折扣
D. 售出的部分商品不符合要求,发生销售退回,货款尚未收到

2. 下列各项中,应计入其他业务成本的有(　　)。
A. 出借包装物成本的摊销
B. 出租包装物成本的摊销
C. 随同产品出售单独计价的包装物成本
D. 随同产品出售不单独计价的包装物成本

3. 下列各项中,可以记入利润表"税金及附加"项目的有(　　)。
A. 增值税
B. 城市维护建设税
C. 矿产资源补偿费
D. 进口环节应该缴纳的消费税

4. 某企业 2021 年 12 月份发生的费用有:外设销售机构办公费用 40 万元,销售人员工资 30 万元,计提车间用固定资产折旧 20 万元,发生车间管理人员工资 60 万元,支付委托代销商品手续费 60 万元,汇兑收益 40 万元,支付行政部门的业务招待费 20 万元,行政管理人员工资 10 万元。下列表述中,正确的有(　　)。
A. 该企业 12 月发生财务费用－40 万元
B. 该企业 12 月发生销售费用 130 万元
C. 该企业 12 月发生制造费用 20 万元
D. 该企业 12 月发生管理费用 30 万元

5. 下列各项中,表述正确的有(　　)。
A. 企业出租包装物的成本应通过"主营业务成本"核算
B. 销售材料的成本应通过"其他业务成本"核算
C. 其他业务收入核算企业确认的除主营业务活动以外的其他经营活动实现的收入
D. 主营业务收入核算企业确认的销售商品、提供服务等主营业务的收入

6. 下列各项中,企业履约过程中发生的支出应计入当期损益的有(　　)。
A. 企业承担的管理费用
B. 明确应由客户承担的管理费用
C. 非正常消耗的直接材料、直接人工和制造费用(或类似费用)
D. 与履约义务中已履行(包括已全部履行或部分履行)部分相关的支出

三、判断题(每小题 7 分,共 35 分)

1. 税金及附加是指企业经营活动应负担的相关税费,包括消费税、城市维护建设税、增值税和资源税等。(　　)
2. 企业盘盈的固定资产应该直接计入营业外收入中。(　　)
3. 如果与商品所有权有关的任何损失均不需要企业承担,与商品所有权有关的任何经济利益也不归企业所有,就意味着商品所有权上的主要风险和报酬转移给了客户。(　　)
4. 支付手续费方式下委托代销商品,受托方代销货物收到的手续费,应记入"合同履约成本"科目。(　　)
5. 企业签订的加工承揽合同支付的印花税应计入加工成本。(　　)

第八章　利润环节的账务处理

知识导航

- 利润环节的账务处理
  - 利润形成
    - 利润
    - 营业外收支
    - 所得税费用
    - 本年利润
  - 利润分配
    - 留存收益概述
    - 利润分配业务的账务处理
    - 盈余公积的账务处理

学习目标

1. 了解利润的主要内容。
2. 熟悉利润的构成及计算。
3. 掌握税金及附加的核算方法。
4. 掌握本年利润的结转方法及账务处理方法。
5. 熟悉收入结算方式的经济业务核算方法。

第一节　利润形成

一、利润

利润是指企业在一定会计期间的经营成果，包括收入减去费用后的净额、直接计入当期利润的利得和损失等。其计算公式如下：

利润＝收入－费用＋利得－损失

利得是指由企业非日常活动所形成的、会导致所有者权益增加的、与所有者投入资本无关的经济利益的流入。损失是指由企业非日常活动所发生的、会导致所有者权益减少的、与向所有者分配利润无关的经济利益的流出。

未计入当期利润的利得和损失扣除所得税影响后的净额计入其他综合收益项目。净利润与其他综合收益的合计金额为综合收益总额。

利润的计算过程如图 8-1 所示。

(一) 营业利润

营业利润的计算公式如下：

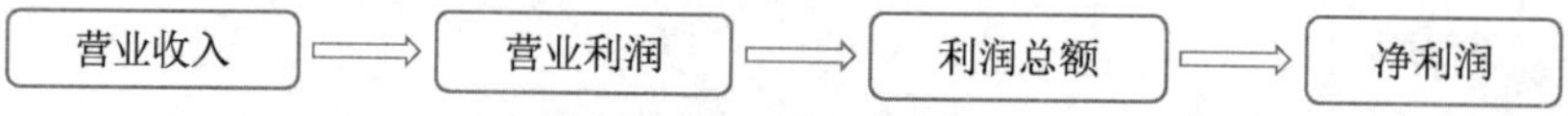

图 8-1 利润的计算过程

营业利润 ＝ 营业收入－营业成本－税金及附加－销售费用－管理费用－研发费用－财务费用＋其他收益＋投资收益(－投资损失)＋净敞口套期收益(－净敞口套期损失)＋公允价值变动收益(－公允价值变动损失)－信用减值损失－资产减值损失＋资产处置收益(－资产处置损失)

其中：

营业收入是指企业经营业务所实现的收入总额，包括主营业务收入和其他业务收入。

营业成本是指企业经营业务所发生的实际成本总额，包括主营业务成本和其他业务成本。

研发费用是指企业进行研究与开发过程中发生的费用化支出，以及计入管理费用的自行开发无形资产的摊销。

其他收益主要是指与企业日常活动相关，除冲减相关成本费用以外的政府补助。

投资收益(或损失)是指企业以各种方式对外投资所取得的收益(或损失)。

公允价值变动收益(或损失)是指企业交易性金融资产等公允价值变动形成的应计入当期损益的利得(或损失)。

信用减值损失是指企业计提各项金融工具信用减值准备所确认的信用损失。

资产减值损失是指企业计提有关资产减值准备所形成的损失。

资产处置收益(或损失)反映企业出售划分为持有待售的非流动资产(金融工具、长期股权投资和投资性房地产除外)或处置组(子公司和业务除外)时确认的处置利得或损失，以及处置未划分为持有待售的固定资产、在建工程、生产性生物资产及无形资产而产生的处置利得或损失，还包括非货币性资产交换中换出非流动资产产生的利得或损失。

【例 8-1】 2020 年度，某企业确认营业收入 2 000 万元，营业成本 800 万元，管理费用 400 万元，税金及附加 20 万元，营业外收入 100 万元，不考虑其他因素，2020 年度该企业利润表中营业利润本期金额为(　　)万元。

A. 780　　B. 800　　C. 880　　D. 1 200

【答案】 A

【解析】 根据“营业利润＝营业收入－营业成本－税金及附加－销售费用－管理费用－研发费用－财务费用＋其他收益＋投资收益(－投资损失)＋净敞口套期收益(－净敞口套期损失)＋公允价值变动收益(－公允价值变动损失)－信用减值损失－资产减值损失＋资产处置收益(－资产处置损失)”这一公式计算该企业 2020 年度营业利润的本期金额＝2 000－800－400－20＝780(万元)。

【例 8-2】 下列各项中，导致企业当期营业利润减少的是(　　)。

A. 出租非专利技术的摊销额　　B. 对外捐赠的商品成本

C. 支付的税收滞纳金　　D. 自然灾害导致生产线报废净损失

【答案】 A

【解析】 选项 A，计入其他业务成本，减少营业利润；选项 BCD，均计入营业外支出，不会影响营业利润。

(二) 利润总额

利润总额的计算公式如下：

利润总额 = 营业利润 + 营业外收入 − 营业外支出

其中：

营业外收入是企业发生的与其日常活动无直接关系的各项利得。

营业外支出是企业发生的与其日常活动无直接关系的各项损失。

【例 8-3】 下列各项中，影响企业利润表“利润总额”项目的是(　　)。

A. 收到投资者超过注册资本份额的出资　　B. 向投资者分配的现金股利

C. 向灾区捐款发生的支出　　D. 确认的所得税费用

【答案】 C

【解析】 根据“利润总额＝营业利润＋营业外收入－营业外支出”这一公式。选项 A，计入资本公积；选项 B，计入应付股利；选项 C，计入营业外支出；选项 D，计入所得税费用。选项 C，影响企业利润表“利润总额”项目。

(三) 净利润

净利润的计算公式如下：

净利润 = 利润总额 − 所得税费用

其中，所得税费用是指企业确认的应从当期利润总额中扣除的所得税费用。

二、营业外收支

(一) 营业外收入

1. 营业外收入的概念

营业外收入是指企业确认的与其日常活动无直接关系的各项利得。营业外收入并不是企业经营资金耗费所产生的，实际上是经济利益的净流入，不需要与有关的费用进行配比。

2. 营业外收入的核算内容

营业外收入主要包括非流动资产毁损报废收益、与企业日常活动无关的政府补助、盘盈利得、捐赠利得等。

非流动资产毁损报废收益，是指因自然灾害等发生毁损、已丧失使用功能而报废非流动资产所产生的清理收益。

与企业日常活动无关的政府补助，是指企业从政府无偿取得货币性资产或非货币性资产，且与企业日常活动无关的利得。

盘盈利得，是指企业对现金等资产清查盘点时发生盘盈，报经批准后计入营业外收入的金额。

捐赠利得，是指企业接受捐赠产生的利得。

3. 营业外收入的账务处理

企业应设置“营业外收入”科目，核算营业外收入的取得及结转情况。该科目贷方登记企业确认的营业外收入，借方登记期末转入“本年利润”科目的营业外收入金额，结转后“营业外收入”科目无余额。“营业外收入”科目可按营业外收入项目进行明细核算。其账户结构如图 8-2 所示。

借方	营业外收入　　　　　贷方
期末转入"本年利润"的金额	企业确认的营业外收入

图 8-2　营业外收入账户结构图

（1）企业确认处置非流动资产毁损报废收益时，借记"固定资产清理""银行存款""待处理财产损溢"等科目，贷记"营业外收入"科目。

借：固定资产清理/银行存款/待处理财产损溢　　×××
　贷：营业外收入　　×××

（2）企业确认盘盈利得、捐赠利得计入营业外收入时，借记"库存现金""待处理财产损溢"等科目，贷记"营业外收入"科目

借：库存现金/待处理财产损溢　　×××
　贷：营业外收入　　×××

（3）期末结转，应将"营业外收入"科目余额转入"本年利润"科目，借记"营业外收入"科目，贷记"本年利润"科目。结转后，"营业外收入"科目应无余额。

借：营业外收入　　×××
　贷：本年利润　　×××

【例 8-4】 甲公司将固定资产报废清理的净收益 179 800 元转作营业外收入。

要求：编制甲公司相关会计分录。

【解析】

借：固定资产清理　　179 800
　贷：营业外收入——非流动资产毁损报废收益　　179 800

【例 8-5】 甲公司在现金清查中盘盈 200 元，按管理权限报经批准后转入营业外收入。

要求：编制甲公司相关会计分录。

【解析】

（1）发现盘盈时：

借：库存现金　　200
　贷：待处理财产损溢　　200

（2）经批准转入营业外收入时：

借：待处理财产损溢　　200
　贷：营业外收入　　200

【例 8-6】 依据[例 8-4]和[例 8-5]，甲公司本期营业外收入总额为 180 000 元，期末结转到本年利润。

要求：编制甲公司相关会计分录。

【解析】

借：营业外收入　　180 000
　贷：本年利润　　180 000

(二)营业外支出

1. 营业外支出的概念

营业外支出是指企业发生的与其日常活动无直接关系的各项损失。

2. 营业外支出的核算内容

营业外支出主要包括非流动资产毁损报废损失、捐赠支出、盘亏损失、非常损失、罚款支出等。

非流动资产毁损报废损失，是指因自然灾害等发生毁损、已丧失使用功能而报废非流动资产所产生的清理损失。

捐赠支出，是指企业对外进行捐赠发生的支出。

盘亏损失，主要是指对于财产清查盘点中盘亏的资产，查明原因并报经批准计入营业外支出的损失。

非常损失，是指企业对于因客观因素(如自然灾害等)造成的损失，扣除保险公司赔偿后应计入营业外支出的净损失。

罚款支出，是指企业支付的行政罚款、税务罚款，以及其他违反法律法规、合同协议等而支付的罚款、违约金、赔偿金等支出。

3. 营业外支出的账务处理

企业应设置“营业外支出”科目，核算营业外支出的发生及结转情况。该科目借方登记确认的营业外支出，贷方登记期末转入“本年利润”科目的营业外支出金额，结转后“营业外支出”科目无余额。“营业外支出”科目可按营业外支出项目进行明细核算。其账户结构如图 8-3 所示。

借方　　　营业外支出	贷方
企业确认的营业外支出	期末转入“本年利润”的金额

图 8-3　营业外支出账户结构图

(1) 企业确认处置非流动资产毁损报废损失时，借记“营业外支出”科目，贷记“固定资产清理”“无形资产”等科目。

借：营业外支出　　×××
　　贷：固定资产清理/无形资产　　×××

(2) 确认盘亏、罚款支出计入营业外支出时，借记“营业外支出”科目，贷记“待处理财产损溢”“库存现金”等科目。

借：营业外支出　　×××
　　贷：库存现金/待处理财产损溢　　×××

(3) 期末结转，应将“营业外支出”科目余额转入“本年利润”科目，借记“本年利润”科目，贷记“营业外支出”科目。结转后，“营业外支出”科目应无余额。

借：本年利润　　×××
　　贷：营业外支出　　×××

【例 8-7】 乙公司为增值税一般纳税人，因遭受台风袭击毁损一座仓库。该仓库原价为 3 000 000 元，已计提折旧 1 000 000 元，已计提减值准备 200 000 元。其残料估计价值为

50 000 元，残料已办理入库。发生清理费用并取得增值税专用发票，注明的装卸费为 30 000 元，增值税额为 1 800 元，全部款项以银行存款支付。应收保险公司赔款1 500 000 元。假定不考虑其他相关税费。

要求：编制乙公司相关会计分录。

【解析】

(1) 将毁损的仓库转入清理：

借：固定资产清理　　1 800 000
　　累计折旧　　1 000 000
　　固定资产减值准备　　200 000
　　贷：固定资产　　3 000 000

(2) 残料 50 000 元入库：

借：原材料　　50 000
　　贷：固定资产清理　　50 000

(3) 支付清理费用及增值税进项税额：

借：固定资产清理　　30 000
　　应交税费——应交增值税(进项税额)　　1 800
　　贷：银行存款　　31 800

(4) 确认应收保险公司赔款：

借：其他应收款　　1 500 000
　　贷：固定资产清理　　1 500 000

(5) 结转毁损固定资产清理结果：

借：营业外支出——非常损失　　280 000
　　贷：固定资产清理　　280 000

【例 8-8】 2019 年 2 月 1 日，甲公司取得一项价值 600 000 元的非专利技术并确认为无形资产，由于该技术已被其他新技术所替代，公司决定将其转入报废处理，报废时已摊销 400 000 元，已计提减值准备 120 000 元，其原值为 600 000 元。

要求：编制甲公司相关会计分录。

【解析】

借：营业外支出　　80 000
　　累计摊销　　400 000
　　无形资产减值准备　　120 000
　　贷：无形资产　　600 000

【例 8-9】 甲公司本期营业外支出总额为 900 000 元，期末结转本年利润。

要求：编制甲公司相关会计分录。

【解析】

借：本年利润　　900 000
　　贷：营业外支出　　900 000

三、所得税费用

企业的所得税费用包括当期所得税和递延所得税两个部分，其中，当期所得税是指当期应交所得税。递延所得税包括递延所得税资产和递延所得税负债。递延所得税资产是指以未来期间很可能取得用来抵扣可抵扣暂时性差异的应纳税所得额为限确认的一项资产。递延所得税负债是指根据应纳税暂时性差异计算的未来期间应付所得税的金额。

（一）应交所得税的计算

应交所得税是指企业按照企业所得税法规定计算确定的针对当期发生的交易和事项，应交纳给税务部门的所得税金额，即当期应交所得税。应纳税所得额是在企业税前会计利润（即利润总额）的基础上调整确定的，其计算公式为：

应纳税所得额＝税前利润总额＋纳税调整增加额－纳税调整减少额

（1）纳税调整增加额主要包括在企业所得税法规定允许扣除项目中，企业已计入当期费用但超过税法规定扣除标准的金额（如超过企业所得税法规定标准的职工福利费、工会经费、职工教育经费、业务招待费、公益性捐赠支出、广告费和业务宣传费等），以及企业已计入当期损失但企业所得税法规定不允许扣除项目的金额（如税收滞纳金、罚金、罚款等）。

（2）纳税调整减少额主要包括按企业所得税法规定允许弥补的亏损和准予免税的项目，如前5年内未弥补亏损和国债利息收入等。

企业当期应交所得税的计算公式为：

应交所得税＝应纳税所得额×所得税税率

【例8-10】 甲公司2020年度税前利润总额为20 000 000元，所得税税率为25%。甲公司全年实发工资薪金为3 000 000元，职工福利费600 000元，工会经费80 000元，职工教育经费400 000元；经查，甲公司当年营业外支出中有20 000元为税收滞纳罚金。假定甲公司全年无其他纳税调整因素。

要求：计算甲公司相关税费。

【解析】

甲公司当期所得税的计算如下：

纳税调整增加额＝（600 000－3 000 000×14%）＋（80 000－3 000 000×14%）＋（400 000－3 000 000×8%）＋20 000＝380 000（元）

应纳税所得额＝税前利润总额＋纳税调整增加额＝20 000 000＋380 000＝20 380 000（元）

当期应交所得税＝20 380 000×25%＝5 095 000（元）

重点提示

企业所得税法规定，企业发生的合理的工资、薪金支出准予据实扣除；企业发生的职工福利费支出，不超过工资、薪金总额14%的部分准予扣除；企业缴纳的工会经费，不超过工资、薪金总额2%的部分准予扣除；除国务院财政、税务主管部门另有规定外，企业发生的职工教育经费支出，不超过工资、薪金总额8%的部分准予扣除，超过部分准予结转以后纳税年度扣除。

【例8-11】 A公司2020年度利润总额为300万元，其中本年度国债利息收入15万元，税收滞纳金 5 万元，实际发生的业务招待费 25 万元（税法核定的业务招待费 15 万元）。递延所得税负债年初数为 2 万元，年末数为 3 万元，递延所得税资产年初数为 5 万元，年末数为 3 万元。适用的企业所得税税率为 25%，假定不考虑其他因素，A 公司 2020 年度应纳税所得额为（　　）万元。

A. 299　　B. 300　　C. 295　　D. 294

【答案】 B

【解析】 应纳税所得额＝税前利润总额＋纳税调整增加额－纳税调整减少额＝300－15＋5＋(25－15)＝300(万元)。

【例 8-12】 下列各项中，计算应纳税所得额需要进行纳税调整的项目有（　　）。

A. 税收滞纳金

B. 超过税法规定标准的业务招待费

C. 国债利息收入

D. 超过税法规定标准的职工福利费

【答案】 ABCD

【解析】 纳税调整增加额主要包括企业所得税法规定允许扣除项目中，企业已计入当期费用但超过税法规定扣除标准的金额，以及企业已计入当期损失但税法规定不允许扣除项目的金额。选项 ABD 属于纳税调整增加额。纳税调整减少额主要包括按企业所得税法规定允许弥补的亏损和准予免税的项目，如前 5 年内未弥补亏损和国债利息收入等，选项 C 属于纳税调整减少额。

（二）所得税费用的账务处理

企业根据企业会计准则的规定，计算确定的当期所得税和递延所得税之和，即为应从当期利润总额中扣除的所得税费用。其计算公式如下：

$$所得税费用 = 当期所得税 + 递延所得税$$

$$递延所得税 = \left(\begin{matrix}递延所得税负债\\的期末余额\end{matrix} - \begin{matrix}递延所得税负债\\的期初余额\end{matrix}\right) - \left(\begin{matrix}递延所得税资产\\的期末余额\end{matrix} - \begin{matrix}递延所得税资产\\的期初余额\end{matrix}\right)$$

企业应设置“所得税费用”科目，核算企业所得税费用的确认及其结转情况。期末，应将“所得税费用”科目的余额转入“本年利润”科目，借记“本年利润”科目，贷记“所得税费用”科目，结转后，“所得税费用”科目应无余额。

具体账务处理如图 8-4 所示。

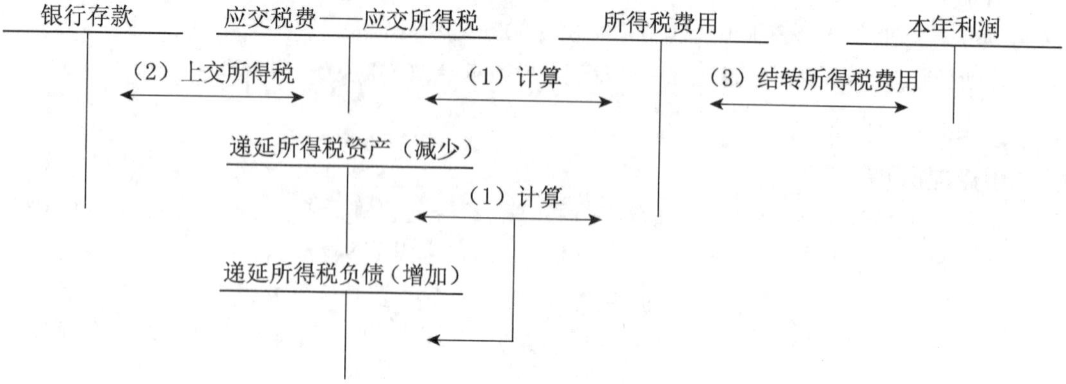

图 8-4　所得税费用的账务处理

递延所得税资产和递延所得税负债的发生额可能在借方。

(1) 计算应交所得税：

借：所得税费用　×××
　递延所得税资产(增加)　×××
　递延所得税负债(减少)　×××
　贷：应交税费——应交所得税　×××

或

借：所得税费用　×××
　贷：应交税费——应交所得税　×××
　　递延所得税资产(减少)　×××
　　递延所得税负债(增加)　×××

(2) 上交所得税：

借：应交税费——应交所得税　×××
　贷：银行存款　×××

(3) 结转所得税费用：

借：本年利润　×××
　贷：所得税费用　×××

【例 8-13】 甲公司 2020 年计算的当年应交所得税税额为 100 万元，递延所得税负债年初数为 30 万元、年末数为 35 万元，递延所得税资产年初数为 20 万元、年末数为 18 万元。不考虑其他因素，该公司 2018 年应确认的所得税费用为(　　)万元。

A. 103　　B. 97　　C. 12　　D. 107

【答案】 D

【解析】 根据公式计算，递延所得税＝(35－30)－(18－20)＝7(万元)，

所得税费用＝当期应交所得税＋递延所得税＝100＋7＝107(万元)。

【例 8-14】 2020 年，甲公司当年应交所得税税额为 6 000 000 元。递延所得税负债年初数为 300 000 元，年末余额为 400 000 元；递延所得税资产年初余额为 580 000 元，年末余额数为 600 000 元。

要求：编制甲公司相关会计分录。

【解析】

借：所得税费用　6 080 000
　递延所得税资产　20 000
　贷：应交税费——应交所得税　6 000 000
　　递延所得税负债　100 000

【解析】

甲公司所得税费用的计算如下：

递延所得税＝(400 000－300 000)－(600 000－580 000)＝80 000(元)

所得税费用＝6 000 000＋80 000＝6 080 000(元)

四、本年利润

(一) 结转本年利润的方法

会计期末,结转本年利润的方法有表结法和账结法两种。

1. 表结法

表结法下,各损益类科目每月末只需结计出本月发生额和月末累计余额,不结转到“本年利润”科目,只有在年末时才将全年累计余额结转入“本年利润”科目。但每月末要将损益类科目的本月发生额合计数填入利润表的本月数栏,同时将本月月末累计余额填入利润表的本年累计数栏,通过利润表计算反映各期的利润(或亏损)。表结法下,年中损益类科目无须结转入“本年利润”科目,从而减少了转账环节和工作量,同时并不影响利润表的编制及有关损益指标的利用。

重点提示

由于1月是每年的第一个月份,因而,直接将各损益类科目的月末余额填入利润表的“本月数”和“本年累计数”栏。

2. 账结法

账结法下,每月末均需编制转账凭证,将在账上结计出的各损益类科目的余额结转入“本年利润”科目。结转后“本年利润”科目的本月余额反映当月实现的利润或发生的亏损,“本年利润”科目的本年余额反映本年累计实现的利润或发生的亏损。账结法在各月均可通过“本年利润”科目提供当月及本年累计的利润(或亏损)额,但增加了转账环节和工作量。

重点提示

采用表结法结转利润,适用于年终决算意外的各月末,年末时,应采用账结法。

【例8-15】 下列关于本年利润结转方法的表述中,正确的是(　　)。

A. 采用表结法,增加“本年利润”科目的结转环节和工作量

B. 采用表结法,每月月末应将各损益类科目的余额结转计入“本年利润”科目

C. 采用账结法,每月月末应将各损益类科目的余额结转计入“本年利润”科目

D. 采用账结法,减少“本年利润”科目的转账环节和工作量

【答案】 C

(二) 结转本年利润的账务处理

企业应设置“本年利润”科目,核算企业本年度实现的净利润(或发生的净亏损)。

会计期末,企业应将“主营业务收入”“其他业务收入”“其他收益”“营业外收入”等科目的余额分别转入“本年利润”科目的贷方,将“主营业务成本”“其他业务成本”“税金及附加”“销售费用”“管理费用”“财务费用”“信用减值损失”“资产减值损失”“营业外支出”“所得税费用”等科目的余额分别转入“本年利润”科目的借方。企业还应将“投资收益”“公允价值变动损益”“资产处置损益”科目的净收益转入“本年利润”科目的贷方,将“投资收益”“公允价值变动损益”“资产处置损益”科目的净损失转入“本年利润”科目的借方。结转后“本年利润”科目如为贷方余额,表示当年实现的净利润;如为借方余额,表示当年发生的净亏损。本年利润的账务处理如图8-5所示。

本年利润

从支出类账户转入的：	从收入类账户转入的：
（1）主营业务成本	（1）主营业务收入
（2）其他业务成本	（2）其他业务收入
（3）税金及附加	（3）投资收益
（4）销售费用	（4）营业外收入
（5）管理费用	
（6）财务费用	
（7）营业外支出	
（8）所得税费用	
余额：本年累计发生的亏损	余额：本年累计实现的净利润

图 8-5　本年利润的账务处理

年度终了，企业还应将“本年利润”科目的本年累计余额转入“利润分配——未分配利润”科目。如“本年利润”为贷方余额，借记“本年利润”科目，贷记“利润分配——未分配利润”科目；如为借方余额，作相反的会计分录，借记“利润分配——未分配利润”科目，贷记“本年利润”科目。结转后，“本年利润”科目应无余额。

【例 8-16】 期末转入“利润分配——未分配利润”科目的是（　　）。

A. 本年利润　　B. 利润分配——盈余公积补亏

C. 利润分配——提取法定盈余公积　　D. 利润分配——应付现金股利

【答案】 ABCD

【解析】 期末，应将损益类科目转入本年利润，将本年利润转入利润分配——未分配利润，选项 A 符合题意；利润分配所属的二级明细科目，只有“未分配利润”科目可以有期末余额，期末，应将利润分配所属的其他二级明细科目转入“未分配利润”科目，包括“盈余公积补亏”“提取法定盈余公积”“应付现金股利”等科目，选项 BCD 符合题意。

第二节　利润分配

一、留存收益概述

（一）留存收益的概念和构成

留存收益是指企业从历年实现的净利润中提取或形成的留存于企业的内部积累。留存收益主要包括盈余公积和未分配利润两个部分。

盈余公积是指企业按照有关规定从净利润中提取的积累资金。公司制企业的盈余公积一般分为法定盈余公积和任意盈余公积两种。法定盈余公积是指企业按照规定的比例从净利润中提取的盈余公积。任意盈余公积是指企业根据股东会或股东大会决议提取的盈余公积。

公司提取的盈余公积主要用于弥补亏损和转增资本金，也可以用于发放现金股利，但其余额不得少于注册资本的 25%。

未分配利润是指企业实现的净利润经过弥补亏损、提取盈余公积和向投资者分配利润后留存企业的、历年结存的利润。相对于所有者权益的其他部分来讲，企业对于未分配利润的使用和分配有较大的自主权。

（二）利润分配的顺序

利润分配是指企业根据国家有关规定和企业章程、投资者协议等，对企业当年可供分配的利润所进行的分配。

$$\text{可供分配利润}=\text{当年实现的净利润或净亏损}+\text{年初未分配利润}(\text{或}-\text{年初未分配亏损})+\text{其他转入}$$

具体而言，企业当年实现的净利润应按照下列顺序分配：

1. 提取盈余公积

企业提取的盈余公积主要由法定盈余公积和任意盈余公积构成。根据《中华人民共和国公司法》的有关规定，公司制企业应当按照净利润（减弥补以前年度亏损，下同）的10%提取法定盈余公积。非公司制企业法定盈余公积的提取比例可超过净利润的10%。法定盈余公积累计额已达到注册资本的50%时可以不再提取。但是，如果以前年度未分配利润有盈余的（即年初未分配利润为正数，贷方余额），在计算提取盈余公积的基数时，不应包括企业年初未分配利润；如果以前年度有亏损的（即年初未分配利润为负数，借方余额），应先弥补以前年度亏损后再提取盈余公积。

公司制企业可根据股东会或股东大会的决议提取任意盈余公积。非公司制企业经类似权力机构批准，也可以提取任意盈余公积。法定盈余公积和任意盈余公积的区别在于其各自提取的依据不同，前者以国家法律法规为依据，后者由企业的权力机构自行决定。

2. 向投资者分配股利或利润

企业按照股东大会的决议向投资者分配的股利包括现金股利和股票股利。现金股利，企业在未来以货币资金的形式支付；股票股利，企业在未来以股票的形式支付，企业货币资金并没有流出企业，但企业的股本或实收资本增加。

二、利润分配业务账务处理

“未分配利润”账户属于所有者权益类账户，当其账户在贷方有余额时，反映截至目前累计未分配利润余额；当“未分配利润”账户在借方有余额时，其金额代表截至目前累计的、留待以后弥补的亏损。当其余额为负数时，该账户属于所有者权益抵减项目。

企业可以不设置“未分配利润”账户，而是在“利润分配”账户下设“未分配利润”明细账户，即“利润分配——未分配利润”账户。在这种情况下，企业期末“利润分配”账户的余额就是企业未分配的利润余额。

【例8-17】 甲公司股本为1亿元，每股面值为1元。2018年期初未分配利润的余额为0。2018年实现净利润500万元。

2019年2月18日，甲公司对外公布的2018年年报中披露了董事会对2018年度利润的拟分配方案：按2018年实现净利润的10%提取法定盈余公积，按5%提取任意盈余公积，同时以2018年12月31日总股本1亿股向股东按每10股0.2元派发现金股利。

2019年3月25日，公司股东大会审议并通过该公司2018年的利润分配方案。

2019年5月15日，以银行存款支付了现金股利。

要求：编制甲公司相关会计分录。

【解析】

(1) 2018年12月31日,结转本年实现的净利润:

借:本年利润　　5 000 000
　贷:未分配利润(或利润分配——未分配利润)　　5 000 000

(2) 2019年2月18日,对外公布报表,不进行任何账务处理。

(3) 2019年3月25日,确认应发放现金股利200万元:

借:利润分配——应付现金股利　　2 000 000
　贷:应付股利　　2 000 000

同时净利润的10%和5%提取法定盈余公积和任意盈余公积:

借:利润分配——提取法定盈余公积　　500 000
　　　　　——提取任意盈余公积　　250 000
　贷:盈余公积——提取法定盈余公积　　500 000
　　　　　——提取任意盈余公积　　250 000

(4) 2019年5月15日,实际发放现金股利:

借:应付股利　　2 000 000
　贷:银行存款　　2 000 000

(5) 将已分配利润全部结转至未分配利润:

借:未分配利润(或利润分配——未分配利润)　　2 750 000
　贷:利润分配——应付现金股利　　2 000 000
　　盈余公积——提取法定盈余公积　　500 000
　　　　　——提取任意盈余公积　　250 000

分配结束后,"未分配利润(或利润分配——未分配利润)"账户的余额为2 250 000元,即甲公司本年年末的累计未分配利润。

三、盈余公积的账务处理

盈余公积主要用于弥补亏损、转增资本金和发放现金股利等。

在企业历年累计亏损的情况下,企业用盈余公积弥补以前年度亏损时,首先将亏损金额记入"利润分配——盈余公积补亏"账户。

借:盈余公积　　×××
　贷:利润分配——盈余公积补亏　　×××

企业用盈余公积弥补亏损、用盈余公积转增资本,在数量关系上并不影响所有者权益的总额,但改变了所有者权益的内部结构。

借:盈余公积　　×××
　贷:实收资本/股本　　×××

当企业宣布用盈余公积发放现金股利时,首先记入"应付股利"账户;以后以银行存款支付现金股利。

借：盈余公积　　×××
　贷：应付股利　　×××

借：应付股利　　×××
　贷：银行存款　　×××

【例 8-18】 2018 年 1 月 1 日，甲公司有 500 000 元的亏损尚未弥补，按照规定超过了税前弥补亏损的期限。2018 年 3 月 25 日，经公司股东大会批准，以盈余公积 500 000 元弥补该亏损。

要求：编制甲公司相关会计分录。

【解析】

借：盈余公积　　5 000 000
　贷：利润分配——盈余公积补亏　　5 000 000

【例 8-19】 经公司股东大会批准，乙公司将盈余公积 2 000 000 元转增股本。假定不考虑其他因素。

要求：编制乙公司相关会计分录。

【解析】

借：盈余公积　　20 000 000
　贷：股本　　20 000 000

重点提示

企业用盈余公积转增资本后，必须向原登记机关办理变更登记。在会计处理时，还应当按照转增股本前的资本结构比例，将盈余公积转增资本的数额记入“实收资本(或股本)”账户下相关投资者的明细账户中。

【例 8-20】 2019 年 12 月 31 日，甲公司的股本为 40 000 000 元(每股面值 1 元)，可供投资者分配的利润总额为 5 000 000 元，盈余公积总额为 35 000 000 元。2020 年 3 月 24 日甲公司股东大会批准了 2019 年的利润分配方案，按每 10 股发放 1.5 元派发现金股利。甲公司共计要分配 6 000 000 元现金股利，其中动用可供分配利润总额 5 000 000 元、以盈余公积发放 1 000 000 元。假设不考虑其他因素。

要求：编制甲公司相关会计分录。

【解析】

(1) 2020 年 3 月 24 日，宣布发放现金股利：

借：利润分配——应付现金股利　　5 000 000
　　盈余公积　　1 000 000
　贷：应付股利　　6 000 000

(2) 以银行存款支付现金股利：

借：应付股利　　6 000 000
　贷：银行存款　　6 000 000

章节测试

班级：________ 姓名：________ 学号：________ 日期：________ 平时分：________

一、单项选择题(每小题 6 分,共 30 分)

1. 下列各项中,影响利润表中“营业利润”项目的是(　　)。
   A. 盘亏固定资产净损失　　B. 计提固定资产减值准备
   C. 发生的所得税费用　　D. 转让无形资产的净收益
2. 下列各项中,企业不应通过“营业外支出”科目核算的是(　　)。
   A. 无法查明原因的现金短缺损失　　B. 公益性捐赠支出
   C. 处置固定资产净损失　　D. 违反合同的违约金
3. 2020 年度某企业实现利润总额 200 万元,其中,国债利息收入 2 万元,税收滞纳罚款 10 万元,该企业所得税税率为 25%,假定不考虑其他因素,2020 年度该企业应确认的所得税费用为(　　)万元。
   A. 49.5　　B. 47.5　　C. 50　　D. 52
4. 下列关于本年利润结转方法的表述中,正确的是(　　)。
   A. 采用表结法,增加“本年利润”科目的结转环节和工作量
   B. 采用账结法,减少“本年利润”科目的结转环节和工作量
   C. 采用表结法,每月月末应将各损益类科目的余额结转记入“本年利润”科目
   D. 采用账结法,每月月末应将各损益类科目的余额结转记入“本年利润”科目
5. 某企业当年实现营业利润 550 000 元,发生营业外支出 50 000 元,确认所得税费用 125 000 元。不考虑其他因素,下列各项中,该企业年终结转本年利润的会计处理正确的是(　　)。

   A. 借：利润分配——未分配利润　　500 000
   　　贷：本年利润　　500 000

   B. 借：本年利润　　500 000
   　　贷：利润分配——未分配利润　　500 000

   C. 借：利润分配——未分配利润　　375 000
   　　贷：本年利润　　375 000

   D. 借：本年利润　　375 000
   　　贷：利润分配——未分配利润　　375 000

二、多项选择题(每小题 10 分,共 20 分)

1. 下列各项中,影响可供分配利润项目的因素有(　　)。
   A. 当年实现的净利润　　B. 其他转入
   C. 提取法定盈余公积　　D. 年初未分配利润
2. 下列各项中,年度终了需要转入“利润分配——未分配利润”科目的有(　　)。

A. “本年利润”　　B. “利润分配——应付现金股利
C. “利润分配——盈余公积补亏”　　D. “利润分配——提取法定盈余公积

三、不定项选择题(每小题 8 分,共 40 分)

甲公司为增值税一般纳税人,适用的增值税税率为 13%,适用的所得税税率为 25%,2019—2020 年度的有关资料如下:

(1) 2019 年年初未分配利润为贷方余额 300 万元,递延所得税负债年初数为 25 万元,递延所得税资产年初数为 25 万元,2019 年利润总额为 1 000 万元,经纳税调整后应纳税所得额为 800 万元,递延所得税负债年末数为 52.5 万元,递延所得税资产年末数为 5 万元。

(2) 2020 年 2 月 10 日董事会提请股东大会 2019 年利润分配议案:按 2019 年税后利润的 10%提取法定盈余公积;向投资者宣告分配现金股利 90 万元。

(3) 2020 年 3 月 15 日股东大会批准董事会提请股东大会 2019 年利润分配方案:按 2019 年税后利润的 10%提取法定盈余公积,按 2019 年税后利润的 5%提取任意盈余公积;向投资者宣告分配现金股利 80 万元。

(4) 2020 年实现利润总额 800 万元,当年支付税收滞纳金 20 万元,实际发生业务招待费 200 万元,但税法规定可于 2020 年税前扣除的业务招待费为 160 万元,除此之外无其他税调整事项。2020 年的利润尚未进行分配。

要求:根据上述资料,回答下列小题。(答案中的金额单位用万元表示)

(1) 根据资料(1),下列关于甲公司 2019 年所得税费用的表述中,正确的有(　　)。

A. 甲公司应交所得税为 200 万元　　B. 递延所得税费用为 47.5 万元
C. 递延所得税费用为 7.5 万元　　D. 所得税费用为 247.5 万元

(2) 根据资料(1),“本年利润”科目结转到“利润分配——未分配利润”科目的金额为(　　)万元。

A. 752.5　　B. 792.5　　C. 247.5　　D. 207.5

(3) 根据资料(2)～(3),下列表述中,正确的有(　　)。

A. 2020 年 2 月 10 日,应作盈余公积和分配现金股利的账务处理
B. 2020 年 3 月 15 日,对于已经作的账务处理进行调整
C. 对于董事会提请的分配方案,不必作账务处理
D. 当股东大会批准分配方案之后再作账务处理

(4) 根据资料(4),下列表述中,正确的有(　　)。

A. 税收滞纳金不能税前扣除
B. 计算所得税时,业务招待费应按照 200 万元扣除
C. 计算所得税时,业务招待费应按照 160 万元扣除
D. 支付的税收滞纳金不影响利润总额

(5) 根据资料(1)～(4),甲公司 2020 年年末未分配利润的余额为(　　)万元。

A. 1 481.950　　B. 1 454.625　　C. 1 144.625　　D. 1 444.625

四、判断题(每小题 5 分,共 10 分)

1. 在账结法下,各损益类科目每月月末只需统计出本月发生额和月末累计数额,不结转到“本年利润”科目。(　　)

2. 年度终了,除“未分配利润”明细科目外,“利润分配”科目下的其他明细科目应当无余额。(　　)

第九章 财务报表

知识导航

- 财务报表
  - 资产负债表
    - 资产负债表的结构
    - 资产负债表的编制
  - 利润表
    - 利润表的结构
    - 利润表的编制
  - 所有者权益变动表
    - 所有者权益变动表的结构
    - 所有者权益变动表的编制
  - 附注
    - 附注的概念与作用
    - 附注的主要内容

学习目标

1. 熟悉资产负债表的作用、内容、结构及编制方法。
2. 熟悉利润表的作用、内容、结构及编制方法。
3. 熟悉所有者权益变动表的作用、内容、结构及编制方法。
4. 熟悉附注的作用、主要内容。
5. 了解财务报表的概念。

财务报表是对企业财务状况、经营成果和现金流量的结构性表述。一套完整的财务报表至少应当包括资产负债表、利润表、现金流量表、所有者权益(或股东权益)变动表以及附注。

第一节 资产负债表

资产负债表是反映企业在某一特定日期的财务状况的报表,是企业经营活动的静态反映。资产负债表是根据"资产＝负债＋所有者权益"这一平衡公式,依照一定的分类标准和一定的次序,将某一特定日期的资产、负债、所有者权益的具体项目予以适当的排列编制而成。资产负债表主要反映资产、负债和所有者权益三方面的内容。通过资产负债表,可以反映企业在某一特定日期所拥有或控制的经济资源、所承担的现时义务和所有者对净资产的要求权,帮助财务报表使用者全面了解企业的财务状况、分析企业的偿债能力等情况,从而为其作出经济决策提供依据。

一、资产负债表的结构

资产负债表一般由表头、表体两部分组成。表头部分应列明报表名称、编制单位名称、资产负债表日、报表编号和计量单位。表体部分是资产负债表的主体，列示了用以说明企业财务状况的各个项目。资产负债表的表体格式一般有两种：报告式资产负债表和账户式资产负债表。

（1）报告式资产负债表是上下结构，上半部分列示资产各项目，下半部分列示负债和所有者权益各项目。

（2）账户式资产负债表是左右结构，左边列示资产各项目，反映全部资产的分布及存在状态；右边列示负债和所有者权益各项目，反映全部负债和所有者权益的内容及构成情况。

不管采取什么格式，资产各项目的合计一定等于负债和所有者权益各项目的合计。

我国企业的资产负债表采用账户式结构，分为左右两方，左方为资产项目，大体按资产的流动性大小排列，流动性大的资产如"货币资金""交易性金融资产"等排在前面，流动性小的资产如"长期股权投资""固定资产"等排在后面。右方为负债及所有者权益项目，一般按要求清偿时间的先后顺序排列，"短期借款""应付票据""应付账款"等需要在一年以内或者长于一年的一个正常营业周期内偿还的流动负债排在前面，"长期借款"等在一年以上才需偿还的非流动负债排在中间，在企业清算之前不需要偿还的所有者权益项目排在后面。

账户式资产负债表中的资产各项目的合计等于负债和所有者权益各项目的合计，即资产负债表左方和右方平衡。通过账户式资产负债表，可以反映资产、负债、所有者权益之间的内在关系，即"资产＝负债＋所有者权益"。我国一般企业资产负债表格式如表 9-1 所示。

表 9-1 **资产负债表** 会企 01 表

编制单位：甲公司 2020 年 12 月 31 日 单位：元

资产	期末余额	上年年末余额	负债和所有者权益（或股东权益）	期末余额	上年年末余额
流动资产：			流动负债：		
货币资金			短期借款		
交易性金融资产			交易性金融负债		
衍生金融资产			衍生金融负债		
应收票据			应付票据		
应收账款			应付账款		
应收款项融资			预收款项		
预付款项			合同负债		
其他应收款			应付职工薪酬		
存货			应交税费		
合同资产			其他应付款		
持有待售资产			持有待售负债		
一年内到期的非流动资产			一年内到期的非流动负债		
其他流动资产			其他流动负债		
流动资产合计			流动负债合计		

（续表）

资产	期末余额	上年年末余额	负债和所有者权益（或股东权益）	期末余额	上年年末余额
非流动资产：			非流动负债：		
债权投资			长期借款		
其他债权投资			应付债券		
长期应收款			其中：优先股		
长期股权投资			永续债		
其他权益工具投资			租赁负债		
其他非流动金融资产			长期应付款		
投资性房地产			预计负债		
固定资产			递延收益		
在建工程			递延所得税负债		
生产性生物资产			其他非流动负债		
油气资产			非流动负债合计		
使用权资产			负债合计		
无形资产			所有者权益(或股东权益)：		
开发支出			实收资本(或股本)		
商誉			其他权益工具		
长期待摊费用			其中：优先股		
递延所得税资产			永续债		
其他非流动资产			资本公积		
非流动资产合计			减：库存股		
			其他综合收益		
			专项储备		
			盈余公积		
			未分配利润		
			所有者权益（或股东权益)合计		
资产总计			负债和所有者权益(或股东权益)总计		

重点提示

“专项储备”项目，反映高危行业企业按国家规定提取的安全生产费的期末账面价值。该项目应根据“专项储备”科目的期末余额填列。

二、资产负债表的编制

（一）资产负债表项目的填列方法

资产负债表各项目均需填列“期末余额”和“上年年末余额”两栏。

资产负债表的“上年年末余额”栏内各项数字，应根据上年年末资产负债表的“期末余额”栏内所列数字填列。如果上年度资产负债表规定的各个项目的名称和内容与本年度不相一致，应按照本年度的规定对上年年末资产负债表各项目的名称和数字进行调整，填入本表“上年年末余额”栏内，具体如表 9-2 所示。

表 9-2　　资产负债表的“期末余额”栏主要有以下几种填列方法

填列方法	具体账户
根据总账科目余额填列	（1）根据总账科目的余额直接填列：“短期借款”“资本公积”“应付票据”“实收资本”“递延所得税资产”“递延所得税负债”“持有待售负债”“递延收益”“其他综合收益”“盈余公积”等项目。 （2）根据几个总账科目的期末余额计算填列： ①“货币资金”项目，根据“库存现金”“银行存款”“其他货币资金”三个总账科目的期末余额的合计数填列； ②“其他应付款”项目，根据“应付利息”“应付股利”“其他应付款”科目的期末余额合计数填列
根据明细账科目余额计算填列	（1）“应付账款”项目，根据“应付账款”和“预付账款”两个科目所属的相关明细科目的期末贷方余额计算填列。 （2）“预付款项”项目，根据“应付账款”科目和“预付账款”科目所属的相关明细科目的期末借方余额减去与“预付账款”有关的坏账准备贷方余额计算填列。 （3）“预收款项”项目，根据“应收账款”科目和“预收账款”科目所属相关明细科目的期末贷方金额合计填列。 （4）“开发支出”项目，根据“研发支出”科目所属的“资本化支出”明细科目期末余额计算填列。 （5）“应付职工薪酬”项目，根据“应付职工薪酬”科目的明细科目期末余额计算填列。 （6）“一年内到期的非流动资产”“一年内到期的非流动负债”项目，根据相关非流动资产和非流动负债项目的明细科目余额计算填列
根据总账科目和明细账科目余额分析计算填列	（1）“长期借款”项目，需要根据“长期借款”总账科目余额扣除“长期借款”科目所属的明细科目中将在一年内到期且企业不能自主地将清偿义务展期的长期借款后的金额计算填列。 （2）“其他非流动资产”项目，应根据有关科目的期末余额减去将于一年内（含一年）收回数后的金额计算填列。 （3）“其他非流动负债”项目，应根据有关科目的期末余额减去将于一年内（含一年）到期偿还数后的金额计算填列

（续表）

填列方法	具体账户
根据有关科目余额减去其备抵科目余额后的净额填列	(1)“应收票据”“应收账款”“长期股权投资”“在建工程”等项目，应当根据“应收票据”“应收账款”“长期股权投资”“在建工程”等科目的期末余额减去“坏账准备”“长期股权投资减值准备”“在建工程减值准备”等备抵科目余额后的净额填列。 (2)“投资性房地产”(采用成本模式计量)、“固定资产”项目，应当根据“投资性房地产”“固定资产”科目的期末余额，减去“投资性房地产累计折旧”“投资性房地产减值准备”“累计折旧”“固定资产减值准备”等备抵科目的期末余额，以及“固定资产清理”科目期末余额后的净额填列。 (3)“无形资产”项目，应当根据“无形资产”科目的期末余额，减去“累计摊销”“无形资产减值准备”等备抵科目余额后的净额填列
综合运用上述填列方法分析填列	“存货”项目，根据“原材料”“库存商品”“委托加工物资”“周转材料”“材料采购”“在途物资”“发出商品”“材料成本差异”等总账科目期末余额的分析汇总数，再减去“存货跌价准备”科目余额后的净额填列

重点提示

(1) 存货是指企业在日常活动中持有以备出售的产品或商品、处在生产过程中的在产品、在生产过程或提供劳务过程中耗用的材料或物料等。而工程物资是企业为在建工程而准备的各种物资，是企业在非日常活动中持有的，故“工程物资”科目不在“存货”项目中列示，而应在“在建工程”项目中列示。

(2) 有些会计科目有对应的备抵科目，在填列资产负表项目时，要注意扣除这些备抵科目，常见科目对应的备抵科目如表 9-3 所示。

表 9-3　　常见科目对应的备抵科目

科目	备抵科目
应收及预付类 (如应收票据、应收账款、预付账款、其他应收款)	坏账准备
存货	存货跌价准备
固定资产	累计折旧、固定资产减值准备
在建工程	在建工程减值准备、工程物资减值准备
使用权资产	使用权资产累计折旧、使用权资产减值准备
无形资产	累计摊销、无形资产减值准备
持有待售资产	持有待售资产减值准备
债权投资	债权投资减值准备
长期应收款	未实现融资收益、坏账准备

（续表）

科目	备抵科目
长期股权投资	长期股权投资减值准备
长期应付款	未确认融资费用
投资性房地产	投资性房地产累计折旧（摊销）
合同资产	合同资产减值准备

（二）资产负债表项目的填列说明

1. 资产项目的填列说明

（1）流动资产项目的填列说明如表 9-4 所示。

表 9-4　　流动资产项目的填列说明

报表项目	数据来源（账户期末余额）
货币资金	库存现金＋银行存款＋其他货币资金
交易性金融资产	反映资产负债表日企业分类为以公允价值计量且其变动计入当期损益的金融资产，以及企业持有的指定为以公允价值计量且其变动计入当期损益的金融资产的期末账面价值。该项目应根据“交易性金融资产”科目的相关明细科目期末余额分析填列 自资产负债表日起超过一年到期且预期持有超过一年的以公允价值计量且其变动计入当期损益的非流动金融资产的期末账面价值，在“其他非流动金融资产”项目反映
应收票据	资产负债表日以摊余成本计量的应收票据－对应的坏账准备
应收账款	资产负债表日以摊余成本计量的应收账款－对应的坏账准备
应收款项融资	资产负债表日以公允价值计量且其变动计入其他综合收益的应收票据和应收账款等
预付款项	本项目应根据“预付账款”和“应付账款”科目所属各明细科目的期末借方余额合计数－对应的坏账准备
其他应收款	应收利息＋应收股利＋其他应收款－对应的坏账准备（“应收利息”仅反映相关金融工具已到期可收取但于资产负债表日尚未收到的利息，“基于实际利率法计提的金融工具的利息应包含在相应金融工具的账面余额中）
存货	材料采购＋原材料＋库存商品＋周转材料＋委托加工物资＋发出商品＋生产成本＋受托代销商品等－（受托代销商品款＋存货跌价准备）
合同资产	根据“合同资产”科目的相关明细科目期末余额分析填列，同一合同下的合同资产和合同负债应当以净额列示，其中净额为借方余额的，应当根据其流动性在“合同资产”或“其他非流动资产”项目中填列，已计提减值准备的，还应以减去“合同资产减值准备”科目中相关的期末余额后的金额填列；其中净额为贷方余额的，应当根据其流动性在“合同负债”或“其他非流动负债”项目中填列
持有待售资产	持有待售资产－持有待售资产减值准备
一年内到期的非流动资产	反映企业预计自资产负债表日起一年内变现的非流动资产。本项目应根据有关科目的期末余额分析填列

(2) 非流动资产项目的填列说明如表 9-5 所示。

表 9-5　　非流动资产项目的填列说明

报表项目	数据来源(账户期末余额)
债权投资	债权投资－债权投资减值准备－自资产负债表日起一年内到期的债权投资 企业购入的以摊余成本计量的一年内到期的债权投资的期末账面价值,在“其他流动资产”项目反映
其他债权投资	其他债权投资－其他债权投资减值准备－自资产负债表日起一年内到期的其他债权投资 企业购入的以公允价值计量且其变动计入其他综合收益的一年内到期的债权投资的期末账面价值,在“其他流动资产”项目反映
长期应收款	长期应收款－未实现融资收益－对应的坏账准备
长期股权投资	长期股权投资－长期股权投资减值准备
其他权益工具投资	其他权益工具投资
固定资产	固定资产－累计折旧－固定资产减值准备＋固定资产清理
在建工程	在建工程－在建工程减值准备＋工程物资－工程物资减值准备
使用权资产	使用权资产－使用权资产累计折旧－使用权资产减值准备
无形资产	无形资产－累计摊销－无形资产减值准备
开发支出	研发支出－资本化支出
长期待摊费用	长期待摊费用
递延所得税资产	递延所得税资产
其他非流动资产	其他非流动资产

2. 负债项目的填列说明

(1) 流动负债项目的填列说明如表 9-6 所示。

表 9-6　　流动负债项目的填列说明

报表项目	数据来源(账户期末余额)
短期借款	短期借款
交易性金融负债	交易性金融负债
应付票据	应付票据
应付账款	“应付账款”和“预付账款”科目所属的相关明细科目的期末贷方余额
预收款项	“预收账款”和“应收账款”科目所属各明细科目的期末贷方余额
合同负债	根据“合同负债”的相关明细科目期末余额
应付职工薪酬	应付职工薪酬

（续表）

报表项目	数据来源（账户期末余额）
应交税费	根据“应交税费”科目的期末贷方余额： （1）“应交增值税”“未交增值税”“待抵扣进项税额”“待认证进项税额”“增值税留抵税额”等明细科目期末借方余额应根据情况，在资产负债表中的“其他流动资产”或“其他非流动资产”项目列示 （2）“应交税费——待转销项税额”等科目期末贷方余额应根据情况，在资产负债表中的“其他流动负债”或“其他非流动负债”项目列示 （3）“未交增值税”“简易计税”“转让金融商品应交增值税”“代扣代交增值税”等科目期末贷方余额应在资产负债表中的“应交税费”项目列示
其他应付款	应付利息＋应付股利＋其他应付款 “应付利息”科目仅反映相关金融工具已到期应支付但于资产负债表日尚未支付的利息。基于实际利率法计提的金融工具的利息应包含在相应金融工具的账面余额中
持有待售负债	持有待售负债
一年内到期的非流动负债	一年内到期的非流动负债合计

（2）非流动负债项目的填列说明如表 9-7 所示。

表 9-7　　非流动负债项目的填列说明

报表项目	数据来源（账户期末余额）
长期借款	长期借款－自资产负债表日起一年内到期的长期借款
应付债券	应付债券－自资产负债表日起一年内到期的应付债券
租赁负债	租赁负债－自资产负债表日起一年内到期的租赁负债
长期应付款	长期应付款－未确认融资费用＋专项应付款
递延收益	本项目中摊销期限只剩一年或不足一年的，或预计在一年内（含一年）进行摊销的部分，不得归类为流动负债，仍在本项目中填列，不转入“一年内到期的非流动负债”项目
递延所得税负债	递延所得税负债
其他非流动负债	其他各种非流动负债合计

3. 所有者权益项目的填列说明如表 9-8 所示。

表 9-8　　所有者权益项目的填列说明

报表项目	数据来源（账户发生额）
实收资本（或股本）	实收资本（或股本）
其他权益工具	其他权益工具

（续表）

报表项目	数据来源(账户发生额)
资本公积	资本公积
其他综合收益	其他综合收益
专项储备	反映高危行业企业按国家规定提取的安全生产费的期末账面价值
盈余公积	盈余公积
未分配利润	利润分配——未分配利润＋本年利润

重点提示

“应交税费”账户下的“应交增值税”“未交增值税”“待抵扣进项税额”“待认证进项税额”等明细账户期末借方余额，“其他流动资产”或“其他非流动资产”项目列示“应交税费”账户下的“待转销项税额”等明细账户期末贷方余额应根据情况，在“其他流动负债”或“其他非流动负债”项目列示；“应交税费”账户下的“未交增值税”“简易计税”“金融商品转让增值税”“代扣代交增值税”等明细账户期末贷方余额在“应交税费”项目列示。

【例9-1】 下列各项中，在编制资产负债表时，可以直接根据有关总账科目的余额填列的有（　　）。

A. 短期借款　　B. 应付职工薪酬

C. 应付票据　　D. 货币资金

【答案】 ABC

【解析】 “短期借款”“应付职工薪酬”以及“应付票据”等科目可以直接根据有关总账科目的余额填列。而“货币资金”项目则需要根据“库存现金”“银行存款”和“其他货币资金”科目的期末余额的合计数填列。

【例9-2】 2020年12月31日，甲公司有关科目期末借方余额如下：原材料55万元，库存商品35万元，生产成本65万元，材料成本差异8万元。不考虑其他因素，2020年12月31日，该企业资产负债表中“存货”项目的期末余额填列的金额为（　　）万元。

A. 163　　B. 155　　C. 90　　D. 147

【答案】 A

【解析】 存货的期末余额＝材料采购＋原材料＋库存商品＋周转材料＋委托加工物资＋发出商品＋生产成本＋受托代销商品等－(受托代销商品款＋存货跌价准备)。所以，存货的期末余额＝55＋35＋65＋8＝163(万元)。

【例9-3】 2020年12月31日，某公司会计科目余额如下：“固定资产”科目借方余额1 000万元，“累计折旧”科目贷方余额400万元，“固定资产减值准备”科目贷方余额80万元，“固定资产清理”科目借方余额20万元。2020年12月31日该公司资产负债表中“固定资产”项目期末余额应列报的金额为（　　）万元。

A. 540　　B. 600　　C. 520　　D. 620

【答案】 A

【解析】“固定资产”项目应根据“固定资产”科目的期末余额，减去“累计折旧”和“固定资产减值准备”科目的期末余额后的金额，以及“固定资产清理”科目的期末余额填列。该公司资产负债表中“固定资产”项目期末余额应列报的金额＝1 000－400－80＋20＝540(万元)。选项A符合题意。

【例9-4】 2020年12月31日，某公司生产成本借方余额500万元，原材料借方余额300万元，材料成本差异贷方余额20万元，存货跌价准备贷方余额10万元，工程物资借方余额200万元。资产负债表中“存货”项目金额为(　　)万元。

A. 970　　B. 770　　C. 780　　D. 790

【答案】 B

【解析】 资产负债表中“存货”项目的金额＝500＋300－20－10＝770(万元)。工程物资余额在“在建工程”项目中列示。

【例9-5】 2020年12月31日，甲企业“预收账款”总账科目贷方余额为15万元，其明细科目余额如下：“预收账款——乙企业”科目贷方余额为25万元，“预收账款——丙企业”科目借方余额为10万元。不考虑其他因素，甲企业年末资产负债表中“预收款项”项目的期末余额为(　　)万元。

A. 10　　B. 15　　C. 5　　D. 25

【答案】 D

【解析】“预收款项”项目应当根据“预收账款”科目和“应收账款”科目所属各明细科目的期末贷方余额合计数填列。本题中“预收账款——丙企业”科目是借方余额，所以“预收款项”项目期末应当填列的金额为25万元。

第二节 利润表

利润表，又称损益表，是反映企业在一定会计期间的经营成果的报表。

通过利润表，可以反映企业在一定会计期间收入、费用、利润(或亏损)的金额和构成情况，为财务报表使用者全面了解企业的经营成果、分析企业的获利能力及盈利增长趋势、作出经济决策提供依据。

一、利润表的结构

利润表的结构一般有两种：单步式和多步式。单步式利润表是将当期所有的收入列在一起，所有的费用列在一起，然后将两者相减得出当期净损益。多步式格式是通过对当期的收入、费用、支出项目按性质加以归类，按利润形成的主要环节列示一些中间性利润指标，分步计算当期净损益，以便财务报表使用者理解企业经营成果的不同来源。我国企业的利润表采用多步式格式。

利润表一般由表头、表体两部分组成。表头部分应列明报表名称、编制单位名称、编制日期、报表编号和计量单位。表体部分为利润表的主体，列示了形成经营成果的各个项目和计算过程。为了使财务报表使用者通过比较不同期间利润的实现情况，判断企业经营成果的未来发展趋势，企业需要提供比较利润表。为此，利润表金额栏分为“本期金额”和“上期金额”两栏分别填列。我国一般企业利润表的格式如表9-9所示。

表 9-9　　利润表　　会企 02 表

编制单位：　　年　月　　单位：元

项　目	本期金额	上期金额
一、营业收入		
减：营业成本		
税金及附加		
销售费用		
管理费用		
研发费用		
财务费用		
其中：利息费用		
利息收入		
加：其他收益		
投资收益(损失以“－”号填列)		
其中：对联营企业和合营企业的投资收益		
以摊余成本计量的金融资产终止确认收益(损失以“－”号填列)		
净敞口套期收益(损失以“－”号填列)		
公允价值变动收益(损失以“－”号填列)		
信用减值损失(损失以“－”号填列)		
资产减值损失(损失以“－”号填列)		
资产处置收益(损失以“－”号填列)		
二、营业利润(亏损以“－”号填列)		
加：营业外收入		
减：营业外支出		
三、利润总额(亏损总额以“－”号填列)		
减：所得税费用		
四、净利润(净亏损以“－”号填列)		
(一) 持续经营净利润(净亏损以“－”号填列)		
(二) 终止经营净利润(净亏损以“－”号填列)		
五、其他综合收益的税后净额		
(一) 不能重分类进损益的其他综合收益		
1. 重新计量设定受益计划变动额		
2. 权益法下不能转损益的其他综合收益		
3. 其他权益工具投资公允价值变动		
4. 企业自身信用风险公允价值变动		
……		

（续表）

项目	本期金额	上期金额
（二）将重分类进损益的其他综合收益		
1. 权益法下可转损益的其他综合收益		
2. 其他债权投资公允价值变动		
3. 金融资产重分类计入其他综合收益的金额		
4. 其他债权投资信用减值准备		
5. 现金流量套期		
6. 外币财务报表折算差额		
……		
六、综合收益总额		
七、每股收益：		
（一）基本每股收益		
（二）稀释每股收益		

二、利润表的编制

利润表编制的原理是"收入－费用＝利润"的会计平衡公式和收入与费用的配比原则。企业在生产经营中不断地取得各项收入，同时发生各种费用，收入减去费用剩余部分为企业的盈利。如果企业经营不善，发生的生产经营费用超过取得的收入，超过部分为企业的亏损。将取得的收入和发生的相关费用进行对比，对比结果表现为企业的经营成果。企业将经营成果的核算过程和结果编成报表，即利润表。

（一）利润表项目的填列方法

我国一般企业利润表的主要编制步骤和内容如图 9-1 所示。

图 9-1　利润的计算过程

（1）营业利润是以营业收入为基础，减去营业成本、税金及附加、销售费用、管理费用、研发费用、财务费用，加上其他收益、投资收益（或减去投资损失）、净敞口套期收益（或减去净敞口套期损失）、公允价值变动收益（或减去公允价值变动损失）、资产减值损失、信用减值损失、资产处置收益（或减去资产处置损失）。

（2）利润总额是以营业利润为基础，加上营业外收入，减去营业外支出。

（3）净利润（或净亏损）以利润总额为基础，减去所得税费用。

（4）每股收益以净利润（或净亏损）为基础计算得出。

（5）综合收益总额以净利润（或净亏损）和其他综合收益为基础计算得出。

利润表各项目均需填列“本期金额”和“上期金额”两栏。其中“上期金额”栏内各项数字，应根据上年该期利润表的“本期金额”栏内所列数字填列。“本期金额”栏内各期数字，除“基本每股收益”和“稀释每股收益”项目外，应当按照相关科目的发生额分析填列。

(二) 利润表主要项目的填列说明

(1)“营业收入”项目，反映企业经营主要业务和其他业务所确认的收入总额。本项目应根据“主营业务收入”和“其他业务收入”科目的发生额分析填列。

(2)“营业成本”项目，反映企业经营主要业务和其他业务所发生的成本总额。本项目应根据“主营业务成本”和“其他业务成本”科目的发生额分析填列。

(3)“税金及附加”项目，反映企业经营业务应负担的消费税、城市维护建设税、教育费附加、资源税、土地增值税、房产税、车船税、城镇土地使用税、印花税等相关税费。本项目应根据“税金及附加”科目的发生额分析填列。

(4)“销售费用”项目，反映企业在销售商品过程中发生的包装费、广告费等费用和为销售本企业商品而专设的销售机构的职工薪酬、业务费等经营费用。本项目应根据“销售费用”科目的发生额分析填列。

(5)“管理费用”项目，反映企业为组织和管理生产经营发生的管理费用。本项目应根据“管理费用”科目的发生额分析填列。

(6) 研发费用”项目，反映企业进行研究与开发过程中发生的费用化支出以及计入管理费用的自行开发无形资产的摊销。本项目应根据“管理费用”科目下的“研发费用”明细科目的发生额以及“管理费用”科目下“无形资产摊销”明细科目的发生额分析填列。

(7)“财务费用”项目，反映企业为筹集生产经营所需资金等而发生的应予费用化的利息支出。本项目应根据“财务费用”科目的相关明细科目发生额分析填列。其中：“利息费用”项目，反映企业为筹集生产经营所需资金等而发生的应予费用化的利息支出，本项目应根据“财务费用”科目的相关明细科目的发生额分析填列。“利息收入”项目，反映企业应冲减财务费用的利息收入，本项目应根据“财务费用”科目的相关明细科目的发生额分析填列。

(8)“其他收益”项目，反映计入其他收益的政府补助，以及其他与日常活动相关且计入其他收益的项目。本项目应根据“其他收益”科目的发生额分析填列。企业作为个人所得税的扣缴义务人，根据《中华人民共和国个人所得税法》收到的扣缴税款手续费，应作为其他与日常活动相关的收益在本项目中填列。

(9)“投资收益”项目，反映企业以各种方式对外投资所取得的收益。本项目应根据“投资收益”科目的发生额分析填列。如为投资损失，本项目以“－”号填列。

(10)“净敞口套期收益”项目，反映净敞口套期下被套期项目累计公允价值变动转入当期损益的金额或现金流量套期储备转入当期损益的金额。本项目应根据“净敞口套期损益”科目的发生额分析填列；如为套期损失，本项目以“－”号填列。

(11)“公允价值变动收益”项目，反映企业应当计入当期损益的资产或负债公允价值变动收益。本项目应根据“公允价值变动损益”科目的发生额分析填列，如为净损失，本项目以“－”号填列。

(12)“信用减值损失”项目，反映企业按照《企业会计准则第 22 号——金融工具确认和计量》(2018)的要求计提的各项金融工具信用减值准备所确认的信用损失。本项目应根据“信用减值损失”科目的发生额分析填列。

(13)“资产减值损失”项目，反映企业有关资产发生的减值损失。本项目应根据“资产减值损失”科目的发生额分析填列。

(14)“资产处置收益”项目，反映企业出售划分为持有待售的非流动资产(金融工具、长期股权投资和投资性房地产除外)或处置组(子公司和业务除外)时确认的处置利得或损失，以及处置未划分为持有待售的固定资产、在建工程、生产性生物资产及无形资产而产生的处置利得或损失。债务重组中因处置非流动资产(金融工具、长期股权投资和投资性房地产除外)产生的利得或损失和非货币性资产交换中换出非流动资产(金融工具、长期股权投资和投资性房地产除外)产生的利得或损失也包括在本项目内。本项目应根据“资产处置损益”科目的发生额分析填列；如为处置损失，本科目以“－”号填列。

(15)“营业利润”项目，反映企业实现的营业利润。如为亏损，本科目以“－”号填列。

(16)“营业外收入”项目，反映企业发生的除营业利润以外的收益，主要包括与企业日常活动无关的政府补助、盘盈利得、捐赠利得(企业接受股东或股东的子公司直接或间接的捐赠，经济实质属于股东对企业的资本性投入的除外)等。本项目应根据“营业外收入”科目的发生额分析填列。

(17)“营业外支出”项目，反映企业发生的除营业利润以外的支出，主要包括公益性捐赠支出、非常损失、盘亏损失、非流动资产毁损报废损失等。本项目应根据“营业外支出”科目的发生额分析填列。

(18)“利润总额”项目，反映企业实现的利润。如为亏损，本项目以“－”号填列。

(19)“所得税费用”项目，反映企业应从当期利润总额中扣除的所得税费用。本项目应根据“所得税费用”科目的发生额分析填列。

(21)“净利润”项目，反映企业实现的净利润。如为亏损，本项目以“－”号填列。

(22)“其他综合收益的税后净额”项目，反映企业根据企业会计准则规定未在损益中确认的各项利得和损失扣除所得税影响后的净额。

(23)“综合收益总额”项目，反映企业净利润与其他综合收益(税后净额)的合计金额。

(24)“每股收益”项目，包括基本每股收益和稀释每股收益两项指标，反映普通股或潜在普通股已公开交易的企业，以及正处在公开发行普通股或潜在普通股过程中的企业的每股收益信息。

【例 9-6】 下列各项中，应列入利润表中“销售费用”项目的是(　　)。

A. 计提行政管理部门使用无形资产的摊销额　B. 计提由行政管理部门负担的工会经费

C. 计提专设销售机构固定资产的折旧费　D. 发生的不符合资本化条件的研发费用

【答案】 C

【解析】 企业发生的与专设销售机构相关的固定资产修理费用、折旧费用等后续支出属于销售费用。选项 ABD 均应计入管理费用。

【例 9-7】 下列各项中，影响企业利润表“利润总额”项目的是(　　)。

A. 向投资者分配现金股利　B. 向灾区捐款发生的支出

C. 收到投资者超出注册资本份额的出资　D. 确认的所得税费用

【答案】 B

【解析】 利润总额＝营业利润＋营业外收入－营业外支出。选项 A 计入应付股利；选项 B 计入营业外支出，影响利润总额；选项 C 计入资本公积，不在利润表中体现；选项 D 不影响利润总额,影响净利润。

【例 9-8】 甲公司 2020 年发生短期借款利息 120 万元,享受购货现金折扣 10 万元,取得银行存款利息收入 30 万元。2020 年甲公司列入利润表“财务费用项目的本期金额应为(　　)万元。

A. 100　　B. 9　　C. 150　　D. 80

【答案】 D

【解析】 2020 年该企业列入利润表“财务费用”项目的本期金额=120－10－30=80(万元)。

【例 9-9】 下列各项中,应列入利润表“资产处置收益”项目的有(　　)。

A. 出售生产设备取得的收益　　B. 出售原材料取得的收益

C. 出售包装物取得的收益　　D. 出售专利权取得的收益

【答案】 AD

【解析】 “资产处置收益”项目反映企业出售划分为持有待售的非流动资产(金融工具、长期股权投资和投资性房地产除外)或处置组时确认的处置利得或损失,以及处置未划分为持有待售的固定资产、在建工程、生产性生物资产及无形资产而产生的处置利得或损失。非货币性资产交换中换出非流动资产产生的利得或损失也包括在内。选项 BC 应计入其他业务收入。

【例 9-10】 下列各项中,属于企业利润表中列报项目的有(　　)。

A. 其他收益　　B. 信用减值损失

C. 综合收益总额　　D. 每股收益

【答案】 ABCD

【解析】 利润表列报的项目主要有营业收入、营业成本、税金及附加、销售费用、管理费用、研发费用、财务费用、资产减值损失、信用减值损失、其他收益、投资收益、净敞口套期收益、公允价值变动收益、资产处置收益、营业利润、营业外收入、营业外支出、利润总额、所得税费用、净利润、其他综合收益的税后净额、综合收益总额、每股收益等。

第三节 所有者权益变动表

所有者权益变动表是指反映构成所有者权益各组成部分当期增减变动情况的报表。

通过所有者权益变动表,既可以为财务报表使用者提供所有者权益总量增减变动的信息,也能为其提供所有者权益增减变动的结构性信息,特别是能够让财务报表使用者理解所有者权益增减变动的根源。

一、所有者权益变动表的结构

在所有者权益变动表上,企业至少应当单独列示反映下列信息的项目:

(1) 综合收益总额。

(2) 会计政策变更和差错更正的累积影响金额。

(3) 所有者投入资本和向所有者分配利润等。

(4) 提取的盈余公积。

(5) 实收资本、其他权益工具、资本公积、其他综合收益、专项储备、盈余公积、未分配利润的期初和期末余额及其调节情况。

所有者权益变动表以矩阵的形式列示：一方面，列示导致所有者权益变动的交易或事项，即所有者权益变动的来源，对一定时期所有者权益的变动情况进行全面反映；另一方面，按照所有者权益各组成部分(即实收资本、其他权益工具、资本公积、库存股、其他综合收益、盈余公积、未分配利润)列示交易或事项对所有者权益各部分的影响。

我国一般企业所有者权益变动表的格式如表 9-10 所示。

二、所有者权益变动表的编制

(一) 所有者权益变动表项目的填列方法

所有者权益变动表各项目均需填列“本年金额”和“上年金额”两栏。

所有者权益变动表“上年金额”栏内各项数字，应根据上年度所有者权益变动表“本年金额”栏内所列数字填列。上年度所有者权益变动表规定的各个项目的名称和内容同本年度不一致的，应对上年度所有者权益变动表各项目的名称和数字按照本年度的规定进行调整，填入所有者权益变动表的“上年金额”栏内。

所有者权益变动表“本年金额”栏内各项数字一般应根据“实收资本(或股本)”“其他权益工具”“资本公积”“库存股”“其他综合收益”“专项储备”“盈余公积”“利润分配”“以前年度损益调整”科目的发生额分析填列。

企业的净利润及其分配情况作为所有者权益变动的组成部分，不需要单独编制利润分配表列示。

(二) 所有者权益变动表的主要项目说明

(1) “上年年末余额”项目，反映企业上年资产负债表中实收资本(或股本)、其他权益工具、资本公积、库存股、其他综合收益、专项储备、盈余公积、未分配利润的年末余额。

(2) “会计政策变更”“前期差错更正”项目，分别反映企业采用追溯调整法处理的会计政策变更的累积影响金额和采用追溯重述法处理的会计差错更正的累积影响金额。

(3) “本年增减变动金额”项目：

第一，“综合收益总额”项目，反映净利润和其他综合收益扣除所得税影响后的净额相加后的合计金额。

第二，“所有者投入和减少资本”项目，反映企业当年所有者投入的资本和减少的资本。

“所有者投入的普通股”项目，反映企业接受投资者投入形成的实收资本(或股本)和资本溢价或股本溢价。“其他权益工具持有者投入资本”项目，反映企业发行的除普通股以外分类为权益工具的金融工具的持有者投入资本的金额。“股份支付计入所有者权益的金额”项目，反映企业处于等待期中的权益结算的股份支付当年计入资本公积的金额。

第三，“利润分配”项目，反映企业当年的利润分配金额。

第四，“所有者权益内部结转”项目，反映企业构成所有者权益的组成部分之间当年的增减变动情况。

“资本公积转增资本(或股本)”项目，反映企业当年以资本公积转增资本或股本的金额。“盈余公积转增资本(或股本)”项目，反映企业当年以盈余公积转增资本或股本的金额。

表 9-10

所有者权益变动表

会企 04 表

编制单位：　　　　　　　　年度　　　　　　　　单位：元

项目	本年金额											上年金额										
	实收资本（或股本）	其他权益工具			资本公积	减：库存股	其他综合收益	专项储备	盈余公积	未分配利润	所有者权益合计	实收资本（或股本）	其他权益工具			资本公积	减：库存股	其他综合收益	专项储备	盈余公积	未分配利润	所有者权益合计
		优先股	永续债	其他									优先股	永续债	其他							
一、上年年末余额																						
加：会计政策变更																						
前期差错更正																						
其他																						
二、本年年初余额																						
三、本年增减变动金额（减少以“—”号填列）																						
（一）综合收益总额																						
（二）所有者投入和减少资本																						
1. 所有者投入的普通股																						
2. 其他权益工具持有者投入资本																						
3. 股份支付计入所有者权益的金额																						
4. 其他																						
（三）利润分配																						
1. 提取盈余公积																						
2. 对所有者（或股东）的分配																						
3. 其他																						
（四）所有者权益内部结转																						
1. 资本公积转增资本（或股本）																						
2. 盈余公积转增资本（或股本）																						
3. 盈余公积弥补亏损																						
4. 设定受益计划变动额结转留存收益																						
5. 其他综合收益结转留存收益																						
6. 其他																						
四、本年年末余额																						

“盈余公积弥补亏损”项目，反映企业当年以盈余公积弥补亏损的金额。“设定受益计划变动额结转留存收益”项目，反映企业因重新计量设定受益计划净负债或净资产所产生的变动计入其他综合收益，结转至留存收益的金额。

“其他综合收益结转留存收益”项目，主要反映：第一，企业指定为以公允价值计量且其变动计入其他综合收益的非交易性权益工具投资终止确认时，之前计入其他综合收益的累计利得或损失从其他综合收益中转入留存收益的金额；第二，企业指定为以公允价值计量且其变动计入当期损益的金融负债终止确认时，之前由企业自身信用风险变动引起而计入其他综合收益的累计利得或损失从其他综合收益中转入留存收益的金额等。

重点提示

资产负债表中的期末未分配利润＝所有者权益变动表中的期末未分配利润。

【例 9-10】 下列各项中，企业应当在所有者权益变动表中单独列示反映的信息有(　　)。

A. 向所有者(股东)分配利润　　B. 所有者投入资本

C. 提取的盈余公积　　D. 综合收益总额

【答案】 ABCD

【解析】 在所有者权益变动表中，企业至少应当单独列示的项目包括以下内容：①综合收益总额。②会计政策变更和差错更正的累积影响金额。③所有者投入资本和向所有者分配利润等。④提取的盈余公积。⑤实收资本、其他权益工具、资本公积、其他综合收益、专项储备、盈余公积、未分配利润的期初和期末余额及其调节情况。

第四节　附　　注

一、附注的概念与作用

附注是对资产负债表、利润表、现金流量表和所有者权益变动表等报表中列示项目的文字描述或明细资料，以及对未能在这些报表中列示项目的说明等。附注主要起到两方面的作用：第一，附注的披露，是对资产负债表、利润表、现金流量表和所有者权益变动表列示项目含义的补充说明，以帮助财务报表使用者更准确地把握其含义。例如，通过阅读附注中披露的固定资产折旧政策的说明，使用者可以掌握报告企业与其他企业在固定资产折旧政策上的异同，以便进行更准确的比较。第二，附注提供了对资产负债表、利润表、现金流量表和所有者权益变动表中未列示项目的详细或明细说明。例如，通过阅读附注中披露的存货增减变动情况，财务报表使用者可以了解资产负债表中未单列的存货分类信息。

通过附注与资产负债表、利润表、现金流量表和所有者权益变动表列示项目的相互参照关系，以及对未能在财务报表中列示项目的说明，可以使财务报表使用者全面了解企业的财务状况、经营成果和现金流量以及所有者权益的情况。

二、附注的主要内容

附注是财务报表的重要组成部分。根据企业会计准则的规定，企业应当按照如下顺序披露附注的内容：

(一) 企业的基本情况

(1) 企业注册地、组织形式和总部地址。

(2) 企业的业务性质和主要经营活动。

(3) 母公司以及集团最终母公司的名称。

(4) 财务报告的批准报出者和财务报告的批准报出日。

(5) 营业期限有限的企业，还应当披露有关营业期限的信息。

(二) 财务报表的编制基础

财务报表的编制基础是指财务报表是在持续经营基础上还是非持续经营基础上编制的。企业一般是在持续经营基础上编制财务报表，清算、破产属于非持续经营基础。

(三) 遵循企业会计准则的声明

企业应当声明编制的财务报表符合企业会计准则的要求，真实、完整地反映了企业的财务状况、经营成果和现金流量等有关信息，以此明确企业编制财务报表所依据的制度基础。

(四) 重要会计政策和会计估计

企业应当披露采用的重要会计政策和会计估计，不重要的会计政策和会计估计可以不披露。在披露重要会计政策和会计估计时，企业应当披露重要会计政策的确定依据和财务报表项目的计量基础，以及会计估计中所采用的关键假设和不确定因素。

1. 对重要会计政策的说明

由于企业经济业务的复杂性和多样化，某些经济业务可以有多种会计处理方法，存在着不止一种可供选择的会计政策。例如，存货的计价可以有先进先出法、加权平均法、个别计价法等。企业在发生某项经济业务时，必须从允许的会计处理方法中选择适合本企业特点的会计政策，企业选择不同的会计处理方法，可能极大地影响企业的财务状况和经营成果，进而编制出不同的财务报表。为了有助于报表使用者进行理解，有必要对这些会计政策加以披露。

需要特别指出的是，说明会计政策时还需要披露下列两项内容：

(1) 财务报表项目的计量基础。会计计量属性包括历史成本、重置成本、可变现净值、现值和公允价值，这项披露要求便于报表使用者了解企业财务报表中的项目是按何种计量基础予以计量的，如存货是按成本还是可变现净值计量等。

(2) 会计政策的确定依据，主要是指企业在运用会计政策过程中所做的对报表中确认的项目金额最具影响的判断。这些判断对在报表中确认的项目金额具有重要影响，因此这项披露要求有助于报表使用者理解企业选择和运用会计政策的背景，增强财务报表的可理解性。

2. 重要会计估计的说明

财务报表列报准则强调了对会计估计不确定因素的披露要求，企业应当披露会计估计中所采用的关键假设和不确定因素的确认依据，这些关键假设和不确定因素在下一会计期间内很可能导致企业对资产、负债账面价值进行重大调整。

在确定报表中的资产和负债账面金额的过程中，企业有时需要估计不确定的未来事项在资产负债表日对资产和负债的影响。这些假设的变动对这些资产和负债项目金额的确定影响很大，有可能会在下一个会计年度内作出重大调整。因此，强调这一披露要求，有助于提高财务报表的可理解性。

（五）会计政策和会计估计变更以及差错更正的说明

企业应当按照《企业会计准则第28号——会计政策、会计估计变更和差错更正》及其应用指南的规定，披露会计政策和会计估计变更以及差错更正的有关情况。

（六）报表重要项目的说明

企业对于报表重要项目的说明，应当按照资产负债表、利润表、现金流量表和所有者权益变动表及其项目列示的顺序，采用文字描述和数字描述相结合的方式进行披露。报表重要项目的明细金额合计，应当与报表项目金额相一致。这些重要项目主要包括：应收账款、存货、长期股权投资、投资性房地产、固定资产、无形资产、应付职工薪酬、应交税费、短期借款、长期借款、应付债券、长期应付款、营业收入、公允价值变动收益、投资收益、信用减值损失、资产减值损失、营业外收入、营业外支出、所得税费用、其他综合收益、政府补助、借款费用等。

（七）其他需要说明的重要事项

其他需要说明的重要事项主要包括或有事项和承诺事项、资产负债表日后非调整事项、关联方关系及其交易，以及企业资本管理的目标、政策及程序信息等。

章节测试

班级：________ 姓名：________ 学号：________ 日期：________ 平时分：________

一、单项选择题(每小题 5 分,共 45 分)

1. 下列各项中,不属于资产负债表中“货币资金”项目的是(　　)。
A. 交易性金融资产　　B. 银行汇票存款
C. 信用卡存款　　D. 外埠存款

2. 某企业期末“工程物资”科目的余额为 200 万元,“发出商品”科目的余额为 50 万元,“原材料”科目的余额为 60 万元,“材料成本差异”科目的贷方余额为 5 万元。假定不考虑其他因素,该企业资产负债表中“存货”项目的金额为(　　)万元。
A. 105　　B. 115　　C. 205　　D. 215

3. 企业期末“本年利润”的借方余额为 7 万元,“利润分配”和“应付股利”账户贷方余额分别为 18 万元和 12 万元,则当期资产负债表中“未分配利润”项目金额应为(　　)万元。
A. 30　　B. 18　　C. 23　　D. 11

4. 2020 年 12 月 31 日,企业分别借入两年期 150 000 元借款,五年期 480 000 元借款。两项借款均为单利计算利息,分次付息,年利率为 6%。该企业在 2021 年度资产负债表中,“长期借款”项目应为(　　)元。
A. 630 000　　B. 508 800　　C. 667 800　　D. 480 000

5. 下列关于现金流量表的表述中,错误的是(　　)。
A. 在具体编制时,可以采用 T 形账户法
B. 采用多步式
C. 在具体编制时,可以采用工作底稿法
D. 在具体编制时,可以根据有关科目记录分析填列

6. 编制利润表的第二步,应(　　)。
A. 以营业收入为基础,计算营业利润　　B. 以营业收入为基础,计算利润总额
C. 以营业利润为基础,计算利润总额　　D. 以利润总额为基础,计算净利润

7. 下列各项中,(　　)能够反映企业一定日期所拥有的资产、需偿还的债务,以及投资者所拥有的净资产的情况。
A. 所有者权益变动表　　B. 利润表
C. 现金流量表　　D. 资产负债表

8. 某企业“应收账款”账户月末借方余额 40 000 元,其中:“应收甲公司账款”明细账户借方余额 50 000 元,“应收乙公司账款”明细账户贷方余额 10 000 元;“预收账款”账户月末贷方余额 15 000 元,其中:“预收 A 厂账款”明细账户贷方余额 35 000 元,“预收 B 厂账款”明细账户借方余额 20 000 元。另外,“坏账准备”账户的余额为 10 000 元,则该企业月末

资产负债表中“应收账款”项目的金额为(　　)元。

A. 60 000　　B. 70 000　　C. 50 000　　D. 40 000

9. 下列利润表项目中，只需根据一个科目的借方发生额填列的项目是(　　)。

A. 税金及附加　　B. 营业收入　　C. 营业利润　　D. 营业成本

二、多项选择题(每小题 5 分，共 25 分)

1. 下列资产负债表项目中，不能直接根据相关总账科目期末余额填列的有(　　)。

A. 固定资产　　B. 预付款项　　C. 应收账款　　D. 应付票据

2. 下列各项中，企业资产负债表中所有者权益金额的大小可能受到(　　)影响。

A. 接受捐赠资产的计价

B. 接受投资者投入资产的计价

C. 坏账准备计提方法和比例的界定

D. 管理部门用固定资产的折旧方法

3. 下列关于资产负债表的作用的表述中，正确的有(　　)。

A. 通过编制资产负债表可以反映企业资产的构成及其状况

B. 通过编制资产负债表可以分析企业的偿债能力

C. 通过编制资产负债表可以分析企业的获利能力

D. 通过编制资产负债表可以反映企业所有者权益的情况

4. 下列各项中，会使资产负债表中负债金额增加的有(　　)

A. 计提坏账准备　　B. 计提存货跌价准备

C. 计提一次还本付息应付债券的利息　　D. 计提长期借款利息

5. 2020 年度，某企业发生的交易或事项中，会引起投资活动产生的现金流量发生变化的有(　　)。

A. 向投资者派发现金股利 60 万元

B. 转让一项专利权，取得价款 200 万元

C. 购入一项专有技术用于日常经营，支付价款 10 万元

D. 采用权益法核算的长期股权投资，实现投资收益 500 万元

三、判断题(每小题 5 分，共 30 分)

1. 现金流量表采用报告式结构，分类反映经营活动产生的现金流量、投资活动产生的现金流量和筹资活动产生的现金流量，最后汇总反映企业某一期间现金及现金等价物净增加额。(　　)

2. 受托代销商品款应作为存货的抵减项目在资产负债表中列示。(　　)

3. 对于会计主体来说，某一会计期间的收入一定伴随着相等的现金流入。(　　)

4. 将于一年内到期的长期借款，按照规定，应在资产负债表中作为流动负债反映。(　　)

5. 企业购入货物验收入库后，若发票账单尚未收到，应在月末按照估计的金额确认一笔负债，反映在资产负债表有关负债项目内。(　　)

6. 资产负债表中的“短期借款”项目，应该根据总账科目余额填列。(　　)

第十章　管理会计基础

知识导航

- 管理会计基础
  - 管理会计概述
    - 管理会计的概念
    - 管理会计体系
    - 管理会计要素及具体内容
    - 管理会计应用原则和应用主体
  - 产品成本核算的要求和般程序
    - 产品成本核算的要求
    - 产品成本核算的一般程序
    - 产品成本核算对象
    - 产品成本项目
  - 产品成本的归集和分配
    - 产品成本归集和分配的基本原则
    - 要素费用的归集和分配
    - 生产费用在完工产品和在产品之间的归集和分配
  - 产品成本计算
    - 产品成本计算方法概述
    - 产品成本计算的品种法
    - 产品成本计算的分批法
    - 产品成本计算的分步法

学习目标

1. 了解生产费用在完工产品和在产品之间的归集和分配。
2. 了解产品成本核算的要求及账户设置、理解产品成本计算的品种法、分批法、分步法。
3. 了解管理会计的概念、要素和管理会计体系的构成。
4. 熟悉管理会计的应用原则和应用主体。
5. 熟悉产品成本核算的一般程序。
6. 熟悉产品成本核算对象的确定、成本项目的设置。
7. 掌握各种要素费用的归集和分配方法。
8. 掌握管理会计工具方法。

企业应当根据生产经营特点和管理要求，按照成本的经济用途和生产要素内容相结合的原则或成本性态等设置成本项目，选择适当的分配方法归集与分配产品成本。

第一节　管理会计概述

一、管理会计的概念

管理会计是会计的重要分支，主要服务于单位内部管理需要，是通过利用相关信息，有机融合财务与业务活动，在单位规划、决策、控制和评价等方面发挥重要作用的管理活动。

二、管理会计体系

中国特色的管理会计体系是一个由理论、指引、人才、信息化加服务市场构成的“4+1”的管理会计有机系统。《财政部关于全面推进管理会计体系建设的指导意见》提出，要加强管理会计标准建设，形成以管理会计基本指引为统领、以管理会计应用指引为具体指导、以管理会计案例示范为补充的管理会计指引体系，为单位提供有力的抓手，确保管理会计工具方法在单位中的应用效果，达到提升单位价值创造力的目标。

管理会计指引体系包括基本指引、应用指引和案例库。

(一) 管理会计基本指引

管理会计基本指引在管理会计指引体系中起统领作用，是制定应用指引和建设案例库的基础。基本指引是对管理会计基本概念、基本原则、基本方法、基本目标等内容的总结、提炼。但是，不同于企业会计准则基本准则，管理会计基本指引不对应用指引中未作出描述的新问题提供处理依据。

(二) 管理会计应用指引

在管理会计指引体系中，应用指引居于主体地位，是对单位管理会计工作的具体指导。管理会计应用指引既遵循基本指引，也体现了实践特点；既形成一批普遍适用、具有广泛指导意义的基本工具方法，也有特殊行业的应用指引；既考虑了企业也考虑了行政事业单位。

(三) 管理会计案例库

案例库是对国内外管理会计经验的总结提炼，是对如何运用管理会计应用指引的实例示范。建立管理会计案例库，为单位提供直观的参考借鉴，是管理会计指引体系指导实践的重要内容和有效途径，也是管理会计体系建设区别于企业会计准则体系建设的一大特色。

三、管理会计要素及具体内容

单位应用管理会计，应包括应用环境、管理会计活动、工具方法、信息与报告四项管理会计要素。这四项要素构成了管理会计应用的有机体系，单位应在分析管理会计应用环境的基础上，合理运用管理会计工具方法，全面开展管理会计活动，并提供有用信息，生成管理会计报告，支持单位决策，推动单位实现战略规划。

(一) 应用环境

管理会计应用环境是单位应用管理会计的基础。单位应用管理会计，首先应充分了解和分析其应用环境，包括外部环境和内部环境。外部环境主要包括国内外经济、市场、法律、行业等因素。内部环境主要包括：

(1) 价值创造模式。单位应准确分析和把握价值创造模式，推动财务与业务等的有机融合。

(2) 组织架构。单位应根据组织架构特点，建立健全能够满足管理会计活动所需的由财务、业务等相关人员组成的管理会计组织体系。有条件的单位可以设置管理会计机构，组织开展管理会计工作。

(3) 管理模式。单位应根据管理模式确定责任主体，明确各层级以及各层级内的部门、岗位之间的管理会计责任权限，制订管理会计实施方案，以落实管理会计责任。

（4）资源。单位应从人力、财力、物力等方面做好资源保障工作，加强资源整合，提高资源利用效率效果，确保管理会计工作顺利开展。单位应注重管理会计理念、知识培训，加强管理会计人才培养。

（5）信息系统。单位应将管理会计信息化需求纳入信息系统规划，通过信息系统整合、改造或新建等途径，及时、高效地提供和管理相关信息，推进管理会计实施。

（二）管理会计活动

管理会计活动是单位管理会计工作的具体开展，是单位利用管理会计信息，运用管理会计工具方法，在规划、决策、控制、评价等方面服务于单位管理需要的相关活动。在了解和分析其应用环境的基础上，单位应将管理会计活动嵌入规划、决策、控制、评价等环节，形成完整的管理会计闭环。

在规划环节，单位应用管理会计，应做好相关信息支持，参与战略规划拟订，从支持其定位、目标设定、实施方案选择等方面，为单位合理制定战略规划提供支撑。

在决策环节，单位应用管理会计，应融合财务和业务等活动，及时充分提供和利用相关信息，支持单位各层级根据战略规划作出决策。

在控制环节，单位应用管理会计，应设定定量或定性标准，强化分析、沟通、协调、反馈等控制机制，支持和引导单位持续高质高效地实施单位战略规划。

在评价环节，单位应用管理会计，应合理设计评价体系，基于管理会计信息等，评价单位战略规划实施情况，并以此为基础进行考核，完善激励机制；同时，对管理会计活动进行评估和完善，以持续改进管理会计应用。

（三）工具方法

管理会计工具方法是实现管理会计目标的具体手段，是单位应用管理会计时所采用的战略地图、滚动预算管理、作业成本管理、本量利分析、平衡计分卡等模型、技术、流程的统称。单位应根据管理特点和实践需要选择适用的管理会计工具方法，并加强管理会计工具方法的系统化、集成化应用。

管理会计工具方法主要应用于以下领域：战略管理、预算管理、成本管理、营运管理、投融资管理、绩效管理、风险管理等。

1. 战略管理领域应用的工具方法

战略管理，是指对企业全局的、长远的发展方向、目标、任务和政策，以及资源配置作出决策和管理的过程。战略管理领域应用的管理会计工具方法一般包括战略地图、价值链管理等，其中，战略地图是指为描述企业各维度战略目标之间因果关系而绘制的可视化的战略因果关系图。战略地图通常以财务、客户、内部业务流程、学习与成长四个维度为主要内容，通过分析各维度的相互关系，绘制成战略因果关系图。

2. 预算管理领域应用的工具方法

预算管理，是指企业以战略目标为导向，通过对未来一定期间内的经营活动和相应的财务结果进行全面预测和筹划，科学、合理配置企业各项财务资源和非财务资源，并对执行过程进行监督和分析，对执行结果进行评价和反馈，指导经营活动的改善和调整，进而推动实现企业战略规划的管理活动。预算管理领域应用的管理会计工具方法，一般包括滚动预算、零基预算、弹性预算和作业预算，具体内容如表 10-1 所示。

表 10-1　　预算管理领域应用的管理会计工具方法

工具方法	概念	适用范围
滚动预算	企业根据上一期预算执行情况和新的预测结果，按既定的预算编制周期和滚动频率，对原有的预算方案进行调整和补充，逐期滚动，持续推进的预算编制方法	滚动预算一般由中期滚动预算和短期滚动预算组成。中期滚动预算的预算编制周期通常为 3 年或 5 年，以年度作为预算滚动频率。短期滚动预算通常以 1 年为预算编制周期，以月度、季度作为预算滚动频率
零基预算	企业不以历史期经济活动及其预算为基础，以零为起点，从实际需要出发分析预算期经济活动的合理性，经综合平衡，形成预算的预算编制方法	适用于不经常发生的预算项目或预算编制基础变化较大的预算项目
弹性预算	企业在分析业务量与预算项目之间数量依存关系的基础上，分别确定不同业务量及其相应预算项目所消耗资源的预算编制方法	适用于市场、产能等存在较大不确定性，且其预算项目与业务量之间存在明显的数量依存关系的预算项目
作业预算	基于"作业消耗资源、产出消耗作业"的原理，以作业管理为基础的预算管理方法	适用于具有作业类型较多且作业链较长、管理层对预算编制的准确性要求较高、生产过程多样化程度较高，以及间接或辅助资源费用所占比重较大等特点的企业

3. 成本管理领域应用的工具方法

成本管理，是指企业在营运过程中实施成本预测、成本决策、成本计划、成本核算、成本分析和成本考核等一系列管理活动的总称。成本管理领域应用的管理会计工具方法一般包括目标成本法、标准成本法、变动成本法和作业成本法，具体内容如表 10-2 所示。

表 10-2　　成本管理领域应用的管理会计工具方法

工具方法	概念	适用范围
目标成本法	企业以市场为导向，以目标售价和目标利润为基础确定产品的目标成本，从产品设计阶段开始，通过各部门、各环节乃至与供应商的通力合作，共同实现目标成本的成本管理方法	适用于制造业企业产品改造以及产品开发设计中的成本管理，在物流、建筑、服务等行业也有应用
标准成本法	企业以预先制定的标准成本为基础，通过比较标准成本与实际成本，计算和分析成本差异、揭示成本差异动因，进而实施成本控制、评价经济业绩的一种成本管理方法	适用于产品及其生产条件相对稳定，或生产流程与工艺标准化程度较高的企业
变动成本法	企业以成本性态分析为前提条件，仅将生产过程中消耗的变动生产成本作为产品成本的构成内容，而将固定生产成本和非生产成本作为期间成本，直接由当期收益予以补偿的一种成本管理方法	适用于同时具备下列特征的企业：短期经营决策发生较为频繁；企业固定成本比重较大，企业规模大，产品或服务的种类多，固定成本分摊存在较大困难；企业作业保持相对稳定
作业成本法	以"作业消耗资源、产出消耗作业"为原则，按照资源动因将资源费用追溯或分配至各项作业，计算出作业成本，然后再根据作业动因，将作业成本追溯或分配至各成本对象，最终完成成本计算的过程	适用于作业类型较多且作业链较长，同一生产线生产多种产品，企业规模较大且管理层对产品成本准确性要求较高，产品、顾客和生产过程多样化程度较高以及间接或辅助资源费用所占比重较大等情况的企业

重点提示

成本性态，是指成本与业务量之间的相互依存关系。成本按照成本性态划分，可分为固定成本、变动成本和混合成本。

固定成本，是指业务量在一定范围内增减变动，其总额保持不变，但单位成本随着业务量增加而相对减少的成本。

变动成本，是指业务量在一定范围内增减变动，其总额发生相应的正比例变动，而单位成本保持不变的成本。

混合成本，是指总额随业务量变动但不成正比例变动的成本。

4. 营运管理领域应用的工具方法

营运管理，是指为了实现企业战略和营运目标，各级管理者通过计划、组织、指挥、协调、控制、激励等活动，实现对企业生产经营过程中的物料供应、产品生产和销售等环节的价值增值管理。营运管理领域应用的管理会计工具方法一般包括本量利分析、敏感性分析、边际分析、内部转移定价和多维度盈利能力分析，具体内容如表 10-3 所示。

表 10-3 营运管理领域应用的管理会计工具方法

工具方法	概念	适用范围
本量利分析	以成本性态分析和变动成本法为基础，运用数学模型和图示，对成本、利润、业务量与单价等因素之间的依存关系进行分析，发现变动的规律性，为企业进行预测、决策、计划和控制等活动提供支持的一种方法	主要用于企业生产决策、成本决策和定价决策，也可以广泛地用于投融资决策等。企业在营运计划的制订、调整以及营运监控分析等程序中通常会应用到本量利分析
敏感性分析	对影响目标实现的因素变化进行量化分析，以确定各因素变化对实现目标的影响及其敏感程度。敏感性分析可以分为单因素敏感性分析和多因素敏感性分析	该方法具有广泛适用性，主要用于短期营运决策、长期投资决策等相关风险的识别、控制和防范
边际分析	分析某可变因素的变动引起其他相关可变因素变动的程度的方法，以评价既定产品或项目的获利水平，判断盈亏临界点，提示营运风险，支持营运决策	企业在营运计划的制订、调整以及营运监控分析等程序中通常会应用边际分析
内部转移定价	企业内部转移价格的制定和应用方法。内部转移价格，是指企业内部分公司、分厂、车间、分部等责任中心之间相互提供产品（或服务）、资金等内部交易时所采用的计价标准 【提示】责任中心，是指企业内部独立提供产品（或服务）、资金等的责任主体	主要适用于具有一定经营规模、业务流程相对复杂、设置了多个责任中心且责任中心之间存在内部供求关系的企业
多维度盈利能力分析	企业对一定期间内的经营成果，按照区域、产品、部门、客户、渠道、员工等维度进行计量，分析盈亏动因，从而支持企业精细化管理、满足内部营运管理需要的一种分析方法	主要适用于市场竞争压力较大、组织结构相对复杂或具有多元化产品（或服务）体系的企业

重点提示

本量利分析中的“本”是指成本，包括固定成本和变动成本；“量”是指业务量，一般指销售量；“利”一般指营业利润。本量利分析的基本公式如下：

$$营业利润 = (单价 - 单位变动成本) \times 业务量 - 固定成本$$

5. 投融资管理领域应用的工具方法

投融资管理包括投资管理和融资管理。投资管理，是指企业根据自身战略发展规划，以企业价值最大化为目标，将资金投入到营运过程中的管理活动。融资管理，是指企业为实现既定的战略目标，在风险匹配的原则下，对通过一定的融资方式和渠道筹集资金的管理活动。投融资管理领域应用的管理会计工具方法一般有贴现现金流法、项目管理、情景分析和约束资源优化，具体内容如表 10-4 所示。

表 10-4　　投融资管理领域应用的管理会计工具方法

工具方法	概念	适用范围
贴现现金流法	以明确的假设为基础，选择恰当的贴现率对预期的各期现金流入、流出进行贴现，通过贴现值的计算和比较，为财务合理性提供判断依据的价值评估方法	一般适用于在企业日常经营过程中，与投融资管理相关的资产价值评估、企业估值和项目投资决策等。也适用于其他价值评估方法不适用的企业，如债务重组、重大转型、战略性重新定位、亏损或者处于开办期的企业等
项目管理	通过项目各参与方的合作，运用专门的知识、工具和方法，对各项资源进行计划、组织、协调、控制，使项目能够在规定的时间、预算和质量范围内，实现或超过既定目标的管理活动。项目管理的工具方法一般包括挣值法、成本效益法、价值工程法等	
情景分析	在对企业经营管理中未来可能出现的相关事件情景进行假设的基础上，结合企业管理要求，通过模拟等技术，分析相关方案发生的可能性、相应后果和影响，以作出最佳决策的方法	适用于企业的投融资决策，也可用于战略目标制定、风险评估等
约束资源优化	企业通过识别制约其实现生产经营目标的瓶颈资源，并对相关资源进行改善和调整，以优化企业资源配置、提高企业资源使用效率的方法	一般适用于企业的投融资管理和营运管理等领域

6. 绩效管理领域应用的工具方法

绩效管理，是指企业与所属单位(部门)、员工之间就业绩目标及如何实现业绩目标达成共识，并帮助和激励员工取得优异业绩，从而实现企业目标的管理过程。绩效管理的核心是业绩评价和激励管理。绩效管理领域应用的管理会计工具方法一般包括关键绩效指标法、经济增加值法、平衡计分卡和绩效棱柱模型，具体内容如表 10-5 所示。

表 10-5　　绩效管理领域应用的管理会计工具方法

工具方法	概念	适用范围
关键绩效指标法	基于企业战略目标，通过建立关键绩效指标(KPI)体系，将价值创造活动与战略规划目标有效联系，并据此进行绩效管理的方法	关键绩效指标法可单独使用，也可与经济增加值法、平衡计分卡等其他方法结合使用。关键绩效指标法的应用对象可为企业、所属单位(部门)和员工
经济增加值法	以经济增加值(EVA)为核心，建立业绩指标体系，引导企业注重价值创造，并据此进行绩效管理的方法	企业应用经济增加值法进行绩效管理的对象，可为企业及其所属单位(部门)和高级管理人员。经济增加值法较少单独使用，一般与关键绩效指标法、平衡计分卡等其他方法结合使用

（续表）

工具方法	概念	适用范围
平衡计分卡	基于企业战略，从财务、客户、内部业务流程、学习与成长四个维度，将战略规划目标逐层分解转化为具体的、相互平衡的业绩指标体系，并据此进行绩效管理的方法	适用于战略规划目标明确、管理制度比较完善、管理水平相对较高的企业。平衡计分卡的应用对象可为企业、所属单位（部门）和员工
绩效棱柱模型	从企业利益相关者角度出发，以利益相关者满意为出发点，利益相关者贡献为落脚点，以企业战略、业务流程、组织能力为手段，用棱柱的五个构面构建三维绩效评价体系，并据此进行绩效管理的方法	适用于管理制度比较完善，业务流程比较规范，管理水平相对较高的大中型企业。绩效棱柱模型的应用对象可为企业和企业各级所属单位（部门）

7. 风险管理领域应用的工具方法

风险管理，是指企业为实现风险管理目标，对企业风险进行有效识别、评估、预警和应对等管理活动的过程。风险管理领域应用的管理会计工具方法一般包括风险矩阵和风险清单，具体内容如表 10-6 所示。

表 10-6　　绩效管理领域应用的管理会计工具方法

工具方法	概念	注意事项	适用范围
风险矩阵	按照风险发生的可能性和风险发生后果的严重程度，将风险绘制在矩阵图中，展示风险及其重要性等级的风险管理工具方法	风险矩阵的基本原理是，根据企业风险偏好，判断并度量风险发生的可能性和后果严重程度，计算风险值，以此作为主要依据在矩阵中描绘出风险重要性等级	适用于表示企业各类风险重要性等级，也适用于各类风险的分析评价和沟通报告
风险清单	企业根据自身战略、业务特点和风险管理要求，以表单形式进行风险识别、风险分析、风险应对措施、风险报告和沟通等管理活动的工具方法	企业应用风险清单工具方法的主要目标是使企业从整体上了解自身风险概况和存在的重大风险，明晰各相关部门的风险管理责任，规范风险管理流程，并为企业构建风险预警和风险考评机制奠定基础	适用于各类企业及企业内部各个层级和各类型风险的管理

（四）信息与报告

管理会计信息包括管理会计应用过程中的财务信息和非财务信息，是管理会计报告的基本元素。管理会计信息应相关、可靠、及时、可理解。

管理会计报告是管理会计活动成果的重要表现形式，旨在为报告使用者提供满足管理需要的信息，是管理会计活动开展情况和效果的具体呈现。管理会计报告按期间可以分为定期报告和不定期报告，按内容可以分为综合性报告和专项报告等类别。

四、管理会计应用原则和应用主体

（一）管理会计应用原则

单位应用管理会计，是指管理会计应用主体应用管理会计时应遵循的一般原则。管理会计应用原则包括战略导向原则、融合性原则、适应性原则和成本效益原则，具体内容如表 10-7 所示。

表 10-7　　管理会计应用原则

具体原则	内容
战略导向原则	管理会计的应用应以战略规划为导向，以持续创造价值为核心，促进单位可持续发展
融合性原则	管理会计应嵌入单位相关领域、层次、环节，以业务流程为基础，利用管理会计工具方法，将财务和业务等有机融合
适应性原则	管理会计的应用应与单位应用环境和自身特征相适应。单位自身特征包括单位性质、规模、发展阶段、管理模式、治理水平等
成本效益原则	管理会计的应用应权衡实施成本和预期效益，合理、有效地推进管理会计应用

（二）管理会计应用主体

管理会计应用主体视管理决策主体确定，可以是单位整体，也可以是单位内部的责任中心，可以是企业，也可以是行政事业单位。

第二节　产品成本核算的要求和一般程序

产品成本，是指企业在生产产品（包括提供劳务）过程中所发生的材料费用、职工薪酬等，以及不能直接计入而按一定标准分配计入的各种间接费用。产品成本核算是对生产经营过程中实际发生的成本、费用进行计算，并进行相应的账务处理。成本核算一般是对成本计划执行的结果进行事后的反映。企业通过产品成本核算，一方面，可以审核各项生产费用和经营管理费用的支出，分析和考核产品成本计划的执行情况，促使企业降低成本和费用；另一方面，还可以为计算利润、进行成本和利润预测提供数据，有助于提高企业生产技术和经营管理水平。企业生产类型不同、管理要求不同，对产品成本计算的影响也不同，这些都影响甚至决定着产品成本核算对象的确定。根据成本核算程序，成本核算对象的确定是产品成本计算的前提，在这些基础上，按照本章所述在各成本核算对象之间分配和归集费用，然后在一个成本核算对象的完工产品和月末在产品之间分配和归集费用，计算各个成本核算对象的完工产品成本和月末在产品成本。

一、产品成本核算的要求

（一）做好各项基础工作

为进行成本核算，企业应当建立健全各项原始记录，并做好各项材料物资的计量、收发、领退、转移、报废和盘点工作，包括材料物资收发领用、劳动用工和工资发放、机器设备交付使用以及水、电、暖等消耗的原始记录，并做好相应的管理工作以及定额的制定和修订工作等。同时，产品成本计算，往往需要以产品原材料和工时的定额消耗量和定额费用作为分配标准，因此，也需要制定或修订材料、工时、费用的各项定额，使成本核算具有可靠的基础。

企业应当充分利用现代信息技术，编制、执行企业产品成本预算，对执行情况进行分析、考核，落实成本管理责任制，加强对产品生产事前、事中、事后的全过程控制，加强产品成本核算与管理各项基础工作。

（二）正确划分各种费用支出的界限

产品成本是为生产产品而发生的各种耗费的总和，通常是企业存货的主要构成内容。

成本着重于按产品进行归集，一般以成本计算单或成本汇总表及产品入库单等为计算依据。

为正确计算产品成本，必须正确划分以下五个方面的费用界限：

(1) 正确划分收益性支出和资本性支出的界限。

(2) 正确划分成本费用、期间费用和营业外支出的界限。

(3) 正确划分本期成本费用与以后期间成本费用的界限。

(4) 正确划分各种产品成本费用的界限。

(5) 正确划分本期完工产品与期末在产品成本的界限。

上述五方面成本费用的划分应当遵循受益原则，即谁受益谁负担、何时受益何时负担、负担费用应与受益程度成正比。上述成本费用划分的过程，也是产品成本的计算过程。

(三) 根据生产特点和管理要求选择适当的成本计算方法

产品成本的计算，关键是选择适当的产品成本计算方法。产品成本计算的方法必须根据产品的生产特点、管理要求及工艺过程等予以确定。否则，产品成本就会失去真实性，无法进行成本分析和考核。目前，企业常用的产品成本计算方法有品种法、分批法、分步法、分类法、定额法、标准成本法等。

(四) 遵守一致性原则

企业产品成本核算采用的会计政策和会计估计一经确定，不得随意变更。在成本核算中，各种会计处理方法要前后一致，使前后各项的成本资料相互可比。例如，企业应根据企业会计准则的规定正确确定固定资产的折旧方法、使用年限、预计净残值、无形资产的摊销方法、摊销期限等。各种方法一经确定，应保持相对稳定，不能随意变更。

(五) 编制产品成本报表

企业一般应当按月编制产品成本报表，全面反映企业生产成本、成本计划执行情况、产品成本及其变动情况等。企业可以根据自身管理要求，确定成本报表的具体格式和列报方式。

二、产品成本核算的一般程序

产品成本核算的一般程序，是指对企业在生产经营过程中发生的各项生产费用和期间费用，按照成本核算的要求，逐步进行归集和分配，最后计算出各种产品的生产成本和各项期间费用的过程。成本核算的一般程序如下：

(1) 根据生产特点和成本管理的要求，确定成本核算对象。

(2) 确定成本项目。企业计算产品生产成本，一般应当设置“直接材料”“燃料及动力”“直接人工”“制造费用”等成本项目。

(3) 设置有关成本和费用明细账，如生产成本明细账、制造费用明细账、产成品和自制半成品明细账等。

(4) 收集确定各种产品的生产量、入库量、在产品盘存量以及材料、工时、动力消耗等，并对所有已发生生产费用进行审核。

(5) 归集所发生的全部生产费用，并按照确定的成本计算对象予以分配，按成本项目计算各种产品的在产品成本、产成品成本和单位成本。

(6) 结转产品销售成本。为了进行产品成本和期间费用核算，企业一般应设置“生产成本”“制造费用”“主营业务成本”“税金及附加”“销售费用”“管理费用”“财务费用”等科目。

如果需要单独核算废品损失和停工损失，还应设置“废品损失”“停工损失”科目。

三、产品成本核算对象

（一）产品成本核算对象的概念

产品成本核算对象，是指确定归集和分配生产费用的具体对象，即生产费用承担的客体。成本核算对象的确定，是设立成本明细分类账户、归集和分配生产费用以及正确计算产品成本的前提。

（二）成本核算对象的确定

由于产品工艺、生产方式、成本管理等要求不同，产品项目不等同于成本核算对象。企业应当根据生产经营特点和管理要求来确定成本核算对象。一般情况下，对制造企业而言，大批大量单步骤生产产品或管理上不要求提供有关生产步骤成本信息的，以产品品种为成本核算对象；小批单件生产产品的，以每批或每件产品为成本核算对象；多步骤连续加工产品且管理上要求提供有关生产步骤成本信息的，以每种产品及各生产步骤为成本核算对象；产品规格繁多的，可将产品结构、耗用原材料和工艺过程基本相同的各种产品，适当合并作为成本核算对象。

知识拓展

企业内部管理有相关要求的，还可以按照现代企业多维度、多层次的管理要求，确定多元化的产品成本核算对象。

多维度是指以产品的最小生产步骤或作业为基础，按照企业有关部门的生产流程及其相应的成本管理要求，利用现代信息技术，组合出产品维度、工序维度、车间班组维度、生产设备维度、客户订单维度、变动成本维度和固定成本维度等不同的成本核算对象。

多层次是指根据企业成本管理需要，划分为企业管理部门、工厂、车间和班组等成本管理层次。

四、产品成本项目

（一）产品成本项目的概念

为具体反映计入产品生产成本的生产费用的各种经济用途，还应将其进一步划分为若干个项目，即产品生产成本项目，简称产品成本项目或成本项目。设置成本项目可以反映产品成本的构成情况，满足成本管理的目的和要求，有利于了解企业生产费用的经济用途，便于企业分析和考核产品成本计划的执行情况。

（二）产品成本项目的设置

企业应当根据生产经营特点和管理要求，按照成本的经济用途和生产要素内容相结合的原则或者成本性态等设置成本项目。例如，对于制造企业而言，一般可设置“直接材料”“燃料及动力”“直接人工”“制造费用”等项目。

（1）直接材料。直接材料是指构成产品实体的原材料以及有助于产品形成的主要材料和辅助材料。直接材料包括原材料、辅助材料、备品配件、外购半成品、包装物、低值易耗品等费用。

（2）燃料及动力。燃料及动力是指直接用于产品生产的外购和自制的燃料和动力。

(3) 直接人工。直接人工是指直接从事产品生产的工人的职工薪酬。

(4) 制造费用。制造费用是指企业为生产产品和提供劳务而发生的各项间接费用。

由于生产的特点、各种生产费用支出的比重及成本管理和核算的要求不同,企业可根据具体情况,适当增加一些项目,如"废品损失"等成本项目。企业内部管理有相关要求的,还可以按照现代企业多维度、多层次的成本管理要求,利用现代信息技术对有关成本项目进行组合,输出有关成本信息。

第三节 产品成本的归集和分配

一、产品成本归集和分配的基本原则

企业所发生的生产费用,能确定由某一成本核算对象负担的,应当按照所对应的产品成本项目类别,直接计入产品成本核算对象的生产成本;由几个成本核算对象共同负担的,应当选择合理的分配标准分配计入生产成本。企业应当根据生产经营特点,以正常生产能力水平为基础,按照资源耗费方式确定合理的分配标准,具体原则包括以下五个:

(1) 受益性原则,即谁受益、谁负担,负担多少视其受益程度而定。

(2) 及时性原则,即要及时将各项成本费用分配给受益对象,不应将本应在上期或下期分配的成本费用分配给本期。

(3) 成本效益性原则,即成本分配所带来的效益要远大于分配成本。

(4) 基础性原则,即成本分配要以完整、准确的原始记录为依据。

(5) 管理性原则,即成本分配要有助于企业加强成本管理。

重点提示

企业应当按照权责发生制的原则,根据产品的生产特点和管理要求结转成本。

企业不得以计划成本、标准成本、定额成本等代替实际成本。企业采用计划成本、标准成本、定额成本等类似成本进行直接材料日常核算的,期末,应当将耗用直接材料的计划成本或定额成本等类似成本调整为实际成本。

二、要素费用的归集和分配

制造业企业的生产费用按照经济内容可划分为外购材料、外购燃料、外购动力、职工薪酬、折旧费、利息费用、税金、其他费用等要素费用。按照要素费用分类核算制造业企业的费用,反映了制造业企业在一定时期内发生了哪些费用及其金额,可以用于分析各时期费用的构成和各要素费用所占的比重,进而分析考核各时期各种要素费用计划的执行情况。

(一) 成本核算的科目设置

1. "生产成本"科目

"生产成本"科目核算企业进行工业性生产发生的各项生产成本,包括生产各种产品(产成品、自制半成品等)、自制材料、自制工具、自制设备等。该科目借方反映所发生的各项生产费用,贷方反映完工转出的产品成本,期末借方余额反映尚未加工完成的各项在产品的成本。该科目应按产品品种等成本核算对象设置基本生产成本和辅助生产成本明细科目。基

本生产成本应当分别按照基本生产车间和成本核算对象（产品的品种、类别、订单、批别、生产阶段等）设置明细账（或成本计算单），并按规定的成本项目设置专栏，如表 10-8 所示。

表 10-8　　基本生产成本明细账

车间：基本生产车间

产品名称：M 产品　　单位：元

2021 年		凭证		摘要	成本项目			
月	日	种类	号数		直接材料	直接人工	制造费用	成本合计
3	31			月初在产品成本	3 550	3 200	1 200	7 950
4	1～30			本月发生费用	28 700	26 400	15 000	70 100
4	30			生产费用合计	32 250	29 600	16 200	78 050
4	30			本月完工产品转出	27 680	245 000	14 200	66 380
				月末在产品成本	4 570	5 100	2 000	11 670

辅助生产是为基本生产服务而进行的产品生产和劳务供应。该科目按辅助生产车间和提供的产品、劳务分设辅助生产成本明细账，按辅助生产的成本项目分设专栏。期末，对共同负担的生产费用按照一定的分配标准分配至各受益对象。

2.“制造费用”科目

制造费用是指制造业企业为生产产品（或提供劳务）而发生的，应计入产品成本但没有专设成本项目的各项间接生产费用。本科目核算企业生产车间（部门）为生产产品和提供劳务而发生的各项间接生产费用，以及虽然直接用于产品生产但管理上不要求或不便于单独核算的生产费用。企业可按不同的生产车间、部门和费用项目进行明细核算。期末，将共同负担的制造费用按照一定的标准分配计入各成本核算对象，除季节性生产外，本科目期末应无余额。

对小型制造企业而言，也可以将“生产成本”和“制造费用”两个会计科目合并为“生产费用”一个会计科目，下设“基本生产成本”“辅助生产成本”“制造费用”三个二级明细科目。单独核算废品损失和停工损失的企业，还可以另外增设相应的明细科目。

（二）材料、燃料、动力费用的归集和分配

制造业企业发生的直接材料，能够直接计入成本核算对象的，应当直接计入成本核算对象的生产成本，否则应当按照合理的分配标准分配计入。

制造业企业外购燃料和动力的，应当根据实际耗用数量或者合理的分配标准对燃料和动力费用进行归集分配，生产部门直接用于生产的燃料和动力，直接计入生产成本。生产部门间接用于生产（如照明、取暖）的燃料和动力，计入制造费用。

无论是外购的，还是自制的，发生材料、燃料和动力等各项要素费用时，对于直接用于产品生产、构成产品实体的原材料，一般分产品领用，应根据领退料凭证直接计入相应产品成本的“直接材料”项目。对于不能分产品领用的材料，如化工生产中为几种产品共同耗用的材料，需要采用适当的分配方法，分配计入各相关产品成本的“直接材料”成本项目。分配标准的选择可依据材料消耗与产品的关系，对于材料、燃料耗用量与产品重量、体积有关的，按其重量或体积分配，燃料也可以按照所耗用的原材料作为分配标准，动力一般按用电（或水）度（或吨）数，也可按产品的生产工时或机器工时进行分配。相应的计算公式为：

$$材料、燃料、动力费用分配率=\frac{材料、燃料、动力消耗总额}{分配标准（如：产品重量、耗用的原材料、生产工时等）}$$

动力费用分配率——分配标准（如产品重量、耗用的原材料、生产工时等）

$$\frac{某种产品应负担的}{材料、燃料、动力费用}=\frac{该产品的重量、耗用原材料}{或生产工时等}\times\frac{材料、燃料}{动力费用分配率}$$

在消耗定额比较准确的情况下，原材料、燃料也可按照产品的材料定额消耗量比例或材料定额费用比例进行分配。

按材料定额消耗量比例分配材料费用的计算公式如下：

某种产品材料定额消耗量＝该种产品实际产量×单位产品材料消耗定额
材料消耗量分配率＝材料实际总消耗量÷各种产品材料定额消耗量之和
某种产品应分配的材料费用＝该产品的材料定额消耗量×材料消耗量分配率×材料单价

【例 10-1】 A 企业生产甲、乙两种产品，共同耗用原材料 6 000 千克，每千克 1.44 元，共计 8 640 元。生产甲产品 1 200 件，单件甲产品原材料消耗定额为 3 千克；生产乙产品 800 件，单件乙产品原材料消耗定额为 1.5 千克。

要求：采用原材料消耗定额方法分配原材料费用。

【解析】

(1) 甲产品原材料消耗定额＝1 200×3＝3 600（千克）
乙产品原材料消耗定额＝800×1.5＝1 200（千克）

(2) 原材料消耗量分配率＝$\frac{6\,000}{3\,600+1\,200}$＝1.25

(3) 甲产品应分配的材料数量＝3 600×1.25＝4 500（千克）
乙产品应分配的材料数量＝1 200×1.25＝1 500（千克）

(4) 甲产品应分配的材料费用＝4 500×1.44＝6 480（元）
乙产品应分配的材料费用＝1 500×1.44＝2 160（元）

材料、燃料、动力费用的分配，一般通过材料、燃料分配表和动力分配表进行。材料、燃料分配表应根据领退料凭证和有关资料编制，其中，退料凭证的数额可以从相应的领料凭证的数额中扣除；对外购电力而言，动力分配表应根据有关的转账凭证或付款凭证等资料编制。

【例 10-2】 依据[例 10-1]，编制的材料费用分配表如表 10-9 所示。

表 10-9　　材料费用分配表

A 企业　　2021 年 4 月 30 日　　单位：元

应借科目		成本项目	直接计入	分配计入（分配率 1.25）	材料费用合计
基本生产成本	甲产品	直接材料	7 500	6 480	13 980
	乙产品	直接材料	6 700	2 160	8 860
	小计		14 200	8 640	22 840
辅助生产成本	机修车间	直接材料	1 500		1 500
	运输车间				
	小计		1 500		1 500

（续表）

应借科目		成本项目	直接计入	分配计入（分配率1.25）	材料费用合计
制造费用	基本车间	机物料	2 800		2 800
	机修车间	机物料	1 400		1 400
	运输车间	物料	800		800
	小计		5 000		5 000
合计			20 700	8 640	29 340

要求：根据表10-9编制相关会计分录。

【解析】

借：生产成本——基本生产成本——甲产品　13 980
　　　　　　　　　　　　　——乙产品　8 860
　　　　　——辅助生产成本　1 500
　　制造费用　5 000
　　贷：原材料　29 340

（三）职工薪酬的归集和分配

职工薪酬是企业在生产产品或提供劳务活动过程中所发生的各种直接和间接人工费用的总和。对于职工薪酬的分配，实务中通常有两种处理方法：一是按本月应付金额分配本月职工薪酬费用，该方法适用于月份之间职工薪酬差别较大的情况；二是按本月支付职工薪酬金额分配本月职工薪酬费用，该方法适用于月份之间职工薪酬差别不大的情况。

职工薪酬的归集，必须有一定的原始记录作为依据：计时工资，以考勤记录中的工作时间记录为依据；计件工资，以产量记录中的产品数量和质量记录为依据；计时工资和计件工资以外的各种奖金、津贴、补贴等，按照国家和企业的有关规定计算。

工资结算和支付的凭证为工资结算单或工资单，为便于成本核算和管理，一般按车间、部门分别填制，是职工薪酬分配的依据。直接进行产品生产的生产工人的职工薪酬，直接计入产品成本的“直接人工”成本项目；不能直接计入产品成本的职工薪酬，按工时、产品产量、产值比例等方式进行合理分配，计入各有关产品成本的“直接人工”项目。相应的计算公式为：

生产职工薪酬费用分配率 = 各种产品生产职工薪酬总额 ÷ 各种产品生产工时之和

某种产品应分配的生产职工薪酬 = 该种产品生产工时 × 生产职工薪酬费用分配率

如果取得各种产品的实际生产工时数据比较困难，而各种产品的单件工时定额比较准确，也可按产品的定额工时比例分配职工薪酬，相应的计算公式如下：

某种产品耗用的定额工时 = 该种产品投产量 × 单位产品工时定额

生产职工薪酬费用分配率 = 各种产品生产职工薪酬总额 ÷ 各种产品定额工时之和

某种产品应分配的生产职工薪酬 = 该种产品定额工时 × 生产职工薪酬费用分配率

【例10-3】 A工厂基本生产车间生产甲、乙两种产品，共发生生产工人职工薪酬6 300万元，按生产工时比例分配，甲产品的生产工时为600小时，乙产品的生产工时为

600小时。

要求：计算甲乙产品应分配的职工薪酬。

【解析】

生产职工薪酬费用分配率＝6 300÷(600＋300)＝7

甲产品应分配的职工薪酬＝600×7＝4 200(万元)

乙产品应分配的职工薪酬＝300×7＝2 100(万元)

职工薪酬的分配，应通过职工薪酬分配表进行。该表根据职工薪酬结算单和有关的分配标准等资料编制。

【例10-4】 依据[例10-3]，编制的职工薪酬分配表如表10-10所示。

表10-10 职工薪酬分配表

A工厂　　2021年4月30日　　单位：万元

应借科目		成本项目	生产工人职工薪酬	其他人员职工薪酬	职工薪酬合计
生产成本——基本生产成本	甲产品	直接人工	4 200		4 200
	乙产品	直接人工	2 100		2 100
	小计		6 300		6 300
生产成本——基本生产成本	辅助车间	直接人工		200	200
制造费用	基本车间	直接人工		2 700	2 700
	辅助车间	直接人工		360	360
	小计			3 060	3 060
管理费用	行政管理部门	人工费		2 000	2 000
销售费用	销售部门	人工费		1 300	1 300
合计			6 300	6 560	12 860

要求：编制相关会计分录。

【解析】

借：生产成本——基本生产成本——甲产品　　42 000 000
　　　　　　　　　　　　　　——乙产品　　21 000 000
　　生产成本——辅助生产成本　　2 000 000
　　制造费用——辅助生产车间　　30 600 000
　　管理费用　　20 000 000
　　销售费用　　13 000 000
　　贷：应付职工薪酬　　128 600 000

(四)辅助生产费用的归集和分配

1. 辅助生产费用的归集

辅助生产费用的归集是通过辅助生产成本总账及明细账进行。一般按车间及产品和劳务设立明细账。当辅助生产发生各项生产费用时记入“生产成本——辅助生产成本”科目及其明细科目。一般情况下，辅助生产的制造费用，与基本生产的制造费用一样，先通过“制造费用”科目进行单独归集，然后再转入“辅助生产成本”科目。对于辅助生产车间规模很小、制造费用很少且辅助生产不对外提供产品和劳务的，为简化核算工作，辅助生产的制造费用也可以不通过“制造费用”科目，而直接记入“生产成本——辅助生产成本”科目。

2. 辅助生产费用的分配及账务处理

辅助生产费用的分配应通过辅助生产费用分配表进行。辅助生产费用的分配方法很多，如直接分配法、交互分配法、计划成本分配法、顺序分配法和代数分配法等。以下介绍辅助生产费用分配的直接分配法、交互分配法和计划成本分配法，具体内容如表 10-11 所示。

表 10-11　　辅助生产费用的分配方法

方法	内容	优缺点
直接分配法	不考虑各辅助生产车间之间相互提供劳务或产品的情况，而是将各种辅助生产费用直接分配给辅助生产以外的各受益单位	各辅助生产费用只进行对外分配，分配一次，计算简单，但分配结果不够准确
交互分配法	辅助生产费用通过两次分配完成，首先将辅助生产明细账上的合计数根据各辅助生产车间、部门相互提供的劳务或产品数量计算分配率，在辅助生产车间进行交互分配；然后将各辅助生产车间交互分配后的实际费用(即交互前的费用加上交互分配转入的费用，减去交互分配转出的费用)，再按提供的劳务量或产品量在辅助生产车间以外的各受益单位之间进行分配	优点是提高了分配的正确性，但同时加大了分配的工作量
计划成本分配法	辅助生产为各受益单位提供的劳务或产品，都按劳务或产品的计划单位成本进行分配，辅助生产车间实际发生的费用与按计划单位成本分配转出的费用之间的差额采用简化计算方法全部计入管理费用	便于考核和分析各受益单位的成本，有利于分清各单位的经济责任，但成本分配不够准确

【例 10-5】 青云工厂设有供电和供水两个辅助生产车间，9 月份在分配结转前“辅助生产成本”账户归集的本月辅助生产费用，供电车间为 33 600 元，供水车间为 34 020 元。该厂本月辅助生产车间提供的产品和劳务数量如表 10-12 所示。

表 10-12　　青云工厂辅助生产车间劳务供应量汇总表

2020 年 9 月

受益对象(生产单位和部门)	供电数量(度)	供水数量(吨)
辅助生产单位耗用		
供电车间耗用		800
机修车间耗用	12 000	
基本生产车间耗用		
产品生产直接耗用	80 000	
车间一般耗用	10 000	2 500
专设销售机构耗用	2 000	3 500
厂部管理部门耗用	8 000	4 000
合　计	112 000	10 800

要求：采用直接分配法分配辅助生产费用。

【解析】

(1) 计算费用分配率。

$$供电车间费用分配率=\frac{33\ 600}{112\ 000-12\ 000}=0.336$$

$$供水车间费用分配率=\frac{34\ 020}{10\ 800-800}=3.402$$

(2) 将辅助生产费用分配给辅助生产单位以外的受益对象。

分配供电车间的电费：

基本生产车间产品生产应负担的电费＝80 000×0.336＝26 880(元)

基本生产车间一般消耗应负担的电费＝10 000×0.336＝3 360(元)

专设销售机构应负担的电费＝2 000×0.336＝672(元)

厂部管理部门应负担的电费＝8 000×0.336＝2 688(元)

分配供水车间的水费：

基本生产车间一般消耗应负担的水费＝2 500×3.402＝8 505(元)

专设销售机构应负担的水费＝3 500×3.402＝11 907(元)

厂部管理部门应负担的水费＝4 000×3.402＝13 608(元)

(3) 根据计算结果编制"辅助生产费用分配表"，如表 10-13 所示。

表 10-13　　青云工厂辅助生产费用分配表(直接分配法)

2020 年 9 月　　单位：元

项目	分配电费		分配水费	
	数量(度)	金额	数量(吨)	金额
待分配费用		33 600		34 020
劳务供应总量	112 000		10 800	
其中：辅助生产以外单位	100 000		10 000	
费用分配率(单位成本)		0.336		3.402
受益对象				
供电车间			(800)	—
供水车间	(12 000)	—		
基本生产车间				
产品生产	80 000	26 880		
一般消耗	10 000	3 360	2 500	8 505
专设销售机构	2 000	672	3 500	11 907
厂部管理部门	8 000	2 688	4 000	13 608
合　计	100 000	33 600	10 000	34 020

(4) 根据辅助生产费用分配表(表 10-13)，编制分配结转辅助生产费用的会计分录：

借：基本生产成本	26 880	
制造费用——基本生产车间	11 865	
销售费用	12 579	
管理费用——水电费	16 296	
贷：辅助生产成本——供电		33 600
——供水		34 020

【例 10-6】 依据[例 10-5]。

要求：采用一次交互分配法分配辅助生产费用。

【解析】

(1) 计算交互分配费用分配率。

$$供电车间交互分配费用分配率=\frac{33\,600}{112\,000}=0.30$$

$$供水车间交互分配费用分配率=\frac{34\,020}{10\,800}=3.15$$

(2) 计算交互分配应分配费用。

供水车间应负担电费＝12 000×0.30＝3 600(元)

供电车间应负担水费＝800×3.15＝2 520(元)

(3) 计算对外分配应分配费用总额。

供电车间对外分配应分配费用＝33 600＋2 520－3 600＝32 520(元)

供水车间对外分配应分配费用＝34 020＋3 600－2 520＝35 100(元)

(4) 计算对外分配的费用分配率。

$$供电车间对外分配费用分配率=\frac{32\,520}{112\,000-12\,000}-0.325\,2$$

$$供水车间对外分配费用分配率=\frac{35\,100}{10\,800-800}=3.51$$

(5) 将辅助生产费用分配给辅助生产车间以外的受益部门。

分配供电车间的电费：

基本生产车间产品生产应负担的电费＝80 000×0.325 2＝26 016(元)

基本生产车间一般消耗应负担的电费＝10 000×0.325 2＝3 252(元)

专设销售部门应负担的电费＝2 000×0.325 2＝650.4(元)

厂部管理部门应负担的电费＝8 000×0.325 2＝2 601.6(元)

分配供水车间的水费：

基本生产车间应负担的水费＝2 500×3.51＝8 775(元)

专设销售机构应负担的水费＝3 500×3.51＝12 285(元)

厂部管理部门应负担的水费＝4 000×3.51＝14 040(元)

(6) 根据计算结果编制“辅助生产费用分配表”，如表 10-14 所示。

表 10-14　　青云工厂辅助生产费用分配表(交互分配法)

2020 年 9 月

单位：元

项目	交互分配				对外分配			
	分配电费		分配水费		分配电费		分配水费	
	数量(度)	金额	数量(吨)	金额	数量(度)	金额	数量(吨)	金额
待分配费用		33 600		34 020		32 520		35 100
劳务供应总量	112 000		10 800		100 000		10 000	
费用分配率		0.30		3.15		0.325 2		3.51
受益对象								

（续表）

项目	交互分配				对外分配			
	分配电费		分配水费		分配电费		分配水费	
	数量(度)	金额	数量(吨)	金额	数量(度)	金额	数量(吨)	金额
供电车间			800	2 520				
供水车间	12 000	3 600						
基本生产车间								
产品生产					80 000	26 016		
一般消耗					10 000	3 252	2 500	8 775
专设销售机构					2 000	650.4	3 500	12 285
厂部管理部门					8 000	2 601.6	4 000	14 040
合计	12 000	3 600	800	2 520	100 000	32 520	10 000	35 100

(7) 根据辅助生产费用分配表(表 10-14)，编制分配结转辅助生产费用的会计分录。

交互分配的会计分录：

借：辅助生产成本——供电　　2 520
　　　　　　　　——供水　　3 600
　贷：辅助生产成本——供电　　3 600
　　　　　　　　　——供水　　2 520

对外分配的会计分录：

借：基本生产成本　　26 016
　制造费用——基本生产车间　　12 027
　销售费用　　12 935.4
　管理费用——水电费　　16 641.6
　贷：辅助生产成本——供电　　32 520
　　　　　　　　　——供水　　35 100

【例 10-7】 依据[例 10-5]，假设该厂确定的计划单位成本为每度电 0.33 元，每吨水3.50 元。要求：采用计划成本分配法分配辅助生产费用。

【解析】

(1) 按计划成本将辅助生产费用分配给全部受益对象，计算过程略，编制“辅助生产费用分配表”，如表 10-15 所示。

表 10-15　　青云工厂辅助生产费用分配表(计划成本分配法)

2020 年 9 月　　单位：元

项目	按计划成本分配				成本差异分配	
	分配电费		分配水费		供电车间	供水车间
	数量(度)	金额	数量(吨)	金额		
待分配费用		33 600		34 020		
劳务供应总量	112 000		10 800			

（续表）

项目	按计划成本分配				成本差异分配	
	分配电费		分配水费		供电车间	供水车间
	数量(度)	金额	数量(吨)	金额		
计划单位成本(费用分配率)		0.33		3.50		
受益对象						
供电车间			800	2 800		
供水车间	12 000	3 960				
基本生产车间						
产品生产	80 000	26 400				
一般耗用	10 000	3 300	2 500	8 750		
专设销售机构	2 000	660	3 500	12 250		
厂部管理部门	8 000	2 640	4 000	14 000	－560	180
合　计	112 000	36 960	10 800	37 800	－560	180

(2) 计算辅助生产车间劳务的成本差异。

供电车间实际总成本＝33 600＋2 800＝36 400(元)

按计划单位成本分配转出的费用＝112 000×0.33＝36 960(元)

供电车间成本差异(节约)＝36 400－36 960＝－560(元)

供水车间实际总成本＝34 020＋3 960＝37 980(元)

按计划单位成本分配转出的费用＝10 800×3.50＝37 800(元)

供水车间成本差异(超支)＝37 980－37 800＝180(元)

(3) 根据辅助生产费用分配表(表10-15)，编制按计划单位成本分配结转辅助生产费用的会计分录。

借：辅助生产成本——供电　　2 800
　　　　　　　　——供水　　3 960
　　基本生产成本　　26 400
　　制造费用——基本生产车间　　12 050
　　销售费用　　12 910
　　管理费用——水电费　　16 640
　　贷：辅助生产成本——供电　　36 960
　　　　　　　　　　——供水　　37 800

(4) 根据辅助生产车间产品和劳务成本差异的计算结果，编制分配结转辅助生产车间产品和劳务成本差异的会计分录。

借：管理费用　　380
　　贷：生产成本——辅助生产成本——供电　　560
　　　　　　　　——辅助生产成本——供水　　180

在实际工作中，按计划单位成本分配和成本差异的分配两笔会计分录可以合并编制，上述(3)和(4)合并编制的会计分录如下：

借：辅助生产成本——供电	2 800	
——供水	3 960	
基本生产成本	26 400	
制造费用——基本生产车间	12 050	
销售费用	12 910	
管理费用——水电费	16 260	
贷：辅助生产成本——供电		36 400
——供水		37 980

（五）制造费用的归集和分配

1. 制造费用的归集

制造费用的内容比较复杂，包括物料消耗，车间管理人员的薪酬，车间管理用房屋和设备的折旧费、租赁费和保险费，车间管理用具摊销，车间管理用的照明费、水费、取暖费、劳动保护费、设计制图费、试验检验费、差旅费、办公费、季节性及修理期间停工损失等。为了减少费用项目，简化核算工作，可将性质相同的费用合并设立相应的费用项目，如将用于产品生产的固定资产的折旧费合并设立"折旧费"项目，也可根据费用比重大小和管理上的要求另行设立制造费用项目。但是，为了使各期成本、费用资料可比，制造费用项目一经确定，不应任意变更。

"制造费用"科目应当根据有关付款凭证、转账凭证和前述各种成本分配表登记；此外，还应按不同的车间设立明细账，账内按照成本项目设立专栏，分别反映各车间各项制造费用的发生情况和分配转出情况。基本生产车间和辅助生产车间发生的直接用于生产，但没有专设成本项目的各种材料成本以及用于组织和管理生产活动的各种材料成本，一般应借记"制造费用"及其明细科目（基本生产车间或辅助生产车间）的相关成本项目，贷记"原材料"等科目；基本生产车间和辅助生产车间管理人员的工资、福利费等职工薪酬，应记入"制造费用"科目和所属明细科目的借方，同时，贷记"应付职工薪酬"科目。月末，应按照一定的方法将归集的制造费用从"制造费用"科目的贷方分配转入有关成本核算对象。

2. 制造费用的分配

制造费用，一般应先分配辅助生产的制造费用，将其计入辅助生产成本，然后再分配辅助生产费用，将其中应由基本生产负担的制造费用计入基本生产的制造费用，最后再分配基本生产的制造费用。制造费用应当按照车间分别进行，不应将各车间的制造费用汇总，在企业范围内统一分配。制造业企业发生的制造费用，应当按照合理的分配标准按月分配计入各成本核算对象的生产成本。制造业企业可以根据自身经营管理特点和条件，利用现代信息技术，采用作业成本法对不能直接归属于成本核算对象的成本进行归集和分配。

企业应当根据制造费用的性质，合理选择分配方法。也就是说，企业所选择的制造费用分配方法，必须与制造费用的发生具有比较密切的相关性，并且使分配到每种产品上的制造费用金额基本合理，同时还应适当考虑计算手续的简便。制造费用分配方法很多，通常采用生产工人工时比例法（或生产工时比例法）、生产工人工资比例法（或生产工资比例法）、机器工时比例法和按年度计划分配率分配法等。企业具体选用哪种分配方法，由企业自行决定。分配方法一经确定，不得随意变更。如需变更，应当在附注中予以说明。

制造费用常用计算公式概括如下：

$$制造费用分配率=\frac{制造费用总额}{各种产品所用分配标准之和}$$

$$某种产品应分配的制造费用=该种产品分配标准\times制造费用分配率$$

其中，由于生产工时是分配间接费用的常用标准之一，因此，生产工人工时比例法较为常用；生产工人工资比例法适用于各种产品生产机械化程度相差不多的企业，如果生产工人工资是按生产工时比例分配，该方法实际上等同于生产工人工时比例法；机器工时比例法是按照各产品生产所用机器设备运转时间的比例分配制造费用的方法，适用于产品生产的机械化程度较高的车间；按年度计划分配率分配法是按照年度开始前确定的全年度适用的计划分配率分配费用的方法，分配率计算公式的分母按定额工时计算，年度内如果发生全年的制造费用实际数与计划数差别较大，应及时调整计划分配率，该方法特别适用于季节性生产企业。

3. 制造费用的账务处理

制造费用的分配方法一经确定，不应任意变更。无论采用哪种分配方法，都应根据分配计算结果编制制造费用分配表，根据制造费用分配表进行制造费用分配的总分类核算和明细核算。相关会计分录为借记“生产成本”科目，贷记“制造费用”科目。

然后再将归集在辅助生产成本的费用按照辅助生产费用的方法进行分配，其中，分配给基本生产的制造费用在归集了全部基本生产车间的制造费用后，转入“生产成本——基本生产成本”科目。

【例 10-8】 众诚公司基本生产车间 10 月份发生的制造费用总额为 22 000 元，基本生产车间甲产品生产工时为 12 000 小时，乙产品生产工时为 8 000 小时。

要求：计算分配该公司基本生产车间的制造费用。

【解析】

$$制造费用分配率=\frac{22\,000}{12\,000+8\,000}=1.1$$

甲产品制造费用 $=12\,000\times1.1=13\,200$（元）

乙产品制造费用 $=8\,000\times1.1=8\,800$（元）

【例 10-9】 众诚公司按生产工时比例法编制制造费用分配表，如表 10-16 所示。

表 10-16　　众诚公司制造费用分配表

车间：基本生产车间　　2020 年 10 月　　单位：元

应借科目	生产工时（小时）	分配金额（分配率：1.1）
基本生产成本——甲产品	12 000	13 200
——乙产品	8 000	8 800
合计	20 000	22 000

要求：编制该公司相关会计分录。

【解析】

借：基本生产成本——甲产品　　13 200
　　　　　　　——乙产品　　8 800
　贷：制造费用　　22 000

(六) 废品损失和停工损失的核算

1. 废品损失的核算

废品损失是指在生产过程中发生的和入库后发现的超定额的不可修复废品的生产成本,以及可修复废品的修复费用,扣除回收的废品残料价值和应收赔款以后的损失。经质量检验部门鉴定不需要返修、可以降价出售的不合格品,以及产品入库后由于保管不善等原因而损坏变质的产品和实行“三包”企业在产品出售后发现的废品均不包括在废品损失内。

为单独核算废品损失,企业应增设“废品损失”科目,在成本项目中增设“废品损失”项目。废品损失也可不单独核算,相应费用等体现在“生产成本——基本生产成本”“原材料”等科目中。辅助生产一般不单独核算废品损失。

1) 不可修复废品损失

不可修复废品损失的生产成本,既可按废品所耗实际费用计算,也可按废品所耗定额费用计算。废品损失采用按废品所耗实际费用计算时,要将废品报废前与合格品在一起计算的各项费用,采用适当的分配方法(见生产费用在完工产品和在产品之间的分配)在合格品与废品之间进行分配,计算出废品的实际成本,从“生产成本——基本生产成本”科目的贷方转入“废品损失”科目的借方。如果废品是在完工以后发现的,单位废品负担的各项生产费用应与单位合格产品完全相同,可按合格品产量和废品的数量比例分配各项生产费用,计算废品的实际成本。

废品损失采用按废品所耗定额费用计算不可修复废品成本时,废品的生产成本是按废品数量和各项费用定额计算的,不需要考虑废品实际发生的生产费用。

2) 可修复废品损失

可修复废品返修以前发生的生产费用,不是废品损失,不需要计算其生产成本,而应留在“生产成本——基本生产成本”科目和所属有关产品成本明细账中,不需要转出。返修发生的各种费用,应根据各种费用分配表,记入“废品损失”科目的借方。其回收的残料价值和应收的赔款,应从“废品损失”科目的贷方分别转入“原材料”和“其他应收款”科目的借方。结转后“废品损失”的借方余额反映的是归集的可修复损失成本,应转入“生产成本——基本生产成本”科目的借方。

【例 10-10】 2020 年 10 月,永安公司第一车间生产乙产品,验收入库时发现不可修复废品 6 件,按所耗定额费用计算废品的生产成本。直接材料费用定额为 200 元,单件工时定额为 20 小时,每小时费用定额如下:直接燃料和动力 2.50 元、直接人工 2 元、制造费用 1.50元。回收废品残值 120 元。

要求:计算分配该公司第一车间的废品损失。

【解析】

(1) 计算不可修复废品的定额成本:

不可修复废品的单件定额成本 $=200+20\times(2.5+2+1.5)=320$(元)

不可修复废品的总定额成本 $=320\times6=1\,920$(元)

(2) 计算废品损失科目的净额:

废品损失的净额 $=1\,920-120=1\,800$(元)

根据资料,编制废品损失计算表如表 10-17 所示。

表 10-17　　不可修复废品损失计算表(计划)

车间名称：第一车间　　废品数量：6 件

产品名称：乙产品　　2020 年 10 月　　单位：元

项目	直接材料	直接燃料和动力	直接人工	制造费用	成本合计
废品单件费用定额	200	50	40	30	320
废品定额成本	1 200	300	240	180	1 920
减：回收残值	120				120
废品损失	1 080	300	240	180	1 800

根据不可修复废品损失计算表，编制如下会计分录：

(1) 结转废品成本：

借：废品损失——乙产品　　1 920

　贷：生产成本——基本生产成本——乙产品　　1 920

(2) 回收废品残料价值：

借：原材料　　120

　贷：废品损失——乙产品　　120

(3) 废品损失转入该种合格品成本：

借：生产成本——基本生产成本——乙产品　　1 800

　贷：废品损失——乙产品　　1 800

2. 停工损失的核算

停工损失是指生产车间或车间内某个班组在停工期间发生的各项生产费用，包括停工期间发生的原材料费用、人工费用和制造费用等。应由过失单位或保险公司负担的赔款，应从停工损失中扣除。不满 1 个工作日的停工，一般不计算停工损失。

企业的停工可以分为正常停工和非正常停工。正常停工包括季节性停工、正常生产周期内的修理期间的停工、计划内减产停工等；非正常停工包括原材料或工具等短缺停工、设备故障停工、电力中断停工、自然灾害停工等。季节性停工、修理期间的正常停工费用在产品成本核算范围内，应计入产品成本。非正常停工费用应计入企业当期损益。

单独核算停工损失的企业，应增设“停工损失”科目，在成本项目中增设“停工损失”项目，根据停工报告单和各种费用分配表、分配汇总表等有关凭证，将停工期内发生、应列作停工损失的费用记入“停工损失”科目的借方进行归集；应由过失单位及过失人员或保险公司负担的赔款，应从该科目的贷方转入“其他应收款”等科目的借方。期末，将停工净损失从该科目的贷方转出，属于自然灾害部分转入“营业外支出”科目的借方；应由本月产品成本负担的部分，则转入“生产成本——基本生产成本”科目的借方，在停工的车间生产多种产品时，还要采用合理的分配标准，分配记入该车间各产品成本明细账“停工损失”成本项目。“停工损失”科目月末无余额。

不单独核算停工损失的企业，不设置“停工损失”科目，直接反映在“制造费用”或“营业外支出”等科目中。辅助生产一般不单独核算停工损失。

季节性生产企业在停工期间发生的制造费用，应当在开工期间进行合理分摊，连同开工期间发生的制造费用，一并计入产品的生产成本。

三、生产费用在完工产品和在产品之间的归集和分配

(一) 在产品数量的核算

在产品是指没有完成全部生产过程、不能作为商品销售的产品，包括正在车间加工中的在产品（包括正在返修的废品）和已经完成一个或几个生产步骤但还需要继续加工的半成品（包括未经验收入库的产品和等待返修的废品）两部分。不包括对外销售的自制半成品。对某个车间或生产步骤而言，在产品只包括该车间或该生产步骤正在加工中的那部分在产品。

为确定在产品结存的数量，企业需要做好两方面工作：一是在产品收发结存的日常核算；二是做好产品的清查工作。车间在产品收发结存的日常核算，通常通过在产品收发结存账进行。在产品清查工作应定期进行，也可以不定期轮流清查，车间没有建立在产品收发日常核算的，应当每月月末清查一次在产品，以取得在产品的实际盘存资料，用来计算产品成本。

对于清查结果，如在产品发生盘盈的，按盘盈在产品成本（一般按定额成本计算），借记“生产成本——基本生产成本”科目，贷记“待处理财产损溢——待处理流动资产损溢”科目，经批准后转入“制造费用”科目；如在产品发生盘亏和毁损的，借记“待处理财产损溢——待处理流动资产损溢”科目，贷记“生产成本——基本生产成本”科目，取得的残料，应借记“原材料”等科目，贷记“待处理财产损溢——待处理流动资产损溢”科目，经批准处理时，应分别转入相应科目，其中由于车间管理不善造成的损失，转入“制造费用”科目。因此，在产品盘存盈亏处理的核算，应在“制造费用”科目结账前进行。

(二) 生产费用在完工产品和在产品之间的分配

每月月末，当月“生产成本”明细账中按照成本项目归集了本月生产成本以后，这些成本就是本月发生的生产成本，并不是本月完工产品的成本。计算本月完工产品成本，还需要将本月发生的生产成本，加上月初在产品成本，然后再将其在本月完工产品和月末在产品之间进行分配，以求得本月完工产品成本。

完工产品、在产品成本之间的关系如下：

$$本月完工产品成本 = 本月发生生产成本 + 月初在产品成本 - 月末在产品成本$$

根据这一关系，结合生产特点，企业应当根据在产品数量的多少、各月在产品数量变化的大小、各项成本比重的大小，以及定额管理基础的好坏等具体条件，采用适当的分配方法将生产成本在完工产品和在产品之间进行分配。常用的分配方法有：不计算在产品成本法、在产品按固定成本计价法、在产品按所耗直接材料成本计价法、约当产量比例法、在产品按定额成本计价法、在产品按完工产品成本计价法、定额比例法等。以下介绍约当产量比例法、在产品按定额成本计价法和定额比例法。

1. 约当产量比例法

采用约当产量比例法，应将月末在产品数量按其完工程度折算为相当于完工产品的产量，即约当产量，然后将产品应负担的全部成本按照完工产品产量与月末在产品约当产量的比例分配计算完工产品成本和月末在产品成本。这种方法适用于产品数量较多，各月在产品数量变化也较大，且生产成本中直接材料成本和直接人工等加工成本的比重相差不大的

产品。其计算公式如下：

$$在产品约当产量 = 在产品数量 \times 完工程度$$

$$某项费用分配率 = \frac{该项费用累计金额}{完工产品产量 + 月末在产品约当产量}$$

$$完工产品成本 = 完工产品产量 \times 单位成本$$

$$在产品成本 = 在产品约当产量 \times 单位成本$$

【例10-11】 M公司的E产品本月完工1 120台，在产品300台，平均完工程序为60%，发生生产成本合计为1 950 000元。

要求：计算分配结果。

【解析】

单位成本＝1 950 000÷(1 120＋300×60%)＝150(元/台)

完工产品成本＝1 120×150＝1 680 000(元)

在产品成本＝300×60%×150＝27 000(元)

【例10-12】 H公司乙产品单位工时定额300小时，经两道工序制成。各工序单位工时定额为：第一道工序120小时，第二道工序180小时。为简化核算，假定各工序内在产品完工程度平均为50%。

要求：计算在产品完工程度。

【解析】

$$第一工序完工程度 = \frac{120 \times 50\%}{300} \times 100\% = 20\%$$

$$第二工序完工程度 = \frac{120 + 180 \times 50\%}{300} \times 100\% = 70\%$$

重点提示

在很多加工生产中，材料是在生产开始时一次性投入的。这时，在产品无论完工程度如何，都应和完工产品负担同样的材料成本，材料费用应按完工产品和在产品实际数量比例进行分配。如果材料是随着生产过程陆续投入的，则应按照各工序投入的材料成本在全部材料成本中所占的比例计算在产品的约当产量。

【例10-13】 前进公司C产品本月完工产品产量6 000个，在产品数量1 000个，完工程度按平均50%计算；材料在开始生产时一次性投入，其他成本按约当产量比例分配。C产品本月月初在产品和本月耗用直接材料成本共计2 240 000元，直接人工成本520 000元，制造费用130 000元。

要求：对C产品各项成本的分配。

【解析】 由于材料在开始生产时一次性投入，因此，直接材料成本应按完工产品和在产品的实际数量比例进行分配，不必计算约当产量。

(1) 直接材料成本的分配：

$$直接材料费用分配率 = \frac{2\ 240\ 000}{6\ 000 + 1\ 000} = 320$$

完工产品应负担的直接材料成本＝6 000×320＝1 920 000(元)

月末在产品应负担的直接材料成本＝1 000×320＝320 000(元)

(2) 直接人工成本的分配：

直接人工成本和制造费用均应按约当产量进行分配，在产品1 000个折合约当产量500个(1 000×50%)。

$$直接人工费用分配率=\frac{520\ 000}{6\ 000+500}=80$$

完工产品应负担的直接人工成本＝6 000×80＝480 000(元)

月末在产品应负担的直接人工成本＝500×80＝40 000(元)

(3) 制造费用的分配：

$$制造费用分配率=\frac{130\ 000}{6\ 000+500}=20$$

完工产品应负担的制造＝6 000×20＝120 000(元)

月末在产品应负担的制造费用＝500×20＝10 000(元)

通过以上按约当产量法分配计算的结果，可以汇总C产品完工产品成本和在产品成本。

C产品本月完工产品成本＝1 920 000＋480 000＋120 000＝2 520 000(元)

C产品本月在产品成本＝320 000＋40 000＋10 000＝370 000(元)

根据C产品完工产品总成本编制完工产品入库的会计分录如下：

借：库存商品——C产品　　2 520 000
　贷：生产成本——基本生产成本　　2 520 000

2. 在产品按定额成本计价法

采用在产品按定额成本计价法，月末在产品成本按定额成本计算，该种产品的全部成本(如果有月初在产品，包括月初在产品成本在内)减去按定额成本计算的月末在产品成本，余额作为完工产品成本；每月生产成本脱离定额的节约差异或超支差异全部计入当月完工产品成本。这种方法是事先经过调查研究、技术测定或按定额资料，对各个加工阶段上的在产品直接确定一个单位定额成本。这种方法适用于各项消耗定额或成本定额比较准确、稳定，而且各月末在产品数量变化不是很大的产品。

这种方法的计算公式如下：

月末在产品成本＝月末在产品数量×在产品单位定额成本

完工产品总成本＝(月初在产品成本＋本月发生生产成本)－月末在产品成本

【例10-14】 依据[例10-13]，前进公司C产品本月完工产品产量6 000个，在产品数量1 000个；在产品单位定额成本为：直接材料320元，直接人工40元，制造费用10元。C产品本月月初在产品成本和本月发生生产成本共计2 890 000元，其中直接材料成本2 240 000元，直接人工成本520 000元，制造费用130 000元。按定额成本计算在产品成本及完工产品成本。计算结果如表10-18所示。

表10-18　　完工产品成本计算表　　单位：元

项目	在产品定额成本	完工产品成本
直接材料	1 000×320＝320 000	2 240 000－320 000＝1 920 000
直接人工	1 000×40＝40 000	520 000－40 000＝480 000

（续表）

项目	在产品定额成本	完工产品成本
制造费用	1 000×10＝10 000	130 000－10 000＝120 000
合计	370 000	2 520 000

要求：结转完工入库产品成本。

【解析】

根据C产品完工产品总成本编制完工产品入库的会计分录如下：

借：库存商品——C产品　　2 520 000

　贷：生产成本——基本生产成本　　2 520 000

3. 定额比例法

采用定额比例法，产品的生产成本在完工产品和月末在产品之间按照两者的定额消耗量或定额成本比例分配。其中直接材料成本，按直接材料的定额消耗量或定额成本比例分配。直接人工等加工成本，可以按各该定额成本的比例分配，也可以按定额工时比例分配。这种方法适用于各项消耗定额或成本定额比较准确、稳定，但各月末在产品数量变动较大的产品。

$$\text{直接材料成本分配率}=\left(\text{月初在产品实际材料成本}+\text{本月投入的实际材料成本}\right)\div\left(\text{完工产品定额材料成本}+\text{月末在产品定额材料成本}\right)$$

以定额成本比例为例，其计算公式如下：

完工产品应负担的直接材料成本＝完工产品定额材料成本×直接材料成本分配率

月末在产品应负担的直接材料成本＝月末在产品定额材料成本×直接材料成本分配率

$$\text{直接人工成本分配率}=\left(\text{月初在产品实际人工成本}+\text{本月投入的实际人工成本}\right)\div\left(\text{完工产品定额工时}+\text{月末在产品定额工时}\right)$$

完工产品应负担的直接人工成本＝完工产品定额工时×直接人工成本分配率

$$\text{制造费用分配率}=\left(\text{月初在产品制造费用}+\text{本月实际发生制造费用}\right)\div\left(\text{完工产品定额工时}+\text{月末在产品定额工时}\right)$$

月末在产品应负担的直接人工成本＝月末在产品定额工时×直接人工成本分配率

完工产品应负担的制造费用＝完工产品定额工时×制造费用分配率

月末在产品应负担的制造费用＝月末在产品定额工时×制造费用分配率

【例10-15】 东兴公司D产品本月完工产品产量5 000个，在产品数量1 000个；单位产品消耗定额为：直接材料30千克/个，工时定额为10小时/个。单位在产品材料定额30千克，工时定额5小时。有关成本资料如表10-19所示。

表10-19　　月初在产品成本和本期发生生产成本汇总表　　单位：元

项目	直接材料	直接人工	制造费用	合计
期初在产品成本	300 000	20 000	125 000	625 000
本期发生成本	1 500 000	900 000	700 000	3 100 000
合计	1 800 000	1 100 000	825 000	3 725 000

要求：按定额比例法计算在产品成本及完工产品成本。

【解析】

(1) 计算产品单位消耗量或工时的成本分配率：

直接材料成本分配率＝1 800 000÷(5 000×30＋1 000×30)＝10

直接材料成本分配率＝1 100 000÷(5 000×10＋1 000×5)＝20

直接材料成本分配率＝825 000÷(5 000×10＋1 000×5)＝15

(2) 完工产品成本的计算：

直接材料成本＝5 000×30×10＝1 500 000(元)

直接人工成本＝5 000×10×20＝1 000 000(元)

制造费用＝5 000×10×15＝750 000(元)

完工产品成本合计＝1 500 000＋1 000 000＋750 000＝3 250 000(元)

(3) 在产品成本的计算：

直接材料成本＝1 800 000－1 500 000＝300 000(元)

直接人工成本＝1 100 000－1 000 000＝100 000(元)

制造费用＝825 000－750 000＝75 000(元)

在产品成本合计＝300 000＋100 000＋75 000＝475 000(元)

借：库存商品——D产品　　3 250 000

　贷：生产成本——基本生产成本　　3 250 000

(三) 联产品和副产品的成本分配

1. 联产品成本的分配

联产品，是指使用同种原料，经过同一生产过程同时生产出来的两种或两种以上的主要产品。联产品的生产特点是：在生产开始时，各产品尚未分离，同一加工过程中对联产品的联合加工。当生产过程进行到一定生产步骤，产品才会分离。在分离点以前发生的生产成本，称为联合成本。分离点是指在联产品生产中，投入相同原料，经过同一生产过程，分离为各种联产品的时点。分离后的联产品，有的可以直接销售，有的还需进一步加工才可供销售。

联产品成本计算的一般程序为：

(1) 将联产品作为成本核算对象，设置成本明细账。联产品的特点决定了联产品在分离之前，不可能按各种产品分别计算成本，只能以联产品作为成本核算对象。

(2) 归集联产品成本，计算联合成本。联产品发生的成本为联合成本。联产品的在产品一般比较稳定，可不计算期初、期末在产品成本，本期发生的生产成本全部为联产品的完工产品成本。

(3) 计算各种产品的成本。企业应当根据生产经营特点和联产品的工艺要求，选择系数分配法、实物量分配法、相对销售价格分配法等合理的方法分配联合生产成本。

第一，相对销售价格分配法。在此方法下，联合成本是按分离点上每种产品的销售价格比例进行分配的。采用这种方法，要求每种产品在分离点时的销售价格可以可靠地计量。

如果联产品在分离点上即可供销售，则可采用销售价格进行分配。如果这些产品尚需要进一步加工后才可供销售，则需要对分离点上的销售价格进行估计。此时，也可采用可变现净值进行分配。

【例 10-16】 东明公司生产 A 产品和 B 产品，A 产品和 B 产品为联产品。3 月发生加工成本 1 800 000 元。A 产品和 B 产品在分离点上的销售价格总额为 2 400 000 元，其中 A 产品的销售价格总额为 9 000 000 元，B 产品的销售价格总额为 1 500 000 元。

要求：采用相对销售价格分配法分配联合成本。

【解析】

$$\text{A 产品：}\frac{9\,000\,000}{9\,000\,000+1\,500\,000}\times 1\,800\,000=675\,000(\text{元})$$

$$\text{B 产品：}\frac{1\,500\,000}{9\,000\,000+1\,500\,000}\times 1\,800\,000=1\,125\,000(\text{元})$$

第二，实物量分配法。采用实物量分配法时，联合成本是以产品的实物数量为基础分配的。这里的“实物数量”可以是数量或重量。实物量分配法通常适用于所生产的产品的价格很不稳定或无法直接确定。

$$\text{单位数量(或重量)成本}=\text{联合成本}\div\text{各联产品的总数量(总重量)}$$

【例 10-17】 依据[例 10-16]，同时假定 A 产品为 400 个，B 产品为 600 个。

要求：采用实物数量法分配联合成本。

【解析】

$$\text{A 产品：}\frac{400}{400+600}\times 1\,800\,000=720\,000(\text{元})$$

$$\text{B 产品：}\frac{600}{400+600}\times 1\,800\,000=1\,080\,000(\text{元})$$

(4) 计算联产品分离后的加工成本。联产品分离后继续加工的，按各种产品分别设置明细账，归集其分离后所发生的加工成本。

2. 副产品成本的分配

副产品，是指在同一生产过程中，使用同种原料，在生产主产品的同时附带生产出来的非主要产品。它的产量取决于主产品的产量，随主产品产量的变动而变动，如甘油是生产肥皂这个主产品的副产品。

$$\begin{matrix}\text{副产品}\\\text{扣除单价}\end{matrix}=\text{单位售价}-\left(\begin{matrix}\text{继续加工}\\\text{单位成本}\end{matrix}+\begin{matrix}\text{单位}\\\text{销售费用}\end{matrix}+\begin{matrix}\text{单位销售}\\\text{税金}\end{matrix}+\begin{matrix}\text{合理的}\\\text{单位利润}\end{matrix}\right)$$

在分配主产品和副产品的生产成本时，通常先确定副产品的生产成本，然后再确定主产品的生产成本。确定副产品成本的方法有：不计算副产品成本扣除法、副产品成本按固定价格或计划价格计算法、副产品只负担继续加工成本法、联合成本在主副产品之间分配法以及副产品作价扣除法等。副产品作价扣除法需要从产品售价中扣除继续加工成本、销售费用、销售税金及相应的利润。

重点提示

如果副产品与主产品分离以后，还需要进一步加工，才能形成市场所需的产品。企业应根据副产品进一步加工生产的特点和管理要求，采用适当的方法单独计算副产品的成本。

【例 10-18】 阳光公司在生产主产品的同时，还生产了某种副产品。该种副产品可直接对外出售,公司规定的售价为120元/千克。某月主要产品和副产品发生的生产成本总额为1 800 000元,副产品的产量为500千克。假定该公司按预先规定的副产品的售价确定副产品的成本为0。

要求:计算副产品和主要产品成本。

【解析】

副产品的成本＝120×500＝60 000(元)

主要产品应负担的成本＝1 800 000－60 000＝1 740 000(元)

【例10-19】 华宇公司在生产主要产品——甲产品的同时,附带生产出乙产品,乙产品分离后需进一步加工后才能出售。2020年10月华宇公司共发生联合成本2 400 000元,其中:直接材料1 500 000元;直接人工500 000元;制造费用400 000元。乙产品进一步加工发生直接人工费60 000元;制造费用30 000元。当月生产甲产品4 000千克并全部完工,乙产品2 000千克,乙产品的市场售价350元/千克,单位税金和利润合计60元。

假定甲产品10月无月初在产品。

要求:根据资料,按乙产品既要负担进一步加工成本,又要负担分离前联合成本的方法计算甲产品的成本和乙产品的成本。

【解析】

乙产品应负担的联合总成本＝ 2 000×(350－50)—(60 000＋30 000)＝ 420 000(元)

乙产品应负担的直接材料＝1 500 000×(420 000÷2 400 000)＝262 500(元)

乙产品应负担的直接人工＝500 000×(420 000÷2 400 000)＝87 500(元)

乙产品应负担的制造费用＝400 000×(420 000÷2 400 000)＝70 000(元)

甲产品应负担的联合总成本＝2 400 000－420 000＝1 980 000 (元)

甲产品应负担的直接材料＝1 500 000－262 500＝1 237 500 (元)

甲产品应负担的直接人工＝500 000－87 500＝412 500 (元)

甲产品应负担的制造费用＝400 000－70 000＝330 000 (元)

相关计算数据如表10-20、表10-21所示。

表10-20 **副产品成本计算单**

乙产品 2020年10月 单位:元

项目	直接材料	直接人工	制造费用	合计
分摊的联合成本	262 500	87 500	70 000	420 000
加工成本		60 000	30 000	90 000
总成本	262 500	147 500	100 000	510 000
单位成本	131.25	73.75	50	255

表10-21 **主产品成本计算单**

甲产品 2020年10月 单位:元

项目	直接材料	直接人工	制造费用	合计
生产费用合计	1 500 000	500 000	400 000	2 400 000

（续表）

项目	直接材料	直接人工	制造费用	合计
乙产品负担的联合成本	262 500	87 500	70 000	420 000
甲产品负担的联合成本	1 237 500	412 500	330 000	1 980 000
甲产品单位成本	309.375	103.125	82.5	495

根据表 10-20 和表 10-21，编制结转完工入库产品成本的会计分录如下：

借：库存商品——甲产品　　1 980 000

　　　　　——乙产品　　510 000

　贷：生产成本——基本生产成本　　2 490 000

重点提示

主副产品的区分并不是绝对的，甚至可以相互转化。例如，焦炭与煤气就取决于企业的生产目标，以生产煤气为主的企业，煤气为主产品，焦炭为副产品；而以生产焦炭为主的企业，则焦炭为主产品，煤气为副产品。

（四）完工产品成本的结转

企业完工产品经产成品仓库验收入库后，其成本应从“生产成本——基本生产成本”科目及所属产品成本明细账的贷方转出，转入“库存商品”科目的借方，“生产成本——基本生产成本”科目的月末余额，就是基本生产在产品的成本，也就是在基本生产过程中占用的生产资金，应与所属各种产品成本明细账中月末在产品成本之和核对相符。

第四节　产品成本计算

一、产品成本计算方法概述

（一）生产特点对产品成本计算的影响

根据生产工艺过程的特点，工业企业的生产可分为单步骤生产和多步骤生产两种。根据生产组织的特点，工业企业生产可分为大量生产、成批生产和单件生产三种。两者结合起来考虑，工业企业的生产可分为大量大批单步骤生产、大量大批连续式多步骤生产、大量大批平行式加工多步骤生产、单件小批平行式加工多步骤生产。不同的生产工艺和生产组织，形成不同的生产类型，从而对成本管理的要求也不同。

确定产品成本计算方法的主要因素有：成本计算对象、成本计算期及生产费用在完工产品与在产品之间的分配。上述三方面是相互联系、相互影响的，其中生产类型对成本计算对象的影响是主要的。不同的成本计算对象决定了不同的成本计算期和生产费用在完工产品与在产品之间的分配。因此，成本计算对象的确定，是正确计算产品成本的前提，也是区别各种成本计算方法的主要标志。

（二）产品成本计算的主要方法

适应各种类型生产的特点和管理要求，产品成本计算方法主要包括以下三种：以产品品种为成本计算对象，简称品种法；以产品批别为成本计算对象，简称分批法；以产品生产步骤为成本计算对象,简称分步法。各种产品成本计算方法的适用范围如表 10-22 所示。

表 10-22　　　　产品成本计算的基本方法

产品成本计算方法	成本计算对象	生产类型		
		生产组织特点	生产工艺特点	成本管理
品种法	产品品种	大量大批生产	单步骤生产	
			多步骤生产	不要求分步计算成本
分批法	产品批别	单件小批生产	单步骤生产	
			多步骤生产	不要求分步计算成本
分步法	生产步骤	大量大批生产	多步骤生产	要求分步计算成本

除上述方法外,在产品的品种、规格繁多的工业企业中,为简化成本计算,可采用分类法;在定额管理工作有一定基础的工业企业中,为配合和加强生产费用和产品成本的定额管理,还可以采用定额法。

二、产品成本计算的品种法

(一) 品种法的概念与特点

品种法,是指以产品品种作为成本核算对象,归集和分配生产成本,计算产品成本的一种方法。这种方法适用于单步骤、大量生产的企业,如发电、供水、采掘等企业。在这种类型的生产中,产品的生产技术过程不能从技术上划分为步骤,比如,企业或车间的规模较小,或者车间是封闭的,即从材料投入到产品产出的全部生产过程都是在一个车间内进行的,或者生产按流水线组织,管理上不要求按照生产步骤计算产品成本,都可以按照品种计算产品成本。

品种法计算成本的主要特点:①成本核算对象是产品品种。如果企业只生产一种产品,全部生产成本都是直接成本,可直接计入该产品生产成本明细账的有关成本项目中,不存在在各种成本核算对象之间分配成本的问题。如果生产多种产品,间接生产成本则要采用适当的方法,在各成本核算对象之间进行分配。②品种法下一般定期(每月月末)计算产品成本。③月末一般不存在在产品,如果有在产品,数量也很少,所以一般不需要将生产费用在完工产品与在产品之间进行划分,当期发生的生产费用总和就是该种完工产品的总成本;如果企业月末有在产品,要将生产成本在完工产品和在产品之间进行分配。

(二) 品种法成本核算的一般程序

(1) 按产品品种设立成本明细账,根据各项费用的原始凭证及相关资料编制有关记账凭证并登记有关明细账,并编制各种费用分配表分配各种要素费用。

(2) 根据上述各种费用分配表和其他有关资料,登记辅助生产明细账、基本生产明细账、制造费用明细账等。

(3) 根据辅助生产明细账编制辅助生产成本分配表,分配辅助生产成本。

(4) 根据制造费用明细账编制制造费用分配表,在各种产品之间分配制造费用,并据以登记基本生产成本明细账。

(5) 根据各产品基本生产明细账编制产品成本计算单,分配完工产品成本和在产品成本。

(6) 编制产成品的成本汇总表,结转产成品成本。

三、产品成本计算的分批法

(一) 分批法的概念与特点

分批法，是指以产品的批别作为产品成本核算对象，归集和分配生产成本，计算产品成本的一种方法。这种方法主要适用于单件、小批生产的企业，如造船、重型机器制造、精密仪器制造等，也可用于一般企业中的新产品试制或试验的生产、在建工程以及设备修理作业等。

分批法计算成本的主要特点有：①成本核算对象是产品的批别。由于产品的批别大多是根据销货订单确定的，因此，这种方法又称订单法。成本核算对象是购买者事先订货或企业规定的产品批别。②产品成本的计算是与生产任务通知单的签发和结束紧密配合的，因此，产品成本计算是不定期的。成本计算期与产品生产周期基本一致，但与财务报告期不一致。③由于成本计算期与产品的生产周期基本一致，因此，在计算月末在产品成本时，一般不存在在完工产品和在产品之间分配成本的问题。

(二) 分批法成本核算的一般程序

(1) 按产品批别设置产品基本生产成本明细账、辅助生产成本明细账。账内按成本项目设置专栏，按车间设置制造费用明细账。同时，设置待摊费用、预提费用等明细账。

(2) 根据各生产费用的原始凭证或原始凭证汇总表和其他有关资料，编制各种要素费用分配表，分配各要素费用并登账。

对于直接计入费用，应按产品批别列示并直接计入各个批别的产品成本明细账；对于间接计入费用，应按生产地点归集，并按适当的方法分配计入各个批别的产品成本明细账。

(3) 月末根据完工批别产品的完工通知单，将计入已完工的该批产品的成本明细账所归集的生产费用，按成本项目加以汇总，计算出该批完工产品的总成本和单位成本，并转账。分批法条件下，月末完工产品与在产品之间的费用分配有以下几种情况：

第一，如果是单件生产，产品完工以前，产品成本明细账所记的生产费用都是在产品成本；产品完工时，产品成本明细账所记的生产费用，就是完工产品成本，因而在月末计算成本时，不存在在完工产品与在产品之间分配费用的问题。

第二，如果是小批生产，批内产品一般都能同时完工，在月末计算成本时，或是全部已经完工，或是全部没有完工，因而一般也不存在在完工产品与在产品之间分配费用的问题。

第三，如果批内产品跨月陆续完工，这时就要在完工产品与在产品之间分配费用，具体可以采取简化的方法处理：按计划单位成本、定额单位成本、最近一期相同产品的实际单位成本计算完工产品成本；从产品成本明细账中转出完工产品成本后，各项费用余额之和即为在产品成本；根据具体条件采用前述的分配方法。

四、产品成本计算的分步法

(一) 分步法的概念与特点

分步法，是指按照生产过程中各个加工步骤(分品种)为成本核算对象，归集和分配生产成本，计算各步骤半成品和最后产成品成本的一种方法。这种方法适用于大量大批的多步骤生产，如冶金、纺织、机械制造等。在这类企业中，产品生产可以分为若干个生产步骤的成本管理，通常不仅要求按照产品品种计算成本，而且还要求按照生产步骤计算成本，以便为考核和分析各种产品及各生产步骤的成本计划的执行情况提供资料。

分步法计算成本的主要特点有：①成本核算对象是各种产品的生产步骤。②月末为计算完工产品成本，还需要将归集在生产成本明细账中的生产成本在完工产品和在产品之间进行分配。③除了按品种计算和结转产品成本外，还需要计算和结转产品的各步骤成本，其成本核算对象，是各种产品及其所经过的各个加工步骤。如果企业只生产一种产品，则成本核算对象就是该种产品及其所经过的各个生产步骤。其成本计算期是固定的，与产品的生产周期不一致。

（二）分步法成本核算的一般程序

在实际工作中，根据成本管理对各生产步骤成本资料的不同要求（如是否要求计算半成品成本）和简化核算的要求，各生产步骤成本的计算和结转，一般采用逐步结转和平行结转两种方式，分别称为逐步结转分步法和平行结转分步法。

1. 逐步结转分步法

逐步结转分步法是为了分步计算半成品成本而采用的一种分步法，也称计算半成品成本分步法。它是按照产品加工的顺序，逐步计算并结转半成品成本，直到最后加工步骤完成才能计算产成品成本的一种方法。它是按照产品加工顺序先计算第一个加工步骤的半成品成本，然后结转给第二个加工步骤，这时，第二个步骤根据第一个步骤结转来的半成品成本加上本步骤耗用的材料成本和加工成本，即可求得第二个加工步骤的半成品成本。这种方法适用于大量大批连续式复杂性生产的企业。这种类型的企业，有的不仅将产成品作为商品对外销售，而且生产步骤所产半成品也经常作为商品对外销售。例如，钢铁厂的生铁、钢锭，纺织厂的棉纱等，都需要计算半成品成本。

逐步结转分步法需要在完工产品和在产品之间分配生产成本，即在各步骤完工产品和在产品之间进行分配。其优点有：①能提供各个生产步骤的半成品成本资料。②为各生产步骤的在产品实物管理及资金管理提供资料。③能够全面地反映各生产步骤的生产耗费水平，更好地满足各生产步骤成本管理的要求。其缺点有：成本结转工作量较大，各生产步骤的半成品成本如果采用逐步综合结转方法，还要进行成本还原，增加了核算的工作量。

逐步结转分步法按照成本在下一步骤成本计算单中的反映方式，还可以分为综合结转和分项结转两种方法。综合结转法，是指上一步骤转入下一步骤的半成品成本，以“直接材料”或专设的“半成品”项目综合列入下一步骤的成本计算单中。如果半成品通过半成品库收发，由于各月所生产的半成品的单位成本不同，因而所耗半成品的单位成本可以如同材料核算一样，采用先进先出法或加权平均法计算。分项结转分步法，是指按产品加工顺序，将上一步骤半成品成本按原始成本项目分别转入下一步骤成本计算单中相应的成本项目内，逐步计算并结转半成品成本，直到最后加工步骤计算出产成品成本的一种逐步结转分步法。

2. 平行结转分步法

平行结转分步法也称不计算半成品成本分步法。它是指在计算各步骤成本时，不计算各步骤所产半成品的成本，也不计算各步骤所耗上一步骤的半成品成本，而只计算本步骤发生的各项其他成本，以及这些成本中应计入产成品的份额，将相同产品的各步骤成本明细账中的这些份额平行结转、汇总，即可计算出该种产品的产成品成本。

（1）成本核算对象和成本结转程序。

采用平行结转分步法的成本核算对象是各种产成品及其经过的各生产步骤中的成本份

额。而各步骤的产品生产成本并不伴随着半成品实物的转移而结转，各生产步骤均不计算本步骤的半成品成本，尽管半成品的实物转入下一生产步骤继续加工，但其成本并不结转到下一生产步骤的成本计算单中去，只是在产品最后完工入产成品库时，才将各步骤生产成本中应由完工产品负担的份额，从各步骤成本计算单中转出，平行汇总计算产成品的成本。

(2) 产品生产成本在完工产品和在产品之间的分配。

采用平行结转分步法，每一生产步骤的生产成本也要在其完工产品与月末在产品之间进行分配。但是完工产品是指企业最后完成的产成品；在产品是指各步骤尚未加工完成的在产品和各步骤已完工但尚未最终完成的产品。

平行结转分步法的优点是：各步骤可以同时计算产品成本，平行汇总计入产成品成本，不必逐步结转半成品成本；能够直接提供按原始成本项目反映的产成品成本资料，不必进行成本还原，因而能够简化和加速成本计算工作。其缺点是：不能提供各个步骤的半成品成本资料；在产品的费用在产品最后完成以前，不随实物转出而转出，即不按其所在的地点登记，而按其发生的地点登记，因而不能为各个生产步骤在产品的实物和资金管理提供资料；各生产步骤的产品成本不包括所耗半成品费用，因而不能全面地反映各该步骤产品的生产耗费水平（第一步骤除外），不能更好地满足这些步骤成本管理的要求。

章节测试

班级：________ 姓名：________ 学号：________ 日期：________ 平时分：________

一、单项选择题(每小题 5 分,共 40 分)

1. 下列各项中,(   )是单位应用管理会计的基础。
A. 应用环境 B. 管理会计活动 C. 工具方法 D. 信息与报告
2. 管理会计的应用应以战略规划为导向,以持续创造价值为核心,促进单位可持续发展,这个表述属于(   )。
A. 战略导向原则 B. 融合性原则 C. 适应性原则 D. 成本效益原则
3. 下列关于产品成本的表述中,不正确的是(   )。
A. 产品成本核算对象的确定是产品成本计算的前提
B. 不能直接计入产品成本的各项间接费用不属于产品成本
C. 产品成本着重于按产品进行归集
D. 产品成本一般以成本计算单或成本汇总表及产品入库单等为计算依据
4. 下列各项中,企业生产产品耗用的外购半成品费用应归类的成本项目是(   )。
A. 直接材料 B. 制造费用 C. 燃料及动力 D. 直接人工
5. 企业有供热、供电两个辅助生产车间,按交互分配法核算辅助生产费用。5 月份交互分配前供热车间共归集辅助生产费用152 000元,交互分配时向供电车间分配费用7 000元,由供电车间分入 5 000 元电费。则当月供热车间应向辅助生产以外的其他受益部门分配费用(   )元。
A. 148 000 B. 150 000 C. 157 000 D. 154 000
6. 某生产车间生产 A 和 B 两种产品,该车间共发生制造费用 60 000 元,生产 A 产品耗用生产工人工时为 3 000 小时,生产 B 产品耗用生产工人工时为 2 000 小时。若按生产工人工时比例分配制造费用,A 和 B 两种产品应负担的制造费用分别为(   )元。
A. 36 000;24 000 B. 24 000;36 000 C. 30 000;30 000 D. 40 000;20 000
7. 如果在分配辅助生产费用时,将辅助生产车间按计划单位成本分配转出的费用与辅助生产车间实际发生的费用之间的差额,全部计入管理费用,则这种费用的分配方法是(   )。
A. 顺序分配法 B. 交互分配法 C. 计划成本分配法 D. 代数分配法
8. 某产品本月完工 50 件,月末在产品 60 件,在产品平均完工进度为 50%,累计发生产品费用 100 000 元,采用约当产量比例法计算产品成本时,本月完工产品的成本是(   )元。
A. 37 500 B. 45 455 C. 62 500 D. 54 545

二、多项选择题(每小题 5 分,共 15 分)

1. 下列各项中,可以作为管理会计应用主体的有(   )。
A. 单位整体 B. 单位内部的责任中心
C. 企业 D. 行政事业单位

2. 下列关于成本计算品种法的表述中，正确的有（　　）。

A. 以产品品种作为成本计算对象，归集和分配生产费用，计算产品成本

B. 适用于多步骤生产，但管理上不要求分步计算成本的企业

C. 如果月末有在产品，要将生产成本在完工产品和在产品之间进行分配

D. 一般定期（每月月末）计算产品成本

3. 下列各项中，属于管理会计中营运管理领域工具方法的有（　　）。

A. 本量利分析　　B. 内部转移定价

C. 多维度盈利能力分析　　D. 风险清单

三、不定项选择题（每小题 9 分，共 45 分）

甲企业设有供电、锅炉两个辅助生产车间，2020 年 7 月供电车间直接发生的费用为 220 000 元，锅炉车间直接发生的费用为 75 000 元。本月辅助生产劳务供应通知单内容如下：供电车间共提供 550 000 度电。其中，锅炉车间耗用 50 000 度，第一生产车间产品耗用 200 000 度、一般耗用 60 000 度，第二生产车间产品耗用 150 000 度、一般耗用 50 000 度，行政管理部门耗用 40 000 度。锅炉车间共提供 12 000 吨蒸汽，其中，供电车间耗用 2 500 吨，第一生产车间产品耗用 4 000 吨，一般耗用 800 吨，第二生产车间产品耗用 3 000 吨、一般耗用 700 吨，行政管理部门耗用 1 500 吨。另外，供电车间计划单位成本为 0.44 元/度，锅炉车间计划单位成本为 7.80 元/吨，该企业辅助生产费用不通过“制造费用”科目核算。采用交互分配法进行辅助费用的分配。

要求：根据上述材料，不考虑其他因素，分析回答下列小题。

（1）供电车间交互分配率是（　　）。

A. 0.4　　B. 0.43　　C. 0.44　　D. 0.5

（2）下列各项中，正确的有（　　）。

A. 锅炉车间耗电分配的金额 20 000 元

B. 锅炉车间耗电分配的金额 22 000 元

C. 供电车间耗用蒸汽分配的金额 18 750 元

D. 供电车间耗用蒸汽分配的金额 15 000 元

（3）锅炉车间对辅助生产车间之外的分配率是（　　）。

A. 5　　B. 6　　C. 7　　D. 8

（4）下列关于锅炉车间对辅助生产车间之外分配的处理的表述中，正确的有（　　）。

A. 生产成本 56 000 元　　B. 制造费用 12 000 元

C. 管理费用 12 000 元　　D. 生产成本 42 000 元

（5）下列关于交互分配的会计分录的表述中，正确的有（　　）。

A. 借：生产成本——辅助生产成本——锅炉车间　　22 000
　　贷：生产成本——辅助生产成本——供电车间　　22 000

B. 借：生产成本——辅助生产成本——供电车间　　18 750
　　贷：生产成本辅助生产成本——锅炉车间　　18 750

C. 借：生产成本——辅助生产成本——锅炉车间　　20 000
　　贷：生产成本——辅助生产成本——供电车间　　20 000

D. 借：生产成本——辅助生产成本——供电车间　　15 000
　　贷：生产成本——辅助生产成本——锅炉车间　　15 000

第十一章　政府会计基础

知识导航

- 政府会计基础
  - 政府会计概述
    - 政府会计标准体系
    - 政府会计要素及其确认和计量
    - 政府财务报告和决算报告
    - 政府会计核算模式
  - 政府单位会计核算
    - 单位会计核算概述
    - 国库集中支付业务
    - 非财政拨款收支业务
    - 预算结转结余及分配业务
    - 净资产业务
    - 资产业务
    - 负债业务

学习目标

1. 了解国库单一账户体系的构成及财政收支的方式。
2. 了解国家预算的概念、构成以及预算收支的范围。
3. 了解预算管理的职权、预算组织的程序以及预决算的监督。
4. 熟悉政府采购的执行模式和方式。
5. 了解政府采购法律制度的构成原则。
6. 了解预算法律制度的构成。

第一节　政府会计概述

一、政府会计标准体系

我国的政府会计标准体系主要由政府会计准则体系和政府会计制度组成。政府会计准则体系包括基本准则、具体准则及应用指南。政府会计准则和政府会计制度相互补充，共同规范政府会计主体的会计核算，保证会计信息质量。

（一）政府会计基本准则

政府会计基本准则用于规范政府会计目标、政府会计主体、政府会计信息质量要求、政府会计核算基础，以及政府会计要素定义、确认和计量原则、列报要求等原则事项。基本准则指导具体准则和制度的制定，并为政府会计实务问题提供处理原则。

2015 年 10 月，财政部印发了《政府会计准则——基本准则》（以下简称《基本准则》）。《基本准则》适用于各级政府、各部门、各单位。

重点提示

各级政府是指各级政府财政部门，具体负责财政总会计的核算。各部门、各单位是指与本级政府财政部门直接或者间接发生预算拨款关系的国家机关、军队、政党组织、社会团体、事业单位和其他单位。军队、已纳入企业财务管理体系的单位和执行《民间非营利组织会计制度》的社会团体，其会计核算不适用政府会计准则制度。

（二）政府会计具体准则及应用指南

政府会计具体准则依据基本准则制定，用于规范政府会计主体发生的经济业务或事项的会计处理原则，详细规定经济业务或事项引起的会计要素变动的确认、计量和报告。应用指南是对具体准则的实际应用作出的操作性规定。2016年以来，财政部相继出台了存货、投资、固定资产、无形资产、公共基础设施、政府储备物资、会计调整、负债、财务报表编制和列报等具体准则和固定资产准则应用指南等。

（三）政府会计制度

政府会计制度依据基本准则制定，主要规定政府会计科目及账务处理、报表体系及编制说明等。2017年10月24日，财政部印发了《政府会计制度——行政事业单位会计科目和报表》（财会〔2017〕25号，以下简称《政府会计制度》），适用于各级各类行政单位和事业单位（不包括纳入企业财务管理体系执行企业会计准则和小企业会计准则的单位）。

重点提示

基本准则和具体准则属于统驭和被统驭的关系。基本准则是政府会计的“概念框架”，统驭政府会计具体准则和政府会计制度的制定，并为政府会计实务问题提供处理原则，为编制政府财务报告提供基础标准。

二、政府会计要素及其确认和计量

政府会计要素包括预算会计要素和财务会计要素。预算会计要素包括预算收入、预算支出与预算结余；财务会计要素包括资产、负债、净资产、收入和费用。

（一）政府预算会计要素

1. 预算收入

预算收入是指政府会计主体在预算年度内依法取得的并纳入预算管理的现金流入。预算收入一般在实际收到时予以确认，以实际收到的金额计量。

2. 预算支出

预算支出是指政府会计主体在预算年度内依法发生并纳入预算管理的现金流出。预算支出一般在实际支付时予以确认，以实际支付的金额计量。

3. 预算结余

预算结余是指政府会计主体预算年度内预算收入扣除预算支出后的资金余额，以及历年滚存的资金余额。

预算结余包括结余资金和结转资金。结余资金是指年度预算执行终了，预算收入实际完成数扣除预算支出和结转资金后剩余的资金。结转资金是指预算安排项目的支出年终尚未执行完毕或者因故未执行，且下年需要按原用途继续使用的资金。

重点提示

结余资金，是余下来的、能自由支配的资金，具体是指结算后当年剩余的资金，是在当年预算工作目标已完成，或者因故终止，而造成的当年的剩余资金，一般指收入与支出相抵后的余额，即财政收入大于支出的部分。结余资金一般要收回国库，纳入预算编制，调整用途，重新安排使用。

(二) 政府财务会计要素

1. 资产

资产是指政府会计主体过去的经济业务或者事项形成的，由政府会计主体控制的，预期能够产生服务潜力或者带来经济利益流入的经济资源。服务潜力是指政府会计主体利用资产提供公共产品和服务以履行政府职能的潜在能力。经济利益流入表现为现金及现金等价物的流入，或者现金及现金等价物流出的减少。

符合政府资产定义的经济资源，在同时满足以下条件时，确认为资产：①与该经济资源相关的服务潜力很可能实现或者经济利益很可能流入政府会计主体。②该经济资源的成本或者价值能够可靠地计量。

政府会计主体的资产按照流动性，分为流动资产和非流动资产。

流动资产是指预计在1年内(含1年)耗用或者可以变现的资产，包括货币资金、短期投资、应收及预付款项、存货等。

非流动资产是指流动资产以外的资产，包括固定资产、在建工程、无形资产、长期投资、公共基础设施、政府储备资产、文物文化资产、保障性住房和自然资源资产等。

政府资产的计量属性主要有历史成本、重置成本、现值、公允价值和名义金额。

在历史成本计量下，资产按照取得时支付的现金金额或者支付对价的公允价值计量；在重置成本计量下，资产按照现在购买相同或者相似资产所需支付的现金金额计量；在现值计量下，资产按照预计从其持续使用和最终处置中所产生的未来净现金流入量的折现金额计量；在公允价值计量下，资产按照市场参与者在计量日发生的有序交易中，出售资产所能收到的价格计量。

政府会计主体对资产进行计量，一般应当采用历史成本。采用重置成本、现值、公允价值计量的，应当保证所确定的资产金额能够持续、可靠计量。

重点提示

无法采用历史成本、重置成本、现值和公允价值计量的，采用名义金额(即人民币1元)计量。

2. 负债

负债是指政府会计主体过去的经济业务或者事项形成的，预期会导致经济资源流出政府会计主体的现时义务。现时义务是指政府会计主体在现行条件下已承担的义务。未来发生的经济业务或者事项形成的义务不属于现时义务，不应当确认为负债。

符合政府负债定义的义务，在同时满足以下条件时，确认为负债：①履行该义务很可能导致含有服务潜力或者经济利益的经济资源流出政府会计主体。②该义务的金额能够可靠地计量。

政府会计主体的负债按照流动性，分为流动负债和非流动负债。

流动负债是指预计在1年内(含1年)偿还的负债，包括短期借款、应付短期政府债券、应付及预收款项、应缴款项等。

非流动负债是指流动负债以外的负债，包括长期借款、长期应付款、应付长期政府债券等。

政府负债的计量属性主要有历史成本、现值和公允价值。

在历史成本计量下，负债按照因承担现时义务而实际收到的款项或者资产的金额、承担现时义务的合同金额、为偿还负债预期需要支付的现金计量。在现值计量下，负债按照预计期限内需要偿还的未来净现金流出量的折现金额计量。在公允价值计量下，负债按照市场参与者在计量日发生的有序交易中，转移负债所需支付的价格计量。

政府会计主体对负债进行计量，一般应当采用历史成本。采用现值、公允价值计量的，应当保证所确定的负债金额能够持续、可靠计量。

3. 净资产

净资产是指政府会计主体资产扣除负债后的净额，其金额取决于资产和负债的计量。

4. 收入

收入是指报告期内导致政府会计主体净资产增加的、含有服务潜力或者经济利益的经济资源的流入。

收入的确认应当同时满足以下条件：①与收入相关的含有服务潜力或者经济利益的经济资源很可能流入政府会计主体。②含有服务潜力或者经济利益的经济资源流入会导致政府会计主体资产增加或者负债减少。③流入金额能够可靠地计量。

5. 费用

费用是指报告期内导致政府会计主体净资产减少的、含有服务潜力或者经济利益的经济资源的流出。

费用的确认应当同时满足以下条件：①与费用相关的含有服务潜力或者经济利益的经济资源很可能流出政府会计主体。②含有服务潜力或者经济利益的经济资源流出会导致政府会计主体资产减少或者负债增加。③流出金额能够可靠地计量。

重点提示

企业会计要素有6个，包括资产、负债、所有者权益、收入、费用和利润，而政府财务会计要素只有5个，包括资产、负债、净资产、收入和费用（注意不是支出）。

三、政府财务报告和决算报告

（一）政府财务报告

政府财务报告是反映政府会计主体某一特定日期的财务状况和某一会计期间的运行情况、现金流量等信息的文件。

政府财务报告的目标是向财务报告使用者提供与政府财务状况、运行情况和现金流量等有关的信息，反映政府会计主体公共受托责任履行情况，有助于财务报告使用者作出决策或者进行监督和管理。

政府财务报告使用者包括各级人民代表大会常务委员会、债权人、各级政府及其有关部门、政府会计主体自身和其他利益相关者。

政府财务报告应当包括财务报表和其他应当在财务报告中披露的相关信息和资料。财务报表包括会计报表和附注。会计报表一般包括资产负债表、收入费用表和净资产变动表，单位可根据实际情况自行选择编制现金流量表。资产负债表是反映政府会计主体在某一特定日期的财务状况的报表。收入费用表是反映政府会计主体在一定会计期间运行情况的报表。净资产变动表是反映政府会计主体在某一年度内净资产项目变动情况的报表。现金流量表是反映政府会计主体在一定会计期间现金及现金等价物流入和流出情况的报表。附注是对在资产负债表、收入费用表、现金流量表等报表中列示项目所做的进一步说明，以及对未能在这些报表中列示项目的说明。

从编制主体讲，政府财务报告主要包括政府部门财务报告和政府综合财务报告。政府部门编制部门财务报告，反映本部门的财务状况和运行情况；财政部门编制政府综合财务报告，反映政府整体的财务状况、运行情况和财政中长期可持续性。

从编制程序讲，各单位应在政府会计标准体系和政府财务报告制度框架体系内，按时编制以资产负债表、收入费用表等财务报表为主要内容的财务报告。各部门应合并本部门所属单位的财务报表，编制部门财务报告。各级政府财政部门应合并各部门和其他纳入合并范围主体的财务报表，编制以资产负债表、收入费用表等财务报表为主要内容的本级政府综合财务报告。县级以上政府财政部门要合并汇总本级政府综合财务报告和下级政府综合财务报告，编制本行政区政府综合财务报告。

（二）政府决算报告

政府决算报告是综合反映政府会计主体年度预算收支执行结果的文件。政府决算报告的目标是向决算报告使用者提供与政府预算执行情况有关的信息，综合反映政府会计主体预算收支的年度执行结果，有助于决算报告使用者进行监督和管理，并为编制后续年度预算提供参考和依据。政府决算报告使用者包括各级人民代表大会及其常务委员会、各级政府及其有关部门、政府会计主体自身、社会公众和其他利益相关者。

政府决算报告应当包括决算报表和其他应当在决算报告中反映的相关信息和资料。预算会计报表是单位通过预算会计核算直接形成的报表，是决算报表的主要信息来源。根据《政府会计制度》规定，预算会计报表至少包括预算收入支出表、预算结转结余变动表和财政拨款预算收入支出表。

政府决算报告与政府综合财务报告的主要区别如表 11-1 所示。

表 11-1　　政府决算报告与政府综合财务报告的主要区别

项目	政府决算报告	政府综合财务报告
编制主体	各级政府财政部门、各部门、各单位	各级政府财政部门、各部门、各单位
反映的对象	政府年度预算收支执行情况	政府整体财务状况、运行情况和财政中长期可持续性
编制基础	收付实现制	权责发生制
数据来源	以预算会计核算生成的数据为准	以财务会计核算生成的数据为准
编制方法	汇总	合并
报送要求	本级人民代表大会常务委员会审查和批准	本级人民代表大会常务委员会备案

四、政府会计核算模式

政府会计由预算会计和财务会计构成。政府会计核算模式应当实现预算会计与财务会计适度分离并相互衔接，全面、清晰反映政府财务信息和预算执行信息。这种核算模式，能够使公共资金管理中预算管理、财务管理和绩效管理相互联结、融合，全面提高管理水平和资金使用效率，对于规范政府会计行为，夯实政府会计主体预算和财务管理基础，强化政府绩效管理具有重要的影响。

（一）预算会计与财务会计适度分离

1.“双功能”

政府会计应当实现预算会计和财务会计的双重功能。预算会计对政府会计主体预算执行过程中发生的全部预算收入和全部预算支出进行会计核算，主要反映和监督预算收支执行情况。财务会计对政府会计主体发生的各项经济业务或者事项进行会计核算，主要反映和监督政府会计主体财务状况、运行情况和现金流量等。

2.“双基础”

预算会计实行收付实现制，国务院另有规定的，从其规定；财务会计实行权责发生制。

3.“双报告”

政府会计主体应当编制决算报告和财务报告。政府决算报告的编制主要以收付实现制为基础，以预算会计核算生成的数据为准。政府财务报告的编制主要以权责发生制为基础，以财务会计核算生成的数据为准。

（二）预算会计与财务会计相互衔接

政府预算会计和财务会计“适度分离”，并不是要求政府会计主体分别建立预算会计和财务会计两套账，对同一笔经济业务或事项进行会计核算，而是要求政府预算会计要素和财务会计要素相互协调，决算报告和财务报告相互补充，共同反映政府会计主体的预算执行信息和财务信息。

【例 11-1】 2020 年 3 月 11 日，某事业单位采用国库授权支付方式购置一项价值为 180 000 元的固定资产，折旧年限为 10 年。假定不考虑其他因素。

要求：编制相关会计分录。

【解析】

3 月 11 日，单位收到代理银行转来的“授权支付到账通知书”时，其会计分录如表 11-2 所示。

表 11-2 **会计分录(1)**

财务会计	预算会计
借：零余额账户用款额度 180 000 　贷：财政拨款收入 180 000	借：资金结存——零余额账户用款额度 180 000 　贷：财政拨款预算收入 180 000

3 月 11 日，单位购买固定资产时，其会计分录如表 11-3 所示。

表 11-3 **会计分录(2)**

财务会计	预算会计
借：固定资产 180 000 　贷：零余额账户用款额度 180 000	借：事业支出——财政拨款支出 180 000 　贷：资金结存——零余额账户用款额度 180 000

每月末单位计提固定资产折旧，其会计分录如表 11-4 所示。

表 11-4 会计分录(3)

财务会计	预算会计
借：业务活动费用 180 000 贷：固定资产累计折旧 180 000	不做处理

本例中，财务会计反映了财务状况和运行情况，而预算会计反映了预算执行情况。

第二节 政府单位会计核算

行政事业单位（以下简称单位）是政府会计主体的重要组成部分。单位财务会计的原理和方法与企业会计基本一致，但与企业会计不同的是，单位会计核算应当具备财务会计与预算会计双重功能，实现财务会计与预算会计适度分离并相互衔接，全面、清晰地反映单位财务信息和预算执行信息。本节主要以《政府会计制度》为基础，介绍单位会计核算的有关内容，与企业会计基本一致的内容不再重述。

一、单位会计核算概述

单位应当根据政府会计准则规定的原则和《政府会计制度》的要求，对其发生的各项经济业务或事项进行会计核算，具体要求如表 11-5 所示。

表 11-5 单位会计核算

项目	单位财务会计	预算单位会计
会计要素	资产、负债、净资产、收入、费用	预算收入、预算支出、预算结余
会计等式	反映单位财务状况的等式： 资产－负债＝净资产 反映运行情况的等式： 收入－费用＝本期盈余	预算收入－预算支出＝预算结余
核算基础	权责发生制	收付实现制
核算范围	(1) 纳入年度部门预算管理的现金收支业务 (2) 其他业务	纳入年度部门预算管理的现金收支业务

重点提示

部门预算是指部门综合预算，包括财政拨款收支和非财政拨款收支；未纳入年初批复的预算但纳入决算报表编制范围的非财政拨款收支，也应当进行预算会计核算。

现金是指单位库存现金以及其他可以随时用于支付的款项，包括库存现金、银行存款、其他货币资金、零余额账户用款额度、财政应返还额度，以及通过财政直接支付方式支付的款项。

对于单位受托代理的现金、不属于本年度部门预算的现金，以及应上缴财政的、应转拨的、应退回的现金所涉及的收支业务，仅需要进行财务会计处理，不需要进行预算会计处理。

知识扩展

为了更好地理解与学习政府会计的核算，现将政府会计常用财务会计科目、预算会计科目及核算内容，以及纳入预算管理的现金收支业务中财务会计科目、预算会计科目的对应关系汇总至表 11-6、表 11-7 及表 11-8。

表 11-6　　政府会计的常用财务会计科目列表

科目名称	核算内容	使用此科目的单位性质
资产类		
库存现金	核算单位的库存现金	行政+事业
银行存款	核算单位存入银行或者其他金融机构的各种存款	行政+事业
零余额账户用款额度	核算实行国库集中支付的单位根据财政部门批复的用款计划收到和支用的零余额账户用款额度	实行国库集中支付的单位
其他货币资金	核算单位的外埠存款、银行本票存款、银行汇票存款、信用卡存款等各种其他货币资金	行政+事业
财政应返还额度	核算实行国库集中支付的单位应收财政返还的资金额度，包括可以使用的以前年度财政直接支付资金额度和财政应返还的财政授权支付资金额度	实行国库集中支付的单位
应收账款	核算事业单位提供服务、销售产品等应收取的款项，以及单位因出租资产、出售物资等应收取的款项	事业
库存物品	核算单位在开展业务活动及其他活动中为耗用或出售而储存的各种材料、产品、包装物、低值易耗品，以及达不到固定资产标准的用具、装具、动植物等的成本	行政+事业
长期股权投资	核算事业单位按照规定取得的，持有时间超过 1 年(不含 1 年)的股权性质的投资	事业
固定资产	核算单位固定资产的原值	行政+事业
固定资产累计折旧	核算单位计提的固定资产累计折旧 【提示】企业会计中使用“累计折旧”科目	行政+事业
在建工程	核算单位在建的建设项目工程的实际成本	行政+事业
待处理财产损溢	核算单位在资产清查过程中查明的各种资产盘盈、盘亏和报废、毁损的价值	行政+事业
负债类		
应交增值税	核算单位按照税法规定计算应交纳的增值税	行政+事业
其他应交税费	核算单位按照税法等规定计算应交纳的除增值税以外的各种税费，包括城市维护建设税、教育费附加、地方教育附加、车船税、房产税、城镇土地使用税和企业所得税等 单位代扣代缴的个人所得税，也通过本科目核算	行政+事业
应缴财政款	核算单位取得或应收的按照规定应当上缴财政的款项，包括应缴国库的款项和应缴财政专户的款项	行政+事业
应付职工薪酬	核算单位按照有关规定应付给职工(含长期聘用人员)及为职工支付的各种薪酬，包括基本工资、国家统一规定的津贴补贴、规范津贴补贴(绩效工资)、改革性补贴、社会保险费(如职工基本养老保险费、职业年金、基本医疗保险费等)、住房公积金等	行政+事业
预收账款	核算事业单位预先收取但尚未结算的款项	事业
预提费用	核算单位预先提取的已经发生但尚未支付的费用，如预提租金费用等	行政+事业

（续表）

科目名称	核算内容	使用此科目的单位性质
累计盈余	核算单位历年实现的盈余扣除盈余分配后滚存的金额，以及因无偿调入调出资产产生的净资产变动额。按照规定上缴、缴回、单位间调剂结转结余资金产生的净资产变动额，以及对以前年度盈余的调整金额，也通过本科目核算	行政+事业
专用基金	核算事业单位按照规定提取或设置的具有专门用途的净资产，主要包括职工福利基金、科技成果转换基金等	事业
权益法调整	核算事业单位持有的长期股权投资采用权益法核算时，按照被投资单位除净损益和利润分配以外的所有者权益变动份额调整长期股权投资账面余额而计入净资产的金额	事业
本期盈余	核算单位本期各项收入、费用相抵后的余额	行政+事业
本年盈余分配	核算单位本年度盈余分配的情况和结果	行政+事业
无偿调拨净资产	核算单位无偿调入或调出非现金资产所引起的净资产变动金额	行政+事业
以前年度盈余调整	核算单位本年度发生的调整以前年度盈余的事项，包括本年度发生的重要前期差错更正涉及调整以前年度盈余的事项 【提示】注意区分企业会计的“以前年度损益调整”科目	行政+事业
收入类		
财政拨款收入	核算单位从同级政府财政部门取得的各类财政拨款	行政+事业
事业收入	核算事业单位开展专业业务活动及其辅助活动实现的收入，不包括从同级政府财政部门取得的各类财政拨款	事业
上级补助收入	核算事业单位从主管部门和上级单位取得的非财政拨款收入	事业
附属单位上缴收入	核算事业单位取得的附属独立核算单位按照有关规定上缴的收入	事业
经营收入	核算事业单位在专业业务活动及其辅助活动之外开展非独立核算经营活动取得的收入	事业
非同级财政拨款收入	核算单位从非同级政府财政部门取得的经费拨款，包括从同级政府其他部门取得的横向转拨财政款、从上级或下级政府财政部门取得的经费拨款等	行政+事业
投资收益	核算事业单位股权投资和债券投资所实现的收益或发生的损失	事业
捐赠收入	核算单位接受其他单位或者个人捐赠取得的收入	行政+事业
利息收入	核算单位取得的银行存款利息收入	行政+事业
租金收入	核算单位经批准利用国有资产出租取得并按照规定纳入本单位预算管理的租金收入	行政+事业
其他收入	核算单位取得的除财政拨款收入、事业收入、上级补助收入、附属单位上缴收入、经营收入、非同级财政拨款收入、投资收益、捐赠收入、利息收入、租金收入以外的各项收入	行政+事业
费用类		
业务活动费用	核算单位为实现其职能目标，依法履职或开展专业业务活动及其辅助活动所发生的各项费用	行政+事业

（续表）

科目名称	核算内容	使用此科目的单位性质
单位管理费用	核算事业单位本级行政及后勤管理部门开展管理活动发生的各项费用，包括单位行政及后勤管理部门发生的人员经费、公用经费、资产折旧（摊销）等费用，以及由单位统一负担的离退休人员经费、工会经费、诉讼费、中介费等	事业
经营费用	核算事业单位在专业业务活动及其辅助活动之外开展非独立核算经营活动发生的各项费用	事业
上缴上级费用	核算事业单位按照财政部门和主管部门的规定上缴上级单位款项发生的费用	事业
对附属单位补助费用	核算事业单位用财政拨款收入之外的收入对附属单位补助发生的费用	事业
所得税费用	核算有企业所得税缴纳义务的事业单位按规定缴纳企业所得税所形成的费用	事业
其他费用	核算单位发生的除业务活动费用、单位管理费用、经营费用、资产处置费用、上缴上级费用、附属单位补助费用、所得税费用以外的各项费用	行政+事业
资产处置费用	核算单位经批准处置资产时发生的费用，包括转销的被处置资产价值，以及在处置过程中发生的相关费用或者处置收入小于相关费用形成的净支出。资产处置的形式按照规定包括无偿调拨、出售、出让、转让、置换、对外捐赠、报废、毁损以及货币性资产损失核销等	行政+事业

表 11-7　　政府会计的常用预算会计科目列表

科目名称	核算内容	使用此科目的单位性质
预算收入类		
财政拨款预算收入	核算单位从同级政府财政部门取得的各类财政拨款	行政+事业
事业预算收入	核算事业单位开展专业业务活动及其辅助活动取得的现金流入事业单位因开展科研及其辅助活动从非同级政府财政部门取得的经费拨款，也通过本科目核算	事业
上级补助预算收入	核算事业单位从主管部门和上级单位取得的非财政补助现金流入	事业
非同级财政拨款预算收入	核算单位从非同级政府财政部门取得的财政拨款，包括本级横向转拨财政款和非本级财政拨款	行政+事业
经营预算收入	核算事业单位在专业业务活动及其辅助活动之外开展非独立核算经营活动取得的现金流入	事业
其他预算收入	核算单位除财政拨款预算收入、事业预算收入、上级补助预算收入、附属单位上缴预算收入、经营预算收入、债务预算收入、非同级财政拨款预算收入、投资预算收益之外的纳入部门预算管理的现金流入，包括捐赠预算收入、利息预算收入、租金预算收入、现金盘盈收入等	行政+事业
预算支出类		
行政支出	核算行政单位履行其职责实际发生的各项现金流出	行政
事业支出	核算事业单位开展专业业务活动及其辅助活动实际发生的各项现金流出	事业

（续表）

科目名称	核算内容	使用此科目的单位性质
经营支出	核算事业单位在专业业务活动及其辅助活动之外开展非独立核算经营活动实际发生的各项现金流出	事业
对附属单位补助支出	核算事业单位用财政拨款预算收入之外的收入对附属单位补助发生的现金流出	事业
其他支出	核算单位除行政支出、事业支出、经营支出、上缴上级支出、对附属单位补助支出、投资支出、债务还本支出以外的各项现金流出，包括利息支出、对外捐赠现金支出、现金盘亏损失、接受捐赠（调入）和对外捐赠（调出）非现金资产发生的税费支出、资产置换过程中发生的相关税费支出、罚没支出等	行政＋事业
预算结余类		
资金结存	核算单位纳入部门预算管理的资金的流入、流出、调整和滚存等情况	行政＋事业
财政拨款结转	核算单位取得的同级财政拨款结转资金的调整、结转和滚存情况	行政＋事业
财政拨款结余	核算单位取得的同级财政拨款项目支出结余资金的调整、结转和滚存情况	行政＋事业
非财政拨款结转	核算单位除财政拨款收支、经营收支以外各非同级财政拨款专项资金的调整结转和滚存情况	行政＋事业
非财政拨款结余	核算单位历年滚存的非限定用途的非同级财政拨款结余资金，主要为非财政拨款结余扣除结余分配后滚存的金额	行政＋事业
专用结余	核算事业单位按照规定从非财政拨款结余中提取的具有专门用途的资金的变动和滚存情况	事业
经营结余	核算事业单位本年度经营活动收支相抵后余额弥补以前年度经营亏损后的余额	事业
其他结余	核算单位本年度除财政拨款收支、非同级财政专项资金收支和经营收支以外各项收支相抵后的余额	行政＋事业
非财政拨款结余分配	核算事业单位本年度非财政拨款结余分配的情况和结果	行政＋事业

表 11-8　　财务会计科目、预算会计科目对应关系表

财务会计科目	预算会计科目
库存现金 银行存款 零余额账户用款额度 其他货币资金 财政应返还额度	资金结存——货币资金 ——零余额账户用款额度 ——财政应返还额度
库存物品 固定资产 应付职工薪酬 业务活动费用 单位管理费用	行政支出 事业支出
财政拨款收入	财政拨款预算收入
事业收入	事业预算收入
非同级财政拨款收入	非同级财政拨款预算收入
捐赠收入	其他预算收入——捐赠预算收入

二、国库集中支付业务

国库集中支付，是指以国库单一账户体系为基础，将所有财政性资金都纳入国库单一账户体系管理，收入直接缴入国库和财政专户，支出通过国库单一账户体系支付到商品和劳务供应者或用款单位的一项国库管理制度。实行国库集中支付的单位，财政资金的支付方式包括财政直接支付和财政授权支付。财政直接支付的账务处理如表 11-9 所示，财政授权支付的账务处理如表 11-12 所示。

1. 财政直接支付业务

表 11-9　财政直接支付的账务处理

经济业务或事项	财务会计	预算会计
收到“财政直接支付入账通知书”时	借：库存物品/固定资产/应付职工薪酬/业务活动费用/单位管理费用等 贷：财政拨款收入	借：行政支出/事业支出等 贷：财政拨款预算收入
年末，根据本年度财政直接支付预算指标数与其实际支出数的差额	借：财政应返还额度——财政直接支付 贷：财政拨款收入	借：资金结存——财政应返还额度 贷：财政拨款预算收入
下年度恢复额度后，单位以财政直接支付方式发生实际支出时	借：库存物品/固定资产/应付职工薪酬/业务活动费用/单位管理费用等 贷：财政应返还额度——财政直接支付 【提示】恢复额度时，不作会计处理，发生实际支出时做会计处理	借：行政支出/事业支出等 贷：资金结存——财政应返还额度

【例 11-2】 2021 年 3 月 9 日，某实行国库集中支付的行政单位收到代理银行转来的“财政直接支付入账通知书”，使用本年度财政直接支付额度支付款项 68 000 元，购买办公用品电脑 5 台。

要求：编制该行政单位相关会计分录。

【解析】 相关会计分录如表 11-10 所示。

表 11-10　会计分录

财务会计	预算会计
借：固定资产　68 000 贷：财政拨款收入　68 000	借：行政支出　68 000 贷：财政拨款预算收入　68 000

【例 11-3】 某实行国库集中支付的行政单位，年末，通过对账确认本年度财政直接支付预算指标数为 1 800 000 元，当年财政直接支付实际发生数为 1 700 000 元。

要求：编制该行政单位相关会计分录。

【解析】 相关会计分录如表 11-11 所示。

表 11-11　会计分录

财务会计	预算会计
借：财政应返还额度——财政直接支付　1 000 000 贷：财政拨款收入　1 000 000	借：资金结存——财政应返还额度　1 000 000 贷：财政拨款预算收入　1 000 000

2. 财政授权支付业务

表 11-12 财政授权支付的账务处理

经济业务或事项	财务会计	预算会计
收到代理银行盖章的“授权支付到账通知书”时	借：零余额账户用款额度 贷：财政拨款收入	借：资金结存——零余额账户用款额度 贷：财政拨款预算收入
按规定支用额度时，按照实际支用的额度	借：库存物品/固定资产/应付职工薪酬/业务活动费用/单位管理费用等 贷：零余额账户用款额度	借：行政支出/事业支出等 贷：资金结存——零余额账户用款额度
年末，依据代理银行提供的对账单作注销额度	借：财政应返还额度——财政授权支付 贷：零余额账户用款额度	借：资金结存——财政应返还额度 贷：资金结存——零余额账户用款额度
下年年初恢复额度时	借：零余额账户用款额度 贷：财政应返还额度——财政授权支付	借：资金结存——零余额账户用款额度 贷：资金结存——财政应返还额度
年末，单位本年度财政授权支付预算指标数大于零余额账户用款额度下达数的，根据未下达的用款额度	借：财政应返还额度——财政授权支付 贷：财政拨款收入	借：资金结存——财政应返还额度 贷：财政拨款预算收入
下年度收到财政部门批复的上年年末未下达零余额账户用款额度时	借：零余额账户用款额度 贷：财政应返还额度——财政授权支付	借：资金结存——零余额账户用款额度 贷：资金结存——财政应返还额度

【例 11-4】 2019 年 12 月 31 日，某实行国库集中支付的行政单位，通过对账确认本年度财政授权支付预算指标数为 200 000 元，零余额账户用款额度下达数 180 000 元，零余额账户用款额度支用数为 170 000 元。

2020 年 2 月 12 日，该行政单位收到代理银行转来的“财政授权支付额度恢复到账通知书”。2020 年 3 月 5 日，使用上年预算结余资金 6 000 元采购办公用库存物品一批。

要求：编制该行政单位相关会计分录。

【解析】

2019 年 12 月 31 日注销额度，其会计分录如表 11-13 所示。

表 11-13 会计分录

财务会计	预算会计
借：财政应返还额度——财政授权支付 20 000 贷：财政拨款收入 10 000 零余额账户用款额度 10 000	借：资金结存——财政应返还额度 20 000 贷：财政拨款预算收入 10 000 资金结存——零余额账户用款额度 10 000

2020 年 2 月 12 日恢复财政授权支付额度，其会计分录如表 11-14 所示。

表 11-14 会计分录

财务会计	预算会计
借：零余额账户用款额度 20 000 贷：财政应返还额度——财政授权支付 20 000	借：资金结存——零余额账户用款额度 20 000 贷：资金结存——财政应返还额度 20 000

2020 年 3 月 5 日使用财政授权支付额度安排支出，其会计分录见表 11-15：

表 11-15 会计分录

财务会计	预算会计
借：库存物品 6 000 贷：零余额账户用款额度 6 000	借：行政支出 20 000 贷：资金结存——零余额账户用款额度 20 000

三、非财政拨款收支业务

单位的收支业务除国库集中支付业务外，还包括事业活动、经营活动等形成的非财政拨款收支。这里主要以事业(预算)收入、捐赠(预算)收入和支出为例进行说明。

(一) 事业(预算)收入

事业收入是指事业单位开展专业业务活动及其辅助活动实现的收入，不包括从同级政府财政部门取得的各类财政拨款。事业(预算)收入的账务处理如表 11-16 所示。

表 11-16 事业(预算)收入的账务处理

事业收入实现方式		财务会计	预算会计
财政专户返还方式	实现应上缴财政专户的事业收入时	借：银行存款/应收账款 贷：应缴财政款	不做处理
	向财政专户上缴款项时	借：应缴财政款 贷：银行存款	不做处理
	收到从财政专户返还的事业收入时	借：银行存款 贷：事业收入	借：资金结存——货币资金 贷：事业预算收入
预收款方式	实际收到预收款项时	借：银行存款 贷：预收账款	借：资金结存——货币资金 贷：事业预算收入
	以合同完成进度确认事业收入时	借：预收账款 贷：事业收入	不做处理
应收款方式	根据合同完成进度计算本期应收的款项	借：应收账款 贷：事业收入	不做处理
	实际收到款项时	借：银行存款 贷：应收账款	借：资金结存——货币资金 贷：事业预算收入
其他方式		借：银行存款/库存现金 贷：事业收入	借：资金结存——货币资金 贷：事业预算收入

重点提示

对采用应收款方式确认的事业收入，单位以合同完成进度确认事业收入时，应当根据业务实质，选择累计实际发生的合同成本占合同预计总成本的比例、已经完成的合同工作量占合同预计总工作量的比例、已经完成的时间占合同期限的比例、实际测定的完工进度等方法，合理确定合同完成进度。

事业活动中涉及增值税业务的，事业收入按照实际收到的金额扣除增值税销项税之后的金额入账，事业预算收入按照实际收到的金额入账。

事业单位对于因开展专业业务活动及其辅助活动取得的非同级财政拨款收入（包括两大类：一类是从同级财政以外的同级政府部门取得的横向转拨财政款，另一类是从上级或下级政府取得的各类财政款），应当通过"事业收入"和"事业预算收入"科目下的"非同级财政拨款"明细科目核算；对于其他非同级财政拨款收入，应当通过"非同级财政拨款收入"和"非同级财政拨款预算收入"科目核算。

【例 11-5】 某事业单位部分事业收入采用财政专户返还的方式管理。2020 年 5 月 5 日，该单位收到应上缴财政专户的事业收入 2 000 000 元。5 月 15 日，该单位将上述款项上缴财政专户。6 月 15 日，该单位收到从财政专户返还的事业收入 2 000 000 元。

要求：编制该事业单位相关会计分录。

【解析】

2020 年 5 月 5 日，收到事业收入时，其会计分录如表 11-17 所示。

表 11-17 **会计分录**

财务会计	预算会计
借：银行存款 2 000 000 　贷：应缴财政款 2 000 000	不做处理

2020 年 5 月 15 日，向财政专户上缴款项时，其会计分录如表 11-18 所示。

表 11-18 **会计分录**

财务会计	预算会计
借：应缴财政款 2 000 000 　贷：银行存款 2 000 000	不做处理

2020 年 6 月 15 日，收到从财政专户返还的事业收入，其会计分录如表 11-19 所示。

表 11-19 **会计分录**

财务会计	预算会计
借：银行存款 2 000 000 　贷：事业收入 2 000 000	借：资金结存——货币资金 2 000 000 　贷：事业预算收入 2 000 000

（二）捐赠（预算）收入和支出

1. 捐赠（预算）收入

捐赠收入是指单位接受其他单位或者个人捐赠取得的收入，包括现金捐赠收入和非现金捐赠收入。捐赠预算收入是指单位接受捐赠的现金资产。捐赠（预算）收入的账务处理如表 11-20 所示。

表 11-20　　捐赠(预算)收入的账务处理

经济业务或事项	财务会计	预算会计
现金捐赠	借：银行存款/库存现金等 　贷：捐赠收入	借：资金结存——货币资金 　贷：其他预算收入——捐赠预算收入
非现金捐赠	借：固定资产/库存物品等(确定的成本) 　贷：银行存款(接受捐赠发生的相关税费) 　　捐赠收入(差额)	借：其他支出(接受捐赠发生的相关税费) 　贷：资金结存——货币资金

【例 11-6】　甲事业单位 2019 年 6 月 10 日，接受境外乙公司捐赠零配件、消耗材料，有关凭据注明的金额为 500 000 元人民币。以银行存款支付接受捐赠发生的相关费用6 000 元。

要求：编制该事业单位相关会计分录。

【解析】

2019 年 6 月 10 日，接受捐赠物资时，其会计分录如表 11-21 所示。

表 11-21　　会计分录

财务会计	预算会计
借：库存物品　506 000 　贷：银行存款　6 000 　　捐赠收入　500 000	借：其他支出　6 000 　贷：资金结存——货币资金　6 000

2. 捐赠(支出)费用

单位对外捐赠分为现金捐赠和非现金捐赠，捐赠(支出)费用的主要账务处理如表11-22所示。

表 11-22　　捐赠(支出)费用的账务处理

经济业务或事项	财务会计	预算会计
现金捐赠	借：其他费用 　贷：银行存款/库存现金等	借：其他支出 　贷：资金结存——货币资金
非现金捐赠	将资产的账面价值转入资产处置费用，以固定资产为例： 借：资产处置费用 　固定资产累计折旧 　贷：固定资产(账面余额) 　　银行存款(捐出方发生的相关费用)	借：其他支出(接受捐赠发生的相关税费) 　贷：资金结存——货币资金 如未发生相关费用，则不做账务处理。

四、预算结转结余及分配业务

单位在预算会计中应当严格区分财政拨款结转结余和非财政拨款结转结余。财政拨款结转结余不参与事业单位的结余分配，单独设置“财政拨款结转”和“财政拨款结余”科目核算。非财政拨款结转结余通过设置“非财政拨款结转”“非财政拨款结余”“专用结余”“经营结余”“非财政拨款结余分配”等科目核算。

(一) 财政拨款结转结余的核算

1. 财政拨款结转的核算

“财政拨款结转”科目核算单位滚存的财政拨款结转资金。财政拨款结转的主要账务处理如表 11-23 所示。

表 11-23　　财政拨款结转的账务处理

经济业务或事项	财务会计	预算会计
年末结转财政拨款收入	不做处理	借：财政拨款预算收入 　贷：财政拨款结转
年末结转财政拨款支出	不做处理	借：财政拨款结转 　贷：事业支出/行政支出(财政拨款支出部分)
从其他单位调入财政拨款结转资金	借：零余额账户用款额度/财政应返还额度 　贷：累计盈余	借：资金结存 　贷：财政拨款结转——归集调入
按规定上缴(或注销)财政拨款结转资金、向其他单位调出财政拨款结转资金	借：累计盈余 　贷：零余额账户用款额度/财政应返还额度	借：财政拨款结转——归集上缴、归集调出 　贷：资金结存
因发生会计差错等事项调整以前年度财政拨款结转资金	借：以前年度盈余调整 　贷：零余额账户用款额度/银行存款 或作相反分录	借：资金结存 　贷：财政拨款结转——年初余额调整 或作相反分录
经财政部门批准对财政拨款结余资金改变用途，调整用于本单位基本支出或其他未完成项目支出	不做处理	借：财政拨款结余——单位内部调剂 　贷：财政拨款结转——单位内部调剂
年末，冲销有关明细科目余额	不做处理	借：财政拨款结转——本年收支结转、年初余额调整、归集调入、归集调出、归集上缴、单位内部调剂 　贷：财政拨款结转——累计结转
年末将符合财政拨款结余性质的项目余额转入财政拨款结余	不做处理	借：财政拨款结转——累计结转 　贷：财政拨款结余——结转转入

2. 财政拨款结余的核算

“财政拨款结余”科目核算单位滚存的财政拨款项目支出结余资金。财政拨款结余的主要账务处理如表 11-24 所示。

表 11-24　　　　财政拨款结余的账务处理

经济业务或事项	财务会计	预算会计
年末将符合财政拨款结余性质的项目余额转入财政拨款结余	不做处理	借：财政拨款结转——累计结转 贷：财政拨款结余——结转转入
经财政部门批准对财政拨款结余资金改变用途，调整用于本单位基本支出或其他未完成项目支出	不做处理	借：财政拨款结余——单位内部调剂 贷：财政拨款结转——单位内部调剂
按照规定上缴财政拨款结余资金或注销财政拨款结余资金额度	借：累计盈余 贷：零余额账户用款额度/财政应返还额度	借：财政拨款结余——归集上缴 贷：资金结存
因发生会计差错等事项调整以前年度财政拨款结余资金	借：以前年度盈余调整 贷：零余额账户用款额度/银行存款	借：资金结存 贷：财政拨款结余——年初余额调整
年末，冲销有关明细科目余额	不做处埋	借：财政拨款结余——年初余额调整、归集上缴、单位内部调剂、结转转入 贷：财政拨款结余——累计结余

【例 11-7】 2020 年 6 月，某事业单位获得财政部门拨付基本支出补助 5 000 000 元，项目补助 12 000 000 元，“事业支出”科目下“财政拨款支出（基本支出）”“财政拨款支出（项目支出）”明细科目的当期发生额分别为 5 000 000 元和 11 500 000 元。月末，该事业单位将本月财政拨款收入和支出结转。

2020 年年末，该事业单位完成财政拨款收支结转后，对财政拨款各明细项目进行分析，按照有关规定将某项目结余资金 60 000 元转入财政拨款结余。

要求：编制该事业单位相关会计分录。

【解析】 相关会计分录见表 11-25。

表 11-25　　　　会计分录

经济业务或事项	预算会计
结转财政拨款收入	借：财政拨款预算收入——基本支出　5 000 000 ——项目支出　12 000 000 贷：财政拨款结转——本年收支结转——基本支出结转　5 000 000 ——项目支出结转　12 000 000
结转财政拨款支出	借：财政拨款结转——本年收支结转——基本支出结转　5 000 000 ——项目支出结转　11 500 000 贷：事业支出——财政拨款支出(基本支出)　5 000 000 ——财政拨款支出(项目支出)　11 500 000
将某项目结余资金60 000元转入财政拨款结余	借：财政拨款结转——累计结转——项目支出结转　60 000 贷：财政拨款结余——结转转入　60 000

（二）非财政拨款结转结余的核算

1. 非财政拨款结转的核算

非财政拨款结转资金是指事业单位除财政拨款收支、经营收支以外的各非同级财政拨款专项资金收入与其相关支出相抵后剩余滚存的、须按规定用途使用的结转资金。

非财政拨款结转的主要账务处理如表 11-26 所示。

表 11-26 非财政拨款结转的账务处理

经济业务或事项	财务会计	预算会计
结转除财政拨款预算收入、经营预算收入以外的各类预算收入、本年发生额中的专项资金收入	不做处理	借：事业预算收入 上级补助预算收入 附属单位上缴预算收入 非同级财政拨款预算收入 债务预算收入 其他预算收入 贷：非财政拨款结转——本年收支结转
结转行政支出、事业支出、其他支出本年发生额中的非财政拨款专项资金支出	不做处理	借：非财政拨款结转——本年收支结转 贷：事业支出/行政支出/其他支出（非财政拨款支出部分）
按照规定从科研项目预算收入中提取项目管理费或间接费	借：业务活动费用 单位管理费用 贷：预提费用——项目间接费用或管理费用	借：非财政拨款结转——项目间接费用或管理费用 贷：非财政拨款结余——项目间接费用或管理费用
按照规定缴回非财政拨款结转资金	借：累计盈余 贷：银行存款等	借：非财政拨款结转——缴回资金 贷：资金结存
因会计差错更正等事项调整非财政拨款结转资金	借：以前年度盈余调整 贷：银行存款 或作相反分录	借：非财政拨款结转——年初余额调整 贷：资金结存 或作相反分录
年末，冲销有关明细科目余额	不做处理	借：非财政拨款结转——年初余额调整、项目间接费用或管理费用、缴回资金、本年收支结转 贷：非财政拨款结转——累计结转 结转后，“非财政拨款结转”科目除“累计结转”明细科目外，其他明细科目应无余额
年末将留归本单位使用的非财政拨款专项（项目已完成）剩余资金转入非财政拨款结余	不做处理	借：非财政拨款结转——累计结转 贷：非财政拨款结余——结转转入

【例 11-8】 2020 年 1 月，某事业单位启动一项科研项目。当年收到上级主管部门拨付

的非财政专项资金 8 000 000 元，为该项目发生事业支出 7 800 000 元。2020 年 12 月，项目结项，经上级主管部门批准，该项目的结余资金留归事业单位使用。不考虑其他因素。

要求：编制该事业单位相关会计分录。

【解析】

收到上级主管部门拨付款项时，其会计分录如表 11-27 所示。

表 11-27　　会计分录

财务会计	预算会计
借：银行存款　8 000 000 　贷：上级补助收入　8 000 000	借：资金结存——货币资金　8 000 000 　贷：上级补助预算收入　8 000 000

发生业务活动费用（事业支出）时，其会计分录如表 11-28 所示。

表 11-28　　会计分录

财务会计	预算会计
借：业务活动费用　7 800 000 　贷：银行存款　7 800 000	借：事业支出——非财政专项资金支出　7 800 000 　贷：资金结存——货币资金　7 800 000

年末结转上级补助预算收入中该科研专项资金收入，其会计分录如表 11-29 所示。

表 11-29　　会计分录

财务会计	预算会计
不做处理	借：上级补助预算收入　8 000 000 　贷：非财政拨款结转——本年收支结转　8 000 000

年末结转事业支出中该科研专项支出，其会计分录如表 11-30 所示。

表 11-30　　会计分录

财务会计	预算会计
不做处理	借：非财政拨款结转——本年收支结转　7 800 000 　贷：事业支出——非财政专项资金支出　7 800 000

经批准确定结余资金留归本单位使用时，其会计分录如表 11-31 所示。

表 11-31　　会计分录

财务会计	预算会计
不做处理	借：非财政拨款结转——累计结转　200 000 　贷：非财政拨款结余——结转转入　200 000

2. 非财政拨款结余的核算

非财政拨款结余是指单位历年滚存的非限定用途的非同级财政拨款结余资金，主要为非财政拨款结余扣除结余分配后滚存的金额。非财政拨款结余的主要账务处理如表 11-32 所示。

表 11-32 非财政拨款结余的账务处理

经济业务或事项	财务会计	预算会计
年末,将留归本单位使用的非财政拨款专项(项目已完成)剩余资金转入非财政拨款结余	不做处理	借:非财政拨款结转——累计结转 贷:非财政拨款结余——结转转入
有企业所得税缴纳义务的事业单位实际缴纳企业所得税	借:其他应交税费——单位应交所得税 贷:银行存款	借:非财政拨款结余——累计结余 贷:资金结存——货币资金
因会计差错更正等调整非财政拨款结余资金	借:以前年度盈余调整 贷:银行存款	借:资金结存——货币资金 贷:非财政拨款结余——年初余额调整
年末,冲销有关明细科目余额	不做处理	借:非财政拨款结余——年初余额调整、项目间接费用或管理费、结转转入 贷:非财政拨款结余——累计结余 结转后,“非财政拨款结余”科目除“累计结余”明细科目外,其他明细科目应无余额。
年末,事业单位将“非财政拨款结余分配”科目余额转入非财政拨款结余	不做处理	借:非财政拨款结余——累计结余 贷:非财政拨款结余分配 或作相反分录
年末,行政单位将“其他结余”科目余额转入非财政拨款结余	不做处理	借:非财政拨款结余——累计结余 贷:其他结余 或作相反分录

3. 专用结余的核算

专用结余是指事业单位按照规定从非财政拨款结余中提取的具有专门用途的资金。专用结余的主要账务处理如表 11-33 所示。

表 11-33 专用结余的账务处理

经济业务或事项	预算会计
根据有关规定从本年度非财政拨款结余或经营结余中提取基金	借:非财政拨款结余分配 贷:专用结余
根据规定使用从非财政拨款结余或经营结余中提取的专用基金	借:专用结余 贷:资金结存——货币资金

4. 经营结余的核算

“经营结余”科目,核算事业单位本年度经营活动收支相抵后余额弥补以前年度经营亏损的余额。经营结余的主要账务处理如表 11-34 所示。

表 11-34　经营结余的账务处理

经济业务或事项	预算会计
期末结转本期经营收入	借：经营预算收入 　贷：经营结余
期末结转本期经营支出	借：经营结余 　贷：经营支出
年末，将“经营结余”科目余额结转入“非财政拨款结余分配”科目	若“经营结余”科目为贷方余额： 借：经营结余 　贷：非财政拨款结余分配 若为借方余额，为经营亏损，不予结转。

5. 其他结余的核算

“其他结余”科目，核算单位本年度除财政拨款收支、非同级财政专项资金收支和经营收支以外各项收支相抵后的余额。

年末，行政单位将本科目余额转入“非财政拨款结余——累计结余”科目；事业单位将本科目余额转入“非财政拨款结余分配”科目。

6. 非财政拨款结余分配的核算

“非财政拨款结余分配”科目，核算事业单位本年度非财政拨款结余分配的情况和结果。非财政拨款结余分配的主要账务处理如表 11-35 所示。

表 11-35　非财政拨款结余分配的账务处理

经济业务或事项	财务会计	预算会计
年末，事业单位将“其他结余”科目余额和“经营结余”科目贷方余额转入“非财政拨款结余分配”科目	不做处理	借：非财政拨款结余分配 　贷：其他结余 借：其他结余/经营结余 　贷：非财政拨款结余分配
根据有关规定提取专用基金	借：本年盈余分配 　贷：专用基金	借：非财政拨款结余分配 　贷：专用结余
事业单位转入非财政拨款结余	不做处理	将“非财政拨款结余分配”科目余额转入非财政拨款结余。

【例 11-9】 2020 年 7 月，某事业单位对其收支科目进行分析，事业预算收入和上级补助预算收入本年发生额中的非专项资金收入分别为 1 500 000 元、500 000 元，事业支出和其他支出本年发生额中的非财政非专项资金支出分别为 1 000 000 元、400 000 元，对附属单位补助支出本年发生额为 200 000 元。经营预算收入本年发生额为 96 000 元，经营支出本年发生额为 88 000 元。

要求：年末，编制该事业单位相关会计分录。

【解析】 相关会计分录见表 11-36。

表 11-36　会计分录

经济业务或事项	预算会计
结转本年非财政、非专项资金预算收入	借：事业预算收入　1 500 000 　　上级补助预算收入　500 000 　贷：其他结余　2 000 000

（续表）

经济业务或事项	预算会计
结转本年非财政、非专项资金支出	借：其他结余 1 600 000 贷：事业支出——其他资金支出 1 000 000 其他支出 400 000 对附属单位补助支出 200 000
结转本月经营收入	借：经营预算收入 96 000 贷：经营结余 96 000
结转本年经营支出	借：经营结余 88 000 贷：经营支出 88 000

【例 11-10】 2020 年年终结账时，某事业单位当年“经营结余”科目的贷方余额为 50 000 元，“其他结余”科目的贷方余额为 40 000 元。该事业单位按照有关规定提取职工福利基金 12 000 元。

要求：编制该事业单位相关会计分录。

【解析】 相关会计分录见表 11-37。

表 11-37 **会计分录**

经济业务或事项	财务会计	预算会计
结转其他结余	不做处理	借：其他结余 50 000 贷：非财政拨款结余分配 50 000
结转经营结余	不做处理	借：经营结余 40 000 贷：非财政拨款结余分配 40 000
提取专用基金	借：本年盈余分配 12 000 贷：专用基金——职工福利基金 12 000	借：非财政拨款结余分配 12 000 贷：专用结余——职工福利基金 12 000
将“非财政拨款结余分配”科目的余额转入“非财政拨款结余”科目	不做处理	借：非财政拨款结余分配 78 000 贷：非财政拨款结余 78 000

五、净资产业务

单位财务会计净资产的来源主要包括累计实现的盈余和无偿调拨的净资产。在日常核算中，单位应当在财务会计中设置“累计盈余”“专用基金”“无偿调拨净资产”“权益法调整”“本期盈余”“本年盈余分配”“以前年度盈余调整”等科目。

（一）本期盈余及本年盈余分配

1. 本期盈余

“本期盈余”科目核算单位本期各项收入、费用相抵后的余额。本年盈余的账务处理如表 11-38 所示。

表 11-38　　本年盈余的账务处理

经济业务或事项	财务会计
将各类收入科目的本期发生额转入本期盈余	借：财政拨款收入 事业收入 上级补助收入 附属单位上缴收入 经营收入 非同级财政拨款收入 投资收益(发生额为借方时作相反分录) 捐赠收入 利息收入 租金收入 其他收入 贷：本年盈余
各类费用科目的本期发生额转入本期盈余	借：本年盈余 贷：业务活动费用 单位管理费用 经营费用 资产处置费用 上缴上级费用 对附属单位补助费用 所得税费用 其他费用
年末,单位应当将"本期盈余"科目余额转入"本年盈余分配"科目。	借：本年盈余 贷：本年盈余分配 或作相反分录

2. 本年盈余分配

"本年盈余分配"科目核算单位本年度盈余分配的情况和结果。年末,单位应当将"本期盈余"科目余额转入本科目。

根据有关规定从本年度非财政拨款结余或经营结余中提取专用基金的,按照预算会计下计算的提取金额,借记"本年盈余分配"科目,贷记"专用基金"科目。然后,将"本年盈余分配"科目余额转入"累计盈余"科目。

(二) 专用基金

"专用基金"科目核算事业单位按照规定提取或设置的具有专门用途的净资产,主要包括职工福利基金、科技成果转换基金等。

事业单位从本年度非财政拨款结余或经营结余中提取专用基金的,在财务会计中通过"专用基金"科目核算的同时,还应在预算会计"专用结余"科目进行核算。

(三) 无偿调拨净资产

按照行政事业单位资产管理相关规定,政府单位之间可以无偿调拨资产。为核算和监督无偿调拨净资产,单位应当设置"无偿调拨净资产"科目。本科目的贷方登记无偿调入净资产,借方登记无偿调出净资产,年末科目余额全部转入累计盈余;结账后,本科目应无余额。

重点提示

通常情况下，无偿调拨非现金资产不涉及资金业务，因此不需要进行预算会计核算(除非以现金支付相关费用等)。从本质上讲，无偿调拨资产业务属于政府间净资产的变化，调入调出方不确认相应的收入和费用。

【例 11-11】 2020 年 3 月 22 日，某行政单位接受其他部门无偿调入库存物品一批，该批库存物品在调出方的账面价值为 80 000 元，经验收合格后入库。库存物品调入过程中该单位以银行存款支付运输费 2 000 元。不考虑相关税费。

要求：编制该行政单位相关会计分录。

【解析】

无偿调入库存物品，其会计分录如表 11-39 所示。

表 11-39 **会计分录**

财务会计	预算会计
借：库存物品 82 000 贷：银行存款 2 000 无偿调拨净资产 80 000	借：其他支出 2 000 贷：资金结存——货币资金 2 000

【例 11-12】 2020 年 9 月 10 日，某事业单位经批准对外无偿调出一套设备，该设备账面余额为 180 000 元，已计提折旧 70 000 元。设备调拨过程中该单位以现金支付运输费 3 000 元。不考虑相关税费，该事业单位应作如下账务处理：

无偿调出设备，其会计分录如表 11-40 所示。

表 11-40 **会计分录**

财务会计	预算会计
借：无偿调拨净资产 110 000 固定资产累计折旧 70 000 贷：固定资产 180 000 借：资产处置费用 3 000 贷：库存现金 3 000	借：其他支出 3 000 贷：资金结存——货币资金 3 000

(四) 权益法调整

“权益法调整”科目核算事业单位持有的长期股权投资采用权益法核算时，按照被投资单位除净损益和利润分配以外的所有者权益变动份额调整长期股权投资账面余额而计入净资产的金额。

年末，按照被投资单位除净损益和利润分配以外的所有者权益变动应享有(或应分担)的份额，借记或贷记“长期股权投资——其他权益变动”科目，贷记或借记“权益法调整”科目。处置长期股权投资时，按照原计入净资产的相应部分金额，借记或贷记“权益法调整”科目，贷记或借记“投资收益”科目。

(五) 以前年度盈余调整

“以前年度盈余调整”科目核算单位本年度发生的调整以前年度盈余的事项，包括本年度发生的重要前期差错更正涉及调整以前年度盈余的事项。

单位对相关事项调整后，应当及时将“以前年度盈余调整”科目余额转入“累计盈余”科目，借记或贷记“累计盈余”科目，贷记或借记“以前年度盈余调整”科目。

（六）累计盈余

“累计盈余”科目核算单位历年实现的盈余扣除盈余分配后滚存的金额，以及因无偿调入调出资产产生的净资产变动额。

年末，将“本年盈余分配”科目的余额转入“累计盈余”科目，借记或贷记“本年盈余分配”科目，贷记或借记“累计盈余”科目；将“无偿调拨净资产”科目的余额转入“累计盈余”科目，借记或贷记“无偿调拨净资产”科目，贷记或借记“累计盈余”科目。

重点提示

按照规定上缴、缴回、单位间调剂结转结余资金产生的净资产变动额，以及对以前年度盈余的调整金额，也通过“累计盈余”科目核算。

六、资产业务

资产业务是单位会计核算的重要内容。本节主要介绍资产业务的几个共性内容及固定资产的核算。

（一）资产业务的几个共性内容

1. 资产取得

单位资产取得的方式包括外购、自行加工或自行建造、接受捐赠、无偿调入、置换换入、租赁等。资产在取得时按照成本进行初始计量，并按不同取得方式计算成本，具体如表11-41所示。

表11-41　　不同取得方式下资产的成本

取得方式		成本
外购的资产		其成本通常包括购买价款、相关税费（不包括按规定可抵扣的增值税进项税额），以及使得资产达到目前场所和状态或交付使用前所发生的归属于该项资产的其他费用
自行加工或自行建造的资产		其成本包括该项资产至验收入库或交付使用前所发生的全部必要支出
接受捐赠的非现金资产	存货、固定资产、无形资产	（1）其成本按照有关凭据注明的金额加上相关税费等确定 （2）没有相关凭据可供取得，但按规定经过资产评估的，其成本按照评估价值加上相关税费等确定 （3）没有相关凭据可供取得、也未经资产评估的，其成本比照同类或类似资产的市场价格加上相关税费等确定 （4）没有相关凭据且未经资产评估、同类或类似资产的市场价格也无法可靠取得的，按照名义金额（人民币1元）入账
	投资和公共基础设施、政府储备物资、保障性住房、文物文化资产	其初始成本只能按照前三个层次进行计量，不能采用名义金额计量。盘盈资产的入账成本参照上述办法确定
无偿调入的资产		其成本按照调出方账面价值加上相关税费等确定，根据确定的成本减去相关税费后的金额计入无偿调拨净资产

（续表）

取得方式	成本
置换取得的资产	其成本按照换出资产的评估价值，加上支付的补价或减去收到的补价，加上为换入资产发生的其他相关支出确定

重点提示

单位对于接受捐赠的资产，其成本能够确定的，应当按照确定的成本减去相关税费后的净额计入捐赠收入。资产成本不能确定的，单独设置备查簿进行登记，相关税费等计入当期费用。

2. 资产处置

按照规定，资产处置的形式包括无偿调拨、出售、出让、转让、置换、对外捐赠、报废、毁损以及货币性资产损失核销等。单位应当按规定报经批准后对资产进行处置。

通常情况下，单位应当将被处置资产账面价值转销计入资产处置费用，并按照“收支两条线”将处置净收益上缴财政。如按规定将资产处置净收益纳入单位预算管理的，应将净收益计入当期收入。对于资产盘盈、盘亏、报废或毁损的，应当在报经批准前将相关资产账面价值转入“待处理财产损溢”科目，待报经批准后再进行资产处置。

对于无偿调出的资产，单位应当在转销被处置资产账面价值时冲减无偿调拨净资产。对于置换换出的资产，应当与换入资产一同进行相关会计处理。

（二）固定资产

固定资产一般分为六类：房屋及构筑物，专用设备，通用设备，文物和陈列品，图书、档案，家具、用具、装具及动植物。单位价值虽未达到规定标准，但是使用年限超过1年（不含1年）的大批同类物资，如图书、家具、用具、装具等，应当确认为固定资产。

为了核算固定资产，单位应当设置“固定资产”“固定资产累计折旧”等科目。购入需要安装的固定资产，应当先通过“在建工程”科目核算，安装完毕交付使用时再转入“固定资产”科目。

单位应当按月对固定资产计提折旧，下列固定资产除外：①文物和陈列品。②动植物。③图书、档案。④单独计价入账的土地。⑤以名义金额计量的固定资产。单位应当根据相关规定以及固定资产的性质和使用情况，合理确定固定资产的使用年限。因改建、扩建等原因而延长固定资产使用年限的，应当重新确定固定资产的折旧年限。单位盘盈、无偿调入、接受捐赠以及置换的固定资产，应当考虑该项资产的新旧程度，按照其尚可使用的年限计提折旧。

固定资产应当按月计提折旧，当月增加的固定资产，当月开始计提折旧；当月减少的固定资产，当月不再计提折旧。固定资产提足折旧后，无论能否继续使用，均不再计提折旧；提前报废的固定资产，也不再补提折旧。已提足折旧的固定资产，可以继续使用的，应当继续使用，规范实物管理。

【例11-13】 2020年5月20日，某事业单位用事业经费购买精密专用设备一台，支付购买价款为280 000元，运杂费2 000元，以财政授权支付。

要求：编制该事业单位相关会计分录。

【解析】 相关会计分录如表 11-42 所示。

表 11-42　　会计分录

财务会计	预算会计
借：固定资产　282 000 　贷：零余额账户用款额度　282 000	借：事业支出　282 000 　贷：资金结存——零余额账户用款额度　282 000

【例 11-14】 2020 年 6 月 30 日，某事业单位固定资产折旧计提情况：行政管理部门 260 000 元，教学部门 160 000 元。

要求：编制该事业单位相关会计分录。

【解析】 相关会计分录如表 11-43 所示。

表 11-43　　会计分录

财务会计	预算会计
借：单位管理费用——固定资产折旧　260 000 　业务活动费用——固定资产折旧　160 000 　贷：固定资产累计折旧　420 000	不做处理

七、负债业务

单位负债的财务会计核算与企业会计基本相同。本节主要介绍应缴财政款和应付职工薪酬的核算。

（一）应缴财政款

应缴财政款是指单位取得或应收的按照规定应当上缴财政的款项，包括应缴国库的款项和应缴财政专户的款项。为核算应缴财政的各类款项，单位应当设置“应缴财政款”科目。应缴财政款的主要账务处理如表 11-44 所示。

表 11-44　　应缴财政款的主要账务处理

经济业务或事项	财务会计	预算会计
单位取得或应收按照规定应缴财政的款项时	借：银行存款/应收账款 　贷：应缴财政款	不做处理
单位上缴应缴财政的款项时	借：应缴财政款 　贷：银行存款	不做处理

重点提示

应缴财政的款项不属于纳入部门预算管理的现金收支，因此不进行预算会计处理。

单位按照国家税法等有关规定应当缴纳的各种税费，通过“应交增值税”“其他应交税费”科目核算，不通过“应缴财政款”科目核算。

（二）应付职工薪酬

应付职工薪酬是指按照有关规定应付给职工（含长期聘用人员）及为职工支付的各种薪酬，包括基本工资、国家统一规定的津贴补贴、规范津贴补贴（绩效工资）、改革性补贴、社会保险费(如职工基本养老保险费、职业年金、基本医疗保险费等)、住房公积金等。为核算应付职工薪酬业务,单位应当设置“应付职工薪酬”科目。该科目应当根据国家有关规定按照“基本工资(含离退休费)”“国家统一规定的津贴补贴”“规范津贴补贴(绩效工资)”“改革性补贴”“社会保险费”“住房公积金”“其他个人收入”等进行明细核算。其中,“社会保险费”“住房公积金”明细科目核算内容包括单位从职工工资中代扣代缴的社会保险费、住房公积金,以及单位为职工计算缴纳的社会保险费、住房公积金。应付职工薪酬的主要账务处理如表 11-45 所示。

表 11-45　应付职工薪酬的主要账务处理

经济业务或事项		财务会计	预算会计
计算确认当期应付职工薪酬	从事专业及其辅助活动人员薪酬	借:业务活动费用/单位管理费用 　贷:应付职工薪酬	不做处理
	在建工程、加工物品、自行研发无形资产人员薪酬	借:在建工程/加工物品/研发支出 　贷:应付职工薪酬	不做处理
	从事专业及其辅助活动之外人员薪酬	借:经营费用 　贷:应付职工薪酬	不做处理
	因解除与职工的劳务关系给予的补偿	借:单位管理活动 　贷:应付职工薪酬	不做处理
向职工支付工资、津贴补贴等薪酬		借:应付职工薪酬 　贷:财政拨款收入/零余额账户用款额度/银行存款	借:行政支出 　事业支出 　经营支出 　贷:财政拨款预算收入/资金结存
从职工薪酬中代扣各种款项	代扣个人所得税	借:应付职工薪酬——基本工资 　贷:其他应交税费——应交个人所得税	不做处理
	代扣社会保险费和住房公积金	借:应付职工薪酬——基本工资 　贷:应付职工薪酬——社会保险费 　——住房公积金	不做处理
	代扣为职工垫付的水电费、房租等	借:应付职工薪酬——基本工资 　贷:其他应收款等	不做处理
按规定缴纳职工社会保险费和住房公积金		借:应付职工薪酬——社会保险费 　——住房公积金 　贷:零余额账户用款额度 　财政拨款收入 　银行存款	借:行政支出 　事业支出 　经营支出 　贷:财政拨款预算收入 　资金结存

（续表）

经济业务或事项	财务会计	预算会计
从应付职工薪酬中支付的其他款项	借：应付职工薪酬 　贷：零余额账户用款额度 　　银行存款	借：行政支出 　事业支出 　经营支出 　贷：资金结存等

【例 11-15】 2020 年 5 月，某事业单位为开展专业业务活动及其辅助活动人员发放工资 360 000 元、津贴 180 000 元、奖金 100 000 元，按规定应代扣代缴个人所得税 20 000 元，该单位以国库授权支付方式支付薪酬并上缴代扣的个人所得税。

要求：编制该事业单位相关会计分录。

【解析】

计算应付职工薪酬时，其会计分录如表 11-46 所示。

表 11-46 **会计分录**

财务会计	预算会计
借：业务活动费用　640 000 　贷：应付职工薪酬——基本工资　360 000 　　——绩效工资　160 000 　　——其他个人工资　100 000	不做处理

代扣个人所得税时：

财务会计	预算会计
借：应付职工薪酬——基本工资　20 000 　贷：其他应交税费——应交个人所得税　20 000	不做处理

实际支付职工薪酬：

财务会计	预算会计
借：应付职工薪酬——基本工资　340 000 　　——绩效工资　160 000 　　——其他个人工资　100 000 　贷：零余额账户用款额度　620 000	借：事业支出　620 000 　贷：资金结存——零余额账户用款额度　620 000

上缴代扣的个人所得税时：

财务会计	预算会计
借：其他应交税费——应交个人所得税　20 000 　贷：零余额账户用款额度　20 000	借：事业支出　20 000 　贷：资金结存——零余额账户用款额度　20 000

章节测试

班级：________ 姓名：________ 学号：________ 日期：________ 平时分：________

一、单项选择题(每小题5分,共50分)

1. 下列各项中,不属于使预算会计与财务会计适度分离的政府会计核算模式的是(　　)。
A. "双制度"　B. "双基础"　C. "双报告"　D. "双功能"
2. 反映政府会计主体在一定会计期间运行情况的会计报表是(　　)。
A. 资产负债表　B. 收入费用表　C. 净资产变动表　D. 现金流量表
3. 下列各项中,不需要进行现金预算会计处理的是(　　)。
A. 单位收到受托管理的现金　B. 单位购买固定资产支付银行存款
C. 单位购买办公用品支付货币资金　D. 单位通过财政直接支付方式购买无形资产
4. 下列各项中,反映政府会计主体财务状况的等式是(　　)。
A. 收入－费用＝本期盈余　B. 资产－负债＝净资产
C. 预算收入－预算支出＝预算结余　D. 收入－费用＝利润
5. 事业单位财务会计对外捐赠固定资产的账务处理不会涉及的科目是(　　)。
A. "待处理财产损溢"　B. "固定资产"
C. "固定资产累计折旧"　D. "资产处置费用"
6. 单位采用财政专户返还方式管理的事业(预算)收入,在实际收到从财政专户返还的事业收入时,在预算会计中借方通过(　　)科目核算。
A. "银行存款"　B. "应缴财政款"
C. "事业预算收入"　D. "资金结存——货币资金"
7. 单位采用预收款方式确认的事业(预算)收入,实际收到预收款项时,按照收到的金额,在财务会计中应贷记的科目为(　　)。
A. "银行存款"　B. "资金结存——货币资金"
C. "预收账款"　D. "事业预算收入"
8. 下列关于因会计差错更正等事项调整非财政拨款结转资金的会计处理中,不正确的是(　　)。
A. 借：资金结存——货币资金
　　贷：非财政拨款结转——年初余额调整
B. 借：以前年度盈余调整
　　贷：银行存款
C. 借：非财政拨款结转
　　贷：非财政拨款结余
D. 借：非财政拨款结转——年初余额调整
　　贷：资金结存——货币资金
9. 下列各项中,不属于政府会计流动负债的是(　　)。

A. 应付短期政府债券
B. 应付及预收款项
C. 短期借款
D. 应付长期政府债券

10. 下列各项中，不会导致事业单位净资产总额发生增减变动的是（　　）。
A. 按规定上缴财政拨款结转资金
B. 按规定缴回非财政拨款结转资金
C. 按规定从非财政拨款结余中提取专用基金
D. 从外单位无偿调入实验设备

二、多项选择题（每小题 5 分，共 50 分）

1. 下列关于政府会计核算的表述中，正确的有（　　）。
A. 一般预算会计实行收付实现制，财务会计实行权责发生制
B. 政府会计主体应当编制决算报告和财务报告，决算报告的编制以收付实现制为基础
C. 政府决算报告反映的对象是一级政府整体财务状况、运行情况和财政中长期可持续性
D. 政府会计核算应当采用借贷记账法

2. 下列各项中，属于政府财务会计要素的有（　　）。
A. 净资产　B. 费用　C. 收入　D. 支出

3. 下列各项中，属于政府会计主体的非流动资产的有（　　）。
A. 固定资产　B. 保障性住房　C. 存货　D. 无形资产

4. 下列各项中，属于政府会计主体的或有事项的有（　　）。
A. 未决诉讼
B. 公共事件的救助
C. 对外国政府的贷款担保
D. 应付职工薪酬

5. 下列关于政府综合财务报告和政府决算报告的区别的表述中，不正确的有（　　）。
A. 两者的编制主体不同
B. 政府综合财务报告的编制基础是收付实现制
C. 政府决算报告的编制基础是权责发生制
D. 政府综合财务报告的数据来源以财务会计核算生成的数据为准

6. 从编制主体来讲，政府财务报告主要包括（　　）。
A. 政府部门财务报告
B. 政府决算报告
C. 政府综合财务报告
D. 政府预算报告

7. 根据资金支付方式及资金形态，“资金结存”科目应设置的明细科目有（　　）。
A. “零余额账户用款额度”
B. “其他货币资金”
C. “财政应返还额度”
D. “货币资金”

8. 下列关于会计等式的表述中，正确的有（　　）。
A. 收入－费用＝预算盈余
B. 收入－费用＝本期盈余
C. 预算收入－预算支出＝预算结余
D. 预算收入－预算支出＝预算盈余

9. 在财政授权支付方式下，单位收到代理银行盖章的“授权支付到账通知书”时，在财务会计核算下所作的会计分录涉及的科目有（　　）。
A. “事业支出”
B. “财政拨款收入”
C. “零余额账户用款额度”
D. “资金结存”

10. 实行国库集中支付的单位，财政资金的支付方式包括（　　）。
A. 财政直接支付
B. 财政间接支付
C. 财政授权支付
D. 财政委托支付